解放と暴力 植民地支配とアフリカの現在

小倉充夫／舩田クラーセンさやか［著］

東京大学出版会

LIBERATION AND VIOLENCE
Colonialism in Africa and its Aftermath
Mitsuo OGURA and Sayaka FUNADA-CLASSEN
University of Tokyo Press, 2018
ISBN 978-4-13-030210-4

はじめに

　本書の構想をわれわれ筆者が練り始めたのは2014年のことであった．日本国内でも，海外でも，「植民地主義」「ポスト植民地主義」について考えさせられる出来事が頻発した頃である．日本では，第2次安倍内閣が誕生し，「歴史認識」が再びクローズアップされ始めていた．終戦70年を迎える2015年8月に向けて「新たな談話」が策定されることとなり，植民地支配と戦争責任がどのように語られるのか，そのことに人びとの関心が集まった．当時の日本では，「慰安婦問題」を含め，加害の程度を矮小化し，戦争を弁明する傾向が如実に強まり，近隣の諸国に関する情動的で根拠を欠く発言が横行するようになっていた．

　その後，本書を準備していく過程で，懸念していたことが現実になった．上述の「談話」では，植民地支配や戦争の主因は国際条件にあるとされ，植民地責任は不問にふされた．つまり，ヨーロッパ列強がアジアに支配の手を伸ばしつつあるなかで，近代日本の取り得る選択肢は限られていたとし，むしろ日露戦争などにおける日本の奮闘ぶりが解放運動を勇気づけたとされた．

　さらには，シリアを中心とする中東情勢の悪化と関連して，ヨーロッパでも，「テロ」の多発や難民の大量流入という事態が起こり，その影響も加わって極右政党が躍進し，ヨーロッパで培われてきた人権や民主主義の価値が脅かされるようになった．アメリカ合衆国では，初の黒人大統領が誕生する一方で，警察によるアフリカ系アメリカ人の殺害が後を絶たず，「Black life matters」という大規模な抗議運動が全国で繰り広げられた．それに先立って右傾化していた白人の存在とその草の根運動の展開は，トランプ政権の誕生を後押しした．

　かつて植民地支配や人種差別を構造化してきたこれらの国々において，「元抑圧者とその子孫」による，「元被抑圧者とその子孫」に対する暴力的な言動が常態化しつつある．このような状態において忘れられがちなのは，二項対立的な関係を醸成してきた帝国主義・植民地主義・人種主義の歴史である．21

世紀を迎えて 20 年近くが経過するが，1994 年に南アフリカで「アフリカ最後の白人支配」が終焉し，マンデラ政権が誕生したころの世界からかけ離れてしまった感さえある．

　16 世紀以降に世界を席巻し続けた「植民地主義」が 20 世紀後半に終焉したのは「被抑圧者」による抵抗と闘争の結果であった．そして，社会のあらゆる場面で支配と搾取の対象とされてきた人びとが，主権者となり尊厳を回復した．21 世紀直前に，構造としての「植民地主義」は一部（西サハラその他）を除いて終わりを告げ，植民地支配による直接的な暴力は，形式上は終結したとされた．しかし，「植民地主義」がもたらした社会経済構造は政治的独立後も多くの旧植民地で継続し，冷戦後は「開発」「投資」などを通じて，強められさえした．そして現在，顕著に浮かび上がってきたのは，「元抑圧者とその子孫」が植民地主義の歴史を忘れ，さらには歴史を都合よく書き換えようとする傾向である．

　本書はアフリカ——とりわけ南部アフリカ——を対象地域としているものの，問題意識としては以上のような近年の世界と日本で進行する状況への懸念がある．この懸念を抱きながら考察していった結果，現代を植民地主義の継続・再編という視角から捉え直す必要があると考えるにいたった．本書はこれを試みたものであり，鍵概念として「解放と暴力」を用いることとした．章別の構成と内容を以下に記す．

　旧植民地ではいまだに多くの人びとが激しい暴力にさらされている．独立後における暴力の蔓延は，植民地化のために用いられた暴力，植民地権力による暴力，その暴力への人びとの対抗暴力の展開とかかわりがある．支配が暴力的であればあるほど，解放のための暴力は避けられなくなる．そのことが解放過程の様相を決定づけ，解放後の政治社会に大きな影響を及ぼす．第 I 部の第 1 章ではこうした問題を概観する．

　そのために暴力と非暴力の思想と実践について，最小限検討しておく必要がある．解放運動にかかわると，解放のために暴力を行使することが許されるのかという葛藤を免れ得ないからである．さらに，解放のための暴力を問題にする場合，解放そのものの意味も問い直されなければならないであろう．第 2 次世界大戦後から 20 世紀の末にかけての，アフリカ大陸における解放の意味は

一見して明白である．政治的独立こそ解放に他ならないと考えられた．しかし解放とは実は何からの解放だったのか．誰にとっての解放だったのか．宗主国からの政治的独立が人びとに等しく解放をもたらしたのか．入植型植民地の場合，アフリカ人農民がヨーロッパ人入植者による支配と搾取から解放されたとは必ずしもいえない．アフリカ人の権力者による新たな支配の形成は，たんに支配者の肌の色が変わったことを意味するだけかもしれない．植民地はさまざまな民族集団から成り立っていたため，少数民族にとっては，独立が有力民族に対する従属のはじまりを意味した．教育を受けた都市の青年と農村の住民とでは，さらに男性と女性とでは，独立による影響に違いが見られた．このように多様な主体ごとに着目すれば，解放の意味は様々である．第1章では，このような解放の多義性を考慮しつつ，暴力の歴史的な展開をとらえる．

　第2章では，脱植民地化の歴史的プロセスを取り上げる．第II部での地域レベルの理解のためにはもちろんのこと，解放と暴力について論じるときにも，第2次世界大戦後の歴史的経緯を理解しておくことが不可欠である．考察を国や地域レベルに絞る前に，植民地支配からの解放に向かうアフリカ全体が直面した冷戦構造などの国際的条件を把握しなければならない．その際，従来は議論が不十分であった国連でのやりとりに注目する．さらに，アフリカにおける植民地解放がむかったいくつかの方向性とそれをめぐる相克について取りあげる．方向性とは解放の領域，すなわち独立の単位をいかに同定するか，つまり植民地ごとに独立を達成するのか，それとも複数の植民地がまとまり独立するのか，あるいは逆に植民地内のそれぞれの民族集団ごとに独立するのかという問題である．

　第3章では，本書が主として取り上げる南部アフリカに限って，脱植民地化の歴史的プロセスを述べる．他の地域に比べ，南部アフリカの解放は困難を極めた．その背景には東西対立による大国の介入，アパルトヘイト体制下の南アフリカの存在，英国とローデシアの複雑な関係，そして独裁下のポルトガルによる植民地体制の特徴などが指摘できる．この章では，ポルトガルとイギリスの植民地，そして南アフリカがお互いに連携して支配体制を維持しようとした点に注目する．さらにこの章でも，国連のかかわりについて詳しく分析する．それにより国際的条件，そして南部アフリカ地域内での諸主体の関連を明らか

iv —— はじめに

にする.

　第Ⅰ部では「解放と暴力」の課題と歴史をとりあげたが，第Ⅱ部では，それらを3つの旧植民地を取りあげて論じる．第Ⅱ部第4章が取り上げるザンビア（旧北ローデシア）では，民族主義組織と植民地政府とが武力による対決を回避し，交渉を積み重ねたことで，他の地域に比べ平和裏に独立が達成された．植民地支配の構造，民族主義運動の特徴などが解放の過程を左右したのである．こうした解放の過程が，独立後の暴力的な政権交代を回避させた理由の1つとなったといえよう．しかしながら，他のアフリカ諸国で見られたように，強権化を避けることはできなかった．ザンビアは解放勢力と植民地勢力とが対峙する南部アフリカに位置していたために，国際的な緊張状態が政権の暴力的性格を強化し，かつそれを正当化した．

　第5章ではジンバブウェ（旧南ローデシア）を取り上げる．ジンバブウェはザンビアと同じくイギリスの植民地であったが，典型的な入植型の植民地であり，解放の意味は複雑であった．しかも保護領ではなく，入植者による自治政府が存在したため，アフリカ人の解放は困難を極めた．解放勢力と自治政府との間で内戦が繰り広げられ，そのことが民族主義組織の性格や独立後の統治のあり方に大きな影響を及ぼしたのである．最終的にはイギリス政府の仲介により選挙が行われ，アフリカ人多数派政権が成立するが，土地問題の解決は先延ばしとなり，それが独立後のジンバブウェに暗い影を落とす結果になった．

　最後の第6章ではモザンビークを取り上げる．モザンビークの解放闘争についてはこの章の筆者がすでに詳細な研究成果を発表しているが，本章の特徴は次の通りである．モザンビークの解放においては人民戦争戦術が採用され，闘争における小農の役割は極めて重要であるとともに，暴力が小農に及ぼした影響も深刻であった．したがって植民地軍との激しい戦いの場となった北部の小農と解放運動とのかかわりに焦点を当てる．くわえてこの章の意義は，独立を勝ち取った解放運動体が現在まで一貫して国家権力を握るなかで，闘争の担い手としても国民としても圧倒的多数を占める小農との関係をどう結んできたかを分析することにもある．独立によって小農は解放されたのか．暴力は乗り越えられたのか．植民地解放を主導した指導者と国際機関や外国資本との連携で進む「開発」は，解放を求めた小農にとって何をもたらしているのかを問う．

なお，あまり知られていない日本との関わりについても取り上げる．

　各章を通じた本書の全体的な特徴をあげる．第1にあげられるのが，解放の意味と暴力の歴史を関連させてアフリカ現代史と現代アフリカ政治を論じるという点である．従来の研究では，かたや民族主義運動や解放闘争について，かたや独立後の紛争や圧政について，別々に論じられることが多かった．特徴の第2は，国連の関与，さらに宗主国・植民地政府間の関係などの国際関係を重視して分析をおこなう点にある．このことでアフリカ研究の分野に限らず，本書は国際関係学の分野への貢献を目ざしている．第3に，植民地支配の比較研究，帝国主義研究との関連である．同じイギリスの植民地でも，保護領，自治領，委任統治・信託統治領などとさまざまな形態に分かれる．本書が取り上げる南北ローデシアのうち，北ローデシアは保護領であるが，南ローデシアは上記のいずれでもない．このように制度上も宗主国と植民地の関係は多様で，したがって植民地間の関係も多様である．このような多様性によって生じる相違は，独立後の政治を理解する上で念頭に置かなければならない．

　日本にかぎらず，欧米でも，植民地支配・帝国主義研究の対象はイギリスとフランスの支配地域に偏ってきた．本書ではモザンビークを対象地域の1つとして取り上げ，ポルトガル帝国とその支配の特徴を明らかにしている．本格的な植民地支配がアフリカで進行する19世紀末以降，ポルトガルは帝国主義の一翼を担いつつも，もはやヨーロッパの後進国に位置していた．すなわちポルトガル植民地をとりあげることにより，イギリスなどの影響下にあるポルトガルの従属的帝国主義の特徴が明らかとなる．それは帝国主義の時代における重層的な関係を理解することにつながる．したがって，本書は植民地史，帝国主義研究に関心のある研究者・学生にも役立つことと思う．

　用語について最後にお断りしておきたい．舩田が担当した第Ⅰ部第2章と3章，および第Ⅱ部第6章では，ネーション，ナショナリズム，エスニック集団という語を用いている．日本語の漢字表記において，民族と表現すべきか，国民とすべきかという難問はネーション概念を用いれば回避できる．さらにネーションを使用し，民族を使用しない積極的な理由がある．民族概念はエスニックとネーションの両方を含意できるため，両者の区別が曖昧になる．そもそも西欧国民国家の形成主体となった集団（ネーション）と，新たな移民集団（エ

スニック集団）をともに民族という言葉で示すことには無理があろう．したがってネーションと共にエスニック集団という語を用い，対象に応じて使い分けることは十分に合理的である．

他方，小倉が担当した第II部の第4章と第5章では，民族，民族主義の語を一貫して用いている．その主な理由は，特定の対象をエスニック集団とするか，ネーションとするか，区分は困難を伴いがちで，どちらで表現するかということが，政治的な意味を帯びるからである．移民など通常は固有の領土をもたない集団にたいして，エスニックという語を用いることが適切であったとしても，特定の地域に歴史的に集住してきた人々に対してもこの語を用いると，その人々を国家形成の主体になりえない存在と見なしかねない．したがってエスニックとネーションの両方を含むものとして民族概念を用いる．以上のように，エスニック集団・ネーションを使用するか，それとも民族を使用するか，それぞれに長所と短所があるが，本書においては無理に統一せずに，それぞれ筆者の考えに基づいて記述した．それゆえ読者にとってはいささか紛らわしいこともあろうが，お許しいただきたい．

さらにもう1つ，章によって用語が異なるのは独立以前のジンバブウェについてである．南ローデシアの白人少数政権は，1965年11月にイギリスにたいし一方的に独立を宣言し，国名をローデシアとした．したがって小倉が執筆した第II部第4章と第5章では，宣言以前を南ローデシア，以降をローデシアと表記している．他方で舩田が執筆した第I部第3章と第II部第6章では，独立宣言以降も基本的には南ローデシアと表記している．自治政府がローデシア独立を宣言したものの，イギリスをはじめいかなる国も独立を承認しなかったからである．自治政府による支配の最後の時期に，ローデシアは名称をいったん南ローデシアに戻してから独立するという形式をとらざるを得なかったことも，南ローデシアという表記の妥当性を裏付ける．ローデシア問題をめぐる国際連合の文書でも南ローデシアが用いられているので，混乱を避けるためにも舩田は南ローデシアと表記している．

最後に，人名や組織名については，初出時にアルファベット表記も示したが，広く知られている場合には省略した．

目　次

はじめに　　i

地　図　　xii

第Ⅰ部　課題と歴史

第1章　解放と暴力 ——————————————— 3

1　植民地支配と暴力　　3

1. 暴力——過去と現在　3 ／ 2. 暴力の正当性　5 ／ 3. 国家権力と暴力　8

2　暴力・非暴力と関係性　　12

1. 理念としての非暴力　12 ／ 2. 戦術としての非暴力　14 ／ 3. 非暴力の条件と限界　15 ／ 4. 解放闘争の暴力　19 ／ 5. 物理的暴力と構造的暴力　20

3　解放と支配・従属　　21

1. 独立と解放　21 ／ 2. 兄弟の戦争　23 ／ 3. 難民の武装帰還　27

第2章　アフリカにおける脱植民地化の歴史的プロセス ——— 41

1　第2次世界大戦後の世界　　41

1. アジアに遅れたアフリカの解放　41 ／ 2. パン・アフリカニズムと「全アフリカの解放」　43

2 アフリカにおけるネイションとナショナリズム 46

   1. 解放に向けた4つの方向性　46 ／ 2. 国連憲章に基づいた国際的な関与　51

3 国際政治情勢と脱植民地化への影響 53

   1.「変革の風」の実態　53 ／ 2. アフリカ情勢への米国の懸念　55 ／ 3. 国連での「植民地・人民独立付与宣言」　58 ／ 4. 冷戦の影響　60

4 アフリカ人同士の対立 65

   1. エスニック政党とナショナリスト政党　65 ／ 2. ルワンダにおける選挙　67 ／ 3. 独立直後の「コンゴ動乱」　69 ／ 4.「コンゴ動乱」と南部アフリカ地域　72

第3章　南部アフリカ地域における解放と暴力の歴史的プロセス —————— 83

はじめに　83

1 南部アフリカ地域における「体制死守」政策 86

   1. 南部アフリカ地域の共通性と一体化　86 ／ 2. ポルトガル・サラザール政権による「植民地死守」　87 ／ 3. 南アフリカ・アパルトヘイト体制　89 ／ 4. 南ローデシア・白人少数政権　91

2 国際連合，冷戦と南部アフリカ地域 95

   1. 国連での議論　95 ／ 2. OAUと連携する国連　102 ／ 3. 南部アフリカの白人政権の国際的孤立　105

3 南部アフリカ白人政権間の相互協力と冷戦状況 107

   1. 共同諜報・防衛体制の形成　107 ／ 2. 米・英の矛盾　113

4 ポルトガル革命と南部アフリカ 117

   1. カオラバッサ・ダムをめぐる攻防　117 ／ 2. ポルトガル軍の脆弱性　119 ／ 3. 防衛の「アフリカ人化」と「似非ゲリラ部隊」の構築　120

ix

／ 4. ポルトガルでの無血革命と植民地解放　122 ／ 5. 南下する戦線
と南ローデシア・南アフリカ政府の「不安定化工作」　124

おわりに　126

第 II 部　南部アフリカの現実

第 4 章　ザンビアの解放と現代の暴力 ——————— 135

はじめに　135

1　植民地支配と解放をめぐる連帯と対立　137

1. 北ローデシア植民地支配の特徴　137 ／ 2. 連邦問題と「北ローデ
シア人」　145 ／ 3. 反植民地運動の連帯と対立　151 ／ 4. 伝統権
威とバロツェランド　158 ／ 5. 迫りくる危機　162

2　権威主義化とカウンダ政権の終焉　170

1. 政権への挑戦と挫折　170 ／ 2. 暴動とカウンダ政権の終焉　175

3　カウンダ——連帯と権力　181

1. 解放と非暴力主義　181 ／ 2. 民族運動の指導者から大統領へ　189

第 5 章　ジンバブウェの解放と現代の暴力 ——————— 215

はじめに　215

1　植民地化と解放闘争　218

1. 入植植民地における解放闘争　218 ／ 2. 反植民地運動における
対立と暴力の構造化　226 ／ 3. 南部アフリカにおけるローデシア問題
229 ／ 4. 対立と暴力の継承　231

2　土地改革の停滞と植民地責任　236

1. 土地問題と改革の停滞　236 ／ 2. 土地占拠と植民地責任　241

x

3 ムガベ——解放と暴力　250

　　1. 変遷するムガベ像　250 ／ 2. よみがえる過去と関係性　255

おわりに　259

第6章　モザンビークの解放と現代の暴力 ——————281

はじめに　281

1 解放闘争と小農　288

　　1. フレリモによる「人民戦争」の選択　288 ／ 2. 解放闘争における
　　小農の重要性　291 ／ 3. 解放闘争と小農の多様性　293 ／ 4. 小
　　農の「覚醒」と「動員」　294

2 北部農村における植民地支配の確立と暴力　298

　　1. ポルトガル「経済ナショナリズム」と植民地政策の変化　298 ／ 2.
　　「アフリカ分割」後の武装抵抗と暴力的征服　300 ／ 3. 綿花強制栽
　　培と住民の「小農化」　303 ／ 4. 農村社会における格差の出現　308
　　／ 5. ポルトガル軍除隊兵士の入植と土地　313

3 モザンビーク解放闘争における対立と暴力　315

　　1. 部分的解放か全面解放か　315 ／ 2. 誰の何のための解放か
　　316 ／ 3. 内部抗争と国際介入，革命路線の明確化　320 ／ 4. 奪
　　い合われる北部小農　324

4 独立後のフレリモと小農の関係　326

　　1.「労働者と小農の前衛党」　326 ／ 2. 独立後紛争と小農　328
　　／ 3. 偽りの不可侵条約と米国・IMF／世銀による影響　330 ／ 4.
　　格差の基本構造と「新階級」の誕生　333 ／ 5. 暴力の再燃と岐路
　　に立つ北部小農　337

おわりに　340

おわりに　　359

人名索引　　361

事項索引　　363

地図1 アフリカ全図（2018年時点）
出所：舩田クラーセンさやか編『アフリカ学入門』明石書店，2010，2ページ．
注：地図中のスワジランドは2018年4月にエスワティニに国名が変更された．

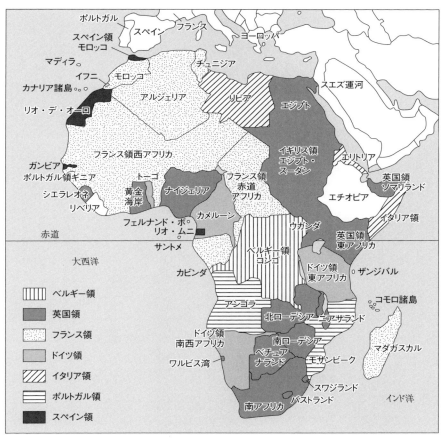

地図2 アフリカにおける植民地分割（第1次世界大戦まで）
出所：舩田クラーセンさやか編『アフリカ学入門』明石書店，2010，51ページ．

地図3　本書で繰り返し取り上げる国々・都市
出所：小倉充夫編『現代アフリカ社会と国際関係』有信堂，2012，vページ．

地図 4　モザンビーク解放闘争と周辺諸国
出所：小倉充夫『南部アフリカ社会の百年』東京大学出版会, 2009, xii ページ.

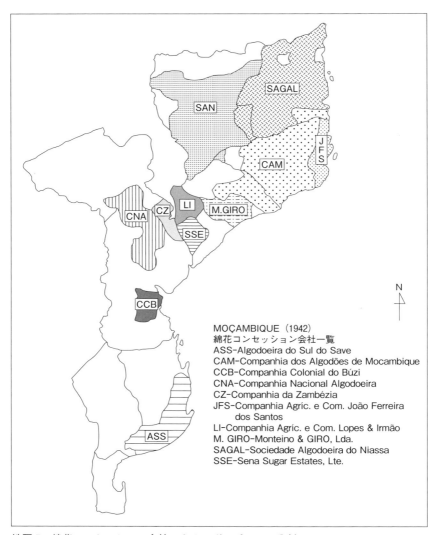

地図5 綿花コンセッション会社によるモザンビークの分割

出所:Fortuna, Carlos. *O Fio da Meada: o algodão de Moçambique, Portugal e a economia-mundo, 1860-1960*. Porto: Edições Afrontamento, 1993, p. 117.

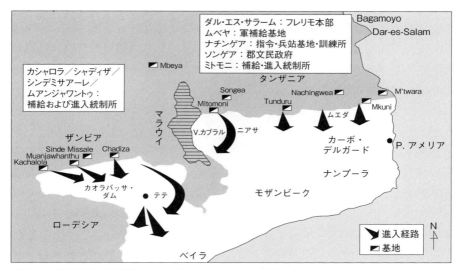

地図6 周辺諸国の軍事拠点から攻撃するフレリモの様子（1964-1974年）
出所：Aniceto Afonso and Carlos de Matos Gomes, *Guerra Colonial*, Lisbon: Noticias, 2000, p. 168.

カーボ・デルガード郡(独立後,州)の解放区内の基地の夕暮れ
兵士がフレリモの作った"教材"を使って,ポルトガル語の読み方をマコンデの女性に教えていた.彼女の顔にはマコンデ伝統の刺青がある.
写真:小川忠博

第 I 部　課題と歴史

第1章

解放と暴力

植民地体制の暴力と原住民の反撃の暴力が均衡をとっ
て，相互の異様な同質性においてこたえあっている．こ
の暴力の君臨は，本国からの植民が多ければ多いほど恐
ろしいものとなるだろう．植民地の民衆の内部における
暴力の発展は，異議申し立てられている植民地体制の行
使する暴力の割合に応じている（ファノン）[1].

秩序を守ることを他人に要求する人々は，自らにとっ
てありがたい秩序であればこそ，まさに，その改善と進
展とを志さねばならぬはずである（渡辺一夫）[2].

1 ── 植民地支配と暴力

1. 暴力 ── 過去と現在

第2次世界大戦後の冷戦時代に，アジアとアフリカの解放が実現されたため，
脱植民地化は冷戦構造の決定的な影響を受けることとなった．植民地解放は国
際的条件に規定されながら進展したので，その枠組みは特定の植民地と宗主国
との関係に止まるものではなかったのである．現在では，植民地支配を直接経
験していない世代が人口の大半を構成するようになった．植民地支配や解放闘
争の記憶さえも薄れつつある．しかし冷戦構造のもとで大国の利害に翻弄され
る結果となった解放のありかたは，独立後の社会を強く規定する要因となって
いる．このことは朝鮮やヴェトナムの現代史において明らかであるが，その他
の地域や，本書の第Ⅱ部で取り上げる南部アフリカにも，同様に指摘できる．

4 —— 第 I 部　課題と歴史

加害者側ではとりわけ過去の忘却が進み，冷戦終焉後，アフリカ問題について当事者責任論を唱える傾向が強まった．だからこそ植民地支配とそこからの解放のありかたが現在の問題といかに関わっているか，このことを一層自覚的に追及する必要があると思われる．

　独立後のアフリカ諸国においては，集団間や地域間での暴力を伴う抗争，内戦，あるいは軍部のクーデターなど，さまざまな政治的暴力が頻発した．ガーナの初代大統領クワメ・ンクルマ（Kwame Nkrumah）によれば，20 世紀はアフリカの世紀になるはずであった．しかしその明るい展望とは裏腹に，20 世紀後半のアフリカは貧困から抜け出せぬまま，政治的混乱の渦に巻き込まれていった．政治的に安定しているとされる場合，極めて暴力的に維持された独裁政権下での安定であることが多かった．いずれにせよ人々は植民地支配から解放されたにも拘らず，新たな苦難に遭遇せねばならなかった．その結果，解放の意義が改めて問われることになった．解放とは何であったのか．誰のための何からの解放であったのか．

　21 世紀の現在でも，相変わらず政治的な理由による暴力は多くの国で横行している．たとえ複数政党制のもとで選挙が行われても，政府が介入し，与党に有利な状況が作り出される．さまざまな口実を用いて野党の運動は妨害され，その候補者と支持者が迫害される．政府の意にそぐわない選挙結果が出ると，選挙の無効が宣言される．それに抗議する人々は弾圧される．皮肉なことに，民主化は時に独裁政権とはまた異なる形で政治的暴力を引き起こす結果になった．

　しかしアフリカ政治を特徴づける暴力は今に始まったことではない．西欧諸国による植民地化の過程で振るわれた暴力，植民地統治での暴力，そして解放闘争をめぐる暴力はその多くが熾烈をきわめた．現代の暴力がこうした暴力の歴史と無関係であるはずがない．アフリカの辿ってきた歴史，すなわち奴隷貿易から植民地支配，そして冷戦に翻弄された苦難の歴史を思い起こすべきである．なぜなら政治的混乱とそれによる暴力の原因は，こうした歴史的背景と関連しているからである．暴力の原因となる民族対立も，列強によるアフリカ分割や植民地支配の影響と切り離しては論じられない．独立後のアフリカ国家の混迷を，専ら独立後の政府や指導者の責任に帰すべきではない．彼らと彼らを

取り巻くものとの関係性，さらに関係性を規定してきた歴史的条件にさかのぼって理解するべきであろう．

　植民地支配は様々な支配形態のなかでも物理的強制によって維持される支配である．しかしあらゆる支配体制はその安定的維持のため，人々にその支配の正当性を信じ込ませようとする．アフリカの植民地支配で用いられた正当性の信念は何であったか．それは「白人の優越性」，すなわち優等人種による劣等人種のための統治，洗練されたいい方をすれば「文明化」であった．しかし度重なる戦争で次第に暴露される「文明社会」の現実や，教えられた思想と「優等人種」の行動との間の矛盾によって，第2次世界大戦後，支配の正当性信念は崩れていった．それに従い植民地支配の暴力的性格がかえって強まった．解放の主体はそのような植民地支配と対峙しつつ，解放の手段を選択していくことになる．

　支配する側とそれと戦う側との関係性は，解放のありかたと，独立後の社会を特徴づける．植民地形成過程における暴力（侵略と征服に伴う暴力），および植民地支配における暴力（支配と抑圧のための暴力とそれへの対抗暴力）と，独立後のアフリカ国家における政治的暴力との間には，たしかに性格上大きな違いがある．したがって植民地における暴力と独立後の国家形成過程での暴力とを同じ土俵で論じることは難しい．しかし両者を切り離して論じることもできず，現在と過去，主体と客体を結びつけながら現代の暴力を理解する必要があるだろう．

2. 暴力の正当性

　政治的な暴力はふたつに大別できる．国家権力による暴力とそれへの対抗暴力である．軍隊や警察は国家の暴力装置であり，物理的強制力によって国家の意思を実現させる組織である．しかし国家による暴力として取り上げられる問題は，通常は軍隊や警察という組織そのものについてではなく，国家による強制力行使のありかたについてである．物理的強制が合法性や正当性を逸脱している，あるいは制度的許容範囲を越えていると人々が受けとめる場合に，国家権力の暴力が問題になる．ただし植民地支配においては，物理的強制の合法性が問題になる以前に，支配そのものの正当性が疑われているため，軍隊や警察

6 —— 第 I 部　課題と歴史

は正当と認められない体制を維持するための暴力そのものとして理解され，攻撃対象の中心になる．

　国家権力に対抗する暴力は統治者からすれば合法性を欠いている．ヴァルター・ベンヤミン（Walter Benjamin）の議論を借用すると[3]，実定法からすれば，手段が適法であるか否かということが正しさの基準になる．しかし対抗暴力の担い手は，目的の正しさで暴力行使の正当性を主張する．圧制に対する暴力革命はその典型である．アメリカ独立革命は自由のために人々が武器をとり闘った．20 世紀の植民地解放もまさに同じである．ヴェトナム共和国独立宣言（1945 年 9 月 2 日）は次の文言で始まる[4]．「あらゆる人間は平等につくられている．人間は造物主によって，ある譲渡できぬ権利を賦与されており，この権利の中には生命・自由・幸福の追求が含まれている．この不滅の宣言が述べられたのは，1776 年アメリカ合衆国の独立宣言においてである」．そして続いて，「1791 年，人権と市民権についてのフランス革命の宣言も，次のように述べている．『あらゆる人間は自由に生まれ，平等の権利をもっており，常に自由で平等の権利をもたなければならぬ』．これは争いがたい真理である．それにもかかわらず，80 年以上もの間，フランス帝国主義者は自由・平等・友愛の旗印を濫用して，わが祖国を侵し，わが同胞を抑圧してきた．彼らは人間性と正義の理想に反する行為をしてきた」．過去の革命の目的が自由を得るためであり，植民地権力に対する戦いも同様であると主張されているのである．アメリカ独立革命とフランス革命を支えた理念が植民地解放に受け継がれ，しかもかつての革命の担い手達が革命の理念を裏切り，自由の抑圧者になっていることが糾弾されている[5]．

　植民地支配からの解放，すなわち自由を獲得するための暴力は，自由を抑圧する植民地権力に対する暴力であり，正当な暴力であると位置づけられるかもしれない．しかしこの自然法的解釈にも問題が残る．目的の正しさによって，あらゆる暴力が容認されるわけではないからだ．さらに誰にとっての，何からの解放なのか，このような問いが発せられると，正しさとか正当性についての疑念さえ生じることになりかねない．たとえ目的が容認されたとしても，手段の妥当性が鋭く問われる．革命家はしばしば体制の要人を暗殺する類の個人的テロを批判する．ロシアのマルクス主義革命家は，一方でナロードニキの伝統

を，他方でテロリズムの伝統を，克服しようとした．彼らにとって，アレキサンドル2世暗殺のような「個人的テロ」は無意味であった．「必要なのは組織の打倒で，組織は一握りの個人に依存するものではないと彼らは論じた．彼らは専制政治に対して集団的に行動する産業プロレタリアートに期待をかけた」[6]．国家権力への対抗においては，暴力が肯定されるにしても，すべてが許されるわけではない．いついかなる暴力を用いるか，常にその選択を迫られる．「暴力的なものたちに対して暴力を控えること，それは自らこの者たちの共犯者となることだ．われわれは純粋さと暴力の間で選択するのではなく，多様な種類の暴力の間で選択するのである」[7]．選択の妥当性は歴史的評価にさらされることになる．暴力を用いるにしても，体制側に物的被害を与えるにとどめるのか，要人や軍人を襲うのか，あるいはゲリラ戦を展開するのか．暴力は生まれつつある社会の助産婦の役割を果たすが，手段と時期を誤ると，暴力はかえって反動を強め，改革を遅らせる．暴力そのものが社会全体を変革するのではないからだ．

　たとえ政治的な正当性に基づき，かつ限定的に行使される暴力でも，暴力を行使する者にとっての倫理的な問題が度外視されることはないだろう．マキャヴェッリは倫理性から政治を解き放つ論を展開したが，暴力を行使する者，あるいは暴力の行使を命ずる者は，倫理的問題から自由ではない．ブッシュ政権は「対テロ戦争」において，「緊急時の拷問を正当化」した．グアンタナモ収容所の門には，「自由を守る義務を負う名誉」（Honor Bound to Defend Freedom）と書かれているという[8]．暴力行使における倫理的負担を軽くする正当化の背後には，暴力が自由を守ってきたという考えが西欧思想の伝統にあるからだろう[9]．

　トーマス・ジェファーソン（Thomas Jefferson）はフランス革命に関する手紙のなかで，多くの人が犠牲になったことに心痛むが，世界の半分が破壊されても，残った人々が自由であればその方がよいと記している[10]．引用されることが多い有名な一節，「自由という樹は愛国者と独裁者の血で時々生き返らせねばならない．それは天然の肥やしなのだ」[11]，これはフランス革命直前のパリで書かれたものである．ジェファーソンは暴力を不幸なことではあるが自由を確立し，維持していくために必要だと考えた．彼は自由という普遍的原理

によって暴力を正当化したのである．ところが普遍的原理を掲げると，暴力に歯止めが利かなくなることがある．暴力という絶望的な選択を正義に結びつけることによって，罪悪感を麻痺させることになるからである[12]．アメリカ合衆国（以下アメリカ）が非戦闘員を 100 万人以上殺害したヴェトナム戦争は「自由のために」と正当化された．政治的野心や経済的利害など，本当の原因がなんであれ，アイデンティティや理念をかかげる戦いになると「ジェノサイド」にいたる危険性がある[13]．

3. 国家権力と暴力

ロベスピエールなどによる恐怖政治を目撃した人々が，フランス革命に疑問を抱くのも当然であったろう．アイルランド出身の政治家エドマンド・バーク（Edmund Burke）は，恐怖政治が始まる前から，早くも革命批判を展開した．国民議会は審議の茶番劇と化し，喚き立てる観衆の前で演技していると彼はいう[14]．「あなたがたは，未だかつて文明社会など形造ったことなど無いかのように，すべてを新規から始めなければならないかのように，行為する道を選択したのです．あなたがたの始め方は誤っています．というよりも，自らのすべてを軽蔑することから始めたからです」[15]．こうしたバークの考えは，急進主義に対する政治的保守主義，地主や貴族のイデオロギーを代表するものとして知られている．バークが価値を見出したのは，「長い発展を経て専制を克服した文明の所産」であるイギリスの伝統的国家体制であり，彼は暴力による急激な改革に伴う負の面を意識しながら革命を批判した[16]．こうしたバークの説に猛然と批判を加えたのがトマス・ペイン（Thomas Paine）であった．「バーク氏の言うところの暴行は，フランス革命の諸原理から生まれた結果ではなく，革命以前に存在し，これを一掃しようとして革命が計画された堕落した精神が生んだ結果なのだ」[17]．革命後の暴力は専制政治の暴力とつながっているということである．さらにバークが反革命の動きに一切言及しないことを指摘している．「バーク氏が，その著書全体を通じて，反革命の陰謀については一度として語っていないことを注意すべきである．しかも，すべての災いが生じたのは，その種の陰謀からなのである」[18]．

革命に対する典型的な批判は，革命によって成立した革命政府による暴力，

すなわちフランス革命後の恐怖政治や20世紀のスターリン主義への批判である．しかしそのような批判を行う場合，ペインによれば，革命政府が直面する内外からの反革命による暴力を踏まえて再考する必要がある．革命時の暴力よりも革命後の暴力のほうが際立つのは，対外戦争・干渉戦争・内戦が暴力の拡大を助長するからである．フランス革命とロシア革命はその典型であった．革命は他国に影響し，革命に諸国は反応する．革命は輸出されるがゆえに，内外から革命を潰しにかかる力も強まる．それによる共和国存亡の危機が恐怖政治につながった．フランス革命を目撃したペインは書いている．「フランス革命がヨーロッパじゅうに惹き起こした驚愕の念は，2つの見地から，つまり，この革命が外国の諸国民に及ぼした影響と，おなじ革命が外国の諸政府に及ぼした影響から考察してしかるべきであろう」[19]．ヨーロッパの諸国民は変革への勇気を，諸政府は不安と危機感を抱いた．革命後の暴力もこのように国際的な文脈のなかで把握する必要がある．

　暴力による変革にはつねに代償が伴う．反乱や革命は必要であったのか．もっと代償の少ない方法がなかったのか．こうした疑問は，革命後に成立した新政権による暴力が凄まじければ凄まじいほどあらわれる．ある研究者は，革命より非暴力による改革のほうが長期的には自由にとってよい結果をもたらすと主張している[20]．ハイチ革命とハイチの現状は一見こうした主張を裏書きするかのようだ．フランスの植民地サンドマングではフランス革命を契機にプランテーション農場主に対する奴隷の戦いがはじまり，やがて奴隷解放を実現，1804年にはハイチとして独立が宣言された．それはたぐいまれな奴隷による革命の成功であったし，世界最初の黒人共和国の誕生でもあった．しかし独立に至る過程での入植者等との戦い，介入するイギリス軍やフランス遠征隊との戦いは熾烈を極めた[21]．独立後も内乱は絶えなかった．革命の指導者トゥサン＝ルヴェルチュール（Toussaint L'Ouverture）の後を引き継いで独立宣言をしたデサリーヌ（Jean-Jacques Dessalines）は皇帝ジャック1世と称し，その後に北部を支配したクリストフ（Henri Christophe）はアンリ1世と称するなど，独立後の政府は軍事的・独裁的傾向が著しかった．独立後のハイチは長きにわたる独裁政治を経験し，今日では世界の最貧国となっている．流血，破壊，低開発，貧困を象徴するものとして「ハイチ化」という言葉が語られる始末であ

10 ―― 第 I 部　課題と歴史

る[22]．ハイチ革命は賞賛の対象でないどころか，むしろグァドループ，マルティニク，プエルトリコが，「ハイチ化」を回避するため独立という選択肢をとらなかったことは妥当だったとさえいわれる．しかしこうした理解は事象の持つ世界史的な関連を無視していると言わざるを得ないであろう．「ハイチ革命がカリブ海地域とラテンアメリカにおける反奴隷制，反植民地運動に与えたポジティヴなインパクト」を無視するわけにはいかないからである[23]．

　ふたたびフランス革命に戻ると，トロツキーは，「ジャコバンの鉄の独裁は，革命フランスの極端に危機的な情勢によって必要とされた」という[24]．外国の軍隊が四方から進攻してきたからだ．さらにあらゆる手段を講じて敵を助けようする旧秩序の擁護者が国内にいた．1794 年 2 月 5 日の国民公会で，ロベスピエールは演説した．「平時における人民政府のばねが徳性（vertu）であるなら，革命におけるばねは徳性と恐怖（terreur）である．徳性なければ恐怖は有害であり，恐怖なければ徳性は無力である．恐怖は迅速，峻厳，不屈の正義にほかならず，徳性の発現である．それは特殊原則というより，祖国緊急の必要に適応された民主主義原則の帰結である」．かくして「革命政府は自由の専制である」[25]というにいたった．

　トロツキーはフランス革命と対比して，「ロシアにおけるプロレタリアート独裁の過酷さは，これにくらべて劣らぬ危険をはらんだ状況によって条件づけられていた」と主張する[26]．反革命軍と外国軍により絶え間なく攻撃されていたからである．ロシア革命の血なまぐささの原因をボルシェヴィキに帰する人は多い．しかし「帝国主義戦争がわれわれに遺贈した情勢は，内戦とプロレタリアート独裁の無慈悲な性格を 2 倍，3 倍も強めているのである」[27]とトロツキーは述べている．干渉戦争によってもたらされた資本主義諸国への不信感は，イギリスやフランスによるヒトラー政権に対する宥和的な政策でさらに強められ，イギリス・フランスがヒトラーの鉾先をソ連に向かわせようとしているのではないかという疑心を募らせた．スターリンによる独裁と粛清は，急激な工業化による矛盾と人々の反発を強権的に抑え込んだことと関連しているが，それだけではなかったのである[28]．百瀬宏は次のように述べている．「ソヴィエト政権の指導者が対応しなければならなかった『現実』とは，かれらが既存体制打倒の運動の渦中にあった時には，日程にのぼらないか，あるいは予期しえな

かった諸要因であり，なかでも基本的な意味をもっていたのは国際関係のそれ
であったといえるであろう」[29]．

　このような視点は，時代が下って，第2次世界大戦後に独立し，政権を担う
ことになったアジア・アフリカ諸国の指導者が直面した現実と政権の暴力を理
解するためにも，多かれ少なかれ必要である．国家権力による暴力の理解には，
政権の性格や理念，ましてや指導者の個性のみでなく，その政権に先立つ暴力
の歴史，および政権を取り巻く国際関係を考慮しなければならないであろう．
本書の関心は，植民地独立後に成立したアフリカ国家による暴力とそれへの対
抗暴力であり，それらを特徴づけた歴史的経緯である．

　植民地権力に対して戦った指導者も独立後は国家権力の担い手として物理的
暴力を行使する側になる．北ローデシアにおける独立運動の指導者で，ザンビ
アの初代大統領ケネス・カウンダ（Kenneth Kaunda）は，独立を境に立場が逆
転し，それによるジレンマに向き合わねばならなかった．植民地支配からの解
放を非暴力主義によって推進した彼は，今度は国家の最高権力者として，必要
とあれば暴力を行使し，行使の正当化を必要とする側になった．独立したばか
りの脆弱な新興国ザンビアが，白人少数支配のローデシアや南アフリカからの
直接的脅威に対峙しなければならないことを根拠に，政府批判の言論と活動を
規制し，違反者を処罰することが正当化された．さらにポルトガル植民地を含
む南部アフリカを解放するという目的も根拠の1つとなった．目標を達成する
ために必要な暴力，達成を阻むものを排除するための暴力は正当化された．そ
してもう1つ別の根拠は，アフリカ分割によりぶざまに切り刻まれて成立した
不自然な国家の統合を維持し，これを発展させるためというものであった．統
合の維持と発展は独立後のアフリカの諸国家が負わされた課題であり，植民地
支配の遺産の克服を意味した．別のいい方をすれば，植民地支配が生み出した
ぶざまな構造のもとで，なんとしても人々の共存をはかるという課題である．
このような課題に取り組み，脱植民地化を目指すために，国家権力はその暴力
を正当化した．

　ジンバブウェの大統領ロバート・ムガベ（Robert Mugabe）は暴力をこの第2
の根拠で正当化した代表的な例である．同国の政治的な独立は社会経済的な解
放をもたらしたとはいえなかった．それゆえ彼は解放闘争が継続していると主

12 —— 第 I 部　課題と歴史

張したのである．その結果，国家権力による暴力が容認され，制度的許容範囲を無視した露骨な物理的強制さえ正当化された．したがってこの場合，形式上は，国家権力による暴力であるが，ムガベからすると独立後も継続する植民地的構造に対する対抗暴力であるということになる．ハンナ・アーレント（Hannah Arendt）は，「それがたとえ，政府であれ，被治者であれ，権力を持っていてその権力が自分の手から滑り落ちていくのを感じる者は，権力の代わりに暴力をもちいたくなる誘惑に負けないのは困難であるのは昔からわかっている」という[30]．権力者となったかつての解放者も，支持や権威が弱まるにつれ，暴力によって権力を維持しようとする誘惑に駆られる[31]．

　ムベガについても権力維持のため暴力をもちい，それを反植民地主義によって正当化したのだということになる．しかしかつてのナチス・ドイツや日本の天皇制国家など，全体主義国家における国家の暴力と，植民地から独立した国家における暴力との違いに留意する必要があろう．アーレントにとっての暴力は，なによりも全体主義の問題，すなわち西欧民主主義の危機と関連した暴力の問題であった．それに対して本書で扱うのは，植民地主義や人種主義による暴力と，それに対する戦いの暴力に関連する事柄なのである．

2 —— 暴力・非暴力と関係性

1. 理念としての非暴力

　暴力について論じることは同時に非暴力について考えることでもある．新自由主義的道徳観，すなわち「力によっては何も解決しない」という考えは，現実からはなはだしく乖離することがある[32]．戦車に石を投げる青年の行為と，民衆を戦車で踏みつける軍の行為とを，等しく暴力として括り，非暴力主義の立場から一切を批判することには無理がある．後者はしばしば法的・制度的合法性を装って行われる．そのことを問わずに，前者を「暴徒」「無法者」であると決めつけるわけにはいかない．非暴力についても同様である．

　ガンジーの非暴力主義はアフリカの解放に大きな影響を及ぼしたが，他方で，非現実的だという批判も繰り返された．しかしガンジーは暴力を一切否定した

わけではない．人が襲われているのを目撃した時に，必要であれば暴力に訴え
てもその人を守るべきであるということを彼は認めていた．彼の非暴力主義は
何もしないということではない．暴力を用いない抵抗運動や改革をいかに行う
かが問題であった．非暴力は暴力に勝るという[33)]．ガンジーの非暴力主義は侵
略者の暴力に暴力で応えないというだけではなく，侵略者の要求には死を賭し
ても服従を拒否することであり，これこそが非暴力による抵抗の真の意味なの
である[34)]．

　これは次のような考えと繋がっている．「あなたの投票権のすべてを投じな
さい．ただの1枚の投票用紙ではなく，あなたの影響力全体を投じなさい．少
数派は多数派に同調しているあいだは無力です．その時は少数派でさえありま
せん．しかし全力で相手の動きを妨げるとき，もう抑えることはできません」[35)]．
これはアメリカの思想家ヘンリー・ソロー（Henry David Thoreau）のものであ
る．生きた時代も社会も異なるが，彼はガンジーに影響を与えている．ガンジ
ーは手荷物の中にソローの『市民的不服従』を携え，牢獄に入るときでさえも，
これを持っていったという[36)]．ソローは民主主義を掲げながら奴隷制を合法化
している州政府を批判して非暴力による抵抗，すなわち市民的不服従を実践し
た．その思想は，非暴力によって権力の不正に立ち向かう人々の大きな支えと
なった[37)]．

　ガンジーの非暴力も無為という非暴力ではなく，抑圧とそれを支える暴力に
立ち向かう積極的な非暴力であった．非暴力の道徳的優位は，暴力を振るうも
のにその行使を思いとどまらせることができる．このような考えがあったから
こそ，彼はヒトラーに手紙を書き（「アドルフ・ヒトラーに」），軍国日本の人々
に呼びかけ（「すべての日本人に」），暴力と侵略をやめさせようとしたのである[38)]．
残虐な権力者の前では命を失うだけだという批判は容易だが，ガンジーの主張
は目前の課題に関連しつつも，非暴力の歴史的意義に基づいている．暴力によ
って社会を変えた時，新たな社会はしばしば一層暴力的になる，このことを歴
史はわれわれに教えている．彼は人間の精神と徳性を高めることが地上に「永
遠の平和」をもたらすと考える[39)]．イエスは十字架上で死んだが，それはピラ
トの勝利を意味したのではない．無抵抗の行為により善の力が解放されたがゆ
えに，キリストが勝ったのであるとさえ主張する[40)]．すなわちガンジーの非暴

14 —— 第 I 部　課題と歴史

力主義は単に闘争手段の1つでは決してなかった．だからこそ彼は非暴力主義
を受け入れていた会議派の同志たちが，それを単なる政策と考えていたことを
知って落胆する[41]．

2. 戦術としての非暴力

　会議派の人々だけではなく，ガンジーに影響を受けたザンビアのカウンダと
南アフリカのネルソン・マンデラ（Nelson Mandela）にとっても，非暴力主義
は必ず守るべき理念ではなく，状況の産物であった[42]．カウンダはほぼ一貫し
て非暴力主義を掲げたが，後述するように，イギリスとの独立交渉が滞った時
には，蜂起の可能性に言及した．その蜂起に比べれば，「マウマウは子供の遠
足のようなものだ」と発言して植民地政府，特に入植者を震え上がらせた[43]．
マウマウ（現在はケニア土地自由軍といわれる）とはケニアの土地問題に関連し
たキクユ人による武力闘争のことであり，イギリスはそれを徹底的に弾圧した．
すなわち非暴力だけでは植民地政府への効果は保障されず，実力行使の可能性
を否定しないことが効果的である，このことをカウンダは認識していたのであ
る[44]．

　マンデラは述べている．「非暴力は，ひとつの選択肢というより，やむを得
ない現実的な道なのだ．わたしもそういう考えで，ガンジー型の非暴力は，絶
対にゆるがせない原則ではなく，状況に応じて用いるべき戦術のひとつだとみ
ていた．ガンジーは，たとえ自滅につながっても非暴力の戦略を貫くという信
念を持っていたが，わたしには，原則がそれほどまでに重要だとは思えなかっ
た．効果のあるかぎり非暴力的抵抗を続けていくことを，わたしは提案した」[45]．
南アフリカでは1950年代初頭から非暴力不服従運動が展開した．同時にこの
運動はアフリカ民族会議（African National Congress，以下ANC）の主張を広く
知らしめることが目的であり，非暴力で政府を転覆させるのは困難だとマンデ
ラは考えていた[46]．

　1960年になるとANCでは武装闘争の議論が始まり，翌年には軍事部門を創
設することが決まった．マンデラがその任務に就いた[47]．非暴力から武装闘争
へ転換した理由は，1963年の裁判におけるマンデラの弁論に示されている．
「50年間にわたる非暴力がアフリカの民衆にもたらしたものは，抑圧的な法律

の増加と際限のない権利の縮小でしかありませんでした」「民衆は暴力を口にし，自分たちの国を取り戻すために白人と戦うことを胸に描き続けて，それにもかかわらず，わたしたち ANC の指導者は，暴力を避け，平和的な手段を用いるように説得し続けてきたというのが，事実なのです」「非暴力によって人種差別のない国家を創りあげるというわたしたちの政策がなんの成果もあげていないこと，支持者たちがこの政策に疑いを持ち始め，テロという不穏な考えを胸に育ててきていることを，否定できなくなっていました」[48]．こうして ANC は解放のために暴力を用いることになったが，いかなる暴力でもよいわけではなかった．マンデラは 4 種類の暴力，すなわち破壊工作，ゲリラ戦，テロ，本格的な革命のうちで，人々に被害が一番およばない破壊工作から始め，望む結果が生まれない場合には，ゲリラ戦へと活動を拡大していくことを考えていた[49]．非暴力により解放を成し遂げたとマンデラを賞賛する声がしばしば，とりわけ西側諸国で，聞かれる．しかしその理解が一面的であることがわかる．暴力・非暴力の問題はしばしば都合よく解釈されがちである．

3. 非暴力の条件と限界

　マンデラなどがガンジーに対して抱いた距離感は，黒人解放運動における戦闘的指導者であったマルコム X（Malcolm X）が，マーティン・ルーサー・キング（Martin Luther King）に対して抱いた距離感と類似している．マルコム X の過激な言説は，黒人暴動を引き起こすと，強い批判にさらされた．しかし彼は白人の偽善と共に，黒人中産階級の偽善も激しく批判し，非暴力の限界を取り上げ，暴力を否定する考えを論難したのである．「もし非暴力が暴力を避けることを目的として，アメリカ黒人の問題の解決を遅らせるだけならば，私は暴力に賛成である．もしも非暴力が解決を遅らせるだけのものなら，私はそれにくみしない．私にとって遅れる解決とは無解決のことだ」[50]．キングは，マルコム X の言説が黒人を悲惨に陥れたといった．このことにたいして，マルコム X は憤懣やるかたない口調で次のように述べたという．「『俺のいったことがもとで，そんなことになるなんてとんでもない．白人のやることは見逃しておいて，いつもだれか，黒人のせいにするんだから！』，『過激派』とか『扇動家』という非難に対しては，決まって腹をたてた．『そうとも，俺は過激派だ．

16 —— 第Ⅰ部　課題と歴史

この北アメリカで黒人のおかれている状態は，過激なくらい最悪だ．もし過激派でない黒人がいたら，そいつは精神科医に診てもらう必要があるぜ！』」[51]．

なおキングかマルコムＸか，非暴力か暴力肯定かという対比だけでは不十分である．マルコムＸは非暴力による公民権運動を否定したわけではないし，彼の演説内容は過激だったが，社会活動において自ら暴力を振るうことはけっしてなかった．公民権運動は結局，白人と同じ権利を黒人にも要求するにすぎないものであるとマルコムＸは考えた．アメリカ社会の偽善の暴露，奴隷制の下で埋め込まれた意識の克服，黒人における自己信頼の回復と存在根拠の確立こそが彼の目的であった．それゆえアメリカ黒人の内面における解放にマルコムＸの及ぼした影響は大きい．

南アフリカでは，虐殺された黒人意識運動の指導者スティーヴ・ビコ（Steve Biko）が，マルコムＸのアメリカで果たした役割をになったといえる．「人種統合という考えの美徳はしばしば白人リベラルのサークルで誉め讃えられているが，この考えは，白人の価値観を受け入れた，いいかげんな仮定に満ちている．この考えは白人によってすっかり定義づけられてきたのであって，黒人による検討を受けたことは決してなかった」[52]．だからこそ彼は次のように主張する．「『ブラック・イズ・ビューティフル』と言うとき，実際には黒人に対して，『おい，君は今の姿のままでいいんだぜ．自分自身が１人の人間だということを自覚するんだ』，と言っていることになるのです」[53]．

植民地支配からの解放運動における暴力と非暴力についての考えは，ガンジーとマンデラではかなり対照的である．両者の違いを，置かれた状況の違いから理解することができるだろうか．非暴力による抵抗はガンジーの場合においても，たんに個人的な良心の問題にとどまらず，運動の原則として，すなわち集団的なものとして捉えられていた．アーレントは，市民的不服従者はたった１人の個人として存在しているのではなくて，「市民的不服従者は集団の一員であってはじめて役割を果たせるし，生き延びることもできるのである」という[54]．寺島俊穂によれば，「市民的不服従が運動として展開されれば，さまざまな大衆運動・市民運動がそうであるように，それは１つの権力を構成し，既存の権力に対峙することとなる」[55]，「市民的不服従を運動として捉えた時，注目すべきは，それが現実政治の権力状況のなかで国家権力に対抗する１つの『民

衆の力』として立ち現れるということである．つまり，市民の反抗集団が政治的な力を持つのは，運動による政治的ダイナミズムをとおしてである」[56]．この議論はアメリカのような社会を念頭においたものであろうが，運動が直面する困難に大きな差があるとはいえ，植民地や権威主義体制においてもある程度通用する．したがって，非暴力は個人やごく少人数のものではなく，運動として展開し得る条件の有無にかかわる問題だということになる．

　ガンジーが活動したのはイギリス連邦の自治領南アフリカとイギリスの植民地インドであった[57]．マンデラが非暴力主義を捨て，武装闘争に転換した1961年は，南アフリカが英連邦から脱退し，共和国になった時である．ヴェトナムのホー・チ・ミン（Hô Chí Minh）は，ガンジーの非暴力主義はイギリス領では有効であっても，フランス領では無理だと考えた．非暴力による抵抗がインドでは効果的であったからこそ，ガンジーの非暴力主義は影響力を発揮した．支配者の政策が異なっていれば，非暴力主義は絵に描いた餅，植民地支配者との妥協の策であるとして，早々に見捨てられていたはずだということになる．ホー・チ・ミンはフランス共産党の機関誌「リュマニテ」で次のように述べている．「フランスの植民地主義者は植民地の資源を開発する点で不器用であるにしても，野蛮な弾圧の術と，寸法にあった忠誠をつくり出すことにかけては大したものである．ガンディとかデヴァレラといった人々が，かりにフランス植民地に生まれていたとすれば，とうの昔に天国に入っていたであろう」[58]．若きホー・チ・ミンはフランス商船の乗組員として，北アフリカやギニア湾沿岸の植民地を訪れ，ヴェトナムばかりでなく各地のフランス植民地での過酷な実態を目撃していた[59]．

　ゴールド・コースト（現ガーナ）の独立を主導したンクルマも非暴力主義を掲げた．「ガンジーの非暴力の哲学が役に立つとは，最初私にはとうてい思えなかった」「植民地問題の解決には武装反乱によってのみ可能だ，と当時の私は考えていたのだ」「しかしガンジーの政策を長いあいだしらべ，それが強い政治組織に支持された場合にもつ効果を目撃して，この非暴力哲学が，いかに植民地問題の解決に役立つかを思い知った」[60]．ンクルマは「合法的な扇動，新聞，政治教育運動による積極行動と，ストライキ，ボイコット，非暴力を原則とする非協力運動」を実行した[61]．念頭に置くべきはンクルマの考えと行動

18——第I部 課題と歴史

が，非暴力運動の展開できる状況と対応していたということである．

ホー・チ・ミンはイギリス植民地とフランス植民地とを対比して，独立運動の厳しさを述べたが，非暴力による解放運動はポルトガルの植民地ではさらに困難であった．

ポルトガルはアントニオ・サラザール（António de Oliveira Salazar）の独裁政権下にあり，本国でさえ許されない民衆の自由は，植民地では一層絶望的な状態にあった．ギニアビサウの解放運動を指導したアミルカル・カブラル（Amilcar Cabral）にとって，植民地支配のなかでもポルトガルのそれは最悪であった[62]．植民地を手放さないポルトガルの独裁者サラザールは，「われわれは，われわれの主権のひとかけらでも，売らないし，ゆずらないし，手渡さないし，捨てないであろう」と述べたという[63]．解放組織の作戦に同行した経験をもつイギリスのジャーナリスト，バジル・デビッドソン（Basil Davidson）も，武装闘争の必然を次のように説明している．「少なくとも1940年以降は，ポルトガルの国内自体と同様に，有効などんな形の民主化でも招来すると思われるあらゆる創意は，抑圧されてきた．政治的デモンストレーションは禁じられた．集会も，討論も，ましてやどんな形の政党も．労働組合権は認められなかった．機構の再編は，考えられもしなかった．この政権のもとでは，これまでにあったことは，そうあらねばならないこととして継続された——現在も，常にいつまでも．こうして，改革へのあらゆる道が閉ざされ禁じられた以上，2つの道しか残らなかった．1つは沈黙をつづけ，奴隷の悲惨な生活への屈従をつづけること，もう1つは反乱，必然的に武装反乱」[64]．

しかし植民地の支配者が誰であるかにより，非暴力による運動の可能性が左右されると決めつけることには慎重であるべきだろう．「ガンディーの成功を『相手がイギリス人だったから』と過小評価する人々は，イギリスによる植民地支配がいかに過酷で残酷だったのかを見過ごしている．イギリスによる支配が慈愛に満ちていたものだったというのは幻想にすぎない」[65]．たしかに南ローデシアのショナ人に対する支配の確立や「反乱」の弾圧に際して，イギリス南アフリカ会社が行った残虐行為を見ればうなずける．イギリス政府は会社の行動についての責任を免れないだろう．自治領になった後の南アフリカや南ローデシアの事態についても，イギリス政府が，「それは自治政府の責任だ」と

いってすますことはできない．つまり同じイギリスの支配であっても，その支配の実態はさまざまであった．

　明らかなことは非暴力による運動がいつまでも成果をもたらさないとき，あるいは非暴力運動を展開することさえ許されなくなっていく場合，暴力の必要を主張する人々を批判することは次第に困難になるということである．南アフリカでは1952年から67年の間，ANCの議長であったアルバート・ルツーリ（Albert Luthuli）が非暴力主義運動を主導した．その運動の成果が得られず限界が明らかになるにつれ，彼の指導力と影響力は急速に失われていったのである[66]．

　いかなる植民地支配でも，それが人々を抑圧する体制であることに変わりはない．しかしその支配のありかたは多様であり，それは支配者の特徴を帯びざるをえない．ナチス・ドイツや軍国日本，あるいはアパルトヘイト体制のもとでは，話し合いは無理であったとしても[67]，その他の支配体制下では，非暴力主義による運動が有効でありえたし，また有効でありうると考えることに何ら矛盾はない．したがって，非暴力から暴力への転換とその背景，用いられる暴力の性格とそれを規定する条件に注目する必要がある．

4. 解放闘争の暴力

　植民地権力や入植者に対して行使する物理的力，すなわち支配者の暴力に対する反撃暴力を用いた人は，その暴力を正当なものと考えるであろう．もちろん事例ごとにその必要性と正当性の程度は異なり，それをめぐって議論や対立は起こる．しかし解放戦士と彼らを支援する住民は闘争における暴力を容認する．「襲いかかる獅子に素手で立ち向かうことはできない」からである．ところがその暴力のために使用される武器等は支配者側のそれに比べ，通常は圧倒的に貧弱である．国家間の戦争においては武器の質，兵員の数，さらに生産力が勝敗に影響する．しかし解放戦争の場合，戦争の帰趨は必ずしもこれらによって決定づけられない．武力において圧倒的に劣るものが勝利することもある．これこそがゲリラ戦の特徴である[68]．ムガベはゲリラ戦のさなか，次のように述べた．「人民は敵に勝利する上で助けとなる最も確かなものである．人民のなかで行動する時は常に次のことを心に刻み込もう．人民という大量の水は，

20 —— 第Ⅰ部 課題と歴史

魚がえさを食べ，隠れ，そしてときに滑らかで穏やかに，しかししばしばすばやく巧みに動くことができるように静かな優しさを保っていることを」[69]．

　植民地解放戦争においては，軍と民との区別は必ずしも明確ではない．解放戦士は地域住民の協力が得られ，食料や隠れ家が提供される．強大な植民地軍や外国軍がゲリラを掃討できないのは，戦う相手が兵士だけではないからである．国家間の戦争においては，政府により人々の戦意高揚が図られる．ゲリラ戦ではゲリラ側の戦意の高さに比し，植民地軍・外国軍のそれは当初から低いか，戦いの長期化に従い低下しがちである[70]．逆にゲリラ側には，住民との連帯がなければ戦いに勝ち目はない．植民地勢力と戦う側が内部で対立して，ゲリラ戦の主体が分裂する場合や，主体が特定の民族や集団に限られる場合には，敗北する可能性がある．

　支配と搾取に苦しむ住民がゲリラに示す支持や共感は，自然発生的であったり，ゲリラによる努力の結果であったりする．住民に対する広報，教育，訓練がゲリラへの支援を拡大し，解放区を広げていくことになる．ところがこのようなメカニズムは，政治教育を重視するかたわら，非協力や裏切りに対しては厳しい制裁を科すことと表裏一体である．そのことによる暴力の容認，敵味方の峻別，暴力行使の正当化こそが政権掌握後の状況に影響する．ゲリラ戦により権力を掌握した政権は，解放闘争時の思考と行動の様式を引きずる傾向があり，批判勢力を容認しない暴力的な性格を帯びる事例をわれわれはいくつも知っている．暴力で権力を掌握したものは，暴力でそれを維持しようとする．

5. 物理的暴力と構造的暴力

　広義の暴力と本書で主に取り上げる狭義の暴力との関連について述べておきたい．人種差別などの社会的暴力，あるいは目に見えにくい構造的暴力と，身体的拘束や拷問，さらに暗殺や処刑などの物理的な暴力とを，同一概念で論じきることはできない．なぜなら暴力の結果に対する修復可能性の有無や修復手段に違いがあるからである．さらに構造的暴力は見えにくい暴力であるがゆえに，加害者自身に暴力を振るったという自覚がないことさえある．人は自分自身が排除や差別の構造を支えていることにしばしば無自覚である[71]．「有用な契約に対して，暴力的なものを感ずるのは，この契約の順守を要求する個々の

人間の無反省，傲慢あるいは機械性のためである」[72]．このことが物理的な暴力との関連を作り出す．

　「民主主義」の下で暴力を振るうものは「暴徒」として批判されるのが常である．しかし少数者の権利を否定する多数者の横暴，抑圧的寛容や構造的暴力による問題を考えれば，民主主義はつねに不完全で，絶えざる民主化への歩みの中に存在する．したがって民主主義的国家における市民的抵抗が時に絶望的な暴力に至る．暴力反対の主張が，人はなぜ暴力的手段に訴えざるを得なかったのかという問いを欠くと，暴力の連鎖を断ち切ることはできない[73]．

　同様に解放後の政治的暴力を批判する人々は，そのような暴力を引き起こした構造と歴史に対してしばしば無知・無頓着である．文明化，自由化，民主化の名の下で強化される搾取は，暴力を引き起こす原因になる．この点の認識不足によって引き起こされる物理的暴力がブーメランとなって襲いかかってくる．物理的暴力のみならず構造的暴力を，そして現在のみならず，過去に振るった暴力を，加害者がどう認識するかは，被害者の用いる手段と暴力のありかたに大きな影響を及ぼすと見るべきであろう．

3 ── 解放と支配・従属

1. 独立と解放

　本節ではアフリカの解放に関する問題意識について述べる．植民地の独立と新たな主権国家の誕生は，ヨーロッパの列強による政治と軍事における直接的な支配の終焉を意味した．この変化はしばしば民族独立あるいは民族解放といわれた．しかし独立運動の主体の組織名には，ゴールド・コーストの会議人民党や南部アフリカの各地域に生まれたアフリカ民族会議（ANC）のように，特定の民族名や植民地名がその名称に含まれないことが多かった．この事実は植民地支配からの解放が特定の地域の問題，まして特定の民族の問題にとどまらず，そもそもアフリカ人としての解放に他ならなかったことを示唆している．

　アフリカは既存の民族国家ごとに植民地化されたわけではない．したがってアフリカ人の解放が植民地単位で行われるべきだという前提も存在しなかった．

アフリカ人ないし黒人であるという理由による差別への異議申し立て，このことが植民地政府に対する抗議と抵抗の原点であった．しかし独立が具体的な目標として意識化されるに従い，独立後の国家の領域，さらには独立運動自体が展開する領域が問題となる．

アフリカ分割の結果である植民地を新たな国家の枠組みとするのか，それともその境界線に縛られないより広い領域を国家として設定するのか．あるいは逆に民族・言語集団別に小規模な単位の国家を構想するのか．ほとんどの場合，現実となったのはこの 3 つのうちの最初のものであった．2 番目のパン・アフリカニズムは理念としては生き続け，南部アフリカ解放に向けた連帯の導きの糸となった．しかし独立とその後の国家建設はおおむね植民地単位で行われた．

サハラ以南アフリカにおける独立とは何よりも植民地の独立であったということになる．それゆえ植民地単位による独立が，人々と集団に及ぼした影響はさまざまであった．同じ植民地であっても，それぞれの民族や地域，あるいは性別によって，独立による解放の意味が異なったからである[74]．このことが独立後の暴力の問題と密接に関連している．

北ローデシアの独立は主に民族運動の担い手とイギリス政府との交渉を通じて実現した．南ローデシア（現ジンバブウェ）では，白人少数政権による一方的独立宣言の後にアフリカ人解放勢力との間で戦闘が繰り広げられ，イギリス政府の仲介の下でイギリスから独立するという形式を踏んだ．ポルトガルの海外州であったモザンビークは，解放勢力とポルトガル国軍との壮絶な戦いとポルトガル本国の政変を経て，独立を達成した．このようにさまざまな経緯をへて，南部アフリカの人々は政治的主権を回復した．しかし独立は誰にとっての，何からの解放だったのか．自明な問いのように思われるが実はそうとはいえないのである．

主権の回復がアフリカ人内部における既存の支配・被支配関係を強化し，他方で新たな支配・被支配関係を作り出すこともあった．政権から排除された少数民族や周辺地域の人々にとって，植民地支配からの独立は解放ではなく，新たな従属の始まりになりかねない．入植型の植民地では，土地改革の進展が不可欠であった．それが実現しなければ，アフリカ人小農にとって，独立は植民地支配からの解放を意味しなかった．独立によって植民地支配の作り出した抑

圧的な構造が崩壊するとはかぎらず，むしろその残存が独立後の政治的暴力に結びついていく場合も少なくないのである．

　解放について以上で述べたことは，筆者たちが数年前に出版した『現代アフリカ社会と国際関係』における問題意識の継承である．そこで対象となった地域のうち，本書で取り上げる南部アフリカを除いた地域，すなわちエチオピアとエリトリア，そしてルワンダにおける解放と暴力の問題に言及しつつ，本書の問題関心をさらに明確にしておきたい．

2. 兄弟の戦争

　この項では，エチオピアとエリトリアの解放の意味について考察するが，特にエリトリアの独立と，両国の国境をまたいで居住してきた人々に注目する．イタリアは紅海沿岸に勢力を伸ばし，アフリカ分割の時期にイタリア領エリトリアを成立させた．エチオピア帝国は例外的にヨーロッパによる植民地化を免れたが，1936年にムッソリーニ率いるイタリアにより併合され，第2次世界大戦中の1941年にイギリス軍により解放され主権を回復した．他方で，エリトリアは1952年までイギリスの支配下におかれた．このような歴史は，現在のエチオピアとエリトリアにまたがって居住しているティグライ人にとって何を意味するのだろうか．エリトリア独立についても，ティグライ人にとっての解放についても，この時期の前後50年，通算して100年の歴史を踏まえて考察する必要がある[75]．

　イタリアとエチオピアとの間で締結されたウチャレ条約（1889年）によって，イタリア領エリトリアが成立した結果，エチオピア皇帝を輩出したこともある民族ティグライの居住区は，エリトリアとエチオピアに分断されてしまった．これはほんの一例にすぎず，類似のことはアフリカ分割によって，大陸のいたるところで生じた．エチオピア内のティグライはオモロ，アムハラ，ソマリに次ぐ規模で，全人口のおよそ10％に当たるが，エリトリアのティグライは全人口の過半数を占める多数派の集団である．

　イタリアはエリトリアの植民地化後，エチオピアへの侵入を試みるさい，ティグライを利用し，兵士として動員した．このことはかつて，共に皇帝を輩出し，中央政府を支配してきたアムハラとティグライという二大有力民族間の対

立を助長した．有名なアドワの戦い（1896年）では，侵略したイタリア軍が敗北し，エチオピアは独立を維持したが，エリトリアとエチオピアに分断されていたティグライ同士が戦う羽目に陥った．エチオピアにおいて，ティグライと中央政府との対立が最も鮮明にあらわれたのは，1943年に生じたティグライ農民と貴族による反乱「ワヤネ」である[76)]．この反乱はイギリス軍のメケレ空爆などにより鎮圧された．イギリスによるエチオピア解放が誰のためのものであったのかが問われるだろう[77)]．エリトリアについても植民地解放の意味が鋭く問われている．エリトリアは第2次世界大戦の最中にイタリア支配から解放されたが，イギリス軍政（British Military Administration）下におかれ，再び略奪と破壊の対象になった．さらにイギリスはエリトリアをエチオピアとスーダンに分割しようとし，そのことがエリトリアで民族・宗派間の対立を助長する結果を招いた[78)]．

　第2次世界大戦後のエチオピアは，自らがエリトリア高地にあった古代アクスム王国の後継者であるという理由で，エリトリアの領土権を主張した．連合国はエリトリアの帰属について，それぞれの思惑で合意できず，結局，問題は国連に付託され，1950年にエチオピアとエリトリアの連邦化が決定された．しかし1962年にエチオピア政府がエリトリアを併合した結果，独立を求める武装闘争が始まった[79)]．エリトリアは，その多くがキリスト教徒であるティグライや，紅海沿岸に住むムスリムなど，多様な人々からなっており，独立を主張する人々ばかりでなく，エチオピアとの統合を求める人々もいた．しかしイタリアによる支配とイギリス軍政を経験するなかで，次第にエリトリアの一体性がはぐくまれていった．この一体性をさらに強めたのがエチオピアによる併合であった．エチオピアによる支配は，イタリアとイギリスによる支配に続く3番目の植民地支配であり，それはアフリカ植民地主義（African colonialism）あるいは黒人を支配する黒人による植民地主義（black-on-black colonialism）となった[80)]．

　他方，エチオピア帝国は1974年に起きた革命で崩壊し，メンギスツ・ハイレ・マリアム（Mengistu Haile Mariam）を指導者とする軍事独裁政権が誕生する．コプト派キリスト教とアムハラ語を強制する帝国時代のアムハラ中心主義の放棄を宣言した革命政権への期待もむなしく，エリトリアの独立運動は反革

命運動と見なされ弾圧が強化された．エリトリアは，イタリアの撤退，エリトリア問題の国連付託，そしてエチオピア革命と，3 度にわたって独立の期待が裏切られたのである．しかし革命後のエチオピアでは，反政府勢力による武装闘争が各地で展開し始め，エリトリアの解放闘争に有利な状況が生まれてきた．エチオピアのティグライはティグライ人民解放戦線（Tegrai People's Liberation Front: TPLF）を結成して，中央政府と戦うことになった[81]．しかしエリトリア解放の主勢力となったエリトリア人民解放戦線（Eritrea People's Liberation Front: EPLF）とティグライ人民解放戦線にとって，エチオピア政府は共通の敵であったが，共闘が順調に行われたわけではなかった[82]．

　エリトリアは独立を得るため実に 30 年間戦いつづけなければならなかった．その理由はいくつもある．エチオピアにとってエリトリアは海への出口として不可欠であり，経済的先進地域としても重要であったため，ここを手放せなかった．エチオピア革命前はアメリカが，革命後はソ連が，エチオピアと友好関係を保ちつつ紅海とアフリカ北東部（アフリカの角）の支配権を維持しようとした．そのため大国はエリトリアとエチオピアの一体性の維持を望み，エチオピアへの支援を続けた．エチオピアの利害だけでなく，大国の利害が戦争を長期化させたのである．しかし独立が遅れた要因がほかにもあった．

　植民地から独立したアフリカ諸国の政府は，植民地の枠組みを受け継ぐ形で成立した国家の領域維持と，それを確実にするための国民統合を目指した．1963 年に発足したアフリカ統一機構（Organization of African Unity: OAU）が加盟国の主権の尊重や内政不干渉の他に，領土の保全を掲げたのは，国内の「分離主義」とそれに対する外部からの支援を警戒したからに他ならない．エリトリアにとって独立を求める運動は分離主義ではなく，反植民地主義であった．しかしアフリカ諸国の政府がこれを支持しなかったのは国民国家の形成を目標として掲げ，国内の批判勢力を分離主義あるいは部族主義と批判することによって，統治を正当化していたからである．エチオピアの首都アジスアベバにアフリカ諸国の連帯を掲げる OAU の本部が設置されるなど，エチオピアはパン・アフリカニズムの象徴であったため，エリトリアの解放勢力がアフリカ諸国から支援を得るのは一層困難であった．しかしソ連による軍事援助で支えられていたメンギスツ政権は，冷戦の終焉とともに崩壊し，新たに成立した政

権が民族自決を認めたため，エリトリアで独立の是非を問う国民投票が実施された．その結果，圧倒的な賛成を得て，エリトリアは 1993 年にようやく独立を達成したのである．

ところがエチオピアとエリトリアは交易条件，港湾の使用，通貨政策などをめぐり対立し[83]，国境紛争をきっかけに，1998 年に戦火を交えるに至った[84]．その結果，両国の死者は少なくとも 5 万から 7 万 5000 人，あるいは 10 万人に達したといわれている[85]．紛争によって強制的に追放された人の数は，エリトリアからエチオピアへ 7 万，エチオピアからエリトリアへ 7 万 5000 人に及んだ[86]．今回もティグライが住む地域が紛争地となり，追放される人々は追放する側の人々と何らかの血縁関係にあることが多かった．最貧国同士の戦争を止めることのできなかった両国の首脳，すなわちエリトリアの大統領イサイアス（Issaias Afwerki）とエチオピアの首相メレス（Meles Zenawi）でさえ，それぞれ祖先を辿ると，イサイアスはエチオピアに，メレスはエリトリアに至るという[87]．2000 年に停戦協定が成立し，2002 年には国境画定についての合意が形成されたものの，両者の対立はその後も続いた．

30 年に及ぶ内戦，「兄弟の戦争」といわれる 1998 年の戦争，そして両国で続く抑圧的な政治，こうした暴力とその連鎖はあらためて脱植民地化と独立の意味を問いかけている．独立を求めて戦っていた当時の EPLF は，その士気の高さや規律の強さによって，統治地域を訪れた人々から賞賛された[88]．さらに「新生エリトリアは，崩壊しつつある政権で構成されるこの地域（アフリカの角，すなわちアフリカ北東部：引用者）において，安定と平和をもたらす能力とが結びついた存在である」といわれていた[89]．このように独立前後，輝ける未来を期待されていたエリトリアは，1960 年代に独立したアフリカ諸国の過ちを繰り返さないと思われた．

しかし内外からの期待は裏切られ，大統領とその側近による極めて強権的な政権運営が行われ，経済難民ばかりか，多くの政治亡命者を生みだす結果となった[90]．ある老人は次のようにいう．「子供たち（植民地統治から解放を勝ち取った者たち：引用者）の統治のもとで，かえって暮らし向きが悪くなるとはなんとも皮肉な結果だ」[91]．解放戦線に参加し，独立後，政府の高官として外交に携わった人物は次のように述べている．「それ（政権と決別すること：引用者）

は私の人生で最も苦渋にみちた決断だった．なぜなら青春を祖国解放にささげ
ながら，その果てに亡命するはめになったからだ」[92]．解放闘争における指導
者と民衆の一体性が，いまや神話のごとく支配の正当化の根拠になっている[93]．
しかし現実には，闘争時代からの秘密主義や不寛容そして権威主義がはびこ
り[94]，批判者は徹底的に排除され[95]，武力によって権力を勝ち取ったものが，
暴力によって権力を維持するはめにおちいっている．数々の苦難を経て解放を
手にした喜びもつかの間，苦難に打ち勝つ過程で生みだされた暴力と権威への
信奉が，人々に苦難を再び強いる結果をもたらしているのである．

3. 難民の武装帰還

　ルワンダでは 1994 年 4 月から数カ月の間に，少なくとも 80 万人が虐殺され
た．これは世界に衝撃を与えた．ルワンダは，人口の 8 割近くを占めるフトゥ
と，2 割弱のトゥチ，そしてさらに少数のトゥワからなる．殺された人のほと
んどはトゥチであるが，当時の政権に批判的なフトゥも犠牲となった．こうし
た凄まじい暴力の爆発は，暴力が繰り返されてきた歴史の延長線上にある．第
1 次世界大戦以前，ドイツ領であったルワンダは，同じくドイツ領であったブ
ルンディと共に，戦後に国際連盟の下で，ベルギーの委任統治領となったが，
第 2 次世界大戦後は信託統治領となった．

　この間の植民地支配によって，ルワンダ王室を中心とする政治構造は，トゥ
チによるフトゥ支配として確立し，ベルギーはその構造に基づき間接統治を行
った．独立の機運が高まると，トゥチはベルギーからの即時独立を求めたが，
フトゥはトゥチによる支配構造の解体を求めた．フトゥはベルギーとトゥチに
よる「二重の支配」に苦しんでいたからである[96]．その結果，独立に先立ちフ
トゥは社会改革を求めて蜂起した．フトゥは自らを先住民と位置づけ，トゥチ
を外来者として攻撃した．トゥチは既得権を維持しつつ独立を達成しようとし，
フトゥはその党名フトゥ解放運動党（Parti dumouvement de l'émancipation hutu:
PARMEHUTU）からうかがわれるように，フトゥ・ナショナリズムを掲げた．
独立前の総選挙においてフトゥ解放運動党が圧勝し，その結果，トゥチは大挙
して隣国に流出した[97]．その後，トゥチ強硬派が隣国から侵入して，新政府と
武力闘争を行うようになった．これが引き金となり，ルワンダ国内に残留して

いたトゥチに対する迫害が頻発したため，さらに人々が流出し，難民問題が深刻化したのである．

独立に何を期待するかがトゥチとフトゥでは大きく異なり，独立の影響も両者では著しく異なっていたことがわかる．植民地支配の終焉はトゥチとフトゥの関係を逆転させ，その結果，隣国に逃れたトゥチは新たな試練に直面した．ただしブルンディでは，ルワンダと同じく人口数ではフトゥが多数を占めながら，独立後もトゥチを中心とした支配が続いていた．ブルンディに移住したトゥチの場合を除き，その他の隣国に移動したルワンダ難民を取り巻く状況は厳しかった．

タンザニアはルワンダ難民の定住化を促し，市民権付与に積極的であった．しかしいずれ帰還するという意志がトゥチには強かったため，市民権付与を進めようとするタンザニア政府とルワンダ難民との間に軋轢が生じることがあった[98]．コンゴ（旧ザイール，現コンゴ民主共和国）とウガンダの場合，難民はさらなる困難に直面した．社会革命による難民の流入以前から，コンゴ東部では地元住民とルワンダ系移住者（バニャルワンダ）の間に緊張があった．それには背景がある．

ベルギーは植民地コンゴ東部の開発に必要な労働力を，自らの委任統治下にあったルワンダ・ブルンディから導入しようとした．しかしルワンダの人々は，ウガンダやタンザニアに働きに行くことを好んだため，ベルギーはこれらイギリス領よりもコンゴを少しでも魅力的にする必要があった．そのためにルワンダからの労働移民を出稼ぎ労働にとどめておくのではなく，移住者として土地所有を認め，定住を可能とする入植政策が実施された．その結果，定住した人々は定住地の名前をとってバニャムレンゲといわれるようになり，地元住民と同様に，自らの原住民統治機構をもつことさえ認められた．しかし植民地政府が，ルワンダ系住民に地元住民と同様の権利を認めるこの政策は，地元住民から移住民への敵意を生じさせることになった[99]．植民地時代には，敵意の表出はある程度抑えられていた．しかし独立後はその抑制が弱まったばかりか，1950年代末以降に流入するルワンダ系住民も，従来からのバニャルワンダと区別されることなく迫害の対象となった．

ウガンダで難民となった人々にも苦難が待ち受けていた．しかしその苦難は

コンゴとは異なった．ウガンダでの難民はルワンダへ越境し，政府攻撃を繰り返したのである．ウガンダ政府からすれば，ルワンダ難民はウガンダを武装攻撃の基地にしているようなものであった．その結果，ウガンダのルワンダ難民との関係は悪化し，難民は庇護を受けていながらウガンダにとって都合の悪いことを行っていると，彼らへの反感が強まったのである．難民と地元住民という，地域レベルでの利害対立はトゥチ難民に対する迫害の直接的な要因になった．難民が多く定住したウガンダ南西部のアンコーレ社会はルワンダと類似し，牧畜を主とする少数派バヒマと，農耕を主とする多数派のバイルによって構成されていた．バイルのバヒマに対する敵意は，そのいとこのような存在であるトゥチに対してもむけられた．土地をめぐる争いが生じると，新たな流入者である難民への迫害が助長された[100]．

　さらに難民たちはウガンダ政治に翻弄された[101]．1962-1971 年と 1980-1985年の間，2 度にわたり政権を掌握したミルトン・オボテ（Milton Obote）はウガンダ北部出身のランギ人である．しかし南部ではフトゥと近い関係にあるバイルとプロテスタントが彼を支持していた．それに対し野党を支持したのはトゥチに近いバヒマやカトリックであった．その上，オボテは第 1 次政権の時にウガンダで最有力のブガンダ王国と対立し，王を追放したことからわかるように，君主制を嫌っていた．カトリックや王党派に属していた人が多いトゥチは，オボテから敵視され，市民権を与えられなかった[102]．

　第 2 次オボテ政権に対するゲリラ活動を始めた国民抵抗軍（National Resistance Army: NRA）の指導者ヨウェリ・ムセヴェニ（Yoweri Museveni　現ウガンダ大統領）は，ウガンダ南西部アンコーレのバヒマであり，バヒマに近いトゥチとの連携に積極的であった．他方，ハビャリマナ（Juvénal Habyarimana）独裁が続くルワンダの政府は土地不足を理由に難民の帰還を認めず，受け入れ先での定住を求めていた．したがってウガンダのトゥチ難民は，難民キャンプに止まるか，ムセヴェニの軍に加わるかの選択を迫られた[103]．NRA に参加したトゥチは，やがて NRA で重要な役割を果すようになったばかりか，ゲリラ戦を経験し，戦闘技術を習得することができた[104]．1986 年にムセヴェニ政権が成立した時には，トゥチ難民のピエール・ルウィゲマ（Pierre Rwigema）とポール・カガメ（Paul Kagame）がそれぞれ国防副大臣と情報長官の要職を占

めていた[105]．NRA の民族別構成では，ルワンダ系の人々，すなわちバニャル
ワンダは，バニャンコーレ，バガンダに次ぐ第 3 位であり，全兵力 1 万 4000 人
のうち，2000-3000 人を占めていた[106]．

　しかしこうした活躍により，ウガンダに蔓延する反ルワンダ人，とりわけ反
トゥチ感情はかえって強まる結果となった．居住が長期化するにつれ，難民の
第 2・第 3 世代が多くなったが，彼らに対してさえも，バガンダやアンコーレ
では外国人というレッテルが貼られ，排斥された．こうしてウガンダで市民と
して受け入れられ，定着するという難民の望みは絶たれていった．ムセヴェニ
もウガンダ国民とトゥチの間で難しい立場に立たされた．

　オボテ政権打倒のために立ちあがった人々は当初，トゥチ難民と連携してい
た．しかし NRA が勢力を拡大し，政権を掌握すると状況は一変した．オボテ
と，オボテ政権をクーデターで倒したアミン（Idi Amin）は，いずれも北部出
身（前者はナイロティック，後者はスーダニック）であったのに対し，先述の通
りムセヴェニは南西部出身である．北部の人は，バントゥー系の南西部の人と
ルワンダ人とを区別せず，ムセヴェニと彼の兵隊を，混乱に乗じるルワンダ人
だと批判することさえあった[107]．ムセヴェニは権力掌握後，長年にわたるウ
ガンダ政治の混乱を終息させ，北部と南部との対立，さらにそれぞれの内部で
の対立を乗り越え，国民的な統合を図ろうとした[108]．それはウガンダ人とし
ての一体性を強調し，ウガンダ国民であることを重視することを意味した．そ
の際，トゥチ難民は政権中枢を担う集団と民族的に近いにもかかわらず，切り
捨てられ，犠牲となった．彼らは外国人ないし非ウガンダ人として排除の対象
になったのである[109]．

　その結果，難民とムセヴェニ双方にとって，問題を解決する手段になったの
が武装帰還であった[110]．NRA に参加したトゥチ難民を中心に結成されたルワ
ンダ愛国戦線（Rwandan Patriotic Front: RPF）は，1990 年にウガンダからルワ
ンダに侵攻した[111]．この動きをウガンダ政府は黙認し，さらに支援したといわ
れている[112]．RPF は侵攻をやめて再びウガンダに戻ることが困難であること
を知っていた．侵攻は失敗が許されなかった．国内で強まるルワンダ難民への
敵対感情に直面したムセヴェニも，この侵攻を何としても成功させる必要があ
った．

1994 年 7 月に RPF は軍事的勝利を得るが，それに至る過程で，広く報道されたようなトゥチに対する虐殺ばかりか，RPF 側による住民殺戮が生じた．そして今度はフトゥの難民が大量に発生した．フトゥ難民の中に虐殺に関わった旧ルワンダ政府関係者が紛れ込んでいたため，紛争はルワンダを越えて中部アフリカに波及し，そこに大きな変化を引き起こした[113]．かくして 1996 年から 97 年にかけてコンゴ内戦が勃発し，ザイール（現コンゴ民主共和国）のモブツ（Mobutu Sese-seko）政権は崩壊し，さらに 1998 年から 2002 年の間には第 2 次内戦が生じた．そのさい，この地域で生じた悲惨な状況は世界を震撼させた．

他方，ルワンダでは RPF による新たな支配の下，内戦からの復興が急速に行われた．建設ラッシュといわれる状況が生まれたり，活発な投資が行われたり，女性の土地相続権の承認や土地登記事業の推進などの改革もすすめられた[114]．新政権の政策は海外から賞賛されるようになったものの，政権に批判的な政治家，市民組織，新聞等への弾圧が次第に厳しくなり，カガメによる独裁傾向が強まっていった[115]．

2003 年憲法においては，1994 年の虐殺は「トゥチの虐殺」であるとされ，政権の担い手となった RPF による暴力は不問にされた[116]．2008 年の「反虐殺イデオロギー法」では，エスニックな帰属を尋ねたり，エスニシティを話題にすることは，特定集団の絶滅を意図するものとして禁じられ，違反者は処罰された[117]．政府の建前としては，トゥチとフトゥという対立を越え，ルワンダ人としての一体性を維持するためであった（one Rwanda for all Rwandans）．しかし「トゥチは罪のない被害者，フトゥは虐殺の加害者」という図式は固定された．フトゥ過激派に殺害されたフトゥ，虐殺にかかわらなかったフトゥ，さらには命がけで知り合いのトゥチを助けたフトゥも多かったにもかかわらず，トゥチ＝犠牲者，フトゥ＝加害者という区分が出来上がったのである[118]．非エスニック化はそのような実態を覆い隠す機能を果たしたといえる．そのことを批判する者は容赦なく弾圧された[119]．なお現政権を担うウガンダなどからの帰還難民は，国内に止まり虐殺を乗り越えて生き残ったトゥチを虐殺の協力者として疑うことさえあった[120]．このように，ハビャリマナ政権の崩壊，ルワンダで形成された RPF による支配の確立，この一連の変化は，フトゥにはもちろんのこと，トゥチにとってさえ，解放をもたらしたといえない面がある[121]．

32 —— 第 I 部　課題と歴史

　ルワンダの辿った経緯を概観するだけでも，暴力とそれに対する暴力，そして抑圧という悪循環を解消するのは，極めて困難であることがわかる．繰り返されてきたルワンダにおける暴力は，植民地支配とそこからの解放の特徴に深く根差しているのである．カガメ政権も前政権と同様に，暴力による権力の維持と恩顧主義を繰り返している．したがって強権的な支配の下で表面上は平穏に見えても，いつ噴火しないとも限らないマグマの存在を指摘する人は多いのである[122]．

【注】

1) フランツ・ファノン「地に呪われたる者」『フランツ・ファノン集』みすず書房，1968 年，236 ページ（なお訳書では，contre-violence は「反対暴力」，contesté は「否認された」となっているが，それぞれ解りやすく，「反撃の暴力」「異議申し立てられている」とした）．

2) 渡辺一夫「寛容は自らを守るために不寛容に対して不寛容になるべきか」大江健三郎・清水徹編『狂気について（渡辺一夫評論選）』岩波文庫，1993 年，198 ページ．

3) ヴァルター・ベンヤミン『暴力批判論』岩波文庫，1994 年．

4) 「ヴェトナム民主共和国の独立宣言」ベルナール・ファル編『ホー・チミン語録——民族解放のために』河出書房新社，1968 年，161 ページ．

5) 吉沢南『個と共同性——アジアの社会主義』東京大学出版会，1987 年，13-15 ページ．

6) アイザック・ドイッチャー『スターリン』（第 1 巻）みすず書房，1984 年，35 ページ．

7) モーリス・メルロ゠ポンティ『ヒューマニズムとテロル——共産主義の問題に関する試論』みすず書房，2002 年，150 ページ．

8) Dustin Ellis Howes, *Freedom without Violence: Resisting the Western Political Tradition*, New York: Oxford University Press, 2016, p. 1.

9) Ibid., pp. 4-5.

10) Thomas Jefferson, "Letter to William Short," (3 January 1793), *Thomas Jefferson Papers at the Library of Congress*, Series 1, Reel 17 (https://chnm.gmu.edu/revolution/d/592/).

11) Thomas Jefferson, "Letter to William Stephens Smith," (13 November 1787), *The Works of Thomas Jefferson*, Federal Edition (New York and London, G.P. Putnam's Sons, 1904-05), Vol. 5 (http://oll.libertyfund.org/titles/jefferson-the-works-vol-5-correspondence-1786-1789).

12) スラヴォイ・ジジェク『「テロル」と戦争——〈現実界〉の砂漠へようこそ』青土社，2003 年，144 ページ．

13) 加藤周一「ヴェトナム・戦争と平和」『加藤周一セレクション』（第 5 巻，現代日

本の文化と社会）平凡社，1999 年（初出は 1972 年），269 ページ．

14）エドマンド・バーク『フランス革命の省察』みすず書房，1989 年，88 ページ．

15）同上書，46 ページ．

16）半澤孝麿「解説」同上書，391-417 ページ．

17）トマス・ペイン『人間の権利』岩波書店，1971 年，55 ページ．

18）同上書，56 ページ．

19）同上書，15 ページ．

20）Howes, op. cit., pp. 4-5, 26-27, 38-39.

21）独立に至る経緯と戦闘の様相については，C. L. R. ジェームズ『ブラック・ジャコバン――トゥサン＝ルヴェルチュールとハイチ革命』大村書店，1991 年．暴力の連鎖はハイチの問題を考える際に無視できない（同上書，366 ページを参照）．

22）「ハイチ化」については，浜忠雄『カリブからの問い――ハイチ革命と近代世界』岩波書店，2003 年，210 ページ参照．

23）同上書，212 ページ．

24）トロツキー『テロリズムと共産主義』（トロツキー選集第 12 巻）現代思潮社，1962 年，85 ページ．

25）Maximilien Robespierre, *Virtue and Terror*, London and New York: Verso, 2007, p. 115（なお訳文は仏語からの井上幸治訳による．井上幸治『ロベスピエールとフランス革命』誠文堂新光社，1981 年，190-191 ページ）．

26）トロツキー，前掲書，85-86 ページ．

27）同上書，105 ページ．

28）百瀬宏『ソビエト連邦と現代の世界』岩波書店，1979 年，第 1 章．

29）同上書，1 ページ．

30）ハンナ・アーレント『暴力について』みすず書房，2000 年，175 ページ．

31）同上書，143 ページ．

32）エリック・ホブズボーム『反乱と革命』未來社，1979 年，81 ページ．

33）マハトマ・ガンディー『わたしの非暴力 1』みすず書房，1997 年，5 ページ．

34）同上書，245 ページ．

35）ヘンリー・デイヴィッド・ソロー『一市民の反抗――良心の声に従う自由と権利』文遊社，2005 年，34 ページ．

36）山口晃「ソローへの旅の始まり」ヘンリー・デイヴィッド・ソロー，同上書，92 ページ．ソローの影響については，マーティン・ルーサー・キングも語っている．「モーアハウス大学の学生時代に，ぼくは，はじめてソローの『市民の不服従に関する論文』を読んだ．悪しき制度との協力を拒否せよという彼の考えに魅せられて，ぼくは心の底から感動して，数回にわたってくりかえしてこの本をよみふけった．ぼくが，非暴力抵抗の理論と学問的に接触したのは，これが最初だった」（M. L. キング『自由への大いなる歩み』岩波書店，1959 年，106 ページ）．

37）今日ソローの「市民的不服従」といわれるものは，彼の死後，奴隷制反対論集に収録された時（1866 年）の題である．最初に活字となった時の題は「市民政府へ

34 —— 第Ⅰ部　課題と歴史

の抵抗」（1849 年）であり，その前年に行われた講演の際の題は「政府との関係における個人の権利と義務」であったという（山口，前掲論文，84-85 ページ）.

38)　ガンディー，前掲書，7-11 ページ，33-39 ページ.

39)　森本達雄「訳者あとがき」マハトマ・ガンディー『わたしの非暴力 2』みすず書房，1997 年，335 ページ.

40)　ガンディー，前掲書，『わたしの非暴力 1』270 ページ.

41)　森本達雄，同上書，333 ページ．暴力的手段で自治を獲得するというネルーについては，同上書，204 ページ.

42)　状況にかかわらず信念として非暴力主義が受け入れられたのは，むしろ欧米諸国においてであり，マーティン・ルーサー・キングはその代表的人物であろう．イエスの愛の倫理とその道徳的優位に対するキングの信念は，個人の生活の原理にとどまらず社会運動の原理になった．この変化にはガンジーの影響が認められる（キング，前掲書，115 ページ）．非暴力主義による抵抗から暴力による変革に転換する例は多いが，キングの場合は逆である．神学校に在籍している時は，人種差別問題の解決には武装蜂起が必要と考え，自宅には銃があふれていたという（マーク・カーランスキー『非暴力——武器を持たない闘士たち』ランダムハウス講談社，2007 年，242 ページ）.

43)　J. R. T. Wood, *The Welensky Papers: A History of the Federation of Rhodesia and Nyasaland*, Durban: Graham Publishing, 1983, p. 872.

44)　状況も時代も異なるが，ローザ・ルクセンブルクによるドイツ社会民主党（議会主義・合法主義による社会主義への移行を可能と主張した）批判を思い起こさせる．「暴力の行使は必然であることを明確に認識しておくことは，最初から不可欠である．この認識があってこそ，われわれに平穏な合法的活動にも，本来の重みと有効性を与えることができる」（ローザ・ルクセンブルク「暴力と合法性」野村修『暴力と反権力の論理』せりか書房，1969 年［補足資料 1］65 ページ）.

45)　ネルソン・マンデラ『自由への長い道（上）』NHK 出版，1996 年，181 ページ.

46)　同上書，196 ページ.

47)　同上書，380-384 ページ．ANC 議長アルバート・ルツーリは武装闘争への転換を心ならずも認めざるを得なかった（同上書，382-383 ページ）．皮肉にもルツーリのノーベル平和賞受賞直後に，発電所や官庁で爆弾が炸裂し，武装闘争が開始された（同上書，398-399 ページ）.

48)　ネルソン・マンデラ『自由への長い道（下）』NHK 出版，1996 年，86 ページ.

49)　マンデラ，前掲書，『自由への長い道（上）』396-397 ページ.

50)　マルコム X『マルコム X 自伝（下）』中公文庫，2002 年，229 ページ.

51)　アレックス・ヘイリィ「エピローグ」マルコム X，同上書，275 ページ.

52)　スティーヴ・ビコ『俺は書きたいことを書く』現代企画室，1988 年，172-173 ページ.

53)　同上書，196-197 ページ.

54)　アーレント，前掲書，51 ページ.

55) 寺島俊穂『市民的不服従』風行社，2004年，37ページ．

56) 同上書，42ページ．

57) ガンジーは1893年から1915年まで南アフリカに滞在し，インド人差別に対して，非暴力抵抗によって闘いを組織した．彼はその運動形態をサティヤーグラハと名づけた．

58) ホー・チミン「植民地問題に関する若干の考え」ファル編，前掲書．

59) 第5回共産主義インターナショナル会議でのホー・チ・ミンの報告（「民族および植民地の諸問題」）にフランス植民地に関する詳しい記述がある．ホー・チ・ミン『解放の思想』大和書房，1966年，80-99ページ．

60) クワメ・エンクルマ『わが祖国への自伝』理論社，1961年，2-3ページ．

61) 同上書，103ページ．

62) アミルカル・カブラル『抵抗と創造——ギニアビサウとカボベルデの独立闘争』柘植書房，1993年，139ページ．武装闘争への転換と人民戦争の開始については，アミルカル・カブラル『アフリカ革命と文化』亜紀書房，1980年，93ページ以下を参照．

63) バジル・デビッドソン『アフリカ革命＝ギニアの解放』理論社，1971年，128-129ページ．

64) 同上書，44ページ．

65) カーランスキー，前掲書，231ページ．

66) ANCが武装闘争路線へ転換したため，非暴力主義に立つルツーリの影響は弱まった．Scott Everett Couper, "An Embarrassment to the Congress?: The Silencing of Chief Albert Luthuli and the Production of ANC History," *Journal of Southern African Studies*, Vol. 35, No. 2, 2009.

67) このような考え方は単純で，非暴力抵抗の力を過小評価しているという批判もある．カーランスキー，前掲書，206ページ；山口晃，前掲論文，92ページ．

68) ホブズボーム，前掲書，第17章，特に11ページ．

69) Robert Mugabe, *Our War of Liberation: Speeches, Articles, Interviews 1976-79*, Harare: Mambo Press, 1983, p. 17.

70) ただしローデシアや南アフリカでは入植者の士気が高かった．それについては本書第Ｉ部第3章および第ＩＩ部第5章を参照．

71) 浪岡新太郎・舩田クラーセンさやか「平和の主体になること」日本平和学会編『平和の主体論』（『平和研究』第42号）2014年．

72) 渡辺一夫，前掲論文，198ページ．

73) 鈴木道彦「民主主義のなかの暴力」『政治暴力と想像力——鈴木道彦評論集』現代評論社，1970年．

74) 舩田クラーセンさやか「『解放の時代』におけるナショナリズムと国民国家の課題——ルワンダを事例として」小倉充夫編『現代アフリカ社会と国際関係』有信堂，2012年，第1節．

75) 眞城百華「民族の分断と地域再編——ティグライから見たエチオピアとエリトリ

アの 100 年」小倉充夫編，同上書．

76) Momoka Maki, "Wayyana," Siegbert Uhling, ed., *Encyclopedia Aethiopica*, Vol. 4, Harrassowitz, 2010, pp. 1164-1166; 眞城百華「エチオピア帝国再編期のティグライ州における『反乱（ワヤネ）』」博士学位論文（津田塾大学）2012 年；Gebru Tareke, *Ethiopia: Power and Protest: Peasant Revolts in the Twentieth Century*, Lawrenceville and Asmara: Red Sea Press, 1996, Chap. 4.

77) 眞城百華「エチオピアの民衆反乱に対するイギリス軍の空爆」『季刊戦争責任研究』第 63 号，2009 年．

78) Andebrhan Welde Giorgis, *Eritrea at a Crossroads*, Houston: Strategic Book Publishing and Rights Co., 2014, pp. 57-73.

79) Ruth Iyobe, *The Eritrean Struggle for Independence: Domination, resistance, nationalism 1941-1993*, Cambridge: Cambridge University Press, 1995.

80) Andebrhan Welde Giorgis, op. cit., p. 94; John Young, *Peasant Revolution in Ethiopia: The Tigray People's Liberation Front, 1975-1991*, Cambridge: Cambridge University Press, 1997, p. 16.

81) Young, ibid.; Aregawi Berhe, *A Political History of the Tigray People's Liberation Front (1975-1991)*, Los Angeles, New York and Pretoria: Tsehai, 2009.

82) Tereste Negash and Kjetil Tronvoll, *Brothers at War: Making Sense of the Eritrean-Ethiopian War*, Oxford and Athens: James Currey and Ohio University Press, 2000, pp. 12-21. EPLF は様々な民族の出身者からなるが，エリトリアの一体性を重視し，エリトリア独立を目指した．TPLF はティグライとされる人々を基盤にした組織であり，1976 年のその宣言には，独立した大ティグライ共和国の形成がうたわれている．方向性において両者は異なっていた（Andebrhan Welde Giorgis, op. cit., pp. 498-499）．

83) Tereste Negash and Kjetil Tronvoll, op. cit., pp. 31-37, 83.

84) Gebru Tareke, *The Ethiopian Revolution: War in the Horn*, New Haven and London: Yale University Press, 2009. 戦争の経過についての記述がある（344-349 ページ）．

85) Tereste Negash and Kjetil Tronvoll, op. cit., pp. 3, 90.

86) ヒューマンライツウォッチが挙げている数値（Andebrhan Welde Giorgis, op. cit., p. 522 による）．エリトリア側からは 12 万 5000 人，エチオピア側からは 6 万 7000 人という数値もある（Tereste Negash and Kjetil Tronvoll, op. cit., pp. 46-47）．

87) Andebrhan Welde Giorgis, op. cit., pp. 523-524.

88) EPLF の士気の高さと規律については次を参照．伊藤正孝『アフリカ　ふたつの革命』朝日選書，1983 年，ii-iii ページ．解放戦線はエリトリアの将来に期待を抱かせたが，現実はそれとは異なる道を辿った．

89) イギリスの「ガーディアン」紙（1988 年 4 月 4 日）掲載の記事 "Hope of the Horn"（Gaim Kibreab, *Eritrea: A Dream Deferred*, Suffolk: James Currey, 2009, p. 14 による）．なおこの記事の執筆者デビッドソンはジャーナリスト・歴史家であり，

アフリカの解放運動の指導者からの信頼が厚かった.

90) 期待が裏切られたこと,および政権による弾圧については,Gaim Kibreab, ibid. およびAndebrhan Welde Giorgis, op. cit. に詳しい.エリトリアの解放を長年取材し,その運動を高く評価してきたアメリカ人ジャーナリストも,独立後の政権運営への失望を隠さない. Dan Connell, "Enough! An author's statement," in *Taking on the Superpowers: Collected Articles on the Eritrean Revolution*, Vol 1, Trenton: Red Sea Press, 2003.

91) Andebrhan Welde Giorgis, op. cit., p. 618.

92) Ibid., p. 640.

93) Gaim Kibreab, op. cit., pp. 357-359.

94) Ibid., pp. 147-152.

95) 弾圧の具体例については次を参照. Andebrhan Welde Giorgis, op. cit., pp. 227-228.

96) 舩田クラーセン,前掲論文,第2節.

97) 武内進一『現代アフリカの紛争と国家——ポストコロニアル家産制国家とルワンダ・ジェノサイド』明石書店,2009年,第6章;Mahmood Mamdani, *When Victims Become Killers: Colonialism, Nativism, and the Genocide in Rwanda*, Princeton: Princeton University Press, 2001, Chap. 8; Ato Kwamena Onomo, *Anti-Refugee Violence and African Politics*, Cambridge: Cambridge University Press, 2013, Chap. 4.

98) Charles P. Gasarasi, "The Mass Naturalization and Further Integration of Rwandese Refugees in Tanzania: Process, Problems and Prospects," *Journal of Refugee Studies*, Vol. 3, No. 2, 1990.

99) Mamdani, op. cit., Chap. 8; Onomo, op. cit., Chap. 7.

100) Ogenga Otunnu, "Rwandese Refugees and Immigrants in Uganda," Howard Adelman and Astri Suhrke, eds., *The Path of a Genocide: The Rwanda Crisis from Uganda to Zaire*, New Brunswick and London: Transaction Publishers, 2000, pp. 5-14.

101) これについて詳しい研究はなく,ウガンダ現代政治史研究においても触れられることが少ない.田中祥子「ウガンダにおけるルワンダ難民と武装帰還」修士論文(津田塾大学)2015年.

102) Jo Helle-Valle, "BANYARUANDA IN UGANDA: Ethnic Identity, Refugee Status and Social Stigma," PhD. Thesis (University of Oslo), 1989, Chaps. 6, 7, 8; Kabahenda Nyakabwa, "Statelessness and the Batutsi Refugees' Invasion of Rwanda 1990-1994," PhD. Thesis (University of London) 2002, Chap. 4.

103) Mamdani, op. cit., Chap. 6.

104) Ogenga Otunnu, "An Historical Analysis of the Invasion by the Rwanda Patriotic Army (RPA)," Adelman and Suhrke, eds., op. cit., pp. 32-33.

105) Colin M. Waugh, *Paul Kagame and Rwanda: Power, Genocide and the Rwan-*

38 —— 第Ⅰ部　課題と歴史

dan Patriotic Front, Jefferson and London: McFarland & Company, 2004.

106) Catherine Watson, "Exile from Rwanda: Background to an Invasion" paper presented to U. S. Committee for Refugees, American Council for National Service, 1991, p.11; Mamdani, op. cit., p. 174.

107) Jude Kagoro, *Militarization in Post-1986 Uganda: Politics, Military and Society Interpretation*, Berlin: Lit, 2015, pp. 64-65.

108) 統合は北部の軍事的制圧，および旧政権支持基盤との和解によって行われた． Ibid., pp. 83-86.

109) ルワンダ難民排除は研究にもあらわれている．下記の著書はいずれも，ムセヴェニ政権成立に至るウガンダ政治史に関するもので，ウガンダの研究者が執筆している．しかし NRA の活動へのルワンダ難民のかかわりについては言及していない． Phares Mutibwa, *Uganda since Independence: A Story of Unfulfilled Hopes*, Trenton: Africa World Press, 1992; G. W. Kanyeihamba, *Constitutional and Political History of Uganda: From 1984 to Present*, Kampala and Nairobi: Law Africa Publishing, 2010（2nd edition）．マムダニの前掲書のようにトゥチを主題にしたものや，タンザニアの研究者による次のものには言及がある．Godfrey Mwakikagile, *Obote to Museveni: Political Transformation in Uganda since Independence*, Dar es Salaam: New Africa Press, 2012, p. 215.

110) Catherine Watson, op. cit., pp. 13-15; Mamdani, op. cit., Chaps. 6 and 7; E. D. Mushemeza, *The Politics of Empowerment of Banyarwanda Refugees in Uganda 1959-2001*, Kampala: Fountain Publishers, 2007, Chaps. 7 and 8.

111) Cyrus Reed, "Exile, Reform, and the Rise of the Rwandan Patriotic Front," *Journal of Modern African Studies*, Vol. 34, No. 3, 1996.

112) Otunnu, "An Historical Analysis of the Invasion by the Rwanda Patriotic Army (RPA)," op. cit., pp. 42-46.

113) 武内進一「内戦の越境，レイシズムの拡散——ルワンダ，コンゴの紛争とツチ」加納弘勝・小倉充夫編『国際社会 7　変貌する「第三世界」と国際社会』東京大学出版会，2002 年．

114) 武内進一「コンゴ民主共和国，ルワンダ，ブルンジの土地政策史」武内進一編『アフリカ土地政策史』アジア経済研究所，2015 年，184-187 ページ．

115) Filip Reyntjens, *Political Governance in Post-Genocide Rwanda*, New York: Cambridge University Press, 2013, pp. 57-69.

116) Lars Waldorf, "Instrumentalization Genocide: The RPF's Campaign against 'Genocide Ideology'," Scott Straus and Lars Waldorf, eds., *Remaking Rwanda: State Building and Human Rights after Mass Violence*, Madison: University of Wisconsin Press, 2011. 虐殺にかかわったとされた膨大な数の人々が伝統的な紛争解決の方法（ガチャチャ）にならって裁かれた．しかしその公正さには大きな疑問が投げかけられている．Reyntjens, op. cit., pp. 222-236.

117) Ibid., pp. 73-79.

118) Susan Thomson, *Whispering Truth to Power*, Madison: The University of Wisconsin Press, 2013, p. 17.

119) 政権を批判する政治家，報道機関，市民団体に対する弾圧，あるいは選挙のたびに繰り返される政権による不正と操作，こうしたカガメ政権の問題は，研究者やNGOばかりか欧米諸国や国際機関によって指摘されてきた．しかし実効性のある影響力をルワンダ政府に及ぼすのは難しかった．その理由としてレニツェンスは3つ挙げている．悲惨な大虐殺を経験してきたという事実，難民が形成し，解放を勝ち取った強力な軍隊の存在，能力のある官僚システムである．Reyntjens, op. cit., p. 134ff.

120) Ibid., pp. 104, 127-128, 174.

121) 国民の大半を占める貧しい農民にとって，現政権とそれにより進められる「和解」が持つ意味については同上書に詳しい．

122)「勝者による正義の代償は，再び繰り返される内戦に違いない」(Mamdani, op. cit., p. 272)．「この国はいまのところ落ち着いていて秩序が保たれているけれども，政治的迫害，支配政党基盤の縮小，根深い不満を明確にかつ公正に対処しそこなったことにより，この国の安定は危機にさらされかねない」(Reyntjens, op. cit., p. 97)．Ibid., p. 162 も参照．

第2章

アフリカにおける脱植民地化の
歴史的プロセス

何世紀ものあいだ，歴史の範囲外に留まっていた（アフリカ）大陸におけるこの革命の結果は，必ず国際共同体そのものの面貌を急速かつ決定的に変えるだろう．もはや国際共同体は，アフリカおよびアフリカ人についての古い考えを維持することも，目の前にひらかれている新しい前途に直面して不動のままでいることもできない（セク・トゥーレ，1961年）[1]．

我々はひとりぼっちではない．アジアとアフリカ，世界の津々浦々で解放されつつある人民は，永遠に数百万人のコンゴ人と共にあるだろう．……
いつの日か必ず歴史が審判を下す時がくるだろう．しかしそれは，ブリュッセルやパリ，ワシントンあるいは国連で教えられる歴史ではない．それは，植民地主義とその手先から解放された国々で教えられる歴史である．アフリカは，自身の手で独自の歴史を書くだろう（パトリス・ルムンバの獄中からの遺書，1961年1月）[2]．

1 ── 第2次世界大戦後の世界

1. アジアに遅れたアフリカの解放

1960年は「アフリカの年」として知られる．次々に独立を達成していった新生アフリカ諸国の熱気は，日本の世界史教科書にも記されている．この年，実に17カ国がフランス・英国・ベルギーによる植民地支配を脱して独立を達成し，世界地図の大幅な書き換えを迫る史的転換が開始された[3]．

それまでのアフリカ地図は，19世紀末の帝国主義的競争の結果として描かれたものであった．「アフリカ分割」という言葉に象徴されるように，ヨーロッパ列強（英・仏・独・ポルトガル・ベルギー・スペイン）によって大胆に切り分けられたものにすぎなかった．その後，第1次世界大戦での敗北により，ドイツが宗主国グループから消え去ったが，信託統治領が増えただけであった．アフリカでは，被支配状態に大きな変更がみられないまま，第2次世界大戦の終結を迎えることとなった．第2次大戦終結に独立国として残ったのは，エチオピア，リベリア，エジプトの3カ国のみであった[4]．

1941年に米国と英国の間で大戦後の構想として合意された大西洋憲章は，領土不拡大（第1条）と民族自決権（第3条）を含み，英国がヨーロッパ以外への適用を拒否していたとはいえ，戦後世界に大きな影響を及ぼした．とりわけ，国連憲章にこれが書き込まれたことは，大きな意味を持った．第2次大戦前から解放運動が活発であったアジアでは，大戦が終結すると，一部（仏領インドシナなど）を除き，次々に独立国が誕生していった．

他方，長年にわたりヨーロッパ列強の支配を受け，大戦中にヨーロッパのための兵站や兵士の提供，戦後はその経済復興に貢献することが期待されたアフリカ植民地領においては，1950年代になっても脱植民地化の兆しは一向に訪れなかった．大戦による破壊で疲弊するヨーロッパ諸国にとって，ドル通貨圏からの輸入を抑える形で原料・食料を調達し，本国製品の海外市場を確保し続けるためには，アフリカの植民地領は欠かせない存在であった．したがって，第2次大戦が終わっても，アフリカでは解放の兆しが見えるどころか，植民地本国との結びつきが強められる形で統治が強化されていったのである．これを着実に具現化するための制度として考え出されたのが「海外県（州）」であった[5]．

ヨーロッパの植民地保有国が民族自決の原則に反する植民地堅持の政策を継続できたのは冷戦に負うところが大きかった．1946年に始まった冷戦期における米国とソ連の「東西」対立は，世界を二大ブロックに分裂させ，激しい争いに巻き込んでいく．その最初の犠牲となったのが，朝鮮半島そしてヴェトナムであった．

ソ連と対抗するために結成された北大西洋条約機構（NATO）の加盟国でも

あるヨーロッパ列強の支配を受けてきたアジアやアフリカの植民地解放運動の指導者にとって，反帝国主義・反植民地主義を掲げるソ連や東側諸国への親近感は決して小さいものではなかった[6]．しかし，朝鮮戦争，ヴェトナム戦争の勃発により，植民地からの解放が冷戦の文脈のなかで「熱戦」——つまり，激しい暴力的衝突を伴った戦争——として戦われる現実が明らかになると，アジア・アフリカの指導者は危機感を募らせた．そこで考案され推進されたのが，「第三の道」，つまり「非同盟主義」であった[7]．

このような世界状況を深刻に受け取めたアジア・アフリカの首脳や解放運動指導者は，1955年4月に第1回アジア・アフリカ会議（バンドン会議）を開催する．そして，同会議に集ったアジア23カ国，アフリカ6カ国の首脳は，「世界平和と協力の推進に関する宣言（平和十原則）」を発表し，東西いずれの軍事同盟にも与しない方針（非同盟主義）を掲げた[8]．さらに，最終共同声明では，「反人種主義・反植民地主義・民族自決の権利」が強調され，アフリカの解放を実現するためのアジアとアフリカの連帯が表明される[9]．

バンドン会議には，英国の支配下にあったゴールド・コースト（後のガーナ）やスーダンの解放運動指導者も参加していたが，同会議は，植民地支配からの解放と独立が実現したアジアの現状，そして新しい国際秩序構築の可能性をアフリカの指導者に肌で感じさせる機会となった．長年にわたって被支配状態におかれてきたアフリカの人びともまた，「支配される客体」から「超大国に問題提起する主体」や「世界構造の転換を可能とする変革者」に変貌を遂げることができるとのメッセージが，具体性を持って示されたのである．

2. パン・アフリカニズムと「全アフリカの解放」

この後，1956年にスーダン，モロッコ，チュニジア，1957年3月にガーナ（英国領），1958年9月にギニア共和国（フランス領）の独立が実現し，ついに1960年の「アフリカの年」を迎えることになる[10]．サハラ以南アフリカで最初の独立国となったガーナの初代大統領クワメ・ンクルマ（Kwame Nkrumah）は，独立について次のように宣言した．

　　ガーナはこの闘いに勝った．しかし，アフリカの他の国々を解放する闘いに，自ら

44 —— 第 I 部　課題と歴史

をもう一度捧げなければならない（独立宣言，1957 年 3 月 6 日）[11].

　ガーナの独立が，アフリカ大陸の完全解放に結びつき，アフリカ的パーソナリティ
が国際社会の中に投影されることにつながらないのであれば無意味である．この件に
関する我々の決断は変わらない．ガーナ政府は，アフリカのすべての地域で自由の闘
士への支援を与え続けるものである（議会演説，1960 年 7 月 4 日）[12].

　「アフリカの解放」とは，一国の独立にとどまらず「全アフリカの解放」を
意味しており，ガーナとして努力を継続する意志が宣言されているのである．
実際，独立の翌年 4 月，首都アクラでは，第 1 回アフリカ独立国会議が開かれ
るとともに，12 月には第 1 回アフリカ人民会議が開催された．そして，これら
の会議では，「アフリカ統一」を具現化するための方策として「アフリカ合衆
国」構想が最終目標として合意される [13].

　アフリカに特徴的な「全アフリカ」を重視する姿勢は，ヨーロッパ列強によ
る支配という歴史の共通性にのみ根ざしていたわけではなかった．この背景に
は，パン・アフリカニズムの伝統が色濃く影響を及ぼしていた．パン・アフリ
カニズムとは，大西洋の西インド諸島出身のアフリカ系知識人によって生み出
され，米国，欧州，そしてアフリカ大陸に広がった思想である．世界のアフリ
カ人（アフリカ系の人びとを含む）の連帯を基盤として，16 世紀以来の奴隷交
易や奴隷制，植民地支配，人種差別・隔離政策によって奪われ続けたアフリカ
人の主権や尊厳の回復，そして真の平等を目指した．しかし，第 2 次大戦まで
のパン・アフリカニズムは，西欧世界のアフリカ系の人びとを中心に展開され，
抗議運動や訴願の域を出なかった．運動の特徴を決定的に変容させたのが，
1945 年 10 月に英国マンチェスターで開催された第 5 回パン・アフリカ会議で
あった [14].

　この会議には，アフリカ大陸から多くの政治指導者が参加し，それぞれの植
民地の実態を話し合った．その結果，自分たちが直面する問題に共通性がみら
れることが認識され，単なる政策の改善にとどまらず，植民地主義によっても
たらされた思考のあり方や植民地支配という構造自体を転換すべきとの考えが
導き出された．そして，会議の最後には，次の宣言が発表される [15].

第2章　アフリカにおける脱植民地化の歴史的プロセス——45

　我々代表は平和を信仰するものである．……しかし，もしも西欧世界が暴力で人類を支配する決心をいまなお抱いているならば，たとえ暴力によって彼らと全世界が破滅しようとも，アフリカ人は自由を勝ち取るために，最後の手段として，暴力に訴えなければならないであろう．我々は自由を勝ち取ろうと決意している．我々は，ブラック・アフリカのための自治と独立を要求する．

　この宣言は，パン・アフリカニズムがアフリカの植民地問題について改良主義的な主張を否認し，武装闘争を視野に入れた反植民地主義運動に転換したことが明確に表されている．これ以降，パン・アフリカニズムはアフリカの脱植民地化運動の思想的基盤となり，大きな役割を果たしていく[16]．

　人種運動としてカリブ・アメリカ地域で誕生したパン・アフリカニズムが，「アフリカ」という特定の地理的領域の「解放」——すなわち，アフリカ人による自己決定と自治・独立——の実現を目標とするに至ったことは，アフリカ史のみならず世界史においても大きな意味を持った．長年の奴隷貿易による社会の暴力化と人口流出，植民地占領と統治のプロセスで導入された集団同士の敵対・分断関係，「アフリカ分割」といった負の歴史を経験してきたアフリカの人びとが，「解放」の先に革新的な政治的結合体を展望するに至ったことは画期的であった．そして，1963年5月，ついにアフリカ統一機構（OAU）が誕生する．

　それから50年以上が経った現在，パン・アフリカニズムが実態をともなって発展できたかについては，様々に，とりわけ批判的に論ずることは可能である．他方で，西サハラ問題（モロッコによる占領）を除けば，脱植民地化は達成され，「全アフリカの解放」は実現し，2002年7月にはOAUからアフリカ連合（AU）への移行がなされ，域内の共通政策の議論が活発にはなった．しかし，「アフリカ合衆国」は依然として誕生しておらず，アフリカ諸国間の対立や各国内での地域・集団同士の紛争は解消されていない．ただし，これらの原因をアフリカ内部にのみ求めることは問題であり，本書で示す通り，国際的環境や旧宗主国との関係に大いに影響を受けてきた点を看過できないだろう．いずれにせよ，パン・アフリカニズムは，ラテンアメリカのボリバールの運動がごく限られた試みで終わったことに比べれば[17]，より包括的で持続的であると

ともに，実践を伴った思想であったといえる[18]．

　1945 年のパン・アフリカ会議，そしてバンドン会議からアフリカ人民会議までの一連の試みは，アフリカ各地の若い政治的指導者に大きな影響を与えていった．これは，後にコンゴ共和国（現コンゴ民主共和国）[19]の初代首相となるパトリス・ルムンバ（Patrice Lumumba）が，1959 年 3 月に行った演説に如実に表されている[20]．

　　植民地諸民族および被圧迫諸民族の目指すところはすべて同じであり，その運命も同じである．全アフリカ大陸の人民運動の課題も同じである．……
　　植民地をもつ強国は支配を維持しやすくするため，常に分裂を利用してきた．分裂は過去において植民地支配大国の助手であったばかりでなく，今なおアフリカを自殺の道に駆り立てる道具になっている．こうした袋小路から抜け出す出口はどこにあるだろうか？　私の考えでは，道は 1 つしかない．それは，全アフリカ人民がナショナリスト運動の懐に結集することである．

　しかし，植民地支配による分裂を乗り越えた「全アフリカ人民のナショナリスト運動への結集」には，困難が待ち受けていた．

2 ── アフリカにおけるネイションとナショナリズム

1. 解放に向けた 4 つの方向性

　第 2 次世界大戦後の世界では，国際政治の基本構造としての主権国家体制（ウェストファリア体制）を無視して植民地が独立することは不可能であった．16 世紀のヨーロッパで確立した主権国家体制とは，特定領土を有する国家の主権を前提とする国家間関係を指した．絶対王政後は，「主権者」として「ネイション（国民／民族[21]）」が想定され，主権国家は「国民国家（nation-state）」とも言い換えられる[22]．

　この時期のパン・アフリカニズム運動には，このようなヨーロッパ起源の主権国家体制を乗りこえようとする試みが含まれていた．つまり，大戦後のアフ

第2章　アフリカにおける脱植民地化の歴史的プロセス —— 47

リカにおいては，ネイション，ナショナリズム，国家の枠組みや独立後の構想
に関し，次の4つの方向性が現れるようになっていたのである．すなわち，(1)
「アフリカ分割」によって確定された境界線を引き継いだ独立，(2)近隣の数カ
国による連合国の結成，(3)アフリカ全体を包含する連合体（アフリカ合衆国）構
想，(4)植民地領内のエスニック集団[23]や特定地域の分離独立である[24]．なかで
も(2)と(3)は，ウェストファリア体制を超越したものとして，パン・アフリカニ
ズムの思想に根ざす形で企図されていた．

　しかし，現実には，いきなり(3)を実現することの困難は明らかであった．そ
のため，カリブ海トリニダード・ドバゴ出身の「パン・アフリカニストの父」
ジョージ・パドモア（George Padmore）は，「アフリカ三重革命論」を発表し，
次の道程を示した．まずは各ネイションが独立闘争を成功させて独立を達成す
る．次に，独立国で社会革命を実現する．最後に，アフリカ合衆国などの形態
の地域統合を果たすというものである[25]．これを受けて，多くのアフリカ指
導者は，(1)から(2)へ，場合によって最初から(2)，そして(3)へと，段階を踏んで
パン・アフリカニズムを達成する道筋を構想した．

　最も熱心に(2)を経ての(3)への「段階的手法」に取り組んだ指導者が，後にタ
ンガニーカ／タンザニア初代大統領となるジュリウス・ニエレレ（Julius Nyer-
ere）であった．ニエレレは，独立闘争時から地域統合の強力な推進者であり，
1958年に創設したパン・アフリカ東中部アフリカ自由運動（PAFMECA, Pan-
African Freedom Movement of East and Central Africa）の第2回会議（1960年
10月）において，東アフリカ連邦の形成を提唱した[26]．これが後に東アフリ
カ共同体につながる．

　しかし，(1)から(2)を経ての(3)も，(1)から(3)の道も容易ではなかった．タンガ
ニーカの独立から6年，OAUの結成から3年を経た1966年，独立後のザン
ビアに新設された大学の開校式に招かれたニエレレは，植民地領の独立からア
フリカ合衆国に至る道程の難しさを次のように語っている[27]．

　　我々はアフリカ人として自由を夢見た．アフリカのための自由を．我々の真の野心
　はアフリカ解放であり，アフリカ政府の実現であった．地域ごとに闘った理由は，戦
　術的な必然性に基づくものであった．我々はタンガニーカ・アフリカ民族同盟

（TANU）など……を組織したが，それは各植民地政府に個別に対応しなければなら
なかったためである．

　植民地主義を打ち負かしつつある今，我々は次の問いに直面している．アフリカは
この内的な分離を継続するのか，あるいは誇りを持って掲げた「私はアフリカ人だ」
を具現化するのか．現在，解放されたアフリカには，36 の異なる独立国に 36 のナショ
ナリティがある．……このような現実のなかで，パン・アフリカニズムのビジョン
は生き延びられるだろうか？

　……実際，パン・アフリカニストはジレンマに直面している．パン・アフリカニス
トとしてはアフリカ人意識，アフリカへの忠誠心を要求されるが，個別ネイションの
自由と発展にも心を砕かなければならない．しかし，これらは対立する．

　……避け難いことだが仕方ない．アフリカの国民国家の中で「自然な」ユニットで
あったものは 1 つもないからだ．……現在の境界線はアフリカ分割の時期にヨーロッ
パ人が決めたものである．そのために，自然の境界線と無関係，かつエスニック集団
を横切り，1 つの国家内に多くの異なった言語集団を包含する——つまり意味をなさ
ない境界線なのだ．すでにある各国家の内部が分裂しないようにするためには，ネイ
ション意識を育むためのステップをとらなければならない．でなければ，近代経済に
おける自己充足の維持には小さすぎる現在の諸国家群が，さらに小さな単位，恐らく
部族主義に基づいた単位に分解し，これが外国支配の時代を不可避的に招いてしまう
であろう．……これは同時に，……アフリカ全体の利益のためになされなければなら
ない．

　この「パン・アフリカニストのジレンマ」に示されている通り，独立後構想
の(4)は，「小さすぎ」，「部族主義的」で，分断を深めるものとして受け止められ
た．その他，エスニック集団の枠組み自体が植民地支配を経て創造されたも
のとして認識されていたことも，この枠組みがパン・アフリカニストやナショ
ナリストに否定された理由でもあった[28]．19 世紀末，ヨーロッパ列強は「ア
フリカ分割」を行い内陸部への侵略を強めるが，その際には異なる集団同士の
対立を促す形で武力鎮圧を進めていった[29]．支配確立後も，アフリカ人同士が
連帯して蜂起するのを阻むため，植民地権力は集団が分断されるような行政区
分を意図的に導入した．そして，間接統治に都合のよい領域及び集団単位と
「伝統的首長」を創り出し，独立が近づいてくると集団間の対立を促進する施
策を導入した[30]．

第 2 章　アフリカにおける脱植民地化の歴史的プロセス —— 49

　このような植民地権力による圧力や介入にもかかわらず，20 世紀に入るとアフリカ各地で宗教活動・労働運動・組合活動・アソシエーション（相互扶助や文化）活動などが活発になる．そして，都市住民，教育者，学生，宗教者，労働者，同業者（栽培者・漁業者・運転手など）や移民は，互いの違いを乗り越え，各言語集団や出身地域ごとに結成された多様な相互扶助や文化的な組織を統合し，(1)に繋がる運動を形成していった[31]．これらの運動は，パン・アフリカニズムに基盤をおきながら「ナショナル統一運動」「ナショナリスト運動」を名乗り，植民地領を「ネイション」の一単位とする方向性を示し，互いに連携を深めていった．植民地権力は，これに対抗するため，エスニック集団や地域単位の政治組織化を促進し，これらの集団ごとに議席配分を行う一方，競争選挙を導入することで互いを争わせた．それは様々な悲劇的結果をもたらすが，後述するルワンダはその典型例である[32]．

　この時期のアフリカ人指導者にとって，「アフリカ分割」による境界線の問題，さらに分断統治の影響をどのように乗り越えるかは差し迫った課題であった．そこで，様々な分断を超えた政治的な結合が重要なステップと考えられ，(1)，(2)，これらの最終的な統合体として(3)が掲げられたのである．1963 年の論考で，ニエレレは「アフリカ統一」の理念に基づいてアフリカ合衆国構想を目指す理由について，次のように説いている[33]．

　　我々は，植民地によるアフリカ分割後の遺産に立脚して考えるしかない．他国の政治単位に含まれる可能性がある地域を抱えない国は存在せず，多くの部族は少なくとも二国以上に分かれて暮らしている．……しかし，これについて「主張」し始めると，アフリカを脆弱なままとどめたいと考える者どもの手中にはまるであろう．……我々は，アフリカ統一の探求を，歴史的遺産の事実から始めなければならない．……外国支配を逃れ……アフリカがアフリカ人の手で統治され，アフリカの資源がアフリカの人びとの幸福のために使われるには，我々の目標は堅持され続けねばならず，アフリカ合衆国こそが究極の宿命として受け入れられなければならない．

　しかし，(3)の政体は行政的な規模としても，市民権の枠組みという意味でも大きすぎた．ただし，ニエレレの「ジレンマ」に示されたように，すでに統治枠組みとして実態を伴う形で行政組織が構築され，その枠組みによる独立への

移行が容易と考えられた(1)を志向するとしても，ヨーロッパ列強間の駆け引きによって引かれた境界線の範囲で「ネイション」を規定し，主権国家の単位としてこれを閉ざしてしまうことは，パン・アフリカニズムの理念に反した．そこで考案されたのが，経済活動の規模拡大のためだけでなく，(1)と(3)の中間形態としての(2)であった．しかし，独立を達成した各国間の調整が難航して対立が生じ，困難を極めた[34]．

　他方，(4)を志向する運動にとっては，(1)の主張は自らの「集団」の上に植民地権力とは別の政治権力を置くことを意味し，受け入れ難かった．特に，間接統治によって王権を強化されていたウガンダのブガンダ王国，ルワンダ王国や北ローデシア（後のザンビア）のバロツェランドなどがこれにあたる[35]．また，王国を形成していなかったエスニック集団や地域の中にも，(1)から離れ，(4)を志向する動きが生じた．コンゴ共和国のカタンガやナイジェリア連邦共和国のビアフラ，モザンビークにおけるマコンデ人の動きなどである[36]．ただし，冷戦下のこの時期，これらの動きの背景には，宗主国を含む外部からのさまざまな介入があり，地域的あるいはエスニックな願望の結果として受け止めることはできない．例えば，カタンガ，ビアフラ，バロツェランドでの(4)を志向する「運動」に，南ローデシアと南アフリカ，そしてポルトガルが関与したことが，現在明らかになっている[37]．

　1950年代・60年代における試行錯誤の結果，アフリカでは植民地領の枠組みをネイションの単位として独立を目指した(1)が，圧倒的多数を占めることとなった．(1)の枠組みを，アントニー・スミス（Anthony D. Smith）は「領域的ネイション」，ジョン・カウツキー（John Kautsky）は「ナショナリティを欠いたナショナリズム」，ラルフ・ノイバーガー（Ralph B. Neuberger）は「植民地自決」と呼ぶように，1つのまとまりとしてのネイションの基盤は脆弱であった[38]．ザンビアの初代大統領ケネス・カウンダ（Kenneth Kaunda）が述べた通り，「植民地主義者が全大陸を分割して作ったぶざまな加工品から，真のネイションを創り出すこと」が，新生アフリカ諸国の課題となったのである[39]．また，長い武装闘争を余儀なくされることになるポルトガル植民地あるいは南部アフリカのナショナリスト運動にとっては，解放闘争のプロセス自体がネイション創造の機会を提供するかたわら，暴力的な分断を生じさせる原因となった[40]．

以上から，アフリカの脱植民地化に向けた動きが国際政治構造の転換を念頭におき，壮大な構想の下で進められたものであったことが分かる．しかし，アフリカ内外で準備された諸条件は，アフリカ各地・各層の人びとに深刻な影響を及ぼすとともに，それぞれにみられた条件の違いは地域ごとに異なる展開をもたらした．これら諸条件とは，「アフリカ分割」後の植民地支配の形態とその影響の差異，植民地宗主国の違い，地政学上の条件，独立が日程に上るタイミングの違い，各植民地で形成されるに至った社会集団の異種性，解放運動の思想や独立後構想の多様性などである．

それでも，ある種の共通性は歴然としていた．それは，この時期のアフリカの現実が，脱植民地化とは程遠かったということである．1950年代後半以降，植民地解体を避ける，遅らせる，あるいは植民地を別の形で包摂しようとする試みが，宗主国によってアフリカ中で進められた．このことについて，1958年12月の第1回アフリカ人民会議に参加したフランツ・ファノン（Frantz Fanon）は，次のように語っている[41]．

　　植民地化後のこうした［再］植民地化が，大陸解放のこの時期における最も顕著な現象の1つであることは確かである．

脱植民地化のプロセスがむしろ「再植民地化」を生じさせているというファノンらの主張を裏づける現実が，次々に顕在化していったのである．植民地権力の介入と解放運動への弾圧は強化の一途を辿り，各地で暴力的衝突が引き起こされていく．

2. 国連憲章に基づいた国際的な関与

この時期の国際状況は，アフリカの指導者にとって否定的なものばかりではなかった．すでにアジアでは，第2次大戦直後から国際連盟の信託統治領で，住民投票や独立が実現するなど，国連憲章の「民族自決」が実現しつつあった．この変化に重要な役割を果たしたのが，国連に設置された信託統治領理事会（United Nations Trusteeship Council）であった．

1945年に設立された信託統治領理事会は，国際連盟から引き継いだ11信託

統治領（うち8領がアフリカ内）の施政目標について，「国際的に監督し，かつ適切な措置をとって，これらの地域が自治もしくは独立に向けた準備をできるようにすること」を決定した[42]．これは，国連憲章第13章に基づいたものであった．そして，憲章第87条は，理事会に「信託統治領住民からの請願の受理並びに施政権者と協議の上での審査」と「信託統治地域の定期視察」の任務・権限を与えた．また，第88条は施政者に対し，年次報告の国連総会への提出を義務づけた[43]．

　これを受けた1948年，ベルギーと英国の信託統治下にあったルワンダ・ウルンディ[44]とタンガニーカに向けて「第1回国連東アフリカ視察団」が派遣される．そして，以後3年おきに視察と総会への報告が実施された[45]．例えば，ルワンダ・ウルンディに関する第1回視察団報告は，植民地当局に対して意思決定プロセスにおけるアフリカ人の参加や権限の拡大を提言したほか，政治構造の民主化，アフリカ人政治組織の育成や選挙など，民主的な政治手法の導入を勧告した[46]．ただし，理事会が即時独立を促してはいなかった点にも留意する必要がある．第2回視察団報告（1952年）は「アフリカ人の代表制の向上」を提言しているが，第3回報告（1955年）では「20年から25年のうちに自治に進みうる」と記されており，ルワンダ・ウルンディの独立が1975年から1980年に想定されていたことが分かる[47]．

　ただし，1960年の国連「植民地および人民への独立付与に関する宣言」（以下，独立付与宣言）が視野に入っていない時期であったにもかかわらず，理事会が自治・独立を前提としている点は重要である．信託統治領理事会に対するアフリカ人指導者の期待の高さは，国連に寄せられた請願からも明らかである[48]．これらの請願は，国連第87条に基づき理事会で審議対象とされ，決議に一定の影響を与えたことが分かっている．例えば，1949年3月25日の理事会決議では，タンガニーカ・アフリカ人協会（TAA，TANUの前身）からの請願（1948年9月18日）を受けて，視察団報告書の最終的な検討が次の会議まで持ち越されている[49]．信託統治領のアフリカ人指導者，特にルワンダやナミビアのアフリカ人は，国連を通じた施政国への圧力を狙って，国連視察団の訪問や請願を重視した[50]．

　信託統治領以外の地域については，「非自治地域に関する国連情報委員会」

が国連憲章第 11 条「非自治地域に関する宣言」に基づき国連の臨時機関として設置された[51]. 同委員会は 1952 年に常設機関に格上げされ, 植民地保有国に「非自治地域の経済的, 社会的および教育的状態に関する専門的性質の資料」の提出を義務づける国連憲章第 73 条 e 項の適応が開始されている. このことが, これらの地域を統治し続ける施政国に大きな圧力を与えることになった.

ただし, 前提とされた「出口」設定が, 委任領あるいは植民地領の枠組み内での民主的な選挙を経た上での自治または独立であったことは, これらの地域の将来に様々な課題を引き起こしていく. なぜなら, 「自決権の枠組みとされるべきは何か」という問いは, 解消されることなしに脱植民地化プロセスと同時進行していたからである. さらに, 多数決の原理は, 植民地支配により集団間の敵対関係が作り出されていた地域に熾烈な競争をもたらす可能性を高めた. この典型的な事例が, ベルギー領コンゴと信託統治下のルワンダであった.

本来望ましいはずの独立と民主選挙の実施は, 上述の内外状況と相まって, アフリカ各地の新興政治組織の分裂傾向を強めた. その結果生じた混乱は「アフリカ側に準備が整っていない」という宗主国の主張の根拠となり, 植民地支配の継続に利用されることとなった.

3 —— 国際政治情勢と脱植民地化への影響

1.「変革の風」の実態

アフリカの人びとが抱えた困難は, 宗主国の強権的な植民地政策によって, あるいはこの時期に激しさを増した冷戦に特徴づけられる国際環境によっても, さらに強まることとなった[52]. それでも, アフリカの人びとの意識の変化は, 次第に大きなうねりを生み出し始めた.

これを象徴的に言い表しているのが, 1960 年 2 月 3 日の英国首相ハロルド・マクミラン (Maurice Harold Macmillan) が用いた「変革の風 (wind of change)」という表現である. 同首相は 1 カ月近くにわたってアフリカ各地を訪問した後, 最後の訪問地である南アフリカの議会で次のように現状を分析した[53].

54 —— 第Ⅰ部　課題と歴史

　20世紀，とくに戦争終結以来，かつてヨーロッパに民族国家を生み出した過程が
全世界で再び繰り返されている．何世紀ものあいだ他国に従属して生きてきた人びと
の間に起こった民族意識の目覚めを，我々は目の当たりにしている．……変革の風が
この大陸で吹きまどっている．我々が好むと好まざるとにかかわらず，この民族意識
の成長は政治的事実である．我々はそれを事実として受け入れなければならない．そ
して，我々の政策は，この事実を考慮して形成されなければならない．

　アフリカの非植民地化が不可避であることを示したこの演説は賞賛されるこ
とも多いが，実際に演説で示された見解が英国の植民地政策に反映されるのは
先のことであり，内外から強い圧力を受けるようになってからのことであった．
英国の信託統治領下にあったタンガニーカ，植民地支配下にあったウガンダと
ケニア，ローデシア連邦内に含まれたマラウイとザンビアの独立が，「アフリ
カの年」の1960年ではなかったことにもこれは示されている[54]．
　即時独立を認めない政策の背景には，マクミランの発意で設置された植民地
政策委員会による勧告があった．同委員会は，1957年1月に報告書を発表し，
植民地政策について数々の提言を行ったが，いくつかの植民地領に関して10
年以内の独立承認を要請する一方，「英国の支配権の性急な放棄が，緊張と不
安を抱える地域を世界で増やす」として，「漸進的非植民地化」を勧告した[55]．
これを受けたマクミランは，「秩序ある脱植民地化」の方針を掲げた．つまり，
植民地内で親英的な勢力を育成し，徐々に権力を移譲する政策が採択されたの
である．このような非植民地化政策は，フランスやベルギーによっても採用さ
れていたが，両国政府は内外の批判に耐えきれずに，1960年の一斉独立承認
へと傾いていった．
　以上から明らかなように，植民地支配からの解放が，支配者側の「温情主
義」によってもたらされたものではなく，支配下の人びとの闘争の末に獲得さ
れたものであったことを忘れてはならない．フランスの支配下にあったアルジ
ェリアの解放は，1954年から62年までの8年に及ぶ激しい暴力・戦争と十数
万を超える住民の犠牲によって得られたものであった[56]．しかし，フランス政
府は，アルジェリア解放戦争を「アルジェリア事変」あるいは「北アフリカ秩
序維持作戦」と呼び続け，これを「アルジェリア戦争」と公式に認めたのは

1999 年 10 月のことであった[57].

　また，英国領ゴールド・コーストのガーナとしての独立は，サハラ以南アフリカで最も早く達成されただけでなく，武装闘争を経ずに実現されたものであったが，これも容易に実現したわけではなかった．ンクルマが結成した会議人民党（CPP，Convention People's Party）は，1950 年 1 月に即時自治を掲げてゼネストを決行したが，これに対して植民地政府は全土に戒厳令を敷き，ンクルマや CPP のリーダーを一斉逮捕している．英国が独立付与を発表したのは，ガーナ民衆の不満が抑えきれないものとなった末のことであった[58]．これらに示される通り，宗主国の側に非植民地化に対する理解があったわけではなかった．

　さらに，英国の東アフリカ支配の拠点であり，多くの入植者が肥沃な土地を摂取していたケニアでは，1952 年に「土地の奪還と白人の追放」を掲げた「ケニア土地自由軍」が武力闘争を開始していた．英国はこれに対して非常事態を宣言し，闘争関係者に限らずキクユ人全体を対象とした徹底的な弾圧を行った[59]．この運動は政治的な結社であるケニア・アフリカ人同盟（KAU）の急進派によって導かれていたが，英国は彼らを「マウマウ教団」と呼び続け，「犯罪集団」「狂信的なテロリスト」による「蛮行」「白人皆殺し運動」と断罪し続けた．英国は，この運動の弾圧のため，5 万人にも上る兵士と警察官を投入し，ケニア植民地予算の 4 年分に匹敵する額の資金を費やした[60]．「土地自由軍」側の死者数は 1.1 万人を超えるとされてきたが，最近の研究では 10 万人に上る犠牲者が生じたとの推計もある[61]．英国の非常事態宣言が解除されたのは 1959 年 11 月のことであり，これは「変革の風」演説の実に 3 カ月前のことであった．

　それほどまでに，植民地支配からの解放を求めるアフリカの人びとの闘いは，植民地本国や入植者らから正当性を認められず，その願いは容易には聞き届けられなかったのである．

2. アフリカ情勢への米国の懸念

　消極的な非植民地化政策の一方で，マクミランが自覚せざるをえなかったように，アフリカの脱植民地化は不可逆なものとなりつつあった．1959 年に植民

56 —— 第 I 部　課題と歴史

地相に就任したイアン・マクラウド（Ian Macleod）は，当時のことを 1965 年の回想録で次のように述べている[62]．

　これらの国々は独立への準備が十分できていたか？　もちろん，できていなかった．……しかし，アトリー政府の決断は現実的に採りうる唯一のものであった．同様に，アフリカの我々の領土を，力で保持し続けることはできそうになかった．……ド・ゴール将軍ですらアルジェリアを維持しえなかった．自由に向けての人類の歩みについて，方向づけはできるとしても押し止めることはできない．もとより速やかな行動にはリスクが含まれるが，緩慢な行動のリスクの方がはるかに大きかった．

　この時期になると，ポルトガルを除く宗主国は，非植民地化を避け難い流れと受け止めるようになり，焦点は「いつ」「誰に」「どのような権限を」「どのように」移譲するのかという問題に移っていた．そして，「緩慢な行動のリスク」とは，一向に実現しない植民地支配の終焉に対する民衆の不満が増大することを指した．また，その結果として急進的な解放運動が植民地社会で主導権を握り，本国による経済利権の喪失をもたらすことをも意味した．そして，宗主国側が用意した独立後の枠組み（英国であればコモンウェルスなど）ではなく，新生独立国が東側ブロックに吸収されてしまうこともまた「リスク」として警戒されていた[63]．

　この「リスク」を懸念した国は，英国やフランスだけではなかった．コンゴの地下資源に本国経済が依存していたベルギー，そして冷戦のただなかにあった米国にとって，急進的な解放運動が独立後の国家権力を握ることは最も避けたいシナリオであった．1956 年のスエズ危機の際，米国中央情報局（CIA）長官アレン・ダレス（Allen Dulles）は次のように警鐘を鳴らしている[64]．

　今，我が国が指導力を発揮し，それを維持しなければ，これらすべての新しい独立国は我々を離れてソ連の方に向いてしまうだろう．我々は英仏の植民地主義的政策にいつまでも結びついているとみなされる．端的に言えば，米国が植民地問題で英仏を支持すると，植民地主義の命運に米国の生存と衰亡がかかることになってしまう．

　エジプト[65]で生じたスエズ危機，そしてスエズ（第 2 次中東）戦争は，中

東・アフリカ地域における新しい政治的流れに対する英米仏の危機感を高める結果となった。他方，スエズ危機を切り抜け自信を強めたエジプトのカマール・アブトゥル゠ナーセル（Gamal Abdel Nasser）大統領は，バンドン会議から2年後の1957年12月，首都カイロで第2回アジア・アフリカ会議を主宰するとともに，全アフリカの解放に向けて，各運動への資金・軍事訓練の提供を積極的に開始する[66]。スエズ危機以降，アフリカ解放運動の急進化や東側諸国との連携は限りなく現実のものになっていたのである。

　宗主国のいずれもが危機に直面したが，なかでもフランスの危機は植民地領内にとどまらなかった。ヴェトナムとアルジェリアでの戦争は本国をも疲弊させ，1958年5月にはシャルル・ド・ゴール（Charles André Joseph Pierre-Marie de Gaulle）将軍が暫定政権の首相に就任していた。その数カ月後，ド・ゴールは新憲法草案の国民投票を実施するが，これは「アルジェリアを除く海外領土の住民」に次の2つの選択権を与えるか否かを問うものであった。つまり，拡大された自治権とフランス共同体（French Community）への加盟を求めるか，即時独立するかの選択である。結果，新憲法草案が可決される。

　しかし，フランスは，アルジェリアの人びとに自決権を認めなかっただけでなかった。セク・トゥーレ（Ahmed Sékou Touré）率いるギニア共和国がフランス共同体への参加を拒否して完全独立の道を選択したが，フランスはギニアの選択権を尊重せず，その国連加盟を妨害しようとしたのである。結果的に，「ギニア国連加盟問題」は，1958年秋の国連総会を舞台とする国際交渉の主要課題となった。これに最も反応したのが米国政府であったことが，現在開示されている国務省文書で明らかになっている[67]。この年の11月28日，米国国務長官ジョン・フォスター・ダレス（John Foster Dulles）は，駐仏米国大使館宛の公電で次のように述べている[68]。

　　率直にいって，米国が棄権票を投ずることは非常に困難である。とはいえ，安保理内で，米国がフランスにとって重要な問題で異なった投票行動をすることに対しても深刻に懸念せざるを得ない。……もし西側が反対票を投じたり，安保理内の友好国がギニアの要請を支持することに失敗したら，米国やフランスに敵対的な分子にこれを悪用され，ギニアの加盟承認がソ連やアフリカ・アジアの努力によってのみ獲得され

58 —— 第Ⅰ部　課題と歴史

たものだと見えてしまうだろう. ……これによって起こりうる反動, とりわけアフリカでのそれは, 西側の全体的な利益にとって深刻なものとなるだろう. ……したがって, フランスがギニアの承認を可能とする, あるいは少なくとも承認に賛成することは, 我々の強い願いである.

　最終的にフランスは, 米国の要請を振り切る形で反対票を投ずるが, 国連総会でギニアの加盟は承認される. 一連の「ギニア国連加盟問題」は, 国連を舞台とする国際関係の急速な変化に敏感となりつつある米国政府の様子を如実に示す事例となった.

　この4カ月後の1959年3月4日, 米国・国務省国際局は, 国連へのアジア・アフリカ諸国と共産主義諸国の加盟が急増し, これらの「反植民地主義陣営」が総会 (全87カ国) での決議に不可欠な過半数 (前者が34カ国, 後者が10カ国) を占めるまでになったと危機感を表明している. そして, 米国が「国連総会の場で発揮してきた指導的役割を喪失」し, 植民地問題に関しては, 「共産主義諸国の協力を得たアジア・アフリカ新興諸国の意見が議論を支配していくであろう」との分析が披露された[69]. 1960年1月7日, 米国の国連代表部は, 次のような公電をワシントンに送り, 懸念を露にした[70].

　　　これから数年間, 国連内におけるアフリカ・グループの重要性の伸張, そしてアフリカ諸国の「中立主義」的傾向は, 米国に深刻な課題を与えることになるだろう. 1つの鍵は, 限りなく効果を持つ形で, アフリカ・グループの中に親西側の指導層を確保できるかどうかにある.

　宗主国のみならず米国も, 劣勢に陥りつつある国際情勢に懸念を抱かざるを得ない状況に直面していた. そこで, 迫りくる脱植民地化への対応の1つとして, 独立前後のアフリカの各運動に介入を強め, 「親西指導者層」の確保を試みるとともに, 「親ソ政権」の成立を阻み, 「親ソ政権」の転覆に着手していく.

3. 国連での「植民地・人民独立付与宣言」

　国連において「アフリカ・グループ」が存在感を増した理由に, 国際連合と

第2章　アフリカにおける脱植民地化の歴史的プロセス —— 59

国際連盟との違いがあった．国際連盟の「列強によるサロン」的な性格を脱し，国際連合が世界の大半の国々が参加する一国一票の原則に基づく国際的な意思決定の機関となった点で，両者は大きな違いを有した．2国間あるいは列強間の調整や妥協，ときに戦争で行われていた決めごとが，規範とその適用によって行われる道が拓かれたのである．

　常任理事国5カ国には拒否権があり，他と異なる権限が与えられていたが，全加盟国が等しく一票の権利を有する総会での議論や決議は，戦前の国際政治のあり方を大幅に変えた．1955年には，NATO加盟国でファシスト体制下にあったポルトガルの加盟承認の交換条件として，ソ連が要求した東側諸国の加盟が実現した[71]．1960年末になると，さらに多くのアフリカ諸国が独立を達成し，国連総会の場は即時非植民地化を求める勢力が圧倒的多数を占めるようになった．

　特にこれを印象づけたのが，1960年12月14日の第15回国連総会で採択された「独立付与宣言」（国連総会決議1514）である．「自決」は，国連憲章においてすでに「原則」となっていたが，同決議において「権利（すべての人民は自決の権利を有する）」として明記されるようになった．

　アジア・アフリカの43カ国が共同提案したこの決議案に，世界の89カ国が賛成票を投じてこれを可決し，植民地保有は「人民の主権の侵害」となった[72]．この決議には，植民地保有国である英国，フランス，ベルギー，ポルトガル，スペインの5カ国，アパルトヘイト体制下の南アフリカ，そして米国とオーストラリアが棄権した[73]．しかし，これらの国々が反対票を投じられなかった点に，「植民地支配＝悪」との考えが国際規範として成立するようになったことが示されている[74]．

　1960年の「独立付与宣言」は，多くの重要な条文を包含するが，アフリカ脱植民地化の進展にとって特に重要となるのは次の2点であった[75]．

　3．政治的，経済的，社会的もしくは教育的準備が不十分であることをもって，独立を遅らせる口実としてはならない．
　5．信託統治地域，非自治地域またはまだ独立を達成していないその他すべての地域において，これらの地域の人民が完全な独立と自由を享受できるように，いかなる

60 —— 第Ⅰ部　課題と歴史

条件もしくは留保もつけず，彼らが自由に表明する意思と願望にしたがって，人種，信条または皮膚の色によるいかなる差別もなしに，すべての権力を彼らに委譲するため，即刻措置を採らなければならない．

この宣言が意味するところは，即時解放の付与であり，英国政府の「秩序ある非植民地化」政策や南アフリカ政府のアパルトヘイト体制の妥当性は，明確に退けられたのである．また，同宣言の翌日には，決議 1542「国連憲章 73 条 e に基づく情報伝達」が可決され，宗主国に「海外州（県）」と主張される地域も，「非自治地域」——本来自決の権利を有するはずの住民が自治を行っていない地域，つまり植民地——として定義されることとなった．決議 1542 には，68 の賛成票と 17 の棄権票が投じられ可決されているが，この決議の真の標的とされていた国こそポルトガルであった．この点については，次章で詳しく検討する．

翌 1961 年秋の第 16 回国連総会では，この宣言を象徴的なものにとどめず，実効性を与え，その進捗状態を調査・監視するために，「植民地・人民独立付与宣言履行特別委員会（非植民地化特別委員会）」の設置が決定された．同委員会は，植民地問題を審議し決議や勧告を行うだけでなく，植民地住民の請願を受けつけ，調査団を派遣する権限を有した[76]．

1960 年末から 61 年末にかけて，植民地や異民族・人種支配からの解放は抗せざるものとして国際規範化した．そして，この時期はこの具現化に向けて国際法制度が整備されていく時期となった．国連での「独立付与宣言」を受けて，アフリカ諸国の独立は続き，翌 1961 年には 2 カ国，1962 年にはアルジェリアを含む 4 カ国の独立が実現した．それでも，現在のアフリカ諸国数 54 カ国の半分にも達していなかった．

4. 冷戦の影響

国際場裏での植民地支配への「レッドカード[77]」は，植民地保有国だけでなくそれらと同盟を結ぶ米国にも深刻な影響を及ぼした．

第 2 次世界大戦後，米国の外交政策は「共産主義と植民地主義という 2 つの悪魔」の間で揺れ動いてきた．冷戦が決定的になった 1947 年には，「（共産主

義）封じ込め」がトルーマン政権の外交政策として重視されるようになっていた[78]．とくに，1949年末から1950年前半にかけての国家安全保障会議（NSC）では，一連の後に大きな影響を及ぼす最高機密報告が採択されている．なかでも，「冷戦期の米国政府の文書で最も影響力を有した」とされる第68号（1950年4月14日）は[79]，ソ連を「世界支配をもくろむ侵略的軍事的膨張国家」と規定し，米国の軍事力の増強（年間150億ドルから500億ドル）と全世界規模での軍事介入を勧告した[80]．さらに，9月11日のNSC（第80号）では，共産主義の世界的な「膨張」に対するより積極的な「巻き返し政策」が表明された[81]．この直後の10月31日，当時国務長官顧問で，後にアイゼンハワー政権下で国務長官（1953-59年）となる「巻き返し」政策の推進者ジョン・フォスター・ダレスは，書簡で次のように結論づけている[82]．

　理論上において理想的な政策をアメリカが取りうる余地はなく，実際問題としては（共産主義と植民地主義という）2つの悪魔のうちよりましな方を選ぶしか選択肢はないのだ．

　そして，ダレスは，すでに武力衝突が起きつつある地域に限らず，アフリカを含む世界各地での積極的な軍事介入とCIAを利用した政権転覆工作に着手した[83]．これらの工作については，後に米国上院議会が詳細なる調査を行い，暫定報告書を発表している．後に紹介するように，コンゴのルムンバ首相の暗殺計画に，CIA，駐コンゴ大使館が深く関与していたことが明らかにされている[84]．

　しかし，1960年末に国連で「独立付与決議」が採択される直前の時期，米国の外交政策は様々な問題に直面し，国際的な威信の失墜は明らかであった．この時期になると，米国外交は，日本での安全保障（安保）条約改定をめぐる反対運動の激化，韓国やトルコでの親米政権の崩壊，中南米で相次ぐ反米暴動，東南アジアでの紛争の激化，キューバ革命を成功させたカストロとソ連の接近などの逆風に曝されていた[85]．

　米国は，第2次大戦直後の世界での「一人勝ち」状態から，冷戦の開始による「二極化」，そしてバンドン会議や第三世界運動による「多極化」など，戦

62 —— 第Ⅰ部　課題と歴史

後世界のめまぐるしく変わる状況のなかで，自らの立ち位置を模索せざるを得ない状態に陥っていた．国内的にも，公民権運動の勃興，新しい政治を求める動きによって，共和党政権は弱体化を余儀なくされていた[86]．さらに，1959年のキャンプ・デービットでのアイゼンハワー大統領とフルシチョフ書記長の会談は，東西対立の緊張緩和の兆しを示す一方で，ソ連の躍進を印象づける結果となった．

　「独立付与宣言」決議案は，正式にはアジア・アフリカ諸国から出されたが，この決議を発案し実現を後押ししたのはフルシチョフであった．このことは，ソ連に対するアフリカ指導者や解放運動の期待を増大させ，国際政治におけるフルシチョフの影響力と役割を強める結果となった[87]．他方，アイゼンハワーは，政権内の様々な議論を経て，一度は決議案に賛成票を投じる決断をしたにもかかわらず，英国のマクミラン首相からの強い要請を受けて棄権に転じ，世界の多くを失望させたままホワイトハウスを去った[88]．

　フルシチョフによる積極的な第三世界外交は，1920年にレーニンが予見した「植民地社会と共産主義の同盟による社会主義の勝利」という「世界史の新たな時代」が到来したとの認識に基づいていた[89]．1953年に書記長に就任したフルシチョフは，スターリン時代の消極的な姿勢を刷新し[90]，ソ連の支援を求める者には社会主義との距離に関係なく支援を与えるという政策的転換を行い，アフリカの多くのナショナリスト指導者を惹きつけるようになっていた[91]．

　「独立付与宣言」直後の1961年1月6日，フルシチョフは，全世界で「民族解放戦争」を支援することを宣言し，国連決議の具現化にさらに積極的な役割を果たす決意を表明する[92]．

　　（民族解放戦争や人民戦争の名で呼ばれるものは，）圧政者に抵抗する植民地人民の蜂起として始まり，ゲリラ戦に発展する戦争である．共産主義者たるもの，キューバであろうと，ヴェトナム，アルジェリアであろうと，これを全面的に支援しなければならない．

　この2週間後の1月20日に誕生したケネディ政権は，この演説を「新政権に対する挑戦状」として受け止めた[93]．新大統領のジョン・F. ケネディ（John

第2章 アフリカにおける脱植民地化の歴史的プロセス —— 63

F. Kennedy）は，大統領選で東西対立（特に第三世界戦略）に関してアイゼンハワーの政策を「弱腰外交」と批判して勝利したこともあり，反共姿勢をより強く打ち出していた[94]．ケネディはこれを裏づけるように，初の一般教書で次のように述べ，ソ連や中国の第三世界への関与を牽制している[95]．

　　我々には残された時間がない．……我々の最初の最も大きな障害はソ連と共産主義中国との関係である．……我々は，彼らに侵略と反乱が自らの利益にならないということを分からせなければならない．

この3カ月後の4月，ケネディは，キューバ侵攻作戦（ピッグス湾事件）を遂行するが，これに失敗する．この直後，ジュネーブ休戦協定に反して米軍「軍事顧問」のヴェトナムへの増派を決定しただけでなく，現地での米軍による枯葉作戦を承認し，軍事介入を深めていった[96]．翌月，ケネディは「緊急の国家的必要に関する特別教書」を発表し，次のような見解を披露している[97]．

　　第三世界とは，今日の自由の防衛と拡大のための偉大な戦場にほかならない．……アジア，アフリカ，中東，中南米などで共産主義者が支援している革命こそ，アメリカが20世紀を通して守ろうとしてきた国際秩序への挑戦であり，アメリカの安全にとっての脅威である．

国連総会や第三世界におけるソ連の影響力の増大は，国際的な威信の失墜に直面していた米国や西側同盟国に深刻な脅威として受け止められるようになった．この結果，米国にとって，アフリカを含む第三世界は「民主主義」と「共産主義」がぶつかり合う「戦場」であり，ヨーロッパの植民地権力の後退による「真空地帯の発生」は危険であると考えられるようになった[98]．ケネディ並びにジョンソン政権下で国家安全保障政策の特別顧問を務めたウォルト・W. ロストウ（Walt W. Rostow）は，1972年出版の回想録で当時の心境を次のように振り返っている[99]．

　　毛沢東，ホーチミン，カストロ，スカルノ，ナセル，ンクルマといった指導者は，

64 —— 第 I 部　課題と歴史

反植民地闘争や革命を経て，権力を奪取したばかりか，周辺地域にその支配を拡大し
ようとする危険な連中だ．……植民地解放戦争は，アメリカにとって我々が伝統的に
用いてきた政治的，軍事的対応を回避するような，新しく危険な共産主義者の技術で
ある．

　しかし，ケネディ政権は全面的に植民地主義を支持したわけではなかった．
就任直後の 3 月には，ポルトガル国軍によるアンゴラ植民地解放運動の武力鎮
圧を批判する国連総会決議にソ連と共に賛成票を投じ，第三世界の喝采を浴び
る[100]．ケネディ政権の誕生はアフリカ各地の解放運動リーダーの期待を高め
るとともに，ポルトガルを中心とするヨーロッパの植民地宗主国を怖れさせた．
しかし，東西対立の激化は，植民地主義と共産主義という「2 つの悪魔」の間
で揺れ動いてきた米国外交政策に決定的な影響を与えることとなった．つまり，
「共産主義という悪魔」との戦いが，すべてに優先する結果となったのである．
このことは，それまで以上にアフリカの脱植民地化に深刻な影響を及ぼすよう
になった．
　冷戦研究の第一人者であるフレッド・ハリディ（Fred Halliday）は，冷戦を
「世界的規模に達した対立の特定の時期．すなわち，軍事的・戦略的対決に重
点がおかれ，交渉が最小限にとどめられるか，存在しないような時期」として
定義づけた[101]．そして，それ以前の大国間抗争と決定的に異なる点として，
「グローバルな規模に達した抗争で政治的・軍事的動態の中に全世界を包含し
ていること」をあげている[102]．このような特徴を有する冷戦期に脱植民地化
を目指さざるを得なかったアフリカは，両大国による軍事あるいは戦略上の争
いの場として認識され，介入を受けるようになった．
　アフリカの指導者は，東西二項対立の論理とそれに伴った世界体制の構築を
批判的に捉えた．ニエレレ，そしてトゥーレは，次のように述べている．

　我々が「共産主義者」と「西欧民主主義者」のどちらになるだろうかと懸念をもっ
て見守っている人はいずれも検討はずれの結果になる（ニエレレ大統領によるキブコ
ニ大学開学記念演説，1961 年 7 月 29 日）[103]．
　すべての人が我々をあれかこれかの陣営に是が非でもつけようとしたが，我々の希

望はアフリカという陣営にとどまることだった．世界はたんに東と西でできているのではない（セク・トゥーレ，1961年）[104]．

2人のパン・アフリカニストの肉声からは，この時期のアフリカ指導者による冷静な世界情勢の分析，「非同盟主義」「第三世界の一員」としての世界における立ち位置，そして何よりも全アフリカ解放に向けた献身的な姿勢が窺い知れる．しかし，1960年以降のアフリカの脱植民地化は，複雑に絡み合った国際関係と密接に結びつく形で展開していかざるを得なかった．

4 ── アフリカ人同士の対立

1. エスニック政党とナショナリスト政党

英帝国の崩壊過程について検討した木畑洋一は，要因分析には次の3つの言説が存在すると指摘した．まず「植民地側の要因重視論」，次に「国際状況重視論」，そして「帝国主義本国の要因重視論」である[105]．その上で，いずれか1つだけの要因で説明できるものではなく，それらの関係性を重視する必要を説いた．

1960年前後のアフリカにおける脱植民地化のプロセスは，まさにこの3つの要因が絡み合ったものとなったが，その絡み具合や要因の重要性は，それぞれの植民地領，時期，アクターによって大きく異なった．程度の差こそあれ，アフリカの脱植民地化プロセスは決して平坦なものではなく，多くの場合，内外に創り出された構造により苦難に満ちたものとなった．その理由としては，脱植民地化が「植民地支配からの解放」にとどまるものではなく，独立後の国家権力のあり方を決めるプロセスでもあったことがあげられる．第2次大戦後の世界では，独立政府は全（成人）住民が参加する多数決の論理に基づいた複数政党による競争選挙──民主選挙──によって決定された．そのプロセスにおいてアフリカ各地で多くの混乱と暴力が生じたことは，先に論じた通りである．

1950年代後半から60年代初頭，植民地当局の多様な介入を受けながら，植民地領をネイションの単位とするナショナリスト政党，そして地域やエスニッ

66 —— 第 I 部　課題と歴史

ク集団を基盤とする政党が次々に創設され，アフリカ各地で競争選挙が実施さ
れていった．1960 年 5 月のベルギー領コンゴでの議会選挙では，27 の政党が
選挙に参加しているが，その多くが地域政党やエスニック政党であった[106]．
この選挙では，パン・アフリカニストで後に首相となるルムンバ率いるコンゴ
国民運動（MNC, Mouvement National Congolais）が 33 議席，後に連立政権の
副首相になるアントワーヌ・ギゼンガ（Antoine Gizenga）率いるアフリカ連帯
党（PSA, Parti Solidaire Africain）が 13 議席，後に大統領になるジョセフ・カ
サヴブ（Joseph Kasavubu）率いるバコンゴ同盟（ABAKO, Alliance des Bakon-
go）が 12 議席を獲得しているが，政党名に示されている通り，ABAKO は最大
エスニック集団であるコンゴ人（Bakongo）に基盤をおく政治組織であった．
この他に，モイゼ・チョンベ（Moïse Tshombe）率いる地域政党のカタンガ部
族協会連盟（CONAKAT, Confédération des Associations Tribales du Katanga）
が 8 議席，そして各地の地域政党が 1 から 3 議席ずつ獲得している[107]．

　この選挙には全国 339 万人の有権者のうち 81.8% が投票し，54 万の無効票を
出したものの，80 万人（有効票の 35%）がパン・アフリカニスト＝ナショナリ
スト政党の MNC や社会主義を掲げる PSA に投票しており，これらの政党が
地域・エスニック政党を圧倒した点は注目に値する．この選挙が行われた環境
——つまり政治活動が自由化されてからの日数の短さ，突然の選挙（実施決定
から半年後の開催），広大な領域，分断を煽る選挙制度など——を考慮に入れる
と，この結果はベルギー当局をはじめ多くを驚かせるものであった．

　同様に，1963 年 5 月のケニア総選挙では，エスニック政党は 1 議席も取れ
ないまま KANU（ケニア・アフリカ人民族同盟[108]）が圧倒的勝利を収めている．
つまり，コンゴやケニアの住民は，異なる社会集団間の広範な連帯に基盤をお
くパン・アフリカニスト＝ナショナリスト政党に夢を託すという選択を行った
のである．

　しかし例外もあった．1961 年 9 月に選挙が行われたベルギー信託統治領ルワ
ンダでは，即時独立を主張する王党派・ルワンダ国民連合（UNAR, Union Na-
tionale Rwandaise）が敗北する一方，圧倒的多数を占めるフトゥの解放と民主
共和国制を掲げるエスニック政党・共和民主運動・フトゥ解放運動党（MDR-
PARMEHUTU）が勝利する[109]．すでに 1959 年には，これら両勢力の政治闘

争が暴力的衝突に繋がっていたが，選挙前後期にこれが拡大し，独立時には2万人を超える難民の発生を引き起こしていた．上述の通り，信託統治下にあったルワンダの状況については，3年おきに国連が視察団を派遣していたが，その最中の出来事であった．

2. ルワンダにおける選挙

国連視察団の訪問と信託統治領委員会に対しては，ルワンダの諸解放勢力から様々な働きかけがなされた．ガーナの独立が目前に迫った1957年2月には，ルワンダ国高等会議（後のUNARの母体）により「見解」が，翌月の3月にはフトゥ社会運動（MSM）（後にフトゥ解放運動党PARMEHUTU，さらに1960年5月にMDR-PARMEHUTUとなる）から「バフトゥ宣言」が発表されている．これらの文書は，両者の間に，植民地支配に関する現状認識，そして解放後に目指す社会像に大きな隔たりと深刻な対立点があることを顕在化させる結果となった[110]．前者は，ルワンダには「1つの同質的なネイション」がすでに形成され，伝統的な統治体制があるため即時独立が可能であるとの考えを示し，国権の返還を要求した[111]．他方の後者は，「問題の心臓部にあるのは，1つの人種（トゥチ）の政治的独占である」[112]と表明し，社会構造の抜本的な変革を最重要課題と位置づけ，植民地支配の問題を副次的な問題であると強調した．

両者の対立が深まる最中の1959年7月，ルワンダ王が不審な死を遂げ，それにはベルギー当局の関与が疑われた．王を失った高等会議は，王権を擁護する政治組織UNARを結成する．UNARは言葉の上ではパン・アフリカニスト的な主張を唱え[113]，ソ連や東側諸国の支援を得るのに成功した．しかし，実態としては，社会構造の転換を否定し，封建的な支配の継続を真の狙いとしていた．つまり，植民地領をベースとしたネイションの創造と解放を謳った政治運動であっても，その内実は注意深く検討されなければならないのである[114]．

1960年を前に，国際的にも独立容認への圧力が強まっていくと，ベルギー政府は長年にわたり植民地統治のパートナーであったトゥチ王権ではなく，フトゥ解放運動との連携を強めていった．その結果，ルワンダ王の死去から1961年9月の総選挙・国民投票に至るまでの2年間，政治的主導権を求めるUNARとPARMEHUTUの間の抗争が激しくなる．対立は次第にエスニシティをめぐる

ものとなり，その影響は一般の人びとに及んでいくが，植民地当局は 11 月に
戒厳令を敷き UNAR の動きを封じ込める一方で，PARMEHUTU 側に肩入れ
する形で介入を行った．エスニックな対立が激化し，それに乗じたフトゥによ
るトゥチへの襲撃の結果，200 名を超える死者と数千の家屋の焼き討ちが発生
し，国外に逃れた難民数は 7000 人を超えた[115]．

　ルワンダ・ウルンディ総督ジャン＝ポール・ハロイ（Jean-Paul Harroy）は，
1984 年の回想録で，政府側作戦を統括したギューム・ロジスト（Guillaume Lo-
giest）の行動を，「フトゥに対する最初の大きな奉仕活動だった」と認めてい
る[116]．また，将軍ベン・ロジスト（Bem Logiest）が，1960 年 1 月の植民地行
政官を集めた会議で次のように演説したことが明らかになっている[117]．

　　　我々のゴールは何か？　ルワンダの政治化を加速化することである．……我々はフ
　　トゥに有利なアクションを取らなければならない．……我々は中立に徹して座ってい
　　るわけにいかないのだ．

　ベルギー当局による PARMEHUTU への肩入れが強まる一方，UNAR やそ
の支援者の働きかけを受けた国連総会は，1960 年 12 月に「ルワンダ・ウルン
ディの将来に関する問題」決議 1579 ならびに 1580 を採択した．これらの決議
には，全成人選挙の際の平和と協調の確保，即時恩赦と非常事態宣言の解除，
難民の帰還促進，国連視察立ち会いの下での全代表者会議の開催，国連ルワン
ダ・ウルンディ委員会（UNCRU）設置，王政存続に関する国民投票の実施な
どが含まれた．しかし，これには，宗主国のベルギーだけでなく，英仏，そし
て米国が反対票を投じた[118]．

　以上の決議を受けた 1961 年 1 月 28 日，国連視察団がルワンダに到着する．
しかし，MDR-PARMEHUTU は，ベルギー政府の立ち会いの下で，同じ日に
大規模集会を開催し，封建制の廃止と共和制への移行，そして新政権の樹立を
宣言した．つまり，植民地当局承認の「クーデター」が，国連視察団の目前で
実行されたのである[119]．

　この事態を受けて，国連総会では決議 1605 が採択され，早期（8 月）の選挙
実施が決まる．しかし，以上の「クーデター」によって MDR-PARMEHUTU

が全ルワンダを掌握するなか，各地で家屋の焼き討ちなどトゥチ住民への襲撃が再開され，最終的に2万人を超える避難民が発生した．この最中に，王政廃止に関する国民投票と初の総選挙が行われ，MDR-PARMEHUTU が圧勝する．それにもかかわらず，選挙に立ち会った国連監視団は，「自由で公正な選挙であった」として選挙結果を承認した[120]．これを受けたベルギー政府は，1962年7月1日，全権を MDR-PARMEHUTU 政権に移譲し，ルワンダは独立を達成する．植民地末期に生じたルワンダにおける政治的対立とそれに伴った暴力は，30年の時を経て「内戦」と「虐殺」という，より深刻な暴力の基盤を準備することになる．

3. 独立直後の「コンゴ動乱」

　新興アフリカ諸国は，選挙を平和裡に終えて独立を達成しても，旧宗主国やその他の外部勢力の影響や介入から自由に国家形成ができたわけではなかった．その最たるものが，1960年6月30日の独立直後に，大混乱に巻き込まれたコンゴの事例である．

　ルムンバ率いる MNC の予想外の勝利に慌てたベルギーは，コンゴ国軍の「暴徒化」を理由にベルギー軍を撤退させなかった．そして，ベルギー軍を地下資源が豊富で自国企業が利権を持つコンゴ東部（カタンガ州）に移し，7月11日には同州の分離独立を軍事面から支援した[121]．一連のベルギー軍の行為は，新生国家に暴力的混乱を生じさせたが，当初この騒乱は「コンゴ動乱」と呼ばれ，新政権の未熟さが原因とされていた．しかし現在では，30年間の機密指定を解除された各国政府の公文書によって，ベルギー政府が作り出した「コンゴ危機」に米国政府が便乗する形で事態が悪化していった様子が明らかにされている[122]．

　ベルギーの領土侵犯と領土保全の侵害に直面したルムンバ率いるコンゴ政府は，国連の介入を要請する．これを受けて7月14日に開催された安保理は，ベルギー軍撤退を呼びかけ（勧告ではない），コンゴ政府への軍事支援を決定する[123]．この会議には，コンゴとベルギーが招かれたほか，カメルーン，エチオピア，ガーナ，ギニア，インド，インドネシア，リベリア，マリ，モロッコ，アラブ連合（エジプト），ユーゴスラビアといったアフリカ・アジアなど

70 —— 第 I 部　課題と歴史

の「非同盟」諸国も参加した[124]．

　7 月 22 日の安保理では，国連コンゴ活動（ONUC）の設置・派遣が確認され，ベルギー軍の「早急なる」撤退が再び呼びかけられた[125]．また，すべての国連加盟国に対し，「コンゴ政府の法と秩序の行使や領土保全と政治的独立を損ないかねないいかなる行為も控える」ことが要請された．しかし，8 月 9 日の決議では，「国連軍の『国内紛争』への非干渉原則」に関する再確認が行われ，ベルギー政府が軍事支援するカタンガの分離独立を「国内問題」として矮小化した[126]．つまり，国連憲章に掲げられた国連憲章第 2 条第 4 項は無視されることになった[127]．

　結局，ベルギー軍は駐留を続け，分離独立宣言を行ったチョンベはカタンガへの国連軍の進駐を拒否し続けた．他方の国連軍がカタンガを除く全領土に展開した結果，逆にコンゴ政府が国連軍の監視下におかれる状態となった[128]．これに対して，ソ連，ガーナ，ギニアなどがコンゴ政府への支援を申し出るが，国連事務総長ダグ・ハマーショルド（Dag Hammarskjöld，スウェーデン元外相）はこれを阻んだ．この最中に発せられた副首相ギゼンガの次の言葉はこの事態の本質を如実に表している[129]．

　　　コンゴの人民は，なぜ自分自身の土地に住む侵略被害者の我々が構造的な手段を用いて武装解除され，侵略者で我々の征服者ベルギー人が武器を保持し続けているのか理解できない．国連軍は，カタンガの分離を定着させている．

　ルムンバ首相は，ハマーショルドと安保理議長宛に書簡を送り続け，7 月の国連安保理決議の遵守に国連が努めることを要請した[130]．しかし，ハマーショルドはカタンガの状況を放置する一方，西側諸国と共にルムンバの失脚を画策するようになる[131]．つまり，選挙に破れ，儀礼上のものにすぎなかったカサブブの大統領職に政治的な実効力を与え，首相ルムンバに代わり，国の代表として扱おうとしたのである．この直後の 9 月，北ローデシアに向かう飛行機が墜落して死亡したハマーショルドには「悲劇の事務総長」のイメージが付きまとうが，英国外務省や米国国務省の文書からは別の側面が浮かび上がってくる[132]．ハマーショルドは，「ルムンバは破壊されなければならない」と米国大

使に語り，「コンゴ政府は存在しない．ルムンバは，実に要求を満たさない人物である」と英国大使に述べたと記されているのである[133]．

このような事実をルムンバは知る由もなかったものの，事務総長宛書簡には，同総長に対する苛立ちが頻繁に示されている．「安保理決議を反古にした」（8月14日），「コンゴを欺いている」（8月15日），「チョンベに屈服した」（8月15日），「酷い犯罪を犯している」（8月17日），「安保理でコンゴ政府がカサヴブに属すると声明したのは内政干渉．コンゴ議会の主権ある決定に反する」（9月10日）などである[134]．

国連を頼れないと判断したルムンバは，ソ連への軍事支援の要請を決意する．これを知った首都レオポルトヴィルの CIA 高官は，8月18日に次のような公電をワシントン本部宛に送っている[135]．

　　ルムンバが実際に共産主義者であるか，あるいは権力を固めるために共産主義者のゲームを遂行しているのかにかかわらず，反西側勢力は急速にコンゴで力を拡大しており，キューバの二の舞を避けるための行動をとるには，ほとんど時間が残されていない．

ルムンバ暗殺への米国の関与を調査した上院議院の報告によれば，以上の公電と同日になされた NSC でのアイゼンハワーによる強い懸念の表明は，「暗殺の承認」として CIA 長官に受け止められた可能性が高いと結論づけられている[136]．そして，この1週間後，ダレス CIA 長官からコンゴの CIA 事務所宛に次の返電がなされ，暗殺計画への実質的な許可が降りることとなった[137]．

　　ルムンバの排除は火急かつ最優先の目的であり，……我々の転覆活動において高い優先順位が与えられる．時間がないため，そちらの判断での行動を許可する．

その後，NSC 特別グループがコンゴ国軍司令官モブツ・セセ・セコ（Mobutu Sese Seko）に莫大な資金提供を行い，クーデターの実行を支援していたことが明らかになっている[138]．そして，ルムンバはモブツに拘束された後，カタンガに移送され，1961年2月に暗殺された．かつて自らが懸念したアフリカ

72 —— 第 I 部　課題と歴史

人同士の「分裂」の果ての出来事であった．しかし，1959 年 3 月の演説には続きがあった[139]．

　　我々が堅く結集すればするほど，「分割して支配せよ」という政策の専門家による抑圧と買収と分裂策動に対する我々の抵抗を，より効果的なものにすることができる．

　国際的な介入の現実を前にアフリカ人同士が「堅く結集する」ことがいかに困難なものであったかを，このコンゴの事例は指し示している．1961 年 1 月の殺害の直前，ルムンバは次のようなメッセージを残している[140]．

　　我が祖国のために我々が欲したただ 1 つのものは，公正なる生活，虚偽のない尊厳，制約のない独立に対する権利であった．ところが，ベルギーの植民地主義者と西側同盟者は，決してこれを望まなかった．彼らは，国連の一部の高級官僚から直接・間接，公然・隠然の支持を受けてきた．……彼らは，一部の我が同国人を分裂させ，他の者を買収し，ありとあらゆる手段で真実をねじ曲げ，我々の独立を汚そうとした．……私は息子たちに……我々の独立と主権を回復する聖なる課題を果たしてくれることを期待する．なぜなら，尊厳なしには自由もなく，正義なしには尊厳もなく，独立なしには自由な人間も存在しないからである．

4.「コンゴ動乱」と南部アフリカ地域

　コンゴの事例で顕著になった，アフリカにおける脱植民地化の現実は次のようなものであった．バンドン会議でのアジア・アフリカの連帯，国連「独立付与」決議に見られる国際規範の変化は，アフリカ解放への確かな道筋を示すようになる一方で，植民地支配を通して獲得した利権を継続したい宗主国や入植者の存在，冷戦下の米国の外交戦略が，「解放のあり方」を規定する力を持とうとしていた．この動きには，本来中立と公正が要求される国連行政の中枢部が関与していたばかりか，アフリカ人指導者も積極的に関わるようになっていた．

　入植者が多く，本国経済がその豊富な天然資源や経済利権に依存していたコンゴでの悲劇は，同様の特徴を有し，この時点では未だ解放から程遠い南部ア

フリカ地域における困難の予兆となった．このことを最もよく理解していたのが，アルジェリア解放運動に尽力したフランツ・ファノンであった．ルムンバ暗殺の一報を聞いたファノンは，1961年2月20日の記事で次のように記している[141]．

　　ルムンバは，すでにコンゴの解放が，中部及び南部アフリカの完全独立の第一段階になるであろうと宣言していた．そして，来るべき目標——つまりローデシア，アンゴラ，南アフリカにおけるナショナリスト運動を支援すること——を，非常に明確に設定していたのである．
　　指導者に戦闘的反植民地主義者をいただく統一コンゴは，この南軍的アフリカ（ローデシア，アンゴラ，南アフリカ）にとって現実的な危険となっていた．……カタンガやポルトガル当局が，コンゴの独立を妨害するためにあらゆる手段を尽くしたとしても，驚くにあたらない．彼らがベルギー人の行動を支援し，コンゴ内での遠心的な力の増大を図っていたことは事実である．

ファノンの見解には根拠があったことがポルトガルの公文書から明らかであるが，ローデシア・ニアサ連邦の2代目かつ最後の首相となったロイ・ウエレンスキー（Roy Welensky）の回想録（1964年）にも次のように記されている[142]．

　　チョンベは親西側で，ルムンバは違っていたということだ．もしルムンバがコンゴ全体のコントロールを獲得したなら，アフリカのど真ん中に強固な共産主義者の影響力が生じてしまう．これは，我々がすべてを費やしてでも避けなければならない事態である．共産主義から南部アフリカの安全を保障するには，限りなく多い数の国によってカタンガ（の独立）が承認されなければならない．

「アフリカの年」，「独立付与宣言」前後に2つのベルギー領（ルワンダ，コンゴ）で生じた混乱と暴力の様相は，次に続く南部アフリカの解放がきわめて困難になることを予測させた．そして，冷戦がついにアフリカの非植民地化に直接的な影響を及ぼす契機を準備することとなったのである．

74—— 第I部　課題と歴史

【注】

1) セク・トゥーレ「アフリカは餌食にはならない」（パトリス・ルムンバ（榊利夫訳編）『息子よ　未来は美しい』理想社，1961年，所収）．一部訳を改定した．

2) ルムンバ，同上書，192-193ページ; Ludo De Witte, *The Assasination of Patrice Lumunba*, London: Verso, 2001; ルムンバ，同上書，63ページ．

3) フランス領からの独立は，次の14カ国．セネガル，モーリタニア，マリ，コートジボワール，ブルキナファソ，トーゴ，ベニン，ニジェール，チャド，中央アフリカ，カメルーン，ガボン，コンゴ共和国，マダガスカル．その他，ナイジェリアとソマリアが英国から，コンゴがベルギー領から独立している．

4) 英国から1922年に独立したエジプト，1847年に米国の解放奴隷が建国したリベリア，1936から42年までイタリアに占領されたエチオピアの3カ国．

5) 舩田クラーセンさやか『モザンビーク解放闘争史——「統一」と「分裂」の起源を求めて』御茶の水書房，2007年，207-209ページ．

6) コミンテルンは，1920年の第2回大会で，「民族・植民地問題」を正式に世界革命戦略に位置づけている（栗原浩英「コミンテルンと東方・植民地」木畑洋一編『岩波講座世界歴史24　解放の光と影』岩波書店，1998年，143-145ページ）．ただし，レーニンの死後，コミンテルンの世界認識の幅は狭められ，スターリンの権力掌握以降（1935年），特にこの視点が欠落していく．

7) バンドン会議に至るまでのプロセスやその後については，次の文献．林哲「戦後冷戦体制の形成と『独立と革命』」上原一慶・桐山昇・高橋孝助・林哲『東アジア近現代史』［新版］有斐閣，2015年，145-152ページ．奥野保男「非同盟運動とアフリカ」小田英郎編『アフリカの政治と国際関係』勁草書房，1991年，188-215ページ．

8) 同上書，190ページ．

9) The Ministry of Foreign Affairs, Republic of Indonesia, *Asia-Africa speak from Bandung*, Djakarta: 1955, pp. 161-169.

10) 1951年にリビアが独立している．

11) 小田英郎『現代アフリカの政治とイデオロギー』［増補］慶應通信，1982年，198-200ページ．

12) Kwame Nkrumah, Speech at the Parliament, 4 July 1960.

13) 砂野幸稔「パンアフリカニズムとナショナリズム」宮本正興・松田素二編『新書アフリカ史』講談社，1997年，462-464ページ．舩田クラーセン，前掲書，2007年，287-289ページ．「アフリカ合衆国構想」は，後にアフリカ独立国間の対立を誘発したが，結果的に「穏やかな連帯」の制度化がアフリカ独立国同士の組織化のあり方として選びとられる．小田編，前掲書，134-135ページ．

14) 舩田クラーセン，前掲書，2007年，212-213ページ．1923年の第3回パンアフリカ会議のリスボン開催については236-237ページを参照．

15) 小田，前掲書，176ページ．

16) 舩田クラーセン，前掲書，2007年，211-213ページ．

第2章　アフリカにおける脱植民地化の歴史的プロセス —— 75

17)　スペイン軍と戦い，現在のベネズエラ，コロンビア，エクアドルを解放し，大コ
　　　ロンビア共和国を設立したシモン・ボリバール（Simón Bolívar, 1783-1830 年）が，
　　　1826 年にラテンアメリカの独立諸国の連帯を目的として国際会議を開催した.

18)　また，アフリカ地域を「閉ざされた地域ブロック」として捉えるのではなく，他
　　　地域の人びととの連帯を前提としていた点も重要である.

19)　コンゴ共和国は，1964 年にコンゴ民主共和国，1971 年にザイール共和国，1997
　　　年にコンゴ民主共和国と名称を変えている. また，ブラザヴィルに首都をおくコン
　　　ゴ共和国が 1960 年に独立しており，1969 年にコンゴ人民共和国，1991 年にコンゴ
　　　共和国として名称変更している. 混乱を避けるため，本章では「コンゴ」の表記で
　　　現在のコンゴ民主共和国を指し，現在のコンゴ共和国については，コンゴ（ブラザ
　　　ヴィル）と記す.

20)　ルムンバ，前掲書，63-64 ページ. 部分的に訳を修正した.

21)　日本では，nation と nationalism は「民族」「民族主義」と訳され，「エトニー／
　　　エスニック集団（ethonie/ethnic groups）と混同されることが多いが，前者は na-
　　　tion-state の議論と連動し，「近代国家を志向する（しうる）集団」として位置づけ
　　　られる. 混乱を避けるため，本章では基本的に「ネイション」を利用する. 定訳で
　　　「民族」が使われている場合は，これを採用する. 例えば，南アフリカをはじめと
　　　して南部アフリカ各地で結成された ANC（African National Congress）は「アフ
　　　リカ民族会議」とする. ANC は政治主体としてのネイションを「アフリカ人」に
　　　求めたものであり，人種的な意味合いが強いものであるが，アパルトヘイト体制の
　　　転換を求めるカラードや白人も参加しただけでなく，南アフリカ国家の枠にとどま
　　　らない運動を志向した点で，パン・アフリカニストに連なる構想を有した.

22)　アフリカで問われた独立後の構想を日本語で論じる際には留意が必要である.
　　　nation-state は「一民族一国家体制」と訳されることが多いように，日本ではネイ
　　　ションを「共通の言語・文化・地理的領域・歴史を持つ（とされる）民族」として
　　　捉え，国家の単位として想定する傾向が強い. その背景には，現在においてもアイ
　　　ヌ民族や琉球王国の征服，朝鮮半島や台湾，中国などの植民地支配の歴史が軽視さ
　　　れ，日本国家中心史観が継続していることがある. しかし，ベネディクト・アンダ
　　　ーソン（Benedict Anderson）が看破したように，ネイションとは「想像の政治共
　　　同体」であり，日本も含めて想像／創造されてきたものである（ベネディクト・ア
　　　ンダーソン『想像の共同体——ナショナリズムの起源と流行』［増補］NTT 出版，
　　　2004 年）. したがって，nation については基本的に「ネイション」と記述するが，
　　　nation-state を「ネイション国家」と記述するのは煩雑すぎるため，本章では「国
　　　民国家」を使用する.

23)　本章では，「民族」「ネイション」との混乱を避けるため「エスニック集団」を使
　　　用する. この背景については，舩田クラーセン，前掲書，2007 年，585-586 ページ.

24)　この点については，舩田クラーセンさやか「『解放の時代』におけるナショナリ
　　　ズムと国民国家の課題——ルワンダを事例として」小倉充夫編『現代アフリカ社会
　　　と国際関係——国際社会学の地平』有信堂，2012 年，53-57 ページ. なお，それぞ

76 —— 第 I 部　課題と歴史

れの方向は全く別物というわけではなく，重なったり，併存していた．例えばエチ
オピアでは，エチオピアの一体性と同時に複数のナショナリティの存在が意識され，
承認されるという考えが強かった．現実には帝国時代にアムハラ化が進行はしたが，
諸民族の主張とどう折り合いをつけるかは常に課題であった．これについては，前
章を参照されたい．

25）　George Padmore, *The Gold Coast Revolution: the struggle of an African people from slavery to freedom*, London: Dennis Dobson, 1953.

26）　Julius Nyerere, *Freedom and Unity: A Selection from Writings and Speeches, 1952-1965*, Dar es Salaam: Oxford UP, 1967.（2）に関するンクルマとの考え方の違いと対立については，次が詳しい．Issa G. Shivji, *Pan-Africanism or Pragmatism: Lessons of Tanganyika – Zanzibar Union*, Dar es Salaam: Mkuki na Nyota Publishers, 2008.

27）　Nyerere, op.cit., pp. 207-217.

28）　ただし，この枠組みが上から作られたものであったとしても，その枠組みが具体的な抵抗の基盤となることもあったことには留意が必要であろう．

29）　A. アドゥ・ボアヘン編『ユネスコ・アフリカの歴史 7　植民地支配下のアフリカ—— 1880 年から 1935 年まで』同朋舎出版，1988 年．モザンビーク並びにルワンダにおけるこのプロセスについては，舩田クラーセン，前掲書，2007 年，2012 年．

30）　Ali A. Mazrui, ed., *UNESCO General History of Africa Vol. VIII: Africa since 1935*, Oxford: Heinemann, 1993. 松田素二は，植民地権力がいかに人為的に「民族」を創り出したかを明確に示している（松田「民族対立の社会理論」武内進一編『現代アフリカの紛争を理解するために』アジア経済研究所，1998 年）．他にも，南部アフリカの鉱山労働での労働者の分断，警察・軍・家庭内労働従事者を別の植民地領から呼び寄せるなどの措置があった．網中昭世「国家・社会と移民労働者——南アフリカ鉱山における労働者の協調と分断」小倉編，前掲書；吉國恒雄『アフリカ人都市経験の史的考察——初期植民地期ジンバブウェ・ハラレの社会史』インパクト出版会，2005 年; Andrew Burton, *African underclass: urbanisation, crime & colonial order in Dar es Salaam*, Athens: Ohio University Press, 2005.

31）　Mazrui, ed., op. cit; 川端正久『アフリカ人の覚醒——タンガニーカ民族主義の形成』法律文化社，2002 年; 吉國，前掲書; 舩田クラーセン，前掲書，2007 年．

32）　武内進一『現代アフリカの紛争と国家——ポストコロニアル家産制国家とルワンダ・ジェノサイド』明石書店，2009 年; 舩田クラーセン，前掲書，2012 年．

33）　Julius Nyerere, "The United States of Africa," *Journal of Modern African Studies*, 1, 1 (1963), pp. 1-6.

34）　1959 年のマリ連邦（後にセネガルとマリ共和国に分裂）や 1967 年の東アフリカ共同体の試みがあげられる．

35）　Gerald L. Caplan, "Barotseland: The Secessionist Challenge to Zambia," *The Journal of Modern African Studies*, Vol. 6, No. 3 (Oct., 1968), pp. 343-360. ルワンダ王国も同様の傾向にあったが，王の暗殺後，王党派は（1）を志向する「ナショナ

第 2 章　アフリカにおける脱植民地化の歴史的プロセス —— 77

リスト運動」として自らを位置づけ，これが国際的にも認められていた．このこと
がより複雑な背景を与える結果をもたらした．詳細は，舩田クラーセン，前掲書，
2012 年．

36)　舩田クラーセン，前掲書，2007 年，377-378 ページ．

37)　詳細は第 3 章で検討するが，本章の後半でも一部紹介する．

38)　アントニー・D. スミス『ネイションとエスニシティ——歴史社会学的考察』名
古屋大学出版会，1999 年，157-163 ページ；小田編，前掲書，4-5 ページ（John
Kautsky, *Political change in underdeveloped countries: nationalism and commu-
nism*, New York: Wiley, 1962; Ralph B. Neuberger, *National Self-determination in
Postcolonial Africa*, Boulder: Lynne Reinner, 1986).

39)　小田編，前掲書，3 ページ．

40)　アミルカル・カブラル『アフリカ革命と文化』亜紀書房，1980 年；ウィルフレッ
ド・バーチェット『立ち上がる南部アフリカ』サイマル出版，1978 年；舩田クラー
セン，前掲書，2007 年．

41)　フランツ・ファノン『アフリカ革命に向けて』みすず書房，1969 年収録，『エル・
ムジャヒド』34 号，1958 年 12 月 24 日，148 ページ．

42)　国連広報センター，ウェブサイト「植民地の独立」．

43)　同上ウェブサイト．

44)　ルワンダは第 1 次世界大戦でのドイツの敗北の結果，ウルンディ（現ブルンディ）
国際連盟によってベルギーの信託統治領となっていた．信託統治時代は Ruanda（ル
アンダ）と表記されていたが，本書ではアンゴラの首都 Luanda（ルアンダ）との
混同や煩雑さを避けるために「ルワンダ」を使用する．

45)　Reports of the UN Visiting Mission to East Africa: Ruanda-Urundi and Tangan-
yika.

46)　武内，前掲書，165 ページ；Marcel D'Hertefelt, "Myth and Political Accultura-
tion in Rwanda（U.N. Trust Territory)," Dubb Allieed, *Myth in Modern Africa:
The Fourteenth Conference Proceedings of the Rhodes-Livingstone Institute for So-
cial Research*, Lusaka: The Rhodes-Livingstone Institute, 1960, p. 404; 舩田クラー
セン，前掲論文，2012 年，65 ページ．

47)　Filip Reyntjens, "Pouvoir et droit au Rwanda: Droit public et evolution politique,
1916-1973," Tervuren: Musee royal de l'Afrique central, 1985, pp. 213-214.

48)　国連本部のウェブサイト（http://repository.un.org）でこれらの一覧が確認できる．

49)　1949 年 3 月 25 日の信託統治領理事会決議（T/RES/74(IV)).

50)　同上ウェブサイト（国連信託統治領理事会報告書・決議，国連総会での関連決議).

51)　国連広報センターのウェブサイト「非自治地域」．

52)　フレッド・ハリディ『現代国際政治の展開——第二次冷戦の史的背景』ミネルヴ
ァ書房，1986 年，10 ページ．

53)　小田，前掲書，246 ページ．

54)　その他，ボツワナ，レソト，モーリシャス，スワジランドの独立達成は，1966

78 —— 第I部　課題と歴史

年9月から1968年9月までかかっている.

55) Cabinet Office file 6/18/1, Part III, Prime Minister's Personal Minute no. M19/57, in David John Morgan, *The Official History of Colonial Development: guidance towards self-government in British Colonies, 1941-1971*, vol 5. London: Macmillan, 1980, p. 102.

56) アルジェリア戦争の犠牲者数は, 現在でも確定には至っていない. フランス研究者による20-30万人からアルジェリア側の主張する150万人まで開きがある. 平野千果子「『人道に対する罪』と『植民地責任』――ヴィシーからアルジェリア独立戦争へ」永原陽子編『「植民地責任」論――脱植民地化の比較史』東京外国語大学アジア・アフリカ言語文化研究所, 2009年, 91ページ.

57) 同上書, 86-87ページ.

58) ンクルマは, ストライキ・ボイコットなどのあらゆる「非暴力不服従活動」による「積極的行動」を推進してこれを実現した. 詳細は, 砂野, 前掲書, 461ページ.

59) 宮本・松田編, 前掲書, 439-444ページ; マイナ・ワ・キニャティ『マウマウ戦争の真実』第三書館, 1992年. ユネスコ・アフリカ史第8巻の編者マズルイは, これを「マウマウ独立戦争」と呼び, 英国軍に捕らえられた主導者デダン・キマジの写真を掲載している (Mazrui, ed., op. cit., pp. 113-114).

60) 宮本・松田編, 前掲書, 441ページ.

61) Caroline Elkins, *Britain's Gulag: The Brutal End of Empire in Kenya*, London: Pimlico, 2005. 同書は, 英国・米国・ケニアのアーカイブと現地での聞き取り調査に基づいて, 英国政府がどのようなプロセスで「土地自由軍」だけでなく, ケニアの解放運動やキクユをはじめとする諸集団を弾圧したかを具体的に明らかにし, 2006年ピューリッツァー賞を受賞した. 同書ならびに「土地自由軍」の「その後」に関する日本語での紹介は, 津田みわ「復権と『補償金ビジネス』のはざまで――ケニアの元『マウマウ』闘士による対英補償請求訴訟」永原編, 前掲書, 189-217ページ.

62) Ian MacLeod, "Trouble in Africa," *Spectator*, 31 Jan. 1965: 27, in David Goldsworthy, *Colonial Issues in British Politics 1945-1961: from 'Colonial Development' to 'Wind of Change'*, Oxford: Clarendon, 1971, p. 363.

63) 舩田クラーセン, 前掲書, 2007年, 303ページ.

64) Louis, William Roger, "American Anti-colonialism and the Dissolution of the British Empire," *International Affaris*, 61-3, 1985, pp. 395-420; 木畑洋一『支配の代償――英帝国の崩壊と「帝国意識」』東京大学出版会, 1987年, 110ページ.

65) エジプトは, 1953年からエジプト共和国, 1958年からシリアと共にアラブ連合共和国を形成したが, 1961年にシリアが脱退してからは単独でこの国名を維持し, 1971年にエジプト・アラブ共和国に改称した. そのため, 本章では「エジプト」を使用する.

66) 1953年に執筆された『革命の哲学』で, ナセルは「現在のアフリカは確かに激動の舞台である. 白人は, また再び大陸を再分割しようとしている. 我々はアフリ

カで起こっていることが自分とは関係ないといって，ただ手をこまねいていることはできない」と書いている（富田広士「ブラック・アフリカの対アラブ意識」小田編，前掲書，161-162 ページ）．ポルトガルの秘密警察文書には，アラブ連合（エジプト）の支援に関する多くの文書が残されている．また，投獄前のネルソン・マンデラや米国のマルコム X がエジプトに立ち寄った話は有名である．

67) 一連の国務省内のやり取りが FRUS（Foreign Relations of the United States），1958-1969, Vol. II に収録されている．

68) Department of State, Central Files, 310.2/1-2758 (28 Nov. 1958), telegram from the Department of State to the French Embassy, in FRUS (Foreign Relations of the United States), 1958-1969, Vol. II, pp. 81-82.

69) Department of State, Central Files, 303/1-76, in FRUS, 1958-1960, Vol.II, pp. 108-116.

70) Ibid., pp. 213-214.

71) 国連総会決議 995X（1955 年 12 月 14 日）．

72) 国連総会決議 1514XV．

73) これにドミニカ共和国が加わる．

74) 半澤朝彦「国連とイギリス帝国の消滅」『国際政治』第 126 号，2001 年，82 ページ．

75) 国連広報センター『国際連合と非植民地化』2002 年，7 ページ．

76) 国連本部 The United Nations and Decolonization のウェブサイト．

77) 半澤，前掲論文，82 ページ．

78) この体制に日本を含む東アジア地域が取り込まれていくプロセスが次の文献で明らかにされている（林，前掲書，132-141 ページ）．

79) 米国務省ウェブサイト The Office of the Historian, Milestones: 1945-52, NSC-68, 1950. 1975 年まで秘密指定解除されなかった．

80) 同上ウェブサイト．これには，中国での革命成功やソ連の原爆実験成功が影響していた．

81) 林，前掲書，139 ページ．

82) Dulles to Frank C. Laubach, Oct. 31, 1950, Dulles Papers, Princeton University Library; ガブリエル・コルコ『ベトナム戦争全史——歴史的戦争の解剖』社会思想社，2001 年，113 ページ．

83) 舩田クラーセン，前掲書，2007 年，284-285 ページ．

84) United States. Congress, *Alleged Assassination Plots Involving Foreign Leaders: an Interim Report of the Select Committee to Study Governmental Operations with Respect to Intelligence Activities*, Washington : US Government Printing Office, 1975. 日本語版が毎日新聞社から 1976 年に『CIA 暗殺計画』として出版されている．

85) 舩田クラーセン，前掲書，2007 年，305 ページ．

86) コルコ，前掲書，152 ページ．松岡完『1961 ケネディの戦争——冷戦・ベトナム・東南アジア』朝日新聞社，1999 年，29 ページ．

80 —— 第 I 部　課題と歴史

87）　舩田クラーセン，前掲書，2007 年，304 ページ．

88）　Department of State, Presidential Correspondence: Lot 66 D204, in FRUS, 1958-1960, Vol. II, p. 457.

89）　アーサー・ガプション『アフリカ——東西の戦争』新評論，1986 年，111 ページ．1920 年の第 2 回共産党大会．

90）　スターリンは，これらの指導者を「現地上層階級の召使いであり，明らかに帝国主義の主人と結託」しており「アフリカでも共産主義者の革命を待つべき」と考えていたという（同上書，110-111 ページ）．

91）　本章では，紙幅の関係で中国のアフリカの脱植民地化への深い関与について詳しく述べることができなかった（多賀秀敏「米・中・ソ関係とアフリカ」小田編，前掲書，251 ページ）．

92）　松岡，前掲書，51-53 ページ．

93）　Department of State, Presidential Correspondence: Lot 66 D204, in FRUS, 1958-1960, Vol. II, p. 457.

94）　コルコ，前掲書，152 ページ．

95）　John F. Kennedy, Eleventh Annual Message to the Congress on the State of the Union, January 30, 1961, in *J.F. Kennedy 1960 Campaign*, Public Papers of the Presidents of the United States, 1961, pp. 1-3.

96）　翌1962 年 2 月には軍事援助司令部を設置した．

97）　John F. Kennedy, Special Message to the Congress on Urgent National Needs, May 25, 1961.

98）　松岡，前掲書，35 ページ．

99）　Walter W. Rostow, *The Diffusion of Power: an essay in recent history*, NY: Macmillan, 1972, p. 192; 松岡，前掲書，634-635 ページ．

100）　Norrie MacQueen, *The Decolonization of Portuguese Africa: Metropolitan Revolution and the Dissolution of Empire*, London: Longman, 1997, pp. 53-54.

101）　ハリディ，前掲書，10 ページ．

102）　同上書，34-35 ページ．

103）　George W. Shepherd, *The Politics of African Nationalism: challenge to American policy*, NY: Praeger, 1962, 冒頭．

104）　トゥーレ，前掲書，152 ページ．

105）　木畑洋一『帝国のたそがれ——冷戦下のイギリスとアジア』東京大学出版会，1996 年，10-11 ページ；John Darwin, *The End of British Empire: the historical debate*, Oxford: Blackwell, 1991, p. 114.

106）　EISA（Electoral Institute for Sustainable Democracy in Africa）のウェブサイト．

107）　同上ウェブサイト．

108）　KANU の日本語訳には，「ケニア・アフリカ人民族同盟」（松田，前掲書，14 ページ），「ケニア・アフリカ民族同盟」（ブリタニカ国際大百科事典），「ケニア・アフリカ人全国同盟」（津田，前掲書，194 ページ），「ケニア・アフリカ人国民同盟」（外

第 2 章　アフリカにおける脱植民地化の歴史的プロセス —— 81

務省）など様々である.

109）トゥチ，フトゥ等のカテゴリーの問題については，武内，前掲書ならびに松田，前掲書を参照.

110）武内，前掲書，160-197 ページ．舩田クラーセン，前掲書，2012 年，67-73 ページ.

111）D'Hertefelt, op. cit., p. 122. 1958 年には，ルワンダ国高等議会は，植民地当局の了解を得て，「トゥチ，フトゥ，トゥワ」という名称の公的文書からの削除を決定した（Oyeshiku Burgess Carr, "The Idea of Nationalism in the African Context," Ph.D. dissertation to Boston University, 2008, p. 223）. 1959 年 9 月には，UNAR は，「ルワンダの人びと，友人，子ども」に向けた声明を発表・回覧し，「（植民地）政府と（カトリック）神父らが支援する新しい政党の誕生」への警告を行い，そこには，「ルワンダ人，ルワンダの子どもたち，キゲリの臣民よ，立ち上がれ！　我々の力を 1 つにあわせよう！　ルワンダの血を無駄に流させないように. トゥワも，フトゥも，トゥチもない，我々は皆兄弟なのだ. 我々は皆キニャルワンダの子孫たちなのだ！」との呼びかけが記されている（René Lemarchand, "Revolutions, Coups and Readjustments in the Post-independence Era," p. 903, in Robert I. Rotberg and Ali A. Mazrui, eds., *Protest and Power in Black Africa*, NY: Oxford UP, 1970）.

112）F. Nkundabagenzi, *Rwanda Politique: 1958-1960*, Bruxelles: Centre de Recherche et Information Socio-Politiques, 1961, p. 22.

113）例えば，次の主張.「全アフリカが植民地主義と闘っている. 同じ植民地主義が，我々の頭上に異邦人を強制的におき，国を搾取し，先祖伝来の慣習を破壊しようとしている. ……我の政党に属さない者は，国民の敵であり，ムワミの敵であり，ルワンダの敵である！」(Ibid., p. 902).

114）この点については，山口圭介の論考「社会主義とナショナリズム」（小田編，前掲書，33-59 ページ）が参考になる. ルワンダについては，次の資料. René Lemarchand, "Revolutionary Phenomena in Stratified Societies: Rwanda and Zanzibar," *Civilisations*, XVII (1968), 1968, pp. 16-51; 舩田クラーセン，前掲書，2012 年.

115）国連視察団報告で記されている通り，実際の犠牲者や被害はより大きなものだったと考えられている（René Lemarchand, *Rwanda and Burundi*, London: Praeger Publishers, 1970, p. 172）.

116）Jean-Paul Harroy, *Rwanda: de la féodalité à la démocratie, 1955-1962*, Bruxelles: Hayez, 1984, pp. 292, 297.

117）Lemarchand, "Revolutions, Coups and Readjustments," p. 909.

118）武内，前掲書，193-194 ページ.

119）これをルマルシャンは，「上からのクーデタ」と呼んだ(Lemarchand, "Revolutions, Coups and Readjustments," pp. 915-923).

120）武内，前掲書，187-188 ページ.

121）CONAKAT 指導者で州政府を形成していたチョンベにより，同州の分離独立が宣言され，この防衛をベルギー軍が担った.

82 —— 第Ⅰ部　課題と歴史

122) de Witte, op. cit. が詳しい．三須拓也「コンゴ危機を巡る国連政治とパトリス・ルムンバの暗殺（1960 年 9 月〜61 年 1 月）」『経済と経営』第 43 巻第 1 号，2012 年．

123) 国連安保理決議 143.

124) 同上決議参照．

125) 国連安保理決議 145.

126) 国連安保理決議 146.

127)「すべての加盟国は，その国際関係において，武力による威嚇又は武力の行使を，いかなる国の領土保全又は政治的独立に対するものも，また，国際連合の目的と両立しない他のいかなる方法によるものも慎まなければならない」．

128) De Witte, op. cit., p. 9.

129) Ibid.

130) 前者には 1960 年 7 月 26 日，8 月 5 日，14 日，15 日，17 日，9 月 10 日，後者には 1960 年 8 月 1 日と 11 月 11 日に複数書簡を送っている（ルムンバ，前掲書，80-124 ページ）．

131) 同上書，国連報告書を引用する．

132) この後，ハマーショルドは，米国追従の姿勢を変化させていくが，その最中の「事故」であった．この「事故」の第三者調査は潘基文事務総長によって要請された．

133) FRUS, 1958-60, Vol. XIV, Africa, pp. 444-446 ならびに FO371/146775（三須，前掲論文，54 ページ）．

134) ルムンバ，前掲書，96-116 ページ．

135) CIA Cable, Leopold to Director, 8/18/60, in US Senate, op.cit., p. 14.

136) Ibid., pp. 53-59.

137) CIA Cable, Dulles to Station Officer, 8/26/60, in Ibid.

138) *Washington Post*, July 21 2002.

139) ルムンバ，前掲書，64 ページ．

140) 同上書，130-132 ページ．英語版をもとに（De Witte, op.cit.）一部訳を変更した．

141) ファノン，前掲書収録，『アフリカ・アクション』1961 年 2 月 20 日，179-185 ページ．

142) Sir Roy Welensky, *Welensky's 4000 Days: the life and death of the Federation of Rhodesia and Nyasaland*, London: Collins, 1964, p. 214.

第3章

南部アフリカ地域における解放と暴力の
歴史的プロセス

> 最近のアフリカ大陸における事態の展開を鑑みるとき，
> モザンビーク，ローデシア連邦，ニアサランド，アンゴ
> ラ，そして南アフリカの諜報機関のより親密なつながり
> が，すべての関係者にとって大きな利益をもたらすであ
> ろう（南アフリカ警察ロッソー大佐からローレンソ・マ
> ルケスの秘密警察 PIDE 宛の 1961 年 7 月の秘密書簡）[1].

はじめに

アフリカにおける脱植民地化の難しさを長期にわたって最も痛感せざるを得
なかったのは，南部アフリカ地域の人びとであった．

前章で検討した通り，1960 年の国連における「植民地および人民への独立
付与に関する宣言」以来，ポルトガル以外のヨーロッパの宗主国は，非植民地
化が避けられないことを認識せざるを得なくなっていた．問いは「植民地を手
放すか，手放さないか」ではなく，「いつ，どのような形で」に移っていたの
である．しかし，南アフリカと南ローデシアの白人政権，そしてアンゴラとモ
ザンビークの宗主国ポルトガルのサラザール政権は，いかなる変化をも拒み，
武力を用いてでも，アフリカ人多数支配への移行を阻止しようとした．

解放の実現が最も遅かった南部アフリカであるが，アフリカの中では最も早
くアフリカ人による権利要求運動が開始されていた地域でもあった．1912 年に
「南アフリカ現住民会議」として結成された南アフリカの黒人による運動は，
1923 年にアフリカ民族会議（ANC）に結実した．この動きは南部アフリカ各地
から南アフリカ鉱山に働きにきていた労働者に大きな影響を与え，帰省先で同
じような組織の結成に貢献する結果となった．個々の集団を超えた「全アフリ

カ人の運動体」という ANC の特徴が，アフリカ人主体の解放運動の拡散に大きな役割を果たしたのである．1957 年にガーナ独立が確実となると，南部アフリカでもアフリカ人の解放運動組織が次々に結成されていく．多種多様なアフリカ人の組織が結成されるなかで，ANC と同様に，少なくとも当初はエスニシティを超えたナショナルな組織として結成されたのが，アンゴラ解放人民運動（MPLA，1956 年 12 月），ローデシア（現ジンバブウェ）ANC（1957 年），ザンビア ANC（ZANC，1958 年 10 月），ニアサランド／マラウイ会議党（ANC／MCP，1959 年 8 月），南西アフリカ人民機構（SWAPO，1962 年 4 月），モザンビーク解放戦線（フレリモ[2]，1962 年 6 月）であった．しかし，このような組織への関与は危険が伴い，当局による指導者の逮捕や組織の非合法化という弾圧を受け，再三の組織改編を余儀なくされた．例えば，ローデシア ANC は，非合法化のたびに名称を変更し，1960 年には民族民主党（NDP），1961 年にジンバブウェ・アフリカ人民同盟（ZAPU）と改称されている．

　いずれの解放組織も当初は非暴力による運動を展開したが，それが警察や軍によって弾圧され，さらには組織的な無差別殺戮が行われるに及んだ結果，武装闘争の選択に向かっていく．弾圧の事例として，とりわけ世界に衝撃を与え注目されたのは，1961 年 3 月に南アフリカのヨハネスブルグ郊外で起きた「シャープビル事件」である．「パス（通行制限）法」に反対するアフリカ人のデモ（PAC［パン・アフリカニスト会議］が主導）に対して，警察が無差別に発砲した結果，69 名の死者，180 名を超える負傷者が生じた事件である．死者の大半が逃げている最中に背後から撃たれており，その残虐性は明らかであった[3]．この直後，ANC は PAC と共に非合法化され，ANC は 1961 年 12 月に武装組織「Umkhonto we Sizwe（ズールー語で「ネイションの槍」，以下 MK と略す）」を結成する．

　MK を率いたネルソン・マンデラ（Nelson Mandela）は，国家反逆罪で逮捕されるが，1964 年 4 月の裁判で次のように語っている[4]．

　　……我々は，白人至上主義の原則下では，暴力なしにアフリカの人びとが闘争を成功させることは不可能であると感じた．なぜなら，この原則への反対を表明するいかなる合法的な手段も，この政権によって閉ざされてしまったからである．そして我々

は，永遠に劣等なる立場のままいることを受け入れるか，政府を否定するかの選択を迫られた．まず，我々は法を否定することを選び，暴力を避けて法を破るという手段をとった．しかし，……この政策への反対（運動）を政府が武力を見せつける形で打ち砕いたのを見て，その時初めて我々は暴力には暴力しか答えがないのだと決心するに至った．

「シャープビル事件」の衝撃は，南アフリカの人種差別の状況について国際的な関心を高める結果となり，事件から10日後の4月1日には国連安全保障理事会で非難決議（134）が採択される．しかし，国際的に関知されなかっただけで，同様の事態は1959年前後から南部アフリカ各地で発生していた．後に紹介するニアサランドや南西アフリカ，アンゴラでの武力弾圧だけでなく，1960年6月16日にはポルトガル支配下のモザンビーク北部ムエダでも，植民地警察が群衆に発砲し，数百人の住人が亡くなっている[5]．フレリモの初代書記長エドゥアルド・モンドラーネ（Eduardo Mondlane）は，自著『モザンビークのための闘争』の中で，タンガニーカにあるフレリモの軍事拠点に合流してゲリラ兵となった若い女性の発言を次のように紹介している[6]．

　　私は，植民地主義者がムエダの人びとをどのように虐殺するかを見た．叔父も失った．彼らが撃ち始めた時，私たちは武装していなかった．

　非暴力抗議活動に対する国家の組織的な暴力に直面した南部アフリカの解放運動は，アンゴラ（1961年2月），南アフリカと南ローデシア（1961年12月），モザンビーク（1964年9月），ナミビア（1966年8月）の順で武装闘争を開始する．このようなアフリカ人側の重い決断に対し，白人優位の支配構造を維持し続けようとする南アフリカ，南ローデシア，ポルトガル（アンゴラ，モザンビーク）は諜報・軍事体制をより強固にすることでこれに対抗しようとした．その結果，南部アフリカでは，最初は散発的に，後に戦争とも呼ぶべき大規模な武力衝突が繰り広げられる．

　事態が深刻化するにつれ，国際連合（以下，国連）では，南アフリカ，南ローデシア，ポルトガルへの非難決議や武器禁輸・経済制裁が繰り返されるが，

西側諸国はこれらの政権に公式・非公式の支援を与え続けた．他方，先に植民地支配を脱し，国連に加盟していたアジアやアフリカの新興諸国は，国連に議題案や決議案を粘り強く出し続けていた．

1963年5月25日にアジス・アベバで開催された独立アフリカ諸国首脳会議によって，アフリカ統一機構（OAU）が誕生すると，OAU憲章に基づいて直ちに解放委員会が結成され，南部アフリカの解放組織のための支援が開始された．これに，中国やソ連，そして他の東側諸国，さらに西側諸国の市民運動も加わり，南部アフリカの解放は，世界的課題として展開していくことになる．

本章では，1960年末の国連非植民地化宣言から，1994年6月にOAU解放委員会が解散するまで30年以上かかった南部アフリカ解放の展開を，国際条件（脱植民地化，冷戦），地域条件（アフリカ大陸，南部アフリカ），植民地領・国内条件，主体（政権側・解放運動側・国際的な連帯運動）に注目しながら，主に国連決議文，英国，米国，ポルトガルの行政文書に基づき明らかにする．

1 ── 南部アフリカ地域における「体制死守」政策

1. 南部アフリカ地域の共通性と一体化

アパルトヘイト体制が崩壊し，南部アフリカ全域が解放されてから20年以上が経過した現在では，南部アフリカを「1つのまとまった政治空間」として論じることについては慎重であるべきであろう．他方，1960年代から90年代までの時期に焦点を当てるならば，南部アフリカを「一地域」として捉え，検討することは妥当であるばかりか不可欠である[7]．

ポルトガルの革命前夜（1974年3月），米国アフリカ委員会の創設者ジョージ・M.ハウザー（George M. Houser）は，『南部アフリカにおける米国の政策』の中で，南部アフリカ諸国（植民地領）の共通性として，次の5点をあげた．第1に，この地域の人びとがヨーロッパによる占領を例外なく受けたこと．第2に，（1974年現在も）少数者にすぎない白人による人種的支配を受け続けているという共通の歴史と現状を有すること．第3に，多数者であるアフリカ人が白人による経済的な支配下──具体的には，肥沃で生産性の高い土地，管

理職，より良い給料の仕事が白人の手に握られている状態——にあること．第4に，アフリカ人が共通の政治的被抑圧状態に置かれていること．例えば，ポルトガル領ではアフリカ人のいかなる政治組織も許可されておらず，それ以外の国でも体制にとって不都合な組織は禁止・非合法化され，政策決定に関与できない状態にあること．第5に，アフリカ人がこのような被抑圧状態に対して抵抗や闘争を行っていることである[8]．

つまり，ポルトガル領は「植民地支配」，南アフリカは「アパルトヘイト体制・人種差別」，南ローデシアは「本国に反旗を翻した白人少数者による支配」という異なる体制下にあったものの，アフリカ人の側に立場をおけば，白人により長年にわたって構築されてきた支配構造の共通性，そして解放を求める被抑圧者の運動形成という地域的共通性が浮かび上がってくるのである．

しかし，本章でより注目したいのは，このような特徴の類似性と対立軸の共通性を有した主体が（権力側であれ，運動側であれ），相互に関わり合うことによって，政治・軍事・経済空間としての南部アフリカ地域の一体化と体制構築が進んでいくプロセスである．1960 年前後から，アフリカ人側（解放組織や新興独立諸国）の連携による運動の前進が，支配者側の脅威や焦りを誘い，相互協力の促進に繋がるプロセスが見られた．これを受けた運動側もさらに連携を強めていくプロセスが進んでいった．このように，個々の植民地領における解放闘争，あるいはそれに対抗する支配者側の弾圧の問題を「南部アフリカ問題」として捉える動きには，国連も大きな役割を果たすことになる．

2. ポルトガル・サラザール政権による「植民地死守」

ポルトガルのアントニオ・サラザール（António de Oliveira Salazar）は，1932 年に政権を掌握し，「新国家」（Estado Novo）体制と呼ばれるファシスト的国家体制を敷いた．そして，「ネイション（本国）のための植民地領を含むあらゆる資源の動員」を政策として取り入れ，植民地領における支配体制の構築に力を入れた．この詳細は，第 II 部 6 章に譲る．

第 2 次世界大戦後，世界中で脱植民地化の動きが顕著になると，サラザール政権はアフリカの海外領土を「本国と不可分の海外州」と呼びかえ（1951 年），ポルトガルを「多人種主義国家」「複数大陸にまたがる国家」と主張するように

なった[9]. この先頭に立ったのが, 1961年から同国の外相を務めるフランコ・ノゲイラ (Franco Nogueira) であった.

ノゲイラは, 1967年に発表した『第三世界』で, 「『変革の風』は一方向にのみ吹き, すべてを変えることを前提としている」,「(アフリカの新興独立国は) 黒人至上主義を基本軸としている」と批判した[10]. その上で, 南アフリカのアパルトヘイト体制と異なり, ポルトガルが実践してきた「多人種・多文化主義的な第3のシステム」こそが[11], アフリカの抱える困難への正しい解決策を提供すると主張した. その「証拠」として, ノゲイラは, 「アフリカの新興独立国よりもポルトガルのアフリカ海外州の方が経済的に発展している」ことをあげ, 胸を張った[12]. そして, ポルトガルの国連加盟承認時 (1955年) には問題とされなかったことが, 何故急に問題になるのかと, 国連非難を展開した後に, 次のように締めくくっている[13].

> 我々は, 武器の力で自身を守らなければならない. 危機の際には, いつもそれを迫られてきた. ……政治的ビジョンとこれまで繰り返されてきた痛みを伴った経験を踏まえるならば, ポルトガルの人びとは自身を守るための他のいかなる方法も見出すことができない.

ノゲイラが表明した通り, ポルトガルは「植民地死守」政策の道を選択し, 1930年から70年までの間にアンゴラの白人人口を3万人から35万人 (モザンビークでは1.8万人から15万) に急増させるとともに, 1973年の時点で, アフリカ植民地領での戦争に投入された兵力は15万人, 軍事費は国家予算の半分に上った[14].

以上の「植民地死守」政策の背景には, 植民地宗主国でありながら, ポルトガル自身が経済的に従属的な立場にある債務国であり, 両大戦間期にアフリカ植民地領との経済の一体化によって危機を脱してきたことがある. アフリカ植民地は本国の工業に不可欠な安価な原材料を提供するとともに, 質が悪く高価な本国産品の輸出市場であり, さらに植民地周辺国への労働力輸出や鉄道・港湾施設の提供などで本国の外貨獲得に大きな役割を果たしていた. このようなポルトガルの経済構造は, 英仏のように, 非植民地化後に本国の経済利権を保

持し続ける仕組みを提示することを困難にした．また，ポルトガル自身が1930年代からファシスト体制下にあり，植民地の解放は本国の体制崩壊の引き金となりかねなかった[15]．

3. 南アフリカ・アパルトヘイト体制

　南アフリカは，1910年に自治領・南アフリカ連邦となり，1931年のウェストミンスター憲章によって完全な立法上の独立を達成し，内政と外交における主権を獲得する．1948年にオランダ系入植者とその子孫「アフリカーナ」を中心とする国民党政権が誕生すると，1950年から人種隔離政策が次々に導入され，「アパルトヘイト（人種隔離）」と呼ばれる体制が確立していった．そして，1958年に首相に就任したヘンドリック・フェルヴォールト（Hendrik Verwoerd）は，1959年になるとバントゥー自治法（バントゥースタン政策）を導入し，アパルトヘイト体制をより強化していく[16]．

　1957年にガーナが独立し，アフリカ各地の植民地の独立が予想された時期におけるアパルトヘイト体制の強化に対しては，国際的な批判が高まり，ついには緊密な関係にあった英国ですら批判的な態度を示すようになる．その典型は，前章で紹介した，1960年の南アフリカ議会におけるハロルド・マクミラン（Maurice Harold Macmillan）の「変革の風」演説である．しかし，この演説に対し，同じ議会でフェルヴォールト首相が次のように応じたことはあまり知られていない[17]．

　　アフリカにおけるネイションが独立を求める動きはすべての人びとにとって正義に値するものであるが，ただしこれはアフリカの黒人だけではなく，アフリカの白人にも該当する．我々は，自身をヨーロッパ人と呼ぶが，実際はアフリカの白人を代表している．我々は，本連邦内だけでなく，アフリカの主要部分に文明をもたらし，黒人ナショナリストが手にする現在の発展の礎を築いた．彼らに教育を与え，暮らし方を見せ，工業的発展をもたらし，西洋文明が自身で発達させた概念を持ち込んだ．
　　……南部アフリカの大部分は我々の母なる大地であり，我々は他に行くべき処を持たない．我々はここに国家を打ち立てた．バントゥーたちもこの国にやってきて，自身の場所に定着した．すべての人に最大限の権利を与えるという，アフリカをめぐる考え方については，我々も受け入れる．……と同様に，しかし，我々はバランスを重

90 —— 第 I 部　課題と歴史

視し，……これらすべてを可能とした白人の手中において（この考えが）実行される
べきと確信する．

　植民地を「不可分の海外県」であるとして「全人種の共存」を主張するポル
トガルと，「他に行くべき処をもたない」——すなわち帰る場所がない——と
いう南アフリカの白人の主張は異なるものの，アフリカに「発展」と「文明」
をもたらしたとの自負，それゆえ自分たちがすべてをコントロールすべきとの
姿勢は共通している．
　南アフリカに最初に定着したオランダ系入植者が，自らを「アフリカーナ」
（オランダ語で「アフリカ人」の意），南部アフリカを「母なる大地」と呼ぶの
は長い歴史的背景があってのことである．1652 年にオランダ東インド会社が現
在のケープタウンに最初の砦を築き植民地占拠を開始して以来，南アフリカに
はオランダ系，フランス系，英国系の入植者が流入してきた．その後，1814 年
にケープ植民地が英国の支配下におかれると，英国による統治を嫌ったオラン
ダ系入植者は単独での入植地確保・拡大を目指して「グレート・トレック」と
呼ばれる大移動を開始し（1835 年），各地でバントゥー系アフリカ人との戦闘
を繰り広げた．英国は，1879 年にズールー王国の解体・支配をもくろんでズー
ルー戦争を起こす一方，1880 年と 1899 年の 2 度にわたり，アフリカーナとの
間で激しく戦った．最初の入植から 300 年近く南アフリカの地を「開墾」し，
度重なる戦争を戦ってきたことを自負するアフリカーナにとって，英国首相に
変化を呼びかけられることは屈辱ですらあった．しかし，それだけではなかっ
た．多数者であるアフリカ人の参加する国政は，暴力的な占領と抑圧的な政策
によって築いてきた繁栄を自ら手放すことを意味し，この選択はあり得ないも
のとしてアフリカーナに受け取られた．アフリカーナ主体の国民党政権にと
って，マクミランのいう「変革の風」の対処法こそバントゥースタン政策の導
入であった．
　「アフリカ中を吹き荒れる」この変化に対応しようと，国民党政権は，アパ
ルトヘイト政策の継続にとどまらず，警察国家の構築を進めた．そして，アフ
リカ人による政治組織を禁止しただけでなく，パス法によって年間 60 万人も
の逮捕者を出すほど，アフリカ人の移動コントロールを重視した[18]．「シャー

プビル事件」後には，さらに多くの法的規制を設け，体制強化を図った．

　国民党政権によるアフリカ人の抗議行動に対する暴力的な姿勢は，南アフリカ国内にとどまらなかった．南アフリカ連邦は，第1次世界大戦で敗北したドイツに代わり，南西アフリカ（後のナミビア）の統治を国際連盟によって委ねられた．その結果として，1921年以降，多くの南アフリカ白人が南西アフリカに移住するようになっていた．前章で見た通り，第2次世界大戦後，委任統治領の解放は当然視されていたが，国連総会での度重なる決議にもかかわらず，また国際司法裁判所から統治の違法性が非難されても，南アフリカは占領を止めようとしなかった．1959年12月には，南西アフリカでも「新たなアパルトヘイト政策」と呼ばれる集団地域法（Group Areas Act）の導入に反対する抗議デモが起こっていたが，南アフリカ警察はこれに対して武力で弾圧し，多くの人命が奪われる結果となった[19]．

　アパルトヘイト政策，そして南西アフリカの不法占拠，つまり「南アフリカ問題」は世界の注目と非難を集め，ついに上述の国連安保理決議が1961年4月に採択される．しかし，その1週間後，フェルヴールト率いる国民党政権は，ANCなど反アパルトヘイト組織を非合法化し，指導者の一斉逮捕に乗り出すなどの強硬姿勢を内外に示した．さらに，国際的な干渉を避けるため，南アフリカは英国女王を君主とする立憲君主制を止め，共和制に移行するための国民投票の実施を発表する．この国民投票は同年10月末に実施され，賛成多数により，南アフリカ共和国の樹立が1961年5月31日に宣言される．

　強まる一方の国際的な批判の声にもかかわらず，英連邦からの離脱によってより自由になった国民党政権は，ますます警察力や軍備を拡大させ，1960-61年に4.4千万ランドにすぎなかった防衛予算は，1968-69年には2.7億万ランドに急増する[20]．最新の武器を備えた10万人を超える兵力で構成されるようになった南アフリカ軍は，部隊を南西アフリカのみならず南部アフリカ各地に派遣していった．

4. 南ローデシア・白人少数政権

　1960年2月の議会演説で，南アフリカ首相が，「南アフリカ」ではなく「南部アフリカ」という言葉を使い続けた背景には，占領下の南西アフリカだけで

なく，南ローデシアの多くの白人住民もまた南アフリカの出身者であったことによる．しかし，南ローデシアの白人人口は 1960 年の時点で全体の 7% を占めるにすぎず[21]，またその支配の年月も南アフリカに比べれば圧倒的に短いものであった．

　1890 年にイギリス南アフリカ会社（BSAC）の領有地として始まった南ローデシアは，1923 年 9 月には英国植民地領となる．しかし，南ローデシアに定着した白人入植者は同地を南アフリカ連邦の傘下に組み込もうとする動きに抵抗し，この構想を頓挫させ，10 月からは「責任政府」が自治を任されてきた．ローデシア軍は，第 2 次ボーア戦争，第 1 次ならびに第 2 次世界大戦に英国軍の一部として参戦し，多大な犠牲を払って目覚ましい活躍をした．このことは，南ローデシアの白人入植者の間に英国に対する強い自負心を育む結果となり，英国側もそれを無視することはできなかった．

　これらの戦争で重要な役割を果たしたローデシア連隊（Rhodesia Regiment）は，ローデシア軍のなかで最も古く，かつ最大の部隊であり，「マタベレランド戦争」（1896-1897 年）の志願兵を母体として発足した．なお，この戦争はマタベレランドのアフリカ人による決起によって生じ，現在のジンバブウェでは「第 1 次チムレンガ（Chimurenga ショーナ語で蜂起の意味）」と呼ばれている．ジンバブウェのアフリカ人は，植民地解放戦争を「第 2 次チムレンガ」と呼び，チムレンガを通して培った抵抗の精神や戦術を拠りどころとした[22]．最終的にこの戦争に勝利したのは白人の側であった．白人社会では，この戦争は南ローデシアの国家的基礎づくりに不可欠な役割を果たしたとして，ことあるごとにその記憶が呼び覚まされた[23]．特に，独立闘争を阻む対ゲリラ戦において，ローデシア軍や入植者の力の源泉となっていたことが手記等から明らかになっている[24]．

　自治政府発足後，南ローデシアの白人入植者は，天然資源が豊富な北ローデシアと労働力が豊富なニアサランドをあわせた「ローデシア連邦」の形成を英国に働きかけ，1953 年 8 月にローデシア・ニアサランド連邦が成立した[25]．1950 年代も終わりに近づくと，連邦内部でアフリカ人組織の活動が活発化し，特にニアサランドでは ANC／MCP の急速な広がりを受けて，1958 年 3 月 3 日には非常事態が宣言される．その際，1500 名もの ANC／MCP 関係者が拘束さ

第3章　南部アフリカ地域における解放と暴力の歴史的プロセス ―― 93

れたため，抗議活動に火がつく結果となった．事態に慌てたニアサランド総督府は，1959 年 2 月 21 日，南ローデシアからローデシア連隊を空輸し，これが到着すると，地元警察と共に ANC／MCP 関係者や抗議者の大量逮捕と無差別攻撃に従事させた[26]．その結果，妊婦を含む多数の犠牲者が生じたため[27]，英国内で批判が高まり，英国政府は調査委員会を立ち上げざるを得ない状況に追い込まれる．これを受けて，「ニアサランド事変に関するデヴリン判事委員会」(1959 年 3 月)[28]，次に「ローデシア・ニアサランド連邦の将来に関する王室委員会」(1960 年 2 月) が設置され，ニアサランドと北ローデシアの自治拡大とアフリカ人の政治参加機会の拡大が主張された．その結果，逮捕・勾留中の ANC／MCP 指導者ハスティングス・カムズ・バンダ (Hastings Kamuzu Banda)（後のマラウイ大統領）が 1960 年 4 月に解放され，ロンドンで英国との独立交渉を開始すると，ローデシア連邦の解体が現実味を帯びていく．

　これを目の当たりにした南ローデシアの自治政府は，連邦の維持は困難であると判断し，単独での独立に向けた準備を開始する．そして，1961 年 8 月のニアサランドの選挙直前，自治政府は新憲法を制定するための国民投票を南ローデシアで実施する．しかし，この新憲法は，アフリカ人に白人と同等の権利を認めておらず，白人優位の体制のまま独立に道を開くという明らかに歴史に逆行するものであった．そのため，南ローデシアは，アフリカ人組織やアフリカ諸国のみならず英国政府，そして多くの国連加盟国の反対に直面する．

　1962 年に入り，独立に向けたアフリカ人の権利拡大が北ローデシアとニアサランドで認められていくのとは反対に，南ローデシアではアフリカ人の政治活動に対する弾圧が激しさを増していった．一連の出来事を受けて，1962 年 6 月には国連総会で初めて「南ローデシア問題」が議題として取り上げられ，英国に対してアフリカ人への権力移譲を含めた即時独立付与を迫る決議 1747 が採択される．しかし，南ローデシアは，ジンバブウェ・アフリカ人民同盟 (ZAPU) の非合法化を宣言する一方，指導者ジョシュア・ンコモ (Joshua Nkomo) を逮捕し，国際圧力への「反抗」の意志を示した．これを受けた同年 10 月 31 日の国連総会では，12 月に予定された南ローデシアの総選挙の中止が勧告された (決議 1760)．しかし，自治政府によって選挙は強行され，一方的独立宣言も辞さないとの強硬姿勢を示す政党ローデシア戦線 (RF) が勝利をおさめる．

94 —— 第I部　課題と歴史

　そして，1963 年末の連邦解体から 4 カ月後の 1964 年 4 月に RF 党のイアン・スミス（Ian Smith）が首相に就任すると，南ローデシアはますます強硬路線を歩んでいった．同じ年の 10 月に誕生した英国のウィルソン労働党政権は，高まりゆく国際批判に対応するため，「圧倒的多数を占めるアフリカ人が政治参加を実現して国家運営できるようになるまで独立を認めない（NIBMAR[29]）政策」を表明する．その後，ハロルド・ウィルソン（James Horold Wilson）はスミスと何度か交渉を行ったものの，スミスの姿勢を変えることはできず，南ローデシアは 1965 年 11 月 11 日に一方的な独立宣言を行う．その宣言文には，南ローデシアの白人が南部アフリカに支配者として留まり続ける強烈な意志が示されている．

　　　……私たち，ローデシア政府は，ここに以下の宣言を行う．
　　　1923 年よりローデシア政府が自治権を行使してきたこと，そしてローデシアの国民の進歩，発展，福祉に責任を負ってきたことについては，議論の余地のない，周知の歴史的事実であるということ．……
　　　ローデシアの国民は，原始的な国の上に築き上げられた文明の教訓が台無しにされ，西洋民主主義，責任ある政府，高いモラル水準が崩壊するプロセスを目の当たりにしているが，これに対して不動の地位を貫く．

　この宣言が，アフリカの人びとを権利剝奪状態においたまま，「ローデシアの国民の福祉への責務」と「民主主義」を高らかに謳っている点は注目されるべきであろう．ここには，上述のノゲイラと類似の思想が明確に読み取れる．そして，フェルヴァールトと同様の，アフリカに自分たちがもたらした「西洋文明」や「産業の発展」への自負が窺い知れるとともに，それらを継続させるためには，このような形の独立が必要だったとの主張が記されている．
　しかし，ローデシアを国家として承認する国はなく，国際的な非難は高まる一方で，国際的な孤立は極まっていった[30]．一方的独立宣言後，兵力の増強を重ねてきた南ローデシアであるが，1972 年 2 月には，徴兵者数の倍増を発表し，「体制死守」の姿勢を打ち出した[31]．
　1960 年前後の南部アフリカ内外での急激な変化は，南アフリカ，南ローデシ

ア，そしてポルトガル植民地に，アフリカ人の解放と非植民地化をもたらすどころか，支配者側に「体制死守」の動きを生じさせ，これらの政権によるアフリカ人への暴力的弾圧を強化させる結果となった．

2 ── 国際連合，冷戦と南部アフリカ地域

1. 国連での議論

国連は，1955 年の東側諸国とポルトガル・スペインの加入，1957 年のガーナの独立と加盟，その後の雪崩のようなアフリカ諸国の加盟を受けて，非植民地化に関する議論の最前線となった．ここでは，国連において，南アフリカ，ポルトガル，そして南ローデシアがいかなる非難に曝されていったのかを明らかにする．

(1) 西南アフリカおよびアパルトヘイト問題

1959 年の第 14 回国連総会で南部アフリカに関する議論で焦点となったのは「南西アフリカ問題」であった．つまり，南アフリカによる南西アフリカの占領についての問題である．国連総会における 123 の議題のうち，南西アフリカ問題に 8 議題が割かれたことからもわかるように，この問題は国際的な焦点となっていた．具体的には，国連への請願の扱い，南西アフリカの国際法上の地位，国際司法裁判所の勧告，南アフリカ連邦の義務などである．いずれの決議も，違法な占領を続け，武力弾圧を行っている南アフリカ連邦への非難や勧告であった．

同じ国連総会で，南アフリカに関わる問題を取り上げた決議は，インドとパキスタン両政府提案の「インド系住民に対する扱い」のみであった．ただし，それ以前に国連総会で「南アフリカ問題」が取り上げられていなかったわけではなかった．1952 年の国連総会では，初めて「アパルトヘイト政策に起因する人種紛争問題」が議題にあがり，国連事務総長宛の 14 カ国からなる南アフリカ調査団の報告に基づき，3 加盟国から構成される特別委員会の設置が採択されている（決議 616）．

96 —— 第I部　課題と歴史

　国連は，国家主権を尊重し内政不干渉を前提とする国家間の連合組織として創設されていたため，一国内の政策を議題とすることは避けられる傾向にあった．それを覆す論理として 616 決議で掲げられたのが，「すべての人の人権並びに基本的自由の尊重が促進・奨励されるための国際協力」という国連の設立目的であった[32]．

　議題として適切かどうかの「入口問題」を解消した決議 616 以降，「南アフリカ問題」は国連の主要議題として繰り返し取り上げられることになる．特に，この決議によって設置された特別委員会が，1954 年 12 月に最初の報告を行うと，それ以来，毎年のように委員会報告がなされ，南アフリカ非難決議が繰り返された．例えば，第 2 回委員会報告を受けた 1955 年の国連総会では，アパルトヘイト政策が「国連憲章と世界人権宣言に反する」とともに，「世界平和への脅威である」との決議が採択され，それ以前の決議よりさらに踏み込んだものとなった．

　ただし，これらの決議は強制力を伴っておらず，南アフリカが国連決議によって政策を変えることはなかった．しかし，1960 年 3 月に起きた「シャープビル事件」を契機として，事態は急展開する．

　国連安全保障理事会（安保理）は，同年 4 月，国連加盟 29 カ国の訴えに基づいてこの問題を取り上げ，国連総会での決議にもかかわらず人種政策が継続され，「非武装の平和的なデモ参加者への大規模な殺戮」が発生したことを事実認定した．その上で，「世界にもたらした強い感情と深刻な憂慮」を踏まえ，南アフリカ連邦の現状は国際摩擦を生じさせており，この状態が続けば国際平和と安全保障を危険に曝すと結論づけた[33]．決議の文言は弱いものであったが，この問題が安保理で取り上げられる契機となったことは重要である．

　1960 年は，アフリカで独立が相次いだばかりでなく，6 月に独立したコンゴで騒乱が発生し（7 月にはカタンガの分離独立宣言），国連平和維持軍が派遣される一方，「独立付与宣言」が準備されるなど，慌ただしい 1 年となった．1960 年 9 月に開催された第 15 回総会で，南アフリカに関する議論がなされたのは翌年 4 月のことであった．そこで採択された決議 1598 では，「暴力と流血の惨事を伴った人種問題の悪化をもたらした政策」が放棄されることを目指し，個別並びに集団的措置を検討することを全加盟国に求めた．しかし，南アフリカ

第3章　南部アフリカ地域における解放と暴力の歴史的プロセス——97

の国民党政権は国際的な孤立の道を選び，1961年3月には英連邦を脱退し，5月末には共和国への移行を完了させる．

(2)　サラザール政権の「危機の1961年」

　1960年まで，南部アフリカ関連の議題は，南西アフリカと南アフリカでの人種問題を意味したが，1960年末になるとこれにポルトガルの植民地問題が加わり，ポルトガルのサラザールは「危機の1961年」に直面する．

　サラザール政権は，軍の後ろ盾，事実上の一党支配，秘密警察（PVDE／PIDE／DGS）の利用と検閲の多用，カトリック教会との連携などを通じてファシスト体制を構築し，長年にわたって政権を堅持してきた．しかし，1958年6月の大統領選挙に，ウンベルト・デルガード（Humberto Delgado）将軍が立候補すると，低迷していた民主化運動が活発化する[34]．しかし，PIDEは弾圧を強め，多くの運動関係者が逮捕・勾留され，残りの関係者は，ブラジルやアンゴラ，モザンビークに逃れざるを得なくなった．選挙では，当然のようにサラザールが推薦するアメリコ・トマス（Américo Tomás）総督が勝利し，デルガード将軍は亡命を余儀なくされる．後に，同将軍はPIDEによって暗殺される．1965年のことであった．

　内政の困難を乗り切ったサラザール政権であるが，次は外圧に直面することとなった．1960年10月，ポルトガルが軍事協定を結ぶ米国で，サラザール政権に批判的な民主党の大統領候補ジョン・F. ケネディ（John F. Kennedy）が選挙に勝利したことは，ポルトガルに脅威をもたらした．これに加え，12月14日に国連総会で「独立付与宣言」が採択され（決議1514），国連憲章第73条2項が定める「非自治地域」の条件が明確化され（決議1541），「非自治領」としてポルトガル領が明記されると（決議1542），もはや植民地を「海外州」だとして国際的圧力をかわすことが不可能となる．

　さらに，ケネディ政権の誕生（1月20日）の2日後，ポルトガルの元議員で国軍大佐エンリケ・カルヴァン（Enrique Calvão）が，米国の豪華客船サンタ・マリア号の乗っ取りを実行する事件が発生する．カルヴァン大佐は，1947年にポルトガル領アフリカにおける強制労働の実態を暴露した報告書を国会に提出したが闇に葬られ，1951年には「反政府活動」をしたかどで投獄されていた．

98 —— 第 I 部　課題と歴史

しかし，1952 年に脱獄に成功し，乗っ取り事件を起こしたのであった．この際，カルヴァン大佐は，ポルトガル本国の内政と植民地の状況に抗議するため「ポルトガル亡命政府」をアンゴラに設立すると称し，船をアンゴラに向かわせた[35]．結局，船は米国海軍に奪回され，カルヴァンはブラジルに亡命する．

　カルヴァンと直接連携したものではなかったと考えられているが[36]，アンゴラのルアンダでは，乗っ取り事件に呼応する形で，同年 2 月 4 日に 200 名ほどの MPLA 支持者がアフリカ人指導者の留置された監獄や政府の建物を襲撃した．1 カ月後の 3 月 14 には，アンゴラ北部のコンゴ（キンシャサ）との国境を接する地域の「コーヒー栽培者」（バコンゴ民族）が，大規模な暴動を開始する．これに乗じて MPLA のライバル組織 UPA が武装蜂起し，結果として 300 名から 500 名の白人と 1500 名のアフリカ人が犠牲になったとされている[37]．これに対して，白人入植者の自警団やポルトガル軍による大規模な報復攻撃が繰り広げられ，3 万から 5 万人ものアフリカ人が殺害され，住民の多くはコンゴ（ブラザヴィル）に逃れた[38]．

　これらの出来事の最中の 1961 年 4 月 5 日には，ジュリオ・ボテーリョ・モニス（Júlio Botelho Moniz）国防大臣がサラザールに退陣を要求し，植民地の自治拡大と「新国家」体制の刷新を求めた．しかし，この動きは直ちに抑えられた．結局，サラザール自身が国防大臣を兼任するようになり，アンゴラの軍事力を強化した矢先に，上述の大量殺戮が発生する[39]．

　「シャープビル事件」を上回る大量殺戮を受けて，1961 年 4 月の国連総会では，「多くの住民の命を奪った最近の騒乱と紛争が国際平和と安全保障の危機を継続させる可能性」が指摘され，「独立付与宣言」に基づき「アンゴラのアフリカ人が自決や独立を実現する」ため，「スピーディで効果的な対応を採るための改革」をポルトガルに迫った（決議 1603）．続く 6 月には，国連安保理が開催され，「アンゴラにおける大規模な殺戮と厳しい弾圧に遺憾の意」が表明され，「アンゴラ＝非自治地域」との決議 1452 を踏まえ，「直ちにアンゴラ領の人びとにすべての権限を移譲するための措置を開始する」ことを迫る決議 163 が採択される．この決議は，安保理における初のポルトガル非難勧告決議となっただけでなく，これまでほとんどすべての決議に歩調をあわせてきた英仏が棄権したのに対して，米国が賛成したという点で画期的なものとなった．

実は，モニス国防大臣はサラザールに退陣を要求する直前に，頻繁に駐ポルトガル米国大使と面談をしており，退陣要求にはケネディ政権の関与が疑われている[40]．まさにサラザールが懸念した「悪夢」が現実になりつつあった[41]．しかし，サラザールは退陣せず，逆に米国政府に対し，NATO 脱退をちらつかせ，この危機を乗り切ろうとした．これを受けて，米国務省内では，圧力をかけ続けるべきだと主張する国際部とそれ以外の部局との確執が勃発する．

駐ポルトガル米国大使は，1961 年 9 月 5 日付け文書で，ポルトガル政府を刺激すべきでない理由の 1 つとして，「英国政府も米国とポルトガルとの間の良い関係を求めている」と主張するが[42]，1962 年 1 月末にアジア・アフリカ諸国によって提案された決議 1742 に，米英はともに賛成した．同決議では，ポルトガル政府がアンゴラを非自治領と認めず，アンゴラの人びとの自決や独立に関する正当なる訴えを受け止めないまま，「国際平和と秩序を乱した」こと，そして「住民に対する弾圧と武力行使」が強く非難されている．

さらには，この最中にインドがゴアの併合を行い，ポルトガルは南アジアの交易拠点を失う．これらの度重なる危機にもかかわらず，サラザールは政権を失わず，「危機の 1961 年」を乗り切った．

(3) 英国と南ローデシア

南部アフリカ地域に対する英国の立場や役割には，国連安保理でのポルトガル非難決議にあえて棄権票を投じたように，多くの矛盾がみられた．「変革の風」演説で知られるマクミランであるが，彼が率いる英国の国連での投票行動は，自治権獲得を求める人びとの行動を踏みにじるものが多かった．

米国ですら賛成票を投じた 1961 年の「アンゴラ決議」を英国が棄権した背景には，歴史的にポルトガルが英国の「半植民地的」状況におかれてきたこと，ローデシア連邦をはじめとして，南部アフリカの内陸にある英国の植民地がポルトガル領アフリカの鉄道・港湾設備に依存していたことによる．つまり，南アフリカ，ローデシア連邦そしてポルトガル領は経済的に一体化しており，英国にとって，この状況を維持することが利益に合致していた[43]．英国史家デビット・バーミンガム（David Birmingham）が指摘するように，南部アフリカは「アングロサクソン・アフリカの核」であり，「アフリカにおける英国による投

100 —— 第 I 部　課題と歴史

資のおいしい部分」であった[44].

　英国の矛盾は,「南ローデシア問題」においても顕著に現れるようになる.
第 17 回国連総会はこの問題に関する決議文採択で締めくくられたが, 同決議
には, 宗主国である英国がアフリカ人への権力移譲を進めようとしていないこ
とへの落胆が記された. その上で,「南ローデシア＝非自治地域」であり,「独
立付与宣言（決議 1514）」が適応されるとして, 英国に対し, (1)直ちに多数者
の権利擁護のため全政党が参加する憲法制定会議を開催し, (2)「一人一票」の
原則を基本とする新憲法を制定するとともに, (3)非ヨーロッパ人の権利を回復
し, (4)これらの人びとに課された規制を取り払い, (5)人種差別を止め, (6)政治
犯を即時解放するよう迫った.

　しかし, 上述の通り, 南ローデシアが ZAPU の非合法化と党首ンコモの逮捕
を強行したため, 4 カ月後の 10 月 12 日に再び「南ローデシア問題」が議題と
して取り上げられる[45]. そして, この問題が「アフリカだけでなく全世界の平
和を危険に曝している」として, 英国に緊急対応と総会での報告を求めたが,
英国は要請された措置をとらなかった. 結局, 南ローデシアで総選挙が実施さ
れ, RF 党が勝利する. これを受けた同月 14 日の国連総会決議（1883）では,
「差別的で非民主的な憲法の結果, 権力の座に就いた南ローデシア政府」との
認識を明確にした上で,「この政府への権力と主権, 特に軍と武器のコントロ
ールの移譲・付与を行うことは, すでに爆発寸前の状況を悪化させる」との状
況分析が示された. そして, 英国に対して, (1)南ローデシア植民地を現政府に
移譲しないこと, (2)すべての住民の真の代表者による政府ができるまで権限移
譲を待つこと, (3)武器や軍を現政府に供与しないこと, (4)関連決議（1747・
1760）の内容を履行するよう要請した.

　この総会決議に先立つ 1963 年 9 月 9 日, 国連安保理では「南ローデシア問
題」を議論する第 1069 会合が開催されていた. この会合は, ガーナ, ギニア,
モロッコ, エジプトから安保理議長宛の書簡（8 月 2 日）, そしてコンゴ（ブラ
ザヴィル）がアフリカ 29 カ国を代表して安保理議長宛に送った書簡（8 月 30
日）に基づいて開催される運びとなった. しかし, 英国政府代表は, ガーナ政
府が本件を安保理の議題として付託したことについて,「英国は南ローデシア
を非自治領として認識しておらず」, この件を安保理に付託することは「安保

第 3 章　南部アフリカ地域における解放と暴力の歴史的プロセス —— 101

理に付随する機能の濫用である」と強く反発した．そして，「世界のあの地域において着実に進められてきた進歩を信じる」との見解を披露し，決議文が英国による問題解決のための努力に逆の作用を与えると反論した[46]．連日安保理で会合が持たれたものの，英国のかたくなな姿勢により，ガーナ，モロッコ，フィリピンによって提案された決議文の採択には至らなかった．

　最終日の 9 月 13 日（第 1069 会合），ブラジル政府代表は，英国が南ローデシアを「非自治領」と認めないばかりか，問題を「南ローデシアの国内問題」としていることを受けて，「国連総会決議 1747 で自治領の件はすでに結論が出ている」と一蹴した．そして，英国が総会決議を履行しないことで，「人種差別主義的かつ非人道的で非民主的な少数者政権を維持させている」と批判した．さらに，このままこの問題を放置すれば，南ローデシアで「南アフリカのようなアパルトヘイト体制が構築され，国連憲章の基本理念と原則が侵害され，アフリカにおける政治的紛争と緊張はより悪化し，国際平和と安全保障の脅威がもたらされる」という決議案の主張に賛同の意を表明した[47]．一連の会合の最後にソ連代表が発言し，南ローデシアは人種差別・植民地主義的な少数者が権力を奪い続けるためなら武力を用いることを厭わないという姿勢を見せており，新たな悲劇的流血事態の可能性が高まっているが，流血が生じた場合の責任は英国のものだと強く抗議した[48]．

　この 2 カ月後（1963 年 11 月），再び国連総会でこの問題が議論されるが，その際には，同年 5 月に開催されたアフリカ独立諸国首脳会議の結果が重視された．その上で，英国に対する非難が繰り返され，「英国に近い加盟諸国」は影響力を行使し，南ローデシアの人びとの願いが叶えられるよう努力すべきだと強調する決議 1889 が採択されている．しかし，英国はいずれの要請にも応えないまま，1963 年 12 月 31 日にローデシア連邦の解体を迎える．

　その後，ますます事態は緊迫の度を増し，1965 年 5 月 7 日に南ローデシアで総選挙が強行される見込みとなったことを受けて，ついに国連安保理は，同月 6 日，南ローデシアに関する初の決議を採択する．安保理は，国連総会での英国への度重なる要請を追認し，同国に対して早急なる対応を求めるとともに，一方的独立宣言を止めるためのあらゆる措置を講じるよう要請した．その独立宣言が強行されたことを受けて，その翌日（11 月 12 日）に開催された安保理

で，この「独立」を承認しないように全加盟国に呼びかける決議216が採択される．11月20日には，再び安保理でこの議題が取り上げられ，英国が一方的独立宣言を「反乱」として位置づけたことを歓迎し，「（武力）鎮圧」を含めた追加的努力を行うよう呼びかけた．この決議では，「権力強奪」という言葉が使われ，加盟国がこの政権を励ます，あるいは支援することがないよう，また経済制裁とりわけ武器・石油並びに石油製品の禁輸を徹底するよう要求が行われた．この決議を受けて，少なくとも，南ローデシアの国際的孤立は決定的なものとなった．

2. OAUと連携する国連

「南ローデシア問題」に関する総会決議1889で言及されたアフリカ独立諸国首脳会議（アジス・アベバ）には，独立33カ国のうち，南アフリカ共和国とモロッコを除く31カ国の首脳が集まった．これら首脳は，OAU（アフリカ統一機構）憲章を採択し，1963年5月25日にOAUは発足する．

OAU憲章では，次の5つの目的が掲げられた[49]．(a)アフリカ諸国の統一と連帯の促進，(b)アフリカ人民のよりよい暮らしのための協力と努力の調整・強化，(c)各々の主権，領土的一体性そして独立の保全，(d)アフリカにおけるあらゆる形態の植民地主義の撲滅，(e)国連憲章と世界人権宣言に基づいた国際協力の促進．加えて，次の7点の原則が示された．(1)すべての加盟国の主権的平等，(2)内政不干渉，(3)国家主権と領土的一体性ならびに独立の不可譲の権利の尊重，(4)交渉，仲介，和解，調停による紛争の平和的な解決，(5)近隣諸国あるいはそれ以外の国による，いかなる形態の政治的暗殺や反乱的活動への無条件の非難，(6)アフリカ内で依然として従属の立場にある領域の完全なる解放への絶対的な献身，(7)すべての陣営に対する非同盟政策の確約．つまり，植民地主義のアフリカからの一掃とそれによるアフリカの全面的な解放への貢献が，国連憲章と世界人権宣言に基づいた原則として認識され，加盟国の目的と義務として記されたのである．

さらに同首脳会議では，OAU憲章に基づき「アフリカ解放のための調整委員会」の設置が合意される．そして，同委員会はOAU本部のあるエチオピアではなく，タンザニアのダルエスサラームに設置されることになった．解放に

第 3 章　南部アフリカ地域における解放と暴力の歴史的プロセス —— 103

困難が伴うことが明確になってきた南部アフリカにタンザニアが接していること，および同国大統領ジュリウス・ニエレレ（Julius Nyerere）のイニシアティブが考慮されたからである．

OAU 解放委員会は，コンゴ危機でアフリカ人指導者同士が反目したことを踏まえ，それぞれの解放運動を統一させた組織に支援を与えることを基本方針とした．その結果，3 つの解放組織に分かれていたモザンビークの解放運動は統一の運動体として Frelimo（フレリモ）を結成する[50]．解放委員会は，アンゴラについては MPLA，南ローデシア／ジンバブウェについては ZANU と ZAPU，ナミビアについては SWAPO，南アフリカについては ANC を支援した．

OAU の設立から 5 カ月後，第 20 回国連総会で，国連と OAU との協力に関する決議 2011 が採択され，後の多くの決議に影響を及ぼすことになった．例えば，国連総会（同年 11-12 月）でなされた南ローデシアとポルトガル領アフリカに関する決議では，国連加盟国がそれぞれの解放運動に対し，OAU との協力の下で「精神ならびに物的支援」を行うよう呼びかけがなされている．

以上から，1960 年以降，南部アフリカの白人政権がアフリカ人による抗議・反対活動の弾圧に一定程度成功する一方，国際的な議場で次第に激しい非難に直面するようになったことが明らかである．これに加え，OAU の結成，また南部アフリカに隣接するコンゴ（キンシャサ），コンゴ（ブラザヴィル），タンガニーカの独立は，南部アフリカ地域の政治力学を激変させていく[51]．つまり，南部アフリカの解放運動は，これらの新興独立諸国に活動拠点をおくことが可能となり，その結果，組織の結成や立て直しを行う一方，他の解放組織や支援者との交流を経て，運動を前進させることに成功したのである．

その後，南部アフリカの解放に向けた手法として武装闘争の採択が決定的になると，資金，軍事訓練，武器供与，戦略構築などあらゆる面での支援が必要となった．そこで，これらのニーズと内外の支援者を繋げる役割を OAU 解放委員会が担うようになり，調整機関としての本領を発揮していく．1964 年 10 月にザンビアが独立を果たし，南部アフリカの解放支援に名乗りをあげると，より南方にあるモザンビーク中部，南ローデシアと南西アフリカ，そして南アフリカ領内での武装闘争が可能となった[52]．

しかし，これら南部アフリカの解放運動やそれを支援するアフリカ諸国にと

って，武装闘争は苦渋の選択であった．特に，解放組織に基地や聖域を与え，白人政権の反撃の前線に位置することとなったタンザニアとザンビアにとって，新国家運営最中の武装闘争支援は重い負担であった．1969年11月にザンビアの首都ルサカで開催された東・中央アフリカ諸国首脳会議で採択された「ルサカ・マニフェスト」は，武装闘争とその支援に関する思考のあり方を明確に示したものとなった[53]．同文書はタンザニアのニエレレとザンビアのケネス・カウンダ（Kenneth Kaunda）によって起草され，出席した14カ国のうち，マラウイ以外の国が署名し，同年9月にOAUでも承認されている．また，同マニフェストは，第21回国連総会決議に記されるほど，重要な多国間文書となった．同マニフェストは，次のように始まる[54]．

> 我々は解放の目的……を，物理的暴力を使わずに達成しようとしてきた．我々は破壊するよりも交渉を，殺害よりも対話を望んだ．我々は，暴力を奨励してこなかった．もし，解放に向けた平和な進展が可能であれば，変化のタイミングを妥協してでも，同胞らに抵抗運動において平和な手段を使うようにと求めただろう．

マニフェストは続けて，「しかし，このような平和的進展の道は南部アフリカ諸国で現在権力を掌握する者によって閉ざされている」との状況分析を行っている．その上で，「これらの地域の抑圧者に対して闘う人びとがいる以上，これにすべての可能な支援を行う選択肢しか残されていない」と表明し，武装闘争をアフリカ諸国が支援することの正当性を強調した[55]．

しかし，この宣言文は，当時武装闘争を戦っていた，あるいは戦う準備をしていた南部アフリカの解放運動に相談なく起草され，「交渉」や「対話」に力点をおく形で記述がなされていることから，これら運動関係者から戸惑いや反発の声があがった[56]．例えば，後にジンバブウェの情報大臣となるZANU／ZAPUのネーサン・シャムヤリラ（Nathan Shamuyarira）は，「ルサカ・マニフェストの危険性」と称する論考を発表し，この文書を「独立アフリカ諸国首脳の白人政権との妥協の産物」と断じている．そして，西側諸国の多くがこの文書の穏やかなトーンにのみ注目し歓迎していることをあげて，アフリカ諸国がOAU創設会議で定めた解放運動への全面的な支援の立場が後退したと受け

第3章　南部アフリカ地域における解放と暴力の歴史的プロセス —— 105

止められるのではないかという懸念を示した[57]．加えて，シャムヤリラは，南部アフリカで武装闘争を継続する10の解放運動がこの文書に反対しているが，ホスト国であるザンビアとタンザニアが草案者であるために，反対を表明できないでいると指摘した[58]．また，このマニフェストが，武装闘争を単に「暴力を使った解放運動」としてではなく，「人民戦争」——つまり，人びとが自らの主権を回復していく政治手法の実践——として捉えていない点についても，フレリモなどの解放運動との乖離を示す結果となった（第II部第6章）．その後，南アフリカのANCは，1971年に正式にこのマニフェストに抗議している[59]．

3. 南部アフリカの白人政権の国際的孤立

「ルサカ・マニフェスト」に対するこれらの批判は妥当なものであり重要ではあるが，他方で同マニフェストが国連における様々な議論に与えた積極的な影響は評価されるべきであろう．例えば，同マニフェストが国連総会で追認されることによって，同日（1969年11月21日）に行われたポルトガル領に関する決議2507でも，「自由と独立のための闘いの正当性」が確認され，ポルトガル，南アフリカ，南ローデシア三者間の協力を非難するとともに，加盟国のより一層なるOAUへの協力が要請されている．さらに同決議は，マニフェストに基づく形で，これら三者への軍事支援を止めるようNATOに対して呼びかけを行っている．

この翌日には，国連総会で「南ローデシア問題」が議題として取り上げられ，これまでの決議より一歩踏み込んだ決議2508が採択されている．同決議は，英国こそが「真の行政責任者でありながらその責任を回避している」と強く非難するとともに，英国に対し「武力を含む効果的な介入」を行い，直ちに南ローデシアの違法政府を解散させるよう呼びかけた．また，南アフリカとポルトガルが，幾度も総会決議と国連憲章を無視し，南ローデシアの違法政府との間で政治・経済・軍事などの関係を維持していることを非難し，両国に対して総会決議の尊重を要求した．加えて，OAUと協力し，ジンバブウェの解放諸運動への「精神的かつ物的支援」を拡大するよう，加盟国並びに国連・国際機関に求めた．最後に，国連安保理の行動を要求し，決議は締めくくられている．

これら「ルサカ・マニフェスト」を受けた3つの決議を踏まえ，翌月の国連

106 —— 第 I 部　課題と歴史

総会では，「南部アフリカにおける人種差別，アパルトヘイト／人種隔離政策と効果的に闘うための手法」という議題が設定された．そして，採択された決議 2547 は，「南部アフリカから人種差別を撲滅するための国際努力が，国際平和と安全保障の維持のために不可欠」であるというマニフェストの記述を歓迎し，その呼びかけに応えるよう加盟国に促している．また，「南部アフリカのアパルトヘイトや人種差別，そしてポルトガルの植民地主義に対する闘争」の正当性を再確認した上で，「再度」南アフリカ，ポルトガル，英国に対する非難が表明された．

　以上から，1969 年という年に，国連総会で南部アフリカの権力構造を一体のものとして捉える姿勢が決定的になっていく様子が分かる．ただし，南部アフリカ権力構造の一体化の問題が国連で最初に検討されたのは，南ローデシアの一方的独立宣言が日程に上った 1964 年から 1965 年のことであった．一方的独立が宣言される直前の 1965 年 11 月には，この問題が国連総会で議論され，批判の矛先を南ローデシアや英国に限らず，南アフリカとポルトガルの協力にも向ける決議 2022 が採択されている．これら南部アフリカの白人政権による協力関係の強化は，「少数者による人種差別主義的支配を永続させることを狙い」としており，「近隣諸国だけでなくアフリカ全体の自由・平和・安全保障への脅威」との認識が示されたのである．

　1965 年末のこの時期，国連総会は，南ローデシアとポルトガルだけでなく，南アフリカに対しても追及の姿勢を強めていた．特に，決議 2054 では，アパルトヘイト政策の継続によって状況が悪化しており，南部アフリカ全体に悪い影響を及ぼしている点，南アフリカ政府が軍事・警察機構の増強を行っている点，外国企業が南アフリカに投資を継続している点が問題とされ，1962 年 11 月の決議 1761 に基づき経済的・外交的制裁を実施することが促された．加えて，南アフリカへの武器・軍事車両の輸送を禁じた安保理決議 181（1963 年 8 月）の遵守を全加盟国に求めた[60]．この後も，三者協力への国際非難が続いている．

　これら南部アフリカの白人政権と経済・軍事・外交関係を有する西側諸国（米・英・仏）が拒否権を有する安保理においてさえ，厳しい内容の決議が繰り返されたことは，総会での決議以上に重要な意味をもった[61]．さらに，南ローデシアへの石油・石油関連商品の禁輸，南アフリカに対する制裁（後に投資企

第3章　南部アフリカ地域における解放と暴力の歴史的プロセス —— 107

業に対するボイコット運動に発展）は，外交上の国際的孤立にとどまらず，両国に経済・社会的な影響をもたらすこととなった．ただし，これらの制裁の実効性には問題が多かった．内陸国南ローデシアに対する経済制裁は本来容易なはずであったが，主な輸送ルート（ベイラ回廊）がポルトガル領モザンビークを通っており，制裁へのポルトガルの協力が得られないため，その効果は薄かった．南アフリカに対しては，1977年まで任意であった武器禁輸（決議181）が安保理決議418で加盟国の義務となり，さらに決議591で強化されたが，より影響の大きい石油禁輸が勧告されたのは1987年のことであった．

3 —— 南部アフリカ白人政権間の相互協力と冷戦状況

1. 共同諜報・防衛体制の形成

強まる一方の国際圧力に対して，南アフリカ，ポルトガル，南ローデシアの三者は互いの結束を強め，各々の弱点を補完しあった．とりわけ，諜報，軍事，輸送，通商分野での協力が重視され，最初に諜報・軍事面での協力が進められた．

南アフリカ共和国が発足した1961年5月13日付けのポルトガル秘密警察文書によると，ローデシア連邦警察（FIBS）のベージル・ケーヘン（Basil Maurice de Quehen）がアンゴラのポルトガル秘密警察本部を訪問したことが分かっている．そして，アンゴラ北部とカタンガの状況についての情報と意見を交換した上で，次のように述べたという[62]．

　　ローデシア，南アフリカ，アンゴラ，モザンビークの間で会合を準備する必要がある．このつながりは，情報交換によって増強されなければならない．3カ国はみな，その国境沿いに対して行われる煽動のすべてを中立化するか消滅させ，安全の「プール」（共同管理地帯）を確保しなければならない．これらの国すべてが抱える危機は共通であり，一国に起こりうる事態に対して無関心であってはいけない．アンゴラ，モザンビーク，ローデシア，南アフリカは国境を共有しており，その防衛は組織化され，強化されなければならない．

108 —— 第Ⅰ部　課題と歴史

　英国出身のケーヘンは，南アフリカでの農場勤務を経て，1928 年から南ロー
デシアに居住し，ローデシア軍，特に諜報部隊の一員として訓練を受け，ロー
デシアの他にイラン，インド，ビルマ，ナミビアで諜報活動に関与してきた[63]．
そのような人物が，ポルトガルのアンゴラ武力弾圧（3 月）直後に，PIDE と
打合せを行い，このような発言をした上で，さらに英国首相との面談のためロ
ンドンに向かったと記録されているのである．これは英国の対外的言動と矛盾
するものであった[64]．

　1961 年 7 月になると，南アフリカもポルトガルの諜報機関との連携を模索し
始め，本章の冒頭に示した内容の書簡が，南アフリカ警察「ロッソー（Ros-
souw）大佐」から PIDE ローレンソ・マルケス支部に送られている．同書簡で
は，1961 年 8 月 1 日から 9 日まで南アフリカ・プレトリアにおいて，ローデシ
ア・ニアサランド連邦，ポルトガル領（アンゴラ・モザンビーク），そして南ア
フリカの諜報機関の代表者会議を開催することが提案され，すでに南アフリカ
の高等弁務官と法務大臣の了承を得ていることも付記されていた[65]．

　この時期，サラザール政権は内外の危機に直面する一方，南ローデシアでは
国際的非難の嵐の中で新憲法の賛否を問う国民投票が実行されていた．つまり，
これら三者は，内外状況の急変による白人優位体制の崩壊という共通の危機が
迫りつつあると感じ，治安組織の連携を急いだものと考えられる．PIDE 文書
からは，1961 年以降，PIDE が南アフリカおよび南ローデシアの諜報組織との
間で，頻繁に情報交換を行い，連携を試みる様子が窺い知れる[66]．このような
連携の進展にともなって，モザンビークからタンガニーカに向かい，フレリモ
に合流しようとした若者が南ローデシアや南アフリカ警察に拘束され，PIDE
に身柄を引き渡されるケースが多発した[67]．

　1964 年 4 月にスミス政権が誕生すると，三者の連携を最も必要とした南ロ
ーデシアの働きかけで，具体的な協力関係の構築が急がれるようになる．最初
にスミスが注目したのは，南アフリカではなく，「南部アフリカでの共産主義
の拡張」というレトリックやアメリカへの軍事基地提供などを「武器」に，
数々の対外危機を乗り越えてきたサラザール政権との関係であった．

　英連邦省文書からは，英国が南ローデシアとポルトガルの接近に神経を尖ら
せ，ロンドン，ソールズベリー，リスボン，ルサカ，ローレンソ・マルケスと

ルアンダの在外公館との間で詳細なる情報と分析を交わしていたことが窺い知れる[68]. 特に注目されるのは, 政権発足後に英米両国からの財政支援を停止されたスミスが, ポルトガルの公式訪問を表明したことをめぐる一連の機密文書である. 英国が, スミスのポルトガル訪問に関心を示した理由は, 英紙で両国の「秘密合意文案」が暴露されたためである. この合意文案には, (1)独立承認, (2)北ローデシアが依存するベンゲラ鉄道（ポルトガル領アンゴラを通過）の封鎖, (3)緊急経済・財政支援, (4)必要に応じた軍事支援への期待などが含まれていたと報じられている[69].

　この報道に対してスミスは「秘密であればポルトガル訪問を公言したりしない」と反論したが, 独立直前の北ローデシアで首相になっていたカウンダがこの合意文案のコピーを入手したことを記者会見（8月29日）で明らかにすると, さらに騒ぎは広がった[70]. カウンダは, 合意文案には, ポルトガルがベンゲラ鉄道の封鎖によって, ザンビアが不可欠とする石炭やカリバ水力ダムの建設資材の輸送を止めるとともに, ザンビア産品の海外輸出を困難にすることも盛り込まれていたと述べ, 「（スミスの）ポルトガル訪問はこの秘密文書がただの噂でないことを示している」と反論した. 英国は, カウンダ首相に「コピー」の提供を要請したが, 「英国としてポルトガルにこのような合意を予定しているか確認すべき」と逆提案されている[71].

　英国は火消しに躍起となり, 9月3日には, 英国高等弁務官事務所経由で, スミスからカウンダ宛の書簡が送られた. しかし, その翌日スミスはすでにリスボンに出発しており, 8日にはサラザールと2度にわたり計4時間もの個別会談を行っていた. この直前（2日）には, 「ロス（Ross）大将」から英国外務省に対し, 次のような報告が送られている[72].

　　連邦解体前の南ローデシアとポルトガル領アフリカの治安当局間の関係は良好で, 今年の1月からはより近いものになった. ……我々は, この間, ナショナリスト集団による破壊的活動に対処するための合意が機能していることも知っている.

　さらにロスは, 9月21日付けの書簡で, 「ポルトガルは南ローデシアといくら近づきたいと思っても, （モザンビークでの武装闘争を阻止するため）マラウイ

とザンビアとの良い関係を維持することにも利害を有する」との分析を披露した上で，その結果としてサラザールがスミスに一方的独立を思いとどまるよう「良い助言」をしたに違いないと主張している[73]．実際のサラザールの「助言」がどのようなものであったのかは明らかではないが，この会談時に両国の通商協定の刷新が合意されるなど，両国間関係は大いに前進することになる．

　スミスは，首相就任当初から独立を問う国民投票と「伝統首長会議」の開催を表明していたが，これには英国の保守党政権も拒否の姿勢を崩さなかった．そして，同じ年の10月にウィルソン労働党政権が誕生すると，英国は対南ローデシア経済制裁に乗り出す．このような圧力にもかかわらず，スミスは，南ローデシア内の196名の首長を集めて「伝統首長会議」を強行し，一方的独立へのアフリカ人首長の賛同を国際社会に示そうとした．これは，ザンビアの独立から10日後のことであった．さらに，12月には，「新通商協定」策定のため，ポルトガル政府代表団がソールズベリーに到着したことが突然発表される[74]．そして，南ローデシア情報局は，両国の「伝統的な友好関係」，「アンゴラやモザンビークとの地理的な近さ」と「技術協力を発展させていくことは両国にとって利点が大きい」ことを踏まえ，新しい通商協定締結のための交渉を継続させること，1月後半に二国間会議を開催することが提案されたと公表する[75]．

　南ローデシアとポルトガルの急接近を追っていたソールズベリーの英国高等弁務官事務所は，「ローデシアにとってポルトガルが重要な理由」を次のように分析した[76]．第1に，アフリカ人の勝利による「モザンビークの喪失」は，「白人支配下の南部アフリカ・ブロック」のコンセプト全体を危険に曝す[77]．第2に，モザンビークの港はローデシアに最短の輸送ルートを提供し，かつ石油のパイプラインがモザンビークを経由しているため，これが敵対的な政府の手に渡ったらかなりの打撃となる．第3に，国連や大国の助言の拒絶や無視に成功し続けているポルトガルは，小国ローデシアにとって輝かしい先導者であり，スミスに（国際）圧力をどのように撥ね除ければ良いかの模範を示している．以上の理由から，ローデシアとポルトガルは特別な利害関係を有し，これが政治，安全保障，経済分野での接近に反映されていると結論づけた．そして，英国の対ポルトガル政策として，次の考えを披露した．

ポルトガルの政変をプッシュし過ぎると，ローデシアでも同じことが起こると警戒され，一方的独立宣言の根拠を与えてしまう．ポルトガルへの圧力を強めると，二国はより接近し，防衛政策での相互支援が強化される．……結果として，ポルトガルとローデシアそして南アフリカの間にさらに密接な関係が構築され，反抗的で相互に持続可能なブロック化を招く．これは我々の利益に反することになるだろう．彼らを互いに分離することこそ，我々に機会をもたらす．私は，ポルトガルの「多人種的側面」は（英国の非植民地化）漸進政策を擁護する点において積極的な側面があると考える．

これら一連の文書からは，英国政府関係者が一方的独立宣言を警戒しこれを避けようとしていただけでなく，南部アフリカの三者の「ブロック化」を懸念していたことが明らかである．また，ポルトガルの政変を英国が後押ししていたことが示唆される一方で，ポルトガルが主張する「多人種主義」への賛意と英国の政策に援用可能との見解が表明されている．しかし，ポルトガルに対する圧力を緩和したところで，大多数のアフリカ人の権利を抑圧し続けている以上，地域の状況が好転するはずもなかった．したがって，南ローデシアとポルトガルの接近は避け難いものになった．

12月の「新通商協定」に関する二国間協議を踏まえ，翌年2月には，ポルトガルの外務省経済局長が率いる39名の代表団（アンゴラ，モザンビークからの参加者を含む）がソールズベリーに到着し，新通商協定が合意された．加えて，水力発電所や道路や滑走路の建設，鉄道・空輸・港の施設整備，農業と酪農，広報・観光・移民に関する委員会の立ち上げが発表されている[78]．しかし，上述の通り，この時期すでに国連で南ローデシア経済制裁の決議が出されていた．また，通商協定や開発に関する協議を表に掲げながらも，アンゴラからの参加者の中に，諜報機関（SCCIA）とプロパガンダのための広報機関（CITA）のトップが含まれていた点は重要である[79]．

「制裁破り」はポルトガルだけではなかった．この直後には，南アフリカの財務大臣が2.5百万ポンドをローデシアに貸与すると表明しているのである[80]．新聞報道によれば，この財政支援は，チレジ・ダム，ンベジ＝チレジ鉄道，チレジ空港，電力発電設備の建設に向けたものであった．さらに，1965年5月6日になると，スミスが次のように語ったことが英紙ディリー・メールに掲載さ

れている.

　（解放組織がザンビアから現れている以上,）世界のこの地域における安全保障について考えなければならない. かつて, 我々は英連邦の一員であり, 同連邦に（安全保障上）依存できると考えていた. しかし, 我々が独立を選択するのならば, 南アフリカ人やポルトガル人について語ることを考え始めるのは自然の成り行きであり, 当然の論理的帰結である.

　そして, スミスは, 南ローデシア, 南アフリカ, ポルトガルが防衛同盟を結ぶのは,「アフリカ人ナショナリズムに対抗するためではなく, 北からの共産主義の浸透に対抗する前線を構築するため」であり,「黒人対白人の争いではなく, 西洋文明対共産主義の紛争」に備えるためであるとのレトリックを披露した. そして, 来る総選挙について, 世界と英国に対し,「ローデシア人は結束し勇気があり, アフリカ大陸に蔓延する悪と闘うという確固たる立場を決意したことを示す」と述べ, その正当性を強調した[81]. スミスが, ポルトガルに倣い, 支配や政策の正当化のために冷戦の論理を使い始めたことが見て取れる.

　選挙で圧勝したスミス政権は, 直ちにポルトガルとの外交会談を要請する旨を表明する. ただし, スミスは選挙後の記者会見時に,「南ローデシア独立後に, ポルトガルと南アフリカと連携するのは論理的にいって自然なことだが, 現時点ではアイディアに過ぎない」とも述べていた[82]. しかし, 現実には, 翌月14日の時点で, 南ローデシアの外務防衛大臣がモザンビークを公式訪問し, 8月にはポルトガル空軍関係者が南ローデシアを訪問するなど, 軍同士の連携は着々と進められていった. 1964年8月には, 南ローデシアからモザンビークへ視察団が派遣されているが, この中に南ローデシア・中央諜報機関（CIO）長ケン・フラワー（Ken Flower）が含まれていた[83].

　スミス政権は, ポルトガルならびに南アフリカとの関係を強化することを通じて国連による経済制裁の影響を緩和するとともに, 武装闘争に対抗する防衛体制の準備を進めた. また,「共産主義の伸張への対抗」をスローガンとして掲げることで, 英国をはじめとする西側諸国の介入を回避し, 一方的独立宣言

後に備えようとした．そして，11月8日にはアフリカ人武装組織による攻撃を
口実に非常事態を宣言し，11月11日に独立を一方的に宣言する．

　ポルトガルと南アフリカを含め，この独立を承認した国は1カ国もなかった．
ただし，両国は承認こそしなかったが，南ローデシアに実質的な協力を提供し
ていた．サラザール政権は，孤立する南ローデシアへの協力を通じて国際政治
上の存在感を示すことに成功するが，ポルトガルも南ローデシアと南アフリカ
の助けを必要としていた．そして，南アフリカも同様に，これら二者の協力を
不可欠としていた．

　ザンビアの独立，南ローデシアの一方的独立宣言，そして1966年9月の南
アフリカでのフォルスター政権の誕生を受けて，南ローデシアと南アフリカと
の関係はさらに緊密なものになった．1966年から67年の時期に，南アフリカ
が最も懸念したのは，ザンビアとの国境地帯の軍事的脆弱性であった．ザンビ
アに根拠地をおくナミビアおよびジンバブウェの解放運動が，武装攻撃を活発
化させていたためである．そこで，南アフリカ空軍は，フォルスター首相に対
し，南ローデシアにおける拠点の確保，警察は機動隊の国境地帯配備を進言し
た[84]．なお，同じ時期，南アフリカ軍は，内部の諜報組織を刷新するとともに，
特殊部隊を設置していた．この特殊部隊の訓練にあたっては，対ゲリラ戦の経
験が豊富な南ローデシア軍の協力が要請され実行に移されただけでなく，南ア
フリカ空軍は南ローデシアでの駐屯を開始する[85]．

　このような南アフリカ軍と南ローデシア軍の連携は，国際的にも問題視され
るようになり，国連総会（1969年11月）では，南アフリカ軍の駐屯と両軍によ
る近隣諸国の領土侵犯を非難する決議2508が採択されている．

2. 米・英の矛盾

　理念では民族自決権を奨励し，開明的な政策を喧伝してきた米・英両国であ
ったが，南部アフリカをめぐる一連の対応は，相矛盾する点が多かった．特に，
英国の対応は，内部機密文書だけでなく，国連安保理や総会での投票行動や政
府代表の演説などの公的に表明されたものも含め，「変革の風」とはほど遠い
ものであった．他方，米国は植民地保有国の非植民地化に対する消極的態度に
いらだつ一方で，東西対立を意識した外交・安全保障による政策的配慮から，

114 —— 第Ⅰ部　課題と歴史

理想と現実の間を行き来することとなる．この「揺れ」が最も顕著に現れたのが，ポルトガル領アフリカの非植民地化をめぐる対外政策であった[86]．

　米国の歴代政権にとって，NATO の加盟国であるポルトガルのファシスト／サラザール政権は，理念上も脱植民地化を拒む姿勢においても「厄介物」であった．米国が，1949 年に，同種のファシスト体制を敷くポルトガルを NATO に入れる一方で，スペインを排除した理由は，ポルトガルが保有する世界各地の領土と軍事基地の戦略的重要性によるところが大きかった[87]．両国は，ポルトガルの NATO 加盟を受けて，1951 年 1 月に「相互軍事支援協定」に合意し，軍事同盟を強固なものにした[88]．その後，中東情勢が深刻化するにつれて，アソーレス諸島などにおかれた米国の基地機能はますます不可欠なものになっていた．しかし，国内での公民権運動の高まりを受けて誕生したケネディ政権は，国際世論に応じる形で対ポルトガル外交を修正し始める．

　アフリカに植民地を保有してきた英国と植民地が独立して誕生した米国の姿勢には違いがあった．アジア・アフリカと東側諸国の連携が進み，国連でこれらの勢力が強まったことは，米国政府内に路線対立と変化の兆しを生み出す結果となった．特に，国連における 1960 年末の「独立付与宣言」決議，そして 1961 年以降の一連の反ポルトガル決議は，米国に難しい選択を迫る．結果的に，アイゼンハワー政権は非植民地化決議に対しては棄権票を投じるが，次のケネディ政権は 1962 年 1 月までは反ポルトガル決議に賛成票を投じている．

　しかし，ケネディ政権の初期においても，政府内の路線対立は常に存在した．例えば，1961 年 9 月の国務省国際局と駐ポルトガル米国大使の間の往復書簡では，前者は国連によるポルトガルへの圧力の継続を主張する一方，後者は「ポルトガルをそのように扱うのは不要であるばかりか建設的ではない」と主張し，「英国も（米国とポルトガルの間の）良好な関係を求めている」と反論している[89]．

　この時期，ポルトガル海軍は，同国の NATO に対する「貢献」を次のようにまとめ，脱退による損失の大きさを強調し，米国をはじめとする NATO 各国に揺さぶりをかけていた．(1)ヨーロッパの中で最も米国に近いという地理的条件，(2)自由に使えるアソーレス諸島の基地，(3)補給基地としてのマデイラ島とカーボヴェルデ島，(4)地中海に面した海空軍の基地，(5)潜水艦の影響を受けない電子通信網，(6)「ブラック・アフリカ」のウランなどの戦略的地下資源への

第3章　南部アフリカ地域における解放と暴力の歴史的プロセス —— 115

容易なアクセス，(7)コンゴ川下流の防衛である[90]．加えて，サラザールがアソーレス諸島にある軍事基地の契約更新を留保したため，米国は元の路線に回帰し始め，結局米国は軍艦購入のための資金貸付けを1962年7月から10年間延長する[91]．また同じ時期，米国はポルトガル軍の対ゲリラ戦研修の支援に合意する[92]．

　これを受けた1962年12月の国連総会では，「特定国」によるポルトガルへの支援禁止と武器禁輸を呼びかける議決が採択されるが，米国は，英・仏・ベルギーなどの他のNATO加盟国とともに反対票を投じた．さらに，1963年7月になると，「アソーレス基地の契約更新のためにサラザールを怒らせてはならない」とのCIAの忠告に従い，米国からポルトガルに輸出された軍事関連物資は最高額を記録する[93]．そして，米国は，1965年11月の国連安保理でのポルトガル軍事撤退を求める決議218に，英・仏・オランダとともに棄権する．

　ケネディ政権後にみられた二元的ともいえる米国の対ポルトガル外交は，1969年1月のニクソン政権発足後に一元的なものへと収斂していった．国務長官に指名されたヘンリー・キッシンジャー（Henry Kissinger）は，就任後直ちに世界各地域に対する政策見直しのため，国家安全保障会議（NSC）に分析ペーパーの作成を要請する．これに，南部アフリカ（南ローデシア，南アフリカ，ポルトガル領アフリカ）の情勢分析も含まれることとなった[94]．1969年12月に提出された分析には，(1)南部アフリカにおける問題の背景と将来予測，(2)同地域における米国の利益と代替可能性，(3)米国にとっての基本的戦略と政策オプションの記載が指示されていた[95]．分析結果は次のようなものであった[96]．

　　白人は南部アフリカにとどまるべきだ．建設的変革が生起しうる唯一の道は，白人の手によるものである．政治的権力の要求を暴力で実現しようとする黒人に希望はない．それは混乱と共産主義の進出をもたらすだけだ．

　この分析では，この地域に対する米国の政策オプションを5つに分けて詳しく検討しているが，いずれも最上位の目的には「米国の具体的な経済・戦略・技術的な利益」が据えられ，それに基づいた結論が導き出されている[97]．この点について，上述のハウザーは，米国が理念と言葉の上では「民族自決権重視」

116 —— 第 I 部　課題と歴史

を掲げていたものの，対南部アフリカ政策は，一貫して「南部アフリカの現状
が維持されることを過度に妨害しないこと」を前提とするものであったと強調
している[98]．つまり，少数者である白人による支配体制の転換を積極的には求
めないものであった．

　しかし，ニクソン政権は，「過度に妨害しない」とする政策から一歩踏み出
し，明確に南ローデシアや南アフリカ，そしてポルトガル寄りの立場をとるよ
うになっていく[99]．特に，1972 年になると，アフリカ人の解放を阻む姿勢を顕
著にしていった．例えば，米国は，同年に国連総会で取り上げられた「南部ア
フリカ問題」に関する主要 8 議題のうちの 7 議題に反対票（1 件は棄権）を投
じている．ニューヨーク・タイムズ紙が，「米国はアフリカの白人との結びつ
きを強める」と総括するほどであった[100]．この背景には，米国の官民が南部
アフリカ各地で投資を活発化させていたこと，そしてこの地域を冷戦における
戦略的観点から位置づけるようになったことがあげられる[101]．

　これらの政策変化の影響を特に受けたのが，ポルトガルのアフリカ植民地で
あった．上述の NSC の分析では，次のような予測が示されている．

　　ポルトガル人はアフリカにとどまることになるだろう．

　NSC 分析の直後にポルトガルを訪問したニクソンが，「過去の民主党政権の
過ちを改善する」と約束したことが，ノゲイラ外務大臣の回想録に記されてい
る[102]．1970 年に入ると，米国は，さらにポルトガルと南アフリカ寄りの立場
を採るようになる．この年から，米国海軍はモザンビークやアンゴラの港湾設
備の使用を開始し，モザンビーク北部にあるナカラ港を第 7 艦艇の停泊に活用
するための青写真を描き始める．そして，1973 年半ばになると，NATO 国防
大臣会議内の防衛計画委員会の命令で，「南部アフリカ防衛」のための空軍・海
軍の有事作戦の計画策定が開始され，ポルトガルの大西洋上の島々やアフリカ
植民地にある港や滑走路の調査が行われる[103]．1973 年 12 月には，キッシンジ
ャーがポルトガルを訪問し，「間接的（秘密裏）に」軍事装備を提供する方法に
ついて急逝したサラザールの後継者・カエターノ首相と協議しているが[104]，
これはリスボン革命の 4 カ月前の出来事であった．

米国のポルトガル領アフリカ植民地の「防衛」への関与の背景には，この時期にみられた解放運動とソ連との関係の緊密化も影響した．つまり，1970年代における東西陣営のアフリカへの関与は，この大陸を世界的な対立構造の中に強固な形で組み込む契機を生み出したのである．もちろん，アフリカはそれ以前から，これら超大国の対立によって多大な犠牲を払っていた．「コンゴ危機」はその典型であろう．しかし，1969年以降の米国の政策転換は，南部アフリカをより強度の直接的暴力に巻き込んでいくことになる．その結果，南部アフリカの解放は，「冷戦」ではなく「熱戦」と呼ばれるべき極端な暴力性を帯びていった．そして，それは南部アフリカのいくつかの国が独立を達成した後も，冷戦終結後の1990年代初頭まで継続することになる．

4 ── ポルトガル革命と南部アフリカ

1. カオラバッサ・ダムをめぐる攻防

軍事面でも強化された南部アフリカの白人政権に対抗するアフリカ人解放組織は，資金，物資，人材の面でも限界を有していたが，OAU解放委員会やタンザニア軍などはその不足を補い続けた．大義はアフリカの解放運動側にあり，その闘争の正当性は，武力による闘争を含めて国連などで承認されていた．

なかでもモザンビークの武装闘争は，「解放区」の広がりの面でギニアビサウに次ぐ前進を見せる一方，その地政学的および政治経済的重要性ゆえに，世界の注目を集めた．1964年9月タンザニアに根拠地を置いて開始された武装闘争も，ザンビアの支援が強化された1968年3月には，より南西部に位置するテテ郡や南アフリカと南ローデシアが防衛の重要地点としていたザンベジ渓谷で開始されるようになっていた．

テテ郡では，南アフリカに電力を供給するため，ザンベジ川沿いにカオラバッサ水力発電所を1969年に着工することが予定された．この開発には，ポルトガルや南アフリカだけでなく，英国や西ドイツの企業も参加していた[105]．ポルトガルの狙いは，(1)外貨の獲得，(2)近代的な大規模事業が行えるだけの統治能力を保持していることを内外に示すこと，(3)海外領での外国投資を増やすこ

とで植民地防衛に共通の利害関係を有する仲間を増やすことの3点にあった.

1970年12月14日の国連総会決議は,カオラバッサ事業を名指しで「決議1514を阻害する外国の経済活動」と非難し,「モザンビークの人びとの根本的利益に反し,アフリカでのポルトガル,南アフリカ,南ローデシアの弾圧と搾取の支配を永続させるためにデザインされたもの」として,この事業への支援や参加を停止するよう求めた.その際,南部アフリカでの新たな投資を防ぐための措置の検討も呼びかけられた[106].しかし,ダム建設は強行された一方,これら3カ国の軍によるテテ郡内での村の攻撃や住民の無差別殺戮が頻発した.また,この時期に南ローデシアのニッケルとクローム鉱山への米国企業の投資が発表されるなど,西側企業・政府による南部アフリカの白人政権への支援があらわになっていく.

米国の政策変化を受けて意を強くしたポルトガル軍は,強硬派のカウルサ・デ・アリアーガ(Kaúlza de Arriaga)将軍をモザンビーク総司令官に任命し,1970年5月から3カ月にわたって,北部に設置されたフレリモ解放軍の「解放区」や軍事拠点に対し,空爆を中心とする大規模攻撃を加え続けた.「ゴルディオスの結び目」と名づけられたこの作戦には,3.5万人の兵士と巨額の資金,最新の兵器が投入されたが,対ゲリラ戦としての成果は限定的であった.この大規模作戦の隙を狙って,フレリモ解放軍が南進を実現させ,カオラバッサ・ダム建設サイトへの攻撃を活性化させたからである.そして,ついに南ローデシアが最も怖れていた事態が発生した.フレリモ解放軍が,モザンビーク中部に到達したのである[107].

このことは,ポルトガル領植民地を「防波堤」と位置づけていた南アフリカと南ローデシアに強い危機感を与えた[108].南ローデシアは,1969年末までにモザンビークでポルトガルが敗北する可能性を予見し,1970年にはテテ郡での軍事活動を開始していた.しかし,ポルトガル軍は,この軍事支援を公的なものとして継続させることを強固に拒んでいた.危機感をもった南アフリカのバルタサール・フォルスター(Balthazar Johannes Vorster)とスミスは,1972年2月に会談し,「ポルトガル軍に任せている限りフレリモを抑え込むことは困難」との見解で一致し[109],二国はポルトガルに軍事支援の受け入れを強く迫った.その結果,南ローデシアは,ザンベジア川流域にポルトガル軍が建設し

た「戦略村」に作戦本部を設置することが許可され，ローデシア連隊，空軍，アフリカ人ライフル銃隊を派遣する[110]．これに南アフリカ軍特殊部隊も加わり，ザンベジア川の山側の防衛を南アフリカ軍，森林地帯をローデシア軍，カオラバッサ・ダムと「戦略村」をポルトガル軍が担当することになった．ただし，南アフリカ軍は，モザンビークでの活動を隠蔽するために，わざわざ南ローデシアで「ローデシア風」の訓練と装備の提供を受けた上でテテ郡に入っていた．これらの軍事組織は，相手がフレリモであれ，ZAPU や ZANU であれ，あるいは非武装の住民であれ，無差別に襲撃と殺戮を繰り返し，この地域の人びとを未曾有の暴力と恐怖に陥れた[111]．

　しかし，このように強力な防衛体制と作戦をもちいたにもかかわらず，フレリモの南進を止めることはできなかった．そして，いよいよ南ローデシア国境付近（マニカ郡），そしてベイラ回廊にもフレリモ解放軍が現れるようになる．3 カ国の軍は，これらの地域の防衛にも追われるようになっていった[112]．迫まりくる危機を感じた南アフリカ軍は，1973 年 4 月にはベイラ回廊の先端にあたるモザンビーク第 2 の都市ベイラに軍諜報局の支部を設置する[113]．

2. ポルトガル軍の脆弱性

　この事態に業を煮やした南ローデシアの軍と諜報機構 CIO は，1972 年半ばにポルトガル軍の状況を調査した．その結果，「ポルトガル人兵士の士気の甚だしい低さ」が明らかになると，スミスは「モザンビーク（の状況）はローデシアの脅威」と公言するようになる[114]．そして，1973 年 10 月にリスボンに赴いてマルセロ・カエターノ（Marcelo Caetano）首相と会談し，深刻化する一方の状況について協議を行った．しかし，カエターノは，会談後に行われた BBC のインタビューに対し，「我々の隣人たちはモザンビークの状況をポルトガル人自身以上に心配しているが，我々はこのような状況に慣れており，すべては完璧に対応できる範囲内のことにすぎない」と強調した[115]．

　確かに，カエターノは，モザンビークより本国国民の方を懸念すべきであったかもしれない．長引くアフリカ植民地での戦争は，ポルトガル国内の厭戦気分を強め，1967 年に 1.5 万人いた脱走兵や「徴兵逃れ」は，1974 年には 10 万人に急増し，ついには野党が戦争反対を表明するまでになっていたからであ

120 —— 第Ⅰ部　課題と歴史

る[116]．遠い植民地に送られた青年兵士は，「海外州」の現実を目の当たりにし，自分たちを抑圧する体制の維持のために命を捧げなければならないことに疑問を持つようになっていた[117]．植民地解放闘争の目的が「人種との闘いではなくサラザール主義，帝国主義との闘い」であるというフレリモの主張は，少なからぬ数のポルトガル人兵士に影響を与えた[118]．

　ポルトガル軍の士気に危惧を抱いたのは周辺諸国の白人政権だけではなかった．モザンビークとアンゴラに暮らすポルトガル人は，白人が集住し，経済活動が盛んな中部についにフレリモが現れたことに危機感を持つとともに，不甲斐ない国軍への怒りを募らせた．1973 年 8 月，フレリモの攻撃によりベイラ市の住民が緊急避難を余儀なくされると，ポルトガル人は国軍への抗議デモを決行するとともに，白人による自警団や私設アフリカ人民兵組織の結成に着手する[119]．

3. 防衛の「アフリカ人化」と「似非ゲリラ部隊」の構築

　南部アフリカで最初にアフリカ人主体の部隊を結成・訓練し，偵察や追跡・襲撃などの対ゲリラ戦の先頭に立たせたのは，アンゴラの秘密警察 DGS（PIDE から 1969 年に改称）であり，その部隊には「Flechas（フレッシャス／弓矢）」という名称が与えられた．当初，狩猟民族が「弓矢」として徴用されたが，後にはアンゴラの解放組織からの離脱者などが存在感を強めていった．「弓矢」は，小規模の遊軍として各地でポルトガル軍を補強する役割を担った．この戦略・戦術に強い関心を寄せたのが，南ローデシアの CIO 長官フラワーであった．フラワーは，このような部隊を「似非テロリスト」と呼び，CIO 自らその組織化と訓練に乗り出した．

　アンゴラの対ゲリラ戦術を積極的に取り入れ始めた南ローデシアは，これがモザンビークで実行されないことに苛立ち続けた．アリアーガ将軍による北部での大規模作戦は，対ゲリラ戦には逆効果と考えた．CIO 長官フラワーは，1971 年 9 月にリスボンに赴き，モザンビークでの「弓矢」導入とアリアーガ将軍の更迭をカエターノに進言する．しかし，ポルトガルの姿勢に変化は生まれなかった．

　1972 年 8 月になると，カエターノもモザンビークにおける状況の悪化を認め

第3章　南部アフリカ地域における解放と暴力の歴史的プロセス —— 121

ざるを得なくなり，フラワーの要請に応え，「弓矢の父」サン・ジョゼ・ロペス博士（Dr. São José Lopes）を「アンゴラ・モザンビーク DGS 共同作戦指揮者」に任命してモザンビークに派遣し，「弓矢」の結成に着手させた[120]．同じ頃，ジンバブウェ解放組織による武装闘争が本格化したこともあり，1972 年ごろには，南ローデシア軍も捕まえたゲリラ兵を殺すのではなく「活用すべき」と考えるようになり，これら捕虜の尋問，転向のための洗脳，そして軍事訓練が開始される．1973 年 1 月，スミス政権は「アフリカ人の似非（ゲリラ）チーム」の結成を承認し，ローデシア軍内にセルース・スカウト（Selous Scouts）と呼ばれる人種混合の特殊部隊が結成された[121]．

　この初代部隊長となるロン・ダーリー（Ron Reid Daly）中佐が，南ローデシアとの国境の町に設置された「弓矢」の訓練施設に派遣され，そこで「手法や戦術」を「弓矢」指揮者オスカー・カルドーゾ（Oscar Cardoso）から直接学んだことが現在分かっている[122]．偵察と奇襲攻撃を特徴としたセルース・スカウトは，解放軍のふりをして村々に入り状況を確かめ，解放運動の支援者の洗い出しを行って殺害したり，他の部隊と連携して各村への無差別攻撃を行うなど，暴力的な対ゲリラ戦を繰り広げた[123]．

　南アフリカ軍もこの時期，アフリカ人を使った「似非ゲリラ」の訓練をしていた．同軍が最初に目をつけたのがザンビア北西部出身のアダムソン・ムシャラ（Adamson Mushala）であった．ザンビア独立前，ムシャラは解放闘争に参加するため中国で軍事訓練を受けて帰国したが，ザンビアがすでに独立していたため，新政府内でポストを要求するがこれが得られず，野党に加わる．その後，ザンビアが一党制に移行したため，親族と仲間数百名を引き連れてアンゴラに逃れ，DGS／PIDE の庇護下に入った．1971 年 1 月，南アフリカの公安局（BOSS）はこれらを「ザンビア反乱軍」として訓練するために，カプリビ回廊（現ナミビア）の南アフリカ軍特殊部隊基地への空輸を DGS に依頼している[124]．

　周辺白人政権による「似非ゲリラ部隊」結成のための準備と連携が加速するなかで，ポルトガル軍も重い腰をあげ，1972 年にベイラ市北方に訓練施設を設置し，アフリカ人エリート特殊部隊（GE）の訓練を開始する[125]．この訓練と指揮を任されたのが，秘密エージェントとして軍事・外交に暗躍していたジョルジ・ジャルディン（Jorge Jardim）やオルランド・クリスティーナ（Orland

122 —— 第Ⅰ部　課題と歴史

Cristina）であった．1974 年までに 6000 から 9000 人の GE，3000 人のパラシュート部隊（GEP）が訓練され，これらは前線に送り込まれ，ポルトガル人兵士は非軍事部門に配置転換された[126]．

　ポルトガル軍に反発していたモザンビークの白人は，積極的に「弓矢」や GE との連携を進め，その支援に乗り出した．ただし，ジャルディンや地元白人による「弓矢」や特殊部隊への関与の背景には，別の狙いが隠されていた．つまり，これらの白人は，穏健派のアフリカ人政治家と白人に従順で高度な軍事訓練を受けたアフリカ人特殊部隊要員と共に，「モザンビーク版一方的独立宣言」を行う可能性を模索していたのである[127]．「穏健派アフリカ人政治家」として白羽の矢が立てられたのが，DGS／PIDE が転向に成功し，プロパガンタに重用してきた元フレリモ情報部長のミゲル・ムルーパ（Miguel Murupa）であった[128]．

　既に 1973 年 9 月 24 日には，ポルトガル領ギニアビサウでアフリカ人解放組織 PAIGC が独立を宣言していた．アフリカ諸国や東側諸国は次々に新国家を承認し，ポルトガルはなす術もなくこれを放置するしかない状況に追い込まれていた．モザンビークの白人は，同様のことが起きる可能性に危機感を募らせ，1974 年 9 月 30 日を自分たちの「一方的独立宣言の日」として設定した[129]．

　危機極まる 1974 年 3 月 4 日，フラワーはカエターノにモザンビーク版「弓矢」の統率権を南ローデシアに譲渡するよう交渉するためにリスボンを訪れ，合意を取りつけることに成功する[130]．ただし，この時フラワーはリスボン市民の厭戦ムードに不安を掻き立てられたと後に記している[131]．

4. ポルトガルでの無血革命と植民地解放

　フラワーのリスボン訪問の翌月 25 日，植民地戦争に参加し，植民地政策に疑問を持つようになったポルトガル軍大佐による「国軍運動（MFA）」が，無血クーデタによる政権転覆に成功する．新政権は，植民地戦争の終結と非植民地化を急ごうとするが，既に独立を宣言し，条件の整ったギニアビサウと異なり，アンゴラには対立する 3 つの解放戦線があった．そして，モザンビークに関するフレリモとの交渉は難航し，9 月 25 日に和平協定（「ルサカ合意」）が締結されるまで不安定な状況が続く．

第3章 南部アフリカ地域における解放と暴力の歴史的プロセス —— 123

　サモラ・マシェル（Samora Moisés Machel）をはじめとするフレリモ指導部が選挙後の即時独立ではなく，全権移譲という形の独立にこだわった理由は，統一の解放闘争組織として結成された出自，1964 年から続いた長い武装闘争を勝利一歩手前まで導いた事実，そして「解放区」を運営した実績への強い自負心を反映したものであった．また，政治闘争としての解放闘争が未完のままであるという現状認識も重要な役割を果たしていた．これについては，第 II 部第6章で詳しく取り上げる．

　他方，リスボン革命前後に突如として現れた数々のモザンビークの「アフリカ人組織」には，DGS／PIDE や白人入植者，周辺白人政権との関係が疑われる人物も多かった．上述のムルーパの例がその典型である．フレリモなど解放組織の和平・独立交渉を支援するザンビアとタンザニアもまた，この時すでに一党制に移行しており，フレリモへの全権移譲に賛同していた．躊躇するポルトガルを尻目に，フレリモは武装闘争を継続させ，MFA 新政権を追いつめることによって有利な合意条件を獲得しようとした[132]．

　この「権力の空白」を最も嫌ったのが，いよいよ最悪の事態に直面するようになった南ローデシアの白人政権であった．革命後も，南ローデシア軍はザンベジ渓谷での駐屯を続け，戦意を失ったポルトガル軍に代わり，活発化するフレリモとジンバブウェ解放軍への対ゲリラ戦を継続した[133]．南ローデシア軍は，1974 年 9 月のポルトガルとフレリモの和平協定（ルサカ合意）後もモザンビーク領内の駐屯を止めなかった．アフリカ諸国との「デタント」を模索する南アフリカはこの状況を問題視し，南ローデシアの説得を試みた．その結果，ようやく 1974 年 11 月にスミスは南ローデシア軍のモザンビークからの撤退を実行する[134]．

　なお，この間，DGS／PIDE 関係者，「弓矢」や特殊部隊で訓練されたアフリカ人は，革命後のポルトガルあるいは独立後のモザンビークでの報復を怖れ，南ローデシアや南アフリカに逃亡していた．この一部は，両国の秘密警察や特殊部隊に編入されることとなった[135]．「ルサカ合意」によりフレリモへの全権移譲が決まると，この合意に反発する白人が向かったのが南アフリカ大使公邸だったことからも，モザンビーク白人がどのような期待を南アフリカのアパルトヘイト政権に対して持っていたか明らかである．この際，モザンビークに留

まった秘密警察や軍関係者，そして白人入植者の一部が小規模ながら武装蜂起し，ローレンソ・マルケスのラジオ局や空港の占拠を行っているが，これにも南アフリカの関与が示唆されている[136]．

　和平合意直後のこの時期，モザンビークの白人入植者と白人寄りの「新興アフリカ人エリート集団」が様々な反フレリモ活動を繰り広げるが，フレリモの正当性を揺るがすには至らなかった．そして，合意から独立までの9カ月間の不安定な時期を，ポルトガルの新政権とフレリモによって構成される移行政府が共同で危機に対処し，モザンビークの人びとは1975年6月25日の独立を迎える．

　しかし，かつてガーナの独立時にクワメ・ンクルマ（Kwame Nkrumah）が述べたように，モザンビークの独立をもってフレリモの闘いが終結したわけではなかった．和平合意から3カ月が経過した1974年12月，独立を半年後に控えたマシェルは，OAU解放委員会に対し，「独立したモザンビークは，南ローデシアの闘争を支援する」と表明した[137]．

5. 南下する戦線と南ローデシア・南アフリカ政府の「不安定化工作」

　南部アフリカ白人政権の共同防衛体制は，長年にわたって「堤防」として機能する一方で，「最も弱い鎖」であったポルトガルの撤退により，改変を余儀なくされた．南ローデシアと南アフリカは，「安全保障のプール（緩衝帯）」を失っただけでなく，これまで非公式な同盟国領土であったモザンビークとアンゴラを敵地として認識し，防衛戦略を立て直さなければならなくなった．

　最も危機に直面したのは南ローデシアであった．生命線であるベイラ回廊が封鎖されることによって，国の経済や住民の日常生活が立ち行かなくなることは確実であった．ついに1976年3月，独立モザンビークは，年間200万ドルもの損失を覚悟の上で，国連決議に基づき経済制裁措置を開始する．南ローデシアの戦略は明確であった．十分に権力の掌握ができていない新生国家ならびにフレリモ政府に対して，揺さぶりをかけるための「不安定化工作」を，元フレリモ兵で構成された「似非ゲリラ」を使って行うことであった．また，「似非ゲリラ」は，独立モザンビークに拠点を置いて越境するジンバブウェ解放軍に対抗することも期待された．「弓矢」の創設者カルドーゾ，GEを訓練したジ

ャルディンとクリスティーナは南ローデシアに移り，この「似非ゲリラ」，MNR（モザンビーク民族抵抗，後の RENAMO）の結成に従事した[138]．

　南アフリカは，モザンビークの独立によって，ついに国境のすぐ向こう側に「敵対国」が生まれるという現実に直面した．もはや「緩衝地帯」は存在しなかった．フレリモ政府は，ANC に武装闘争のための軍事拠点を提供し，越境攻撃が開始される．これへの報復として，南アフリカ軍は首都マプートの空爆を行った．さらに，モザンビークは南アフリカへの経済制裁に加わるため，モザンビーク経済に重要な役割を果たしていた南アフリカ鉱山への出稼ぎ労働者の送り出しを止めたが，この措置も新生国家に甚大なる損失を生み出す結果となった[139]．

　ポルトガルの政変後，ますます国際的な孤立状態に直面するようになった南アフリカは，アンゴラとモザンビークの新政権が共産主義の志向を強め，東側諸国から軍事協力や支援を受けていることを強調し，西側諸国からの支援をつなぎとめようとした．南アフリカのこの外交戦略は，アンゴラへの武力介入については成功し，独立直後からアンゴラは大規模な戦争に巻き込まれていく．そして，1980 年に南ローデシアがジンバブウェとして独立を果たすと，南アフリカは MNR の指導権を引き継ぎ，モザンビーク内での暴力を深刻化させていく．「アパルトヘイトの第 2 戦線」と呼ばれたこの周辺諸国への南アフリカの介入は，さらに多くのアフリカ人の命を奪うことになった[140]．

　アパルトヘイト崩壊後，1996 年に設置された南アフリカの「真実和解委員会」の次の総括は，南部アフリカにおける南アフリカの軍事作戦の背景を如実に物語っている[141]．

　　南アフリカの国境に変革の風が到達する前に，すべての力を使ってでもこの風向きを変えることを保証しようとした．

　ナミビアの人びとと，そして南アフリカの人びとが自決権を得て自ら政権選択できるようになるのは，それぞれ 1991 年，そして 1994 年のことであった．それまでに，「アフリカの年」，そして国連「独立付与宣言」から 30 年以上の歳月が経過していた．

126 —— 第 I 部　課題と歴史

おわりに

　本章では，第 2 次世界大戦後の世界で最後に残されることになった広大なる「非自治地域」——南部アフリカ地域——に焦点をあて，「アフリカの年」から 30 年以上もの間解放が実現しなかった背景を，多様なレベルの主体の交差や協力，そして敵対関係に注目しながら，明らかにしようと試みた．とりわけ，「体制死守」を掲げるポルトガル植民地主義，アパルトヘイト・人種差別主義を採択する三権力が，いかなる経緯でいかなる国際圧力を受け，国際的孤立を深めた後，相互の協力関係を深めて共同防衛体制を構築し，それがどのように機能する一方で，崩壊のプロセスに直面し，その綻びをどのように乗り越えようとしたのか，そしてその結果として何がもたらされたかを追ってきた．

　解放の主体（に注目する）以上にそれを阻もうとする権力主体とその構造に注目したのは，国際的に「正当なる権利」と認められたこの地域のアフリカ人の闘いが，どのような環境の下で闘われなければならなかったのかを明らかにするためであった．それにより，第 II 部で取り上げる個別事例の構造的背景を示そうとした．現在では「植民地主義，人種差別を含むあらゆる差別からの解放」と民主的な統治は当たり前となっている．しかし，この実現が最近のことであり，また暴力に彩られた展開のなかで闘い取られなければならず，特に日本を含む西側諸国がこれに背を向けてきたことは忘れられがちである．しかし，世界は歴史的連続性と同時代性のなかで展開してきた．これを振り返ることは，現在の世界や日本で生じるさまざまな問題の深淵や構造的背景を理解する上で役に立つであろう．

【注】

1)　432/61-GAB（ao Director-Geral PIDE do Subdirector PIDE Luanda），16/12/1961.
2)　公用語による正式な名称は Frente de Libertação de Moçambique で，略称は Frelimo であるが，頭文字を取ったものではないため，冒頭の F 以外は小文字で表記される．そのため，本書ではカタカナの「フレリモ」を使用する．
3)　The Sharpeville Human Rights Precinct のウェブサイトに掲載．
4)　Nelson Mandela's statement at the opening of the defense case in the Rivonia Trial（Pretoria Supreme Court, April 20, 1964）.
5)　舩田クラーセンさやか『モザンビーク解放闘争史』御茶の水書房，2007 年，323-

第3章　南部アフリカ地域における解放と暴力の歴史的プロセス —— 127

325 ページ.

6)　Eduardo Mondlane, *The Struggle for Mozambique*, London: Zed, 1969, p. 117.

7)　ポルトガルでの革命によってアンゴラとモザンビークの独立が実現するまで, 経済構造上は, 南部アフリカの国・植民地領同士が相互に密接にかかわり合い, 南部アフリカ経済圏とも呼ぶべき関係性をつくり出していた.

8)　George M. Houser, *United States Policy and Southern Africa*, N. Y.: The Africa Fund, 1974, pp. 6-7.

9)　Norrie MacQueen, *The Decolonization of Portuguese Africa: Metropolitan Revolution and the Dissolution of Empire*, London: Longman, 1997, pp. 11, 23.

10)　Franco Nogueira, *The Third World*, London: Johnson, 1967, p. 25.

11)　Ibid., p. 148 では,「ポルトガルだけが, アフリカに最初に人権と人種的平等の概念をもたらし, 多人種主義の原則を実践した」と強調されている.

12)　Ibid., p. 149.

13)　Ibid., pp. 149-150.

14)　Houser, op. cit., p. 9. 植民地での戦争に従事したポルトガル軍の兵力は, 最終的に 16.9 万人(アンゴラ 7 万人, ギニアビサウ 4.2 万人, モザンビーク 5.7 万人)で, 戦死者(戦闘外を含む)は 8000 人を超えた(Aniceto Afonso and Carlos de Matos Gomes, *Guerra Colonial*, Lisbon: Notícias, 2000, pp. 15, 528).

15)　舩田クラーセン, 前掲書, 2007 年, 第 1, 2, 3 章.

16)　連邦内の国土の 87% が人口の 20% を占める白人, 13% が 80% を占める黒人に割り当てられ, 黒人は民族ごとに統治された.

17)　Hendrik Verwoerd's response to the 'Winds of Change' speech.

18)　Houser, op. cit., pp. 11-14.

19)　Jan-Bart Gewald, "Herero Genocide in the Twentieth Century: Politics and Memory", in Jon Abbink *et.al.*, eds., *Rethinking Resistance*, Leiden: Brill, 2003, p. 293.

20)　アレックス・キャリニコス&ジョン・ロジャーズ(白石顕二訳)『南部アフリカの階級闘争』柘植書房, 1980 年, 15 ページ.

21)　1975 年 12 月の統計では, アフリカ人 611 万人, 白人 27.8 万人, カラード 3 万人という数字があげられている(Facts on File, *Rhodesia/Zimbabwe 1971-77*, NY: Checkmark Books, 1978, p. 3).

22)　T. O. Ranger, "Connections between 'Primary Resistance' Movements and Modern Mass Nationalism in East and Central Africa", in *Journal of African History*, IX, 3 (1968), pp. 442-443; Josiah Tungamirai, "Recruitament to ZANLA: Building up a War Machine", in Ngwabi Bhebe and Terence Ranger, eds., *Soldiers in Zimbabwe's Liberation War*, London: James Currey, 1995, p. 41; Paul L. Moorcraft and Peter McLaughlin, *Chimurenga!: The War in Rhodesia 1965-1980*, Marshalltown: Sygma Books, 1982, pp. 1-5.

23)　Lt. Col. Ron Reid Daly as told to Peter Stiff, *Selous Scouts: Top Secret War*, Alberton: Galago, 1983.

128 —— 第Ⅰ部　課題と歴史

24）　Ibid.

25）　英国は，この地域に，フランス領西アフリカ連邦や南アフリカ連邦のような連邦制の国を創造することによって，南部アフリカの非植民地化プロセスをコントロールできると考えた（David Birmingham, *The Decolonization of Africa*, Athens: Ohaio UP, 1995, p. 73）.

26）　Robert I. Rotberg, *The Rise of Nationalism in Central Africa: The Making of Malawi and Zambia, 1873-1964*, Cambridge: Harvard UP, 1965, pp. 296-297.

27）　近年，このうち 33 名の被害者の遺族が，英国政府に補償を求める決意をしたとの報道がなされている（*The Guardian*, 2015 年 4 月 20 日）.

28）　John von McCracken, *A History of Malawi: 1859-1966*, London: James Curry, 2012, pp. 349-350.

29）　No independence before majority rule.

30）　本章では，煩雑さを避けるため，一方的独立宣言後についても「南ローデシア」と表記する.

31）　Houser, op. cit., p. 8.

32）　国連憲章 1 条，2 条，13 条，55 条，56 条，616 条に基づく.

33）　国連安保理決議 134.

34）　舩田クラーセン，前掲書，2007 年，214-215, 294-295 ページ；Francisco Soares and Victor Cavaco, "Análise dos resultados," in Iva Delgado *et al.*, eds., *Humberto Delgado - as eleições de 58*, Lisbon: Vega, 1998, pp. 497-498.

35）　Malyn Newitt, *Portugal in Africa: the Last Hundred Years*, London: C. Hurst, 1981, pp. 222-223.

36）　Ibid., p. 222.

37）　MacQueen, op. cit., pp. 23-24. 多くが，サラザールの後に首相となったマルセーロ・カエターノの 1972 年の著書（*Depoimento*）に基づいているため，死者数には政治的バイアスが含まれている可能性を留意する必要がある.

38）　Ibid.

39）　Kenneth Maxwell, *The Making of Portuguese Democracy*, Cambridge UP, 1997, p. 51.

40）　Ibid.

41）　舩田クラーセン，前掲書，2007 年，第 4 章.

42）　Luis Nuno Rodrigues, *Salazar-Kennedy: a crise de uma aliança*, Lisbon: Notícias, 2002.

43）　舩田クラーセン，前掲書，2007 年，第 1 章，第 2 章.

44）　Birmingham, op. cit., p. 71.

45）　国連総会決議 1755.

46）　国連安保理第 1064 会合記録.

47）　国連安保理第 1069 会合記録，2-3 ページ.

48）　同上記録，17 ページ.

第3章　南部アフリカ地域における解放と暴力の歴史的プロセス —— 129

49)　筆者訳．原文は，アフリカ連合（AU）のウェブサイトに掲載．

50)　舩田クラーセン，前掲書，2007 年，323-327 ページ．

51)　それぞれ 1960 年 6 月，同年 8 月，1962 年 12 月に独立を達成．

52)　舩田クラーセン，前掲書，2007 年，第 4 章．

53)　筆者訳．原文は，African Activist Archives のウェブサイトに掲載．

54)　同上．

55)　Houser, op. cit., p. 14.

56)　Nathan Shamuyarira, "The Dangers of the Lusaka Manifesto," in Aquino de Bragan-ça and Immanuel Wallerstein, eds., *The African Liberation Reader*, London: Zed Press, 1982, pp. 88-90.

57)　Ibid., p. 88.

58)　Ibid.

59)　Sifiso Mxolisi Ndlovu, "The ANC's Diplomacy and International Relations", SADET, *The Road to Democracy in South Africa Vol. 2: 1970-1980*, Pretoria: Unisa Press, 2004, p. 617.

60)　この他，安保理決議 182 では，武器・弾薬の材料になる物資輸送も止めるよう呼びかけられている．

61)　1965 年 11 月 23 日，ポルトガル非難決議が安保理で再度採択されている．

62)　Proc.960.17 UL243（31/5/1961），TT-PIDE/DGS-AC-SCCI（2）6341/A.

63)　オックスフォード大学 Bodleian 図書館のウェブサイトより．

64)　ただし，ケニアでの「マウマウ事変」，そしてニアサランドで生じた大規模流血事件を踏まえると，現実には矛盾はなかったといえる．

65)　No. 819/61（10/7/1961）TT-PIDE/DGS-AC-SCCI（2）6341A.

66)　舩田クラーセン，前掲書，2007 年，345-346 ページ．

67)　南アフリカ警察署長から PIDE への書簡（S8/156, TT-PIDE/DGS-AC-SCCI（2）6341A）．

68)　2002 年に秘密指定が外された英連邦省の文書（DO 154/85）．

69)　*Daily Mail*, 25 August, 1964.

70)　ルサカでの新聞報道（1964 年 8 月 29 日）．新聞名称は英国政府文書に含まれず．

71)　1964 年 9 月 1 日北ローデシアからロンドン宛書簡．

72)　DO 154/85.

73)　同上文書．なお，「ロス大将」の名は，英国行政文書「ベルギー領コンゴからパトリス・ルムンバを排除する案に関する会合記録」にも記載されており，アフリカにおける諜報・介入活動に深く関与していた人物であったことが分かる（1960 年 9 月 28-29 日の機密文書．London University, *Central Africa. Vol. 2, Crisis and dissolution, 1959-1965*, London: Stationary Office, 2005, p. xxvii）．

74)　ローデシア情報局によるプレスリリース（1964 年 12 月 15 日）．

75)　ローデシア情報局によるプレスリリース（1964 年 12 月 18 日）．これらのプレスリリースは，ソールズベリーの英国高等弁務官事務所から英連邦省宛に送付されて

いる.

76) DO 154/85 内の分析報告（1965 年 1 月 13 日）．アンゴラ，ラゴス，フリータウン，ダルエスサラーム，カンパラ，ナイロビ，ルサカ，ゾンバの英国高等弁務官事務所にも送られている．

77) アンゴラ喪失の影響はモザンビークほどではないと記されている．

78) ローデシア情報局によるプレスリリース（1965 年 2 月 24 日）．

79) ロンドンの英連邦省からソールズベリー宛電報（1965 年 2 月 6 日）．

80) *Rhodesia Herald*, 4 March, 1965.

81) *Daily Mail*, 6 May, 1965.

82) ローデシアの英国高等弁務官事務所からロンドンの英連邦関係大臣宛の機密報告（1965 年 5 月 12 日）．

83) 同上文書．

84) Peter Stiff, *The Silent War: South Africa Recce Operations 1969-1994*, Alberton: Galago, 2004.

85) Ibid., pp. 20-21, 25, 27, 34-35.

86) 舩田クラーセン，前掲書，2007 年，第 3 章，第 4 章．

87) 両者の関係は，NATO を通じた関係と特にアソーレス諸島の米軍基地をめぐる二国間協定を中心としたものであった（Kenneth Maxwell, "The Legacy of Decolonization," in Richard J. Bloomfield, ed., *Regional Conflict and U.S. Policy: Angola and Mozambique*, Algonac: Reference Publications, 1988, p. 9）.

88) The Angola Comité, *Portugal and NATO*, Amsterdam: The Angola Comité, 1972, pp. 58-59. 1949 年から 61 年の間に，米国はポルトガルに対して 3 億 7000 万ドル（うち 8000 万ドルは経済支援，残りは軍事支援）を供与している．

89) Rodrigues, op. cit., pp. 96-97.

90) Revista de Marinha（March 1961), in The Angola Comité, op. cit., pp. 6-8.

91) Newitt, op. cit.; 舩田クラーセン，前掲書，2007 年，第 4 章．

92) Cornelius St. Mark, "Mozambican-South African Relations, 1975-1985: A Study of Destabilization," Ph.D. dissertation（Howard University), 1990, p. 81.

93) Rodrigues, op. cit., p. 256.

94) NSC Interdepartmental Group on Africa Study in Response to National Security Study Memorandum 39 South Africa.

95) 米国務省広報局 Office of the Historian のウェブサイトで公開．

96) NSC, "17. Paper Prepared by the National Security Council Interdepartmental Group for Africa," Washington, December 9, 1969. 訳は，キャリニコス＆ロジャーズ，前掲書，16 ページを参考にした．

97) Alex Thomson, *U.S. Foreign Policy Towards Apartheid South Africa 1948-1994*, NY: Palgrave Macmillan, 2008, pp. 66-69.

98) Houser, op. cit., p. 5.

99) Thomson, op. cit., p. 69.

第 3 章　南部アフリカ地域における解放と暴力の歴史的プロセス —— 131

100) Houser, op. cit., p. 3.
101) Ibid., p. 6.
102) Franco Nogueira, *Diálogos Interditos: a political externa portuguesa e a Guerra de Africa*, Braga-Lisbon: Editorial Intervenção, 1979.
103) United States Congress, House Committee on Foreign Affairs, Subcommittee on Africa, "Review of State Department Trip through Southern and Central Africa (hearings)," 92 nd Cong., 12 December, 1974.
104) Maxwell, op. cit., 1988, p. 10.
105) Keith Middlemas, *Cabora Bassa: Engineering and Politics in Southern Africa*, London: Weidenfeld and Nicolson, 1975, pp. 89-95.
106) 1972 年 12 月 14 日にこの件が再び国連総会で取り上げられる.
107) 舩田クラーセン, 前掲書, 2007 年, 388-389, 393-400 ページ.
108) Maxwell, op. cit., 1988, p. 8.
109) José Freire Antunes, *Jorge Jardim: Agente Secreto*, Lisbon: Bertrand Editora, 1996, p. 431.
110) Stiff, op. cit., pp. 84-85.
111) Ibid., pp. 84-95; Lt. Col. Ron Reid Daly as told to Peter Stiff, op. cit.; Adriano Hastings, *Wiriyamu*, London: Search Press, 1974; Barry Munslow, *Mozambique: The Revolution and its Origins*, London: Longman, 1983.
112) 舩田クラーセン, 前掲書, 2007 年, 393 ページ.
113) 同上書, 396 ページ.
114) Antunes, op. cit., p. 430.
115) Stiff, op. cit., p. 85.
116) Ibid., pp. 9-11.
117) 舩田クラーセン, 前掲書, 2007 年, 399 ページ.
118) 同上書, 586 ページ; バズル・デビットソン (北沢正雄ほか訳)『南部アフリカ ——解放への新たな戦略』岩波現代選書, 1979 年, 9 ページ.
119) Thomas Henriksen, *Revolution and Counter Revolution: Mozambique's War of Independence*, Westport: Greenwood Press, 1983, pp. 54-55, 157.
120) フラワーはこの時すでにモザンビーク国内で勝手に「弓矢」の結成を先行させていた (Stiff, op. cit., p. 88).
121) Lt. Col. Daly with Peter Stiff, op. cit., pp. 25-31.
122) Ibid., pp. 109-110.
123) Ibid.
124) Stiff, op. cit., p. 39. 南西アフリカのカプリビはアンゴラ, ザンビア, 南ローデシア, 南アフリカ, ボツワナに接していたため, 多様な軍事機関によって使われ, 度々襲撃の対象とされた.
125) Henriksen, op. cit., p. 60. ただし, GE の訓練開始を 1970 年 1 月とする文献もある (Afonso and Gomes, op. cit, p. 596).

132——第 I 部　課題と歴史

126)　舩田クラーセン，前掲書，2007 年，393-397 ページ；Afonso and Gomes, op. cit., p. 596.

127)　Henriksen, op. cit., p. 69.

128)　詳細は，第 II 部第 6 章.

129)　Stiff, op. cit., p. 91.

130)　Ibid., pp. 89-90.

131)　Ibid.

132)　MacQueen, op. cit., pp. 124-147.

133)　Stiff, op. cit., p. 90.

134)　Ibid.

135)　舩田クラーセン，前掲書，2007 年，560 ページ.

136)　MacQueen, op. cit., pp. 147-152; Stiff, op. cit., pp. 90-95.

137)　Bertil Egero, "Mozambique and the Southern Africa: Struggle for Liberation, 1974-1981," *African Issues*, no. 5, 1985, pp. 9, 13.

138)　舩田クラーセン，前掲書，2007 年，559-563 ページ.

139)　詳細は，第 II 部第 6 章.

140)　舩田クラーセンさやか「モザンビークにおける平和構築の課題——国家レベルの共存と地域社会内部での対立の深化」武内進一編『戦争と平和の間——紛争勃発後のアフリカと国際社会』アジア経済研究所，2008 年.

141)　The Department of Justice, *Truth and Reconciliation Commission and thereafter*, London: Macmillan, 1998, p. 9.

第II部　南部アフリカの現実

第4章

ザンビアの解放と現代の暴力

> 黒坊（Kaffir）向けの肉にしかならないものを，自分
> の犬のために買うのはまっぴらだ，農場主はこう恥知ら
> ずにいったものだ（シカルムビ）[1]．

> 民主主義をヨーロッパ人に教えなければならない．奴
> らは民主主義を知らないからだ．奴らはアフリカに服を
> 持って来たが，民主主義はヨーロッパにおいてきた．帰
> れ，帰れ，そして民主主義を持って来い（北ローデシア
> 解放運動の歌）[2]．

はじめに

　植民地支配が終わり，新たに誕生したアフリカ諸国では，内戦やクーデター
が頻発し，民族間の政治的抗争などで流血の惨事が絶えなかった．しかしザン
ビアはこれらを経験せずにすんだという点で，同じ旧イギリス植民地のナイジ
ェリア，ガーナ，ケニアと異なり，また国境を接するコンゴ民主共和国，アン
ゴラ，ジンバブウェ，そしてモザンビークとも対照的である．

　1964年に独立したザンビアは，1972年に一党制に移行し，1990年には再び
複数政党制に復帰した．その翌年に実施された大統領選挙では，与党・統一民
族独立党（United National Independent Party: UNIP ）の候補で，現職の大統領
であったケネス・カウンダ（Kenneth Kaunda）が敗北し，野党・複数政党制民
主主義運動（Movement for Multiparty Democracy: MMD）の候補フレデリッ
ク・チルバ（Frederick Chiluba）が当選した．政権移行は順調に行われ，独立
以来初の政権交代が実現したのである．その後は，1996年，2001年，2006年，
2008年[3]，2011年と選挙が繰り返され，2011年には野党であった愛国戦線

136 —— 第Ⅱ部　南部アフリカの現実

（Patriotic Front: PF）の候補マイケル・サタ（Michael Sata）が大統領に当選し，再び政権が交代した[4]．その結果，ザンビアは政治的に安定した国の代表例と考えられたのである．

　したがって「解放と暴力」という本書の主題に，ザンビアはそぐわないように見えよう．独立後の政権交代についてのみならず，植民地からの解放も暴力を用いずに実現されたことを考慮に入れると，なおさらザンビアは主題に相応しくない対象に映る．そもそも北ローデシア（現在のザンビア）についての従来の関心は，社会経済的な面に向かっていたのであり，たとえば南ローデシア（現在のジンバブウェ）や南アフリカへの出稼ぎ労働，あるいは国内で発展する鉱山都市への移動労働についてとりあげられ，南部アフリカ植民地経済の形成を支えた賃金労働者についての研究が重要視された．出稼ぎによる農村社会の変化や，移住による都市住民の形成についても，北ローデシアの事例が注目された[5]．北ローデシアのルサカに設置されたローズ・リヴィングストン研究所はこのような研究のメッカになったのである．

　したがってザンビアが紛争や暴力から縁遠い存在になればなるほど，アフリカの民族問題や国家に関する議論において，「平和な」ザンビアは言及されることが少なくなるのは当然といえよう．ところがそこに紛争や暴力の研究における落とし穴があるのではなかろうか．確かに紛争の原因を論じることに比べ，紛争が起きない理由を述べることは難しいであろう．しかしなぜ紛争が抑制され，暴力が蔓延しなかったのか．このことを論じることが紛争や暴力の研究にとって不可欠ではないか．

　本章では，このような問題関心に基づき，主に独立前後から1980年代までの展開を考察する．まず第1節で，北ローデシアにおける植民地支配の特徴を南ローデシアと対比して述べる．次にローデシア・ニヤサランド連邦問題と独立運動の展開を取り上げ，運動の発展と運動内部の対立を明らかにする．第2節では，南部アフリカの厳しい国際関係のなかで，国家としての分裂の危機に独立後の政権がどのように対応し，権威主義化していったのか，その過程を取り上げる．第3節では，第1節と2節を踏まえながら，独立運動の指導者で初代大統領となったカウンダに焦点を当て，彼の暴力についての考えを，北ローデシアの歴史および南部アフリカにおける国際関係と関連づけて分析する．

1 —— 植民地支配と解放をめぐる連帯と対立

1. 北ローデシア植民地支配の特徴

(1) 植民地化とイギリス南アフリカ会社

　ザンベジ川北方の様子を，19世紀中葉のヨーロッパに伝える役割を果たしたのは，キリスト教の宣教師であった．デヴィッド・リビングストン（David Livingstone）はその先駆的な人物である．その後，「原住民」をキリスト教化するという使命を帯びて，宣教師が次々とこの地にわたってきた．彼らが及ぼした影響は今日でもザンビアのいたるところにみられる．しかし植民地化を推し進めたのは，セシル・ローズ（Cecil Rhodes）と彼が設立した特許会社，すなわちイギリス南アフリカ会社であった．この点は南ローデシアと同様である．しかし会社や送り込まれる入植者と，アフリカ人社会との関係は，北ローデシアと南ローデシアとの間では大いに異なった．会社と入植者に対するイギリス政府の関係においても，両者には違いが見られ，そのことが南北ローデシアの相違を決定づけたのである．

　ベチュアナランド（現ボツワナ）の国境警備に従事していたフランク・ロシュナー（Frank Lochner）は，ローズによってバロツェランド（現ザンビアの西部）に派遣され，1890年6月にロジの王レワニカ（Lewanika）と協定を結んだ．会社は鉱物採掘権を得る代わりに，外敵からの保護，2000ポンドの年金，学校・教会・交易所の建設や電信・定期郵便制度の創設などを約束した．王国にとってイギリスの保護が重要であったのは，西方のアンゴラから進出するポルトガルや南方のンデベレ人による脅威に対抗するという戦略上の理由による．また王国の財政は主に象牙の交易により支えられていたが，象の減少で将来の財政状況に不安を抱いた王にとって，年金の給付も魅力であった[6]．

　他方，モザンビーク駐在のイギリス領事ヘンリー・ジョンストン（Henry Johnston）はローズから資金援助を受け，ニヤサ湖（現マラウイ湖）周辺を中心に，現在のマラウイとザンビア東部の地域で，多数の首長たちと協定を結んだ[7]．さらに会社はジョンストンと協力し，北部さらにベルギー王の管轄下に

138 —— 第Ⅱ部　南部アフリカの現実

あったカタンガ（現コンゴ民主共和国のシャバ州）を勢力下におこうとして，アルフレッド・シャープ（Alfred Sharpe）とジョセフ・トムソン（Joseph Thomson）を派遣した．カタンガの獲得には失敗したが，ンゴニやチクンダからの脅威にさらされていたンセンガ，ビサ，ランバ，レンジェ，ララなどの諸集団と，会社は協定を結ぶことができた[8]．

　しかし北部で勢力を誇っていたベンバは抵抗したため，会社は，ベンバの富の源泉であった東海岸のアラブ人・スワヒリ人との奴隷・象牙の交易を妨害した．これに加え，内部の対立により，徐々に外部からの脅威に抵抗する力を失ったベンバは，1890年代末には会社の支配下に編入された．北西部に有力な王国を築いていたルンダは1890年に会社と協定を結び，その後一時は，イギリスに抵抗する姿勢を示したが，会社が動員した軍事力を見せつけられ，1899年，国王カゼンベ十世（Kazembe X）は抵抗を断念せざるを得なかった[9]．

　こうしてほとんどの場合，王国・首長国とヨーロッパの勢力が本格的な軍事対立に至ることはなかった．例外はンゴニである．もともとンゴニは南アフリカに居住していたが，ズールー王国の勢力拡大による脅威によって，北方に移動してきた人々である．移動の途中で遭遇する諸集団を征服しながら強大化し，その一部が北ローデシアの東部に定住した．今度はンゴニに脅かされた近隣の集団がイギリスと保護条約を結んだ．いっぽうのンゴニはイギリスの保護を必要としなかった[10]．しかし会社はイギリスの保護領となっていたニヤサランド（現在のマラウイ）から援軍を得て，1898年にンゴニ掃討に乗り出した．大砲や機関銃を装備した会社にンゴニの首長ムペゼニ（Mpezeni）は降伏し，軍の指揮者であった首長の息子ンシング（Nsingu）は処刑された[11]．これは政治的理由による北ローデシア植民地における処刑の最初で最後の例である[12]．

　北ローデシアでの植民地化は南ローデシアにおけるのと同様に，イギリス政府認可のもとで，会社によって推進され，1924年に植民地省の管轄になるまで会社の管理下に置かれていた[13]．しかし極めて暴力的なやり方で植民地が形成された南ローデシアと対照的に，北ローデシアでは，会社が王・首長と保護条約を締結することによって植民地支配を開始した．ンゴニなどの例外はあるが，ほとんどの場合，圧倒的な軍事力の差が抵抗を不可能にした．保護条約によりイギリスの後ろ盾が得られるばかりか，銃火器も提供されたため，抗争を続け

る他集団からの脅威を減らせるという利点も，会社への従属を促した．このように北ローデシアは南ローデシアと異なり，会社による軍事力の行使とそれによる多くの殺戮を経て征服されたわけではなかった．独立後の政治的暴力の程度がザンビアとジンバブウェで異なる理由として，植民地支配における暴力の歴史を考慮する必要があろう．

　支配する側も，それに抵抗する側も，暴力的性格が強まれば強まるほど，軍事力と軍事的指導者の重要度が増すのは自然である．南ローデシアでは解放を求めて武装闘争を展開せざるを得ず，解放組織内で軍事部門の重要性が増した．ところが北ローデシアの民族主義運動を担う組織においては，軍事部門を全く必要としなかった．したがって，運動の特徴や指導者の考え方は南ローデシアとは大いに異なっていったのである．

(2)　ローデシア・ニヤサランド連邦の形成

　植民地支配の実態も北ローデシアと南ローデシアは対照的である．南ローデシアは典型的な入植型植民地であった．そこでは1923年に，入植者による投票の結果，南アフリカ連邦との合併ではなく，自治政府樹立の道が選択され，その結果，南アフリカに類似した体制が作られていくことになった．すなわち，南ローデシアでは，支配・被支配の人種関係が宗主国・植民地政府とアフリカ人との間にとどまらず，白人入植者とアフリカ人との間で緊張をはらんで展開した．

　南ローデシアが自治政府形成の道を選択したことが，北ローデシアの地位を決定づけた．南ローデシアが南アフリカと合併しないことで，南アフリカと南・北ローデシアを含む巨大な自治領が，アフリカ大陸南部に形成される可能性はなくなった．その結果，北ローデシアの入植者は，北ローデシアで会社支配が続くよりは，イギリス政府の管轄下に入ることの方を望んだ．1924年当時，北ローデシアでの会社経営はまだ赤字であったこともあり，会社は不満を抱えつつも，行政権限を放棄し，北ローデシアを植民地省の管轄に移行することに同意し，土地売却益の半分を得ることを見返りに，土地に関する権利も放棄したが，鉱物採掘権は維持した[14]．後に，北部銅鉱山の開発が会社に莫大な富をもたらすことになるのだが，1924年当時には予想されていなかった．

140 —— 第II部　南部アフリカの現実

　第2次世界大戦後，アフリカ各地での解放運動の展開は，南部アフリカに住むヨーロッパ人入植者にとって脅威となった．アフリカ人の多数支配の成立によって，彼らは既得権を失うどころか，今までの支配に対する報復を受けるのではないかという危惧さえ抱いた．南アフリカでは1948年にアフリカーナーを中心とする国民党政権が成立し，アパルトヘイト政策が推進される．この隔離政策は南部アフリカの入植者が抱いた危機感の反応として典型的なものである．南ローデシアでも，迫りくる危機に対して，南アフリカと同様の自治領化を目指す動きが強まった．

　植民地省の管轄下にあった北ローデシアでも，解放運動の進展につれ，やはり入植者の間で危機感が高まっていった．ここは南アフリカや南ローデシアと比べ，入植者の数がはるかに少なく，彼らの影響力も限られていたし，保護領全体に責任を持つイギリス政府は入植者の利益ばかりを優先することはできなかった．その結果，北ローデシアでも，入植者の地位を守るべく，他のイギリス植民地との合併やその自治領化が主張されるようになった[15]．

　とりわけ南ローデシアの入植者が連邦化を主導したのは，政治的ばかりでなく経済的な理由があった．南ローデシアがすでに形成していた多様な産業基盤，北ローデシアの銅生産による富，ニヤサランドのアフリカ人出稼ぎ労働力，この3つを組み合わせることによって，南アフリカに匹敵する地域をつくり出すことができると考えられたのである[16]．しかし連邦化が実現すると，巨大な発電能力を持つカリバダムが建設され，南ローデシアで産業基盤の整備が進んだものの，アフリカ人が恩恵に浴することはなかった．

　第2次世界大戦後のイギリス政府は，アフリカ人の権利を徐々に拡大しながら，植民地を平穏に独立させ，それにより影響力を維持しようとした．したがって北ローデシアが，アパルトヘイトの南アフリカのようになることはもとより，北ローデシアに比べ，アフリカ人の権利が大きく制限されている南ローデシアのようになることも，イギリスは避けたかった．その結果，南北ローデシアの入植者とイギリス政府の思惑は一致せず，両者はしばしば対立した．

　1945年にチャーチルの保守党政権に代わって成立したアトリー労働党政権は，入植者の既得権を従来通り維持することに批判的な姿勢をとった．北ローデシア立法審議会の有力議員で，三地域の合併を主導し，後に2代目のローデ

シア・ニヤサランド連邦首相になるロイ・ウェレンスキー（Roy Welensky）にたいし[17]，当時のイギリス植民地相が「数百万人のアフリカ人の運命を一握りのヨーロッパ人に任せるわけにはいかない」[18]と述べたように，イギリス政府はその合併に強く反対したのである．しかし南部アフリカを開発し，ヨーロッパ文明を広めたと自負する人々は，イギリス政府のこうした姿勢を容認できなかった．彼らは「現地のことをろくに知らない植民地省の官僚ども」に反発し，「ホワイトホールの支配」，すなわち本国政府からの解放を目指したのである．

イギリス政府は，南北ローデシアの合併が第2の南アフリカを生むことを危惧し，アフリカ人の権利を擁護する姿勢をとりながら，他方で，ヨーロッパ人の利益を考慮しなければならなかった．言い換えればイギリスは国際的評価と国内世論の両方を無視できなかった．このように対立する課題を巧みにこなしていくことがイギリス外交の特徴であった．すなわちイギリス領中央アフリカに，アパルトヘイト体制を生まないこと，しかし急進的なアフリカ人の運動も強まらないようにすること，この2つが求められたのである[19]．

1951年に労働党政権に代わって，再びチャーチルが首相になると，合併ではなくて，三地域を連邦化する妥協案が浮上した．ウェレンスキーなど合併を望む人々にとって，この案は不本意であった．しかしカナダやオーストラリアもかつては連邦から出発した事実を彼が思い起こしたとしても不思議ではない．イギリス領中央アフリカはこうして南アフリカのような道でもなく，かといってすでに解放運動が高揚しているゴールド・コーストやケニアのような道でもない，第3の道をたどることになった．すなわちイギリスは中央アフリカに影響力を保持しつつ，「人種間協調」の社会を作ることにした．しかし北ローデシアとニヤサランドの立法審議会議員の中にまだ数名のアフリカ人がいただけの状態で，すなわちアフリカ人の意向をほとんど考慮せずに，連邦化が議論されたのである．したがってアフリカ人が新たに成立したローデシア・ニヤサランド連邦に対して，イギリス政府や入植者とは全く異なる意味づけをしていたのは当然であった[20]．

ローデシア・ニヤサランド連邦が成立する1953年までの連邦化反対運動は，北ローデシアに民族主義の高揚をもたらした．反対を訴えるためイギリスに赴いたアフリカ民族会議（African National Congress: ANC）の総裁ハリー・ンク

142 —— 第Ⅱ部　南部アフリカの現実

ンブラ（Harry Nkumbula）は，帰国報告の中で以下のように述べた．「イギリスの人々に，連邦の目的はアフリカ人の経済的および政治的進歩を妨げるものだと伝えた．連邦化計画は，どのようなアフリカ民族主義運動であれ，それを効果的に除去するために，中央アフリカに強力な白人国家を創ろうとするものである．連邦はアフリカ人から土地を奪いつくし，アフリカ人が賃金を得るために入植者の下で働かざるを得ないようにすることを意図している」[21]．

(3)　人種間協調主義の実態

　連邦形成後も，北ローデシアのアフリカ人の間では連邦への反感が依然として根強かった．連邦成立時の取り決め通り，イギリス政府は 1960 年に委員会を設立し，連邦化の成果と問題点について調査を行い，調査結果と提言が行政報告書（通称モンクトン報告書）としてイギリス議会に提出された．委員会は 25 名の委員からなり，大半はマクミラン政権の与党である保守党の議員で，アフリカ人は 3 名，委員長は大手銀行の頭取ウォルター・モンクトン（Walter Monckton）であった．調査は 2 月と 3 月に行われた．報告書本文は 175 ページであるが，聞き取り結果など膨大な資料が添付されている．連邦を維持するという前提の上で委員会が設立されたため，民族主義組織に所属するアフリカ人が加わっていないばかりか，イギリス労働党の議員も参加していない．このような状況下での調査にもかかわらず，大方の予想に反し，連邦に対する厳しい評価が委員会から下された．アフリカ人，特に北ローデシアとニヤサランドのアフリカ人による連邦批判の強さが指摘され，連邦の維持の条件として，アフリカ人の参政権を大幅に拡大することが提唱された[22]．

　連邦化によって自治政府に対するイギリスの監視が弱まり，アフリカ人の権利擁護が難しくなる，という危惧をアフリカ人は抱いていた．北ローデシアのアフリカ人が連邦に反対する第 1 の理由は，南アフリカや南ローデシアにおけるように，入植者による土地略奪への恐れである．北ローデシアでは，入植者による土地占拠と原住民指定地区へのアフリカ人強制移動は，南部州など一部で行われただけである．入植者や企業に貸与される（農業地は 999 年，市街地は 99 年）王領地の割合は全国土の 5.6％であり[23]，南ローデシアにおける白人地区の割合とは著しく異なっていた．したがってアフリカ人は連邦化によって，

第4章 ザンビアの解放と現代の暴力 —— 143

南ローデシア化が引き起こされることを恐れたのである.

第2の理由は，南ローデシアでの人種差別の厳しさであった．そのことを南ローデシアへの出稼ぎで北ローデシアの人々は実感し，連邦が強固になるにつれ北ローデシアが南ローデシアに類似することを心配した．首長たちも首長権の喪失を恐れた．南ローデシアには原住民統治機構がなかったため，南ローデシア化によって首長の地位が低下することを彼らは危惧したのである[24]．他方，南ローデシアでは連邦に対するアフリカ人の反感が，北ローデシアほど強くはなかった．そこでは，多くのアフリカ人人口を抱える北ローデシアと結ばれることで，アフリカ人にとって良い結果がもたらされるという期待があった[25]．南ローデシアの解放闘争に参加し，独立後はロバート・ムガベ（Robert Mugabe）の下で閣僚を長年にわたり務めたネーサン・シャムヤリラ（Nathan Shamuyarira）もこのことを指摘している[26]．

連邦反対運動が高揚した理由としてさらに重要なことは，アフリカ全体での解放のうねりであった．1953年の連邦形成時に比べ，アフリカの植民地解放運動が格段に発展し，その影響が強く及んでいたことである．当時，アフリカで独立していたのはエジプト，リビア，エチオピア，リベリア，そして南アフリカのわずか5カ国だった．しかし1957年にゴールド・コーストが独立し，1960年には多くの植民地が一斉に独立を達成した．それに対して，南部アフリカの植民地解放は大きく遅れていた．解放が遅れているのは，連邦のせいであるとアフリカ人はとらえたのである．

ガーナの首都アクラで開催された全アフリカ人会議に集まった南部アフリカの民族主義指導者たち，すなわち北ローデシアのンクンブラとカウンダ，南ローデシアのジョシュア・ンコモ（Joshua Nkomo），ニヤサランドのカムズ・バンダ（Kamuzu Banda）は以下のような宣言を行った．「それぞれの国の組織の代表者であり指導者であるわれわれは，1958年12月18日アクラにおいて，イギリス帝国主義者の政府によって押しつけられた欺瞞的でインチキな目論見の中央アフリカ連邦[27]に断固反対することを宣言する．この問題について，われわれは団結している．この団結は，それぞれの国の様々な反植民地主義運動を結びつける広範な統一戦線を形成するために，そして自治政府と民族独立を勝ち取るよう，東アフリカの人々の活動と協力するために役立てる」[28]．なお連

144 —— 第Ⅱ部　南部アフリカの現実

邦化を進める側もアフリカ人の危惧を認識していた．後に連邦首相になるウェレンスキーも，北ローデシアとニヤサランドのアフリカ人の懸念は，土地を失うこと，政治的な進展が滞ること，パス法が適用されること，社会的なアフリカ人差別が強まること，さらに首長権が制限されることであると述べている[29]．

連邦憲法前文ではパートナーシップ（人種間協調主義）が掲げられているが[30]，その実態はこの標語の主唱者，すなわちウェレンスキーの発言から知ることができる．連邦成立前の 1948 年に彼は述べている．「ヨーロッパ人社会は，いかなる状況下でもアフリカ人の利益が最も優先されることを認めない．私はアフリカ人と協力して働く用意がある．しかしその場合，われわれは上位のパートナーであり，北ローデシアがアフリカ国家になることを私は決して受け入れない」[31]．さらに彼は次のように言う．「ヨーロッパ人はその能力，創造性そして資本によって上位のパートナーにとどまらなければならず，原住民知識人に対して，特に明らかにしておかなければならないことは，ヨーロッパ人の水準や技術が，簡単に彼らに引き渡されると期待するのは無意味であるということである」[32]．これは既得権を維持しようとする主張であるが，その根底に差別的な父権主義があった．アフリカ人にとって，連邦政府の掲げるパートナーシップがまがい物であることは明らかであった．

連邦議会議員総数は当初 35 名であった．その内訳は，アフリカ人の利益を代弁するヨーロッパ人議員 3 名，南・北ローデシアとニヤサランドからそれぞれ 2 名ずつ選出されるアフリカ人議員計 6 名，人種の区分なく選出される議員 26 名（南ローデシア 14 名，北ローデシア 8 名，ニヤサランド 4 名）である．しかし有権者は一定の収入がある者に限定され，その数は白人 9 万人に対し，アフリカ人は数千人に過ぎなかった．したがって人種区分なく選出された議員（26 名）はすべて白人であった[33]．1957 年にはアフリカ人議員の数が倍増され 12 名に，人種区分なく選出される議員の数も南ローデシア 24 名，北ローデシア 12 名，ニヤサランド 8 名となり，アフリカ人の利益を代弁するヨーロッパ人議員 3 名と合わせると，総数は 59 名となった[34]．南アフリカをモデルとする入植者は，こうした制度でさえ妥協と改革の表れであると考えた．ウェレンスキーは 1948 年の立法評議会で，「政治的権利は，結局，胃腑が空っぽの人々にはほとんど意味がない．もしわれわれがアフリカ人のことを真に思うのならば，

第4章　ザンビアの解放と現代の暴力 —— 145

彼らに経済的な発展を与え，政治的権利はそのあとでよい」と述べている[35]．彼が目指したのは，人種により権利に差をつける南アフリカのアパルトヘイトではなく，「すべての文明化した人に平等の権利を」というものであった[36]．しかし彼の考えは，少数支配を延命させる手段であるとしか北ローデシアのアフリカ人には映らなかった．

2. 連邦問題と「北ローデシア人」

(1)　北ローデシアにおける連邦批判

　北ローデシアという枠組みは，アフリカ人の意思と無関係に，イギリス南アフリカ会社により押しつけられたものである．アフリカ人がその枠組みに主体的な意味付けを行い，そして北ローデシアの解放に向け人々が連帯するきっかけとなったのが連邦問題であった．連邦はアフリカ人の意思に反して成立し，入植者，特に南ローデシアの入植者は，ゆくゆく連邦が自治領になることを望んだ．南北ローデシアとニヤサランドの連邦化はそれに向けた大きな一歩であった．先に述べた通り，北ローデシアのアフリカ人からすれば，それは南アフリカに類似した体制に編入されることを意味した．だからこそ，解放運動の指導者はもとより，植民地権力の末端を担っていたアフリカ人でさえ，ほぼ例外なく反発したのである．

　モンクトン報告には聞き取り調査（北ローデシアでは 400 名以上にのぼる）の結果が記載されている．連邦形成から 7 年後に行われたこの調査は，連邦化による実績を評価し，必要な改革を提案するためのものであった．北ローデシアやニヤサランドでは，連邦の維持を前提にした調査であるとして，UNIP など解放運動の急進派は調査に協力しなかった．そのため彼らの意見は，この報告書には掲載されていない．にもかかわらず報告書は連邦への強い批判に満ちている．かつて連邦形成を支持したものでさえ，やがて現実を知るようになった[37]．

　北ローデシアのアフリカ人は南ローデシアのアフリカ人と同じ状況に陥ることを何としても避けたかった[38]．連邦政府は南ローデシアとの境に水力発電所を作るために，ザンベジ河をせき止めた．それによって水没する地域に住んでいた人々が移住させられた．こうして人工湖カリバとダム建設のために，北ロ

146 —— 第Ⅱ部　南部アフリカの現実

ーデシアでは 3 万 4000 人が強制移住の犠牲になった．北ローデシアでは前例のない土地の収奪と放逐に，アフリカ人は大きな衝撃を受けたのである[39]．これを機に，カリバのある南部地域のみならず，そこから遠く離れた地域に住む人々も危機感を持つようになった[40]．

　こうして南ローデシアとの連邦化による北ローデシアへの影響はますます危惧されるようになった．「一度自治領になれば，白人入植者政府はアフリカ人を犠牲にして自分たちに都合のいい法律を制定できる．『英連邦構成国の内政』には何もできないからと，イギリス政府は傍観するだけだろう．ここ北ローデシアにはどんな南アフリカ版も願い下げだ」[41]．北ローデシアのアフリカ人の間には，改革の速度や少数白人の権利をどうするかについて意見の相違があったものの，連邦の評価や北ローデシアと南ローデシアとの違いについての認識はほぼ一致していた．連邦化に対する危機感を共有し，連邦を離脱して保護領に戻り，そして独立を目指すという運動を通じて北ローデシアという押しつけられた枠組みがアフリカ人にとって積極的な意味を持つものになっていった．白人たちによる連邦化は，かえってアフリカ人の間に共属感情と連帯意識を強める結果になったのである．

(2)　アフリカ人にとっての北ローデシア

　北ローデシアで連邦反対が強まった具体的理由はいくつかある．連邦は北ローデシアで生産された銅によって得た富を，南ローデシアが吸い取る仕組みとして機能した．連邦形成によって利益を得たのは，南ローデシアの白人入植者であり，北ローデシアのアフリカ人に益するものはないという理由である．医療や教育の発展も期待ほどではなく，南ローデシアの開発のほうが圧倒的に重視された．しかし経済的利害や開発に関すること以上に，そもそも連邦の仕組み自体に不満が強まったことが重要である．所得と教育程度によって選挙権資格が制限されたことにより，大部分のアフリカ人が参政権を剥奪され，その結果，アフリカ人の意向を考慮せずに連邦政府の意思決定が行われた．こうしたことが連邦批判を強めたのである．根底にあるのは，繰り返し指摘している通り，南ローデシアとそこの入植者に対する恐れである．連邦の首都は南ローデシアのソールズベリーと定められたが，そのことが象徴するように，連邦は南

ローデシアの白人入植者の影響力を拡大した．ソールズベリーには，2つの議会（連邦議会と南ローデシア議会），2人の総督（連邦総督と南ローデシア総督），2人の首相（連邦首相と南ローデシア首相）が存在していたのである．

　南ローデシアによる支配の進展は，南アフリカの白人による支配に繋がるという恐れを生じさせた．具体的には，連邦が南アフリカのような自治領になることが最も憂慮されたのである[42]．ルヴァレ原住民局収入役から提出された覚書には，連邦制の問題が明確に指摘されている．「連邦とそれを構成している各地の政府が，次第にヨーロッパ人入植者を代弁するようになっている．アフリカ人が連邦を恐れ，連邦に反対している主な背景がそれである．入植者の考え，願望，欲求，野望が政府の決定に以前よりも影響している．政府の重要な職は植民地行政官ではなく，選出議員により占められるようになっている．これで分かるように，現地の行政官を通じた植民地省の支配は次第に弱まっている．重要事項についての支配は徐々にヨーロッパ人入植者の手に渡っている．北ローデシアの土地は選出議員とロイ・ウェレンスキー卿の党（統一連邦党のこと──引用者）の信奉者によって管理されている．このことがさらにわれわれを意気消沈させる．こうして権力の移行は少しずつ進み，数年後には政府全体がヨーロッパ人入植者に奪い取られてしまうだろう」[43]．

　北ローデシアのアフリカ人が南ローデシア化に反対し，さらに南アフリカ化の可能性に恐怖を感じる原因は，社会的な経験に発している．それは改善されてきたとはいえ厳として存在していた人種差別（カラー・バーといわれていた）である．同一職種・技術でも白人と黒人とでは賃金が大きく異なった．連邦政府が盛んに主張する白人と黒人とのパートナーシップの現実をアフリカ人は身をもって知っていた．そればかりか連邦首相ウェレンスキーはじめ政府関係者の発言に見られるアフリカ人に対するあからさまな偏見は連邦への反感をいっそう強めたのである[44]．連邦に反対するものを弾圧するなど，北ローデシアでは以前に見られなかった厳しい取り締まりも行われていた．

　連邦政府と入植者に対するこのような反感と恐れは，連邦からの離脱やイギリス政府による保護への期待につながっていった．そもそも南ローデシアには，入植者による自治政府が存在し，その統治によってアフリカ人は苦しんできた．他方，北ローデシアは植民地省が直轄する保護領であったため，入植者の横暴

に対してはイギリス政府がそれを抑制し，アフリカ人の権利がある程度保護されることが期待されていた．したがってイギリスが連邦化を承認したことは，入植者の圧力に屈したととらえられたのである．武力で征服された南ローデシアと異なり，協定を結ぶことによってイギリスの保護領となった北ローデシアのアフリカ人からすると，連邦化はイギリスがアフリカ人を保護する義務を怠り，彼らを入植者に売り渡したことに等しかった．

　解放運動の急進派はイギリス政府をさほど信頼しなくなっていたが，多くのアフリカ人の間には，イギリス政府とその象徴としての王室に期待する気持は依然として強かったのである[45]．「我々が自立できるようになるまで女王はわれわれを保護し進歩させる約束をした．この約束にしたがって，われわれは他の何も受け入れなかった．イギリス政府と女王がこの重要な約束を反故にしたいなら，そうさせよう．世界が彼らに審判を下すだろう．イギリス政府に対する信頼は極めて大きいので，われわれを失望させるのは容易ではない．われわれに自治の準備ができるまでは植民地省の保護だけが信用できる」[46]．イギリス政府へのこのような期待と不信は鉱山労働組合員からも示された．「連邦はわれわれの意思に反して押しつけられたことを委員会は思い起こしてほしい．連邦を成功させるために3つの地域で直ちに普通選挙権付与が実現しなければ，それは女王陛下の政府による最終的な裏切りととらえられるだろう．この改革こそが唯一可能な連邦問題の解決であると感じる．イギリス政府により改革が実施されなければ，残る選択肢は中央アフリカ連邦の解体を促すことのみである」[47]．

(3) バロツェランドと連邦

　強力な王国を築き，保護領のなかで格別な扱いをイギリスから受けてきたロジの間でも，連邦制に対する批判，南ローデシアの影響が強まることへの危惧，さらには連邦の自治領化による南アフリカ化の恐れは同様であった．ロジの人々が住むバロツェランドから，多くの労働者が長年にわたり南アフリカへ出稼ぎに行っていた．南アフリカの労働調達組織であるウィットヴァーテルスラント原住民労働協会（Witwatersrand Native Labour Association: WNLA）のアフリカ人職員たちは，「ローデシアでの人々の暮らしがわかるので，南ローデ

シアと連邦化されることを望まない．バロツェランドが植民地省から切り離され，連邦政府に委ねられたくはない」[48]．しかしこの同じような危惧の中身には，北ローデシアのほかの地域と大いに異なる面があった．

バロツェランド立法審議会委員による意見書では，かつてバロツェ議会が植民地相にあてた覚書（1958年9月）の結論，「北ローデシアが多人種路線で自治政府になろうとし，ローデシア・ニヤサランド連邦が自治領化に動いて以来，バロツェランドにとって唯一の救済は，女王陛下の政府の真の直接的な影響下で，受け入れがたい仲介政府（北ローデシア政府を介した保護を意味する——引用者）によってうやむやにならずに，真の保護領（単に形式的なものではなく）として分離し続けることである」が引用され，「保護のもとでこそわれわれは自らの歩調で英連邦内の自治政府の道を歩むことができるだろう」と述べている．そしてこの意見書はこう締めくくられている．「ヨーロッパ人の支配する北ローデシアや連邦においては，バロツェランドに政治的未来がないことをわれわれは良く知っている．だから北ローデシアに自治政府ができたら，あるいは連邦が自治領になったら，バロツェランドはそれらから分離すべきである．その時がきたら，以前の北西ローデシアにあった経済的権益を見直し，保持し，適切に保護されるべきである」[49]．ここからうかがわれるのは，従来からの特別な地位と権限が認められないのであれば，離脱する，すなわち北ローデシアの一部となることを拒否するという姿勢があったことである．個人的にも同様の意見が表明された．ロジ最高首長イェタ三世（Yeta III）の息子は，連邦政府がロジ協定に介入することを危惧した．彼は，「バロツェランドがイギリス国王の庇護のもとにあり続けることが最も重要で，そのことは全ての（ロジの——引用者）人々の意見である」と委員会で述べた[50]．

1962年12月，ニヤサランドの連邦離脱が承認されたロンドンの会議で，連邦政府代表団の一員，ゴッドウィン・ムビクシタ・レワニカ（Godwin Mbikusita Lewanika）は，イギリス政府の中央アフリカ問題担当大臣に向かって次のように詰問したという．なおレワニカは，1880年にイギリスと保護条約を結んだロジ王の息子で，独立後の1968年に王位を継承することになる．「イギリス政府はバロツェランドが北ローデシアから離脱することも認めますか」．大臣は大変困惑し，「バロツェランドについては何も決定されていない．その問題は検

討中である」と返答した．それに対しレワニカは，「ニヤサランドと北ローデシアの民族主義者の要求は認められようとしているが，バロツェの願いは無視されている．バロツェの人々は，カウンダによっても，他のアフリカ民族主義者によっても支配されたくはない．私の父はイギリス政府と協定を結んだが，それをあなた方は破棄しようとしている」[51]．こうした発言は，北ローデシアの民族主義運動をめぐる地域間の相違を示している．ただしバロツェランドには新たな傾向も生じていた．そこは自治領中の自治領といわれただけに，伝統が強固であったが，教育を受けた青年たちと伝統権威との溝は次第に大きくなっていった．前者から頭角を現す UNIP の活動家が，やがてこの地域の改革を主導することになる[52]．北ローデシアにおける民族運動は分裂的契機を乗り越えながら進展していったのである．

　まとめると次のようにいうことができる．連邦の実態は植民地支配への批判を強めたものの，それは植民地政府やイギリス政府への批判を拡大しただけではなかった．連邦批判の根底には，南アフリカと類似した南ローデシア，すなわち入植者により支配されている南ローデシアと連邦を形成していることへの危機感があった．北ローデシアの人々はイギリス政府の保護下にあり続けること，そしてその枠組みの下で独立を果たすことを望んだ．これによって，外在的に作られ，押し付けられた北ローデシアという枠組みが，南ローデシアや南アフリカとは異なる枠組みとして，積極的な意味を持ち始めたのである．ここに今日のザンビアにおける国民意識の起源を見ることができよう．一方で人種差別がもたらす黒人・アフリカ人という自己意識，他方で間接統治により強まる「部族」意識があって，これらに対して，植民地単位の連帯意識が新たに生まれたのである．そしてこのことは一般のアフリカ人のみならず，指導者についてもいえる．カウンダは後に，連邦反対運動をきっかけに，「北ローデシアが自分にとって意味を持ち始めた」と述べたという[53]．南ローデシアの白人入植者による支配の強化に抵抗するなかで，北ローデシアという枠組みに基づく民族主義がはぐくまれていったのである[54]．

3. 反植民地運動の連帯と対立

(1) 運動の形成と分裂

　アフリカ人の福祉向上を目的として各地に誕生した組織は，1946 年に連合体を結成し，2 年後に北ローデシアで初の民族主義組織，北ローデシア・アフリカ会議（Northern Rhodesia African Congress）へと発展した．ゴッドウィン・ムビクシタ・レワニカが総裁に選ばれたが，彼の政府への妥協的な姿勢に不満が高まり，1951 年にンクンブラが総裁になり，党名もアフリカ民族会議（ANC）となった[55]．彼は運動の初期にその組織化と発展に貢献し，民族主義運動の父と呼ばれるようになった．しかしやがて彼の行動や党運営の手法に批判がおこり，対立が生じた．批判の内容は，党人事における独断専行，会議予定や約束の突然の取り消し，飲酒癖などもあるが[56]，対立の基本的要因は政策にあった．

　カウンダとンクンブラは禁止文書所持の理由で 1955 年 1 月に逮捕されるが，釈放後，カウンダは急進的になり，ンクンブラは漸進的な改革を志向するようになる[57]．ンクンブラに批判的な若手の有力者であったカウンダやサイモン・カプエプエ（Simon Kapwepwe），ムヌカユムブワ・シパロ（Munukayumbwa Sipalo）などが，即時独立と一人一票による選挙の実施を求め，1958 年 10 月にザンビア・アフリカ民族会議（Zambia African National Congress: ZANC）を設立した[58]．カウンダがその党首に選出され，各地で ANC との対立が激化する．総督アーサー・ベンソン（Arthur Benson）の下で新たに制定された北ローデシア憲法（ベンソン憲法）に反対し，1959 年 3 月の選挙をボイコットしたカウンダなど ZANC の指導者は，「選挙と公共の安全規制法」に違反したかどで逮捕され，ZANC は非合法化された．その結果，後継の 2 つの党，アフリカ民族独立党（African National Independent Party）と統一民族自由党（United National Freedom Party）が結成され[59]，後に両者が統合して，UNIP が形成された[60]．

　ANC から ZANC が分裂し，UNIP が形成されるという展開は，統一的な民族運動における最大の危機であった．分裂の要因は，協調的な穏健派とそれに不満を持つ急進派の対立によるとされた．カウンダ，カプエプエ，シパロはいずれも，イギリスから独立して間もないインドに滞在した経験があり，クワメ・ンクルマ（Kwame Nkrumah）のパン・アフリカニズムに影響を受けてい

152 —— 第Ⅱ部　南部アフリカの現実

た．一人一票の選挙による自治政府を要求し，連邦の解体を訴えた彼らと，ン
クンブラとの溝は次第に大きくなった．

　ンクンブラは南部州出身のイラ人で，南部州，中央州のバンツー・ボタトゥ
ェ（Bantu Botatwe）の人々，すなわちトンガ，イラ，レンジェの人々から支持
されていた．こうした人々にとって，主な関心は農業であり，土地問題であっ
た．南部や中部では，白人入植者による大規模農業が発展し，土地不足が早く
も深刻化しつつあった．そのことが反植民地運動を活発化させた．他方，産銅
地帯の鉱山都市の労働者と，彼らを送り出す北部州の人々の関心は異なってい
た．鉱山労働者にとっては，雇用や賃金などの労働条件と人種による職種制限
が大きな問題であった．このように北部の人々と南部の人々の間には，民族的
な違いばかりでなく，社会経済的な利害関心に違いがあったのである．両者の
対立は1957年の大会で表面化し，分裂後もANCは，商業農家をはじめ南部
州・中央州の市場経済を志向する人々から支持され，北部の主要民族であるベ
ンバと敵対した．ベンバは泥棒で，南部州を植民地化し，女性と家畜を奪うつ
もりだとか，UNIPの支持者はベンバの手先で，「ニヤサランド人による北ロー
デシア侵略」を意図しているといった非難が繰り返された[61]．他方，ANCは
資金不足を補うために，コンゴでカタンガ分離を目指していたモイゼ・チョン
ベ（Moise Tshombe）に支援を求めた[62]．UNIPはこれをアフリカ解放への裏
切りであると激しく批判し，産銅州でも両者の激しい対立が見られた．

　アフリカ人の間での分裂と対立を植民地政府はどう見ていたか．1958年度
年次報告書では次のように述べられている．「分党であるザンビア・アフリカ
民族会議の指導者は，アフリカ民族会議の過激な分子であり，若く，より性急
で，暴力的な成員の支持を得ている．それゆえ，政治的に煽られた事件が増加
する傾向にある．年度末の状況は混乱し，2つの党が存在することは，全体と
してアフリカ人の民族運動をかなり弱めた．なぜなら主な努力が政府に対して
ではなく，対立しあう他党に向けられたからであった．このことは，目的の達
成を危険な者たちの手に託すのが必ずしも最上のことではなく，むしろ新たな
憲法の枠組みによる漸進的な進歩の方が好ましいと，アフリカ人が認識するよ
うになるという期待を抱かせた」[63]．

(2) ベンソン憲法をめぐる対立

ANC と UNIP の相違は新たな北ローデシア憲法（ベンソン憲法）への対応に典型的にあらわれた．1938 年に開設された立法議会は，植民地官僚である官職議員 9 名と民間出身議員 5 名から構成されていた．議員にアフリカ人はおらず，アフリカ人の利益を代弁するヨーロッパ人が総督により 1 名任命された[64]．その後，議員の数と内訳は変化した．憲法改正（1959 年）直前における議会の構成は，官職議員 8 名，民間出身議員 18 名であった．18 名の内訳は，アフリカ人の利益代弁のために総督が指名する議員 2 名，アフリカ人代表議会[65]により指名されたアフリカ人 4 名，そして選挙人により選出された議員 12 名である[66]．12 名の枠に人種規定はないが，選挙人のほとんどがヨーロッパ人であるため，ヨーロッパ人が選出された．当時のヨーロッパ人人口は 7 万 7000 人，アフリカ人人口は 236 万人であったが，アフリカ人で選挙権資格を持つものはわずか 11 名に過ぎなかったのである[67]．

ベンソン憲法の土台になったのは 1954 年に立法議会で承認されていたモファット決議である[68]．その決議は人種協調と政治的統合の維持を目指し，その中身は次の 4 点である[69]．(1)北ローデシアの政策目標は，特定の人種がその利益のために支配するという恐怖を取り除くこと，そして立法議会に人種別代表を送る選挙を目指すことである．(2)いかなる人種も，数や発展段階の高さを武器に，他人種を支配できることのないよう，上記の政策目標が十分達成されるまでの移行期間には，立法議会および執行協議会における特別の取り決めを維持する．(3)この移行期間中，各人種の利益を守るために，必要な範囲において，特別立法が施行されねばならない．対立する問題においては，バランスを公正にはかることがイギリス政府の義務であるという植民地相の声明を立法議会は記録し，その声明に同意する．(4)合法的に北ローデシアに暮らすすべての人は，人種・肌の色・教義にかかわらず，その性格，資格，訓練，能力及び努力により上昇する権利を有する．この決議の重要な点は，人種差別的な選挙権制度を廃止する一方で，少数者の権利を保護していることである．アフリカ人の運動が高揚してくるなかで，改革派のヨーロッパ系住民にとって，この決議は彼らの願望に沿うものであったが，アフリカ人からすると自治を遅らせる方策であった．

154 —— 第II部　南部アフリカの現実

ベンソン憲法の具体的な内容は以下の通りである．21歳以上で条件を満たせば人種にかかわらず選挙権が認められた．規定は非人種主義的であるように見える[70]．しかし所得や資産による資格条件を満たすことのできるアフリカ人は依然として少なかったため，実際には極めて不公正なものであった．選挙人は2組からなる．第1は「普通選挙人（ordinary voters）」，第2は「特別選挙人（special voters）」である．どちらも，選挙登録を自分で，しかも英語でできることと，21歳以上であることが条件とされた．その上で，「普通選挙人」の有資格者は，(1)4年間の中等教育を受け，さらに年間300ポンドの所得，あるいは500ポンド相当の資産のある者，または(2)初等教育修了者で，さらに年間480ポンドの所得，あるいは1000ポンド相当の資産のある者，または(3)年間720ポンドの所得，あるいは1500ポンド相当の資産がある者，これらのいずれかに該当することが最低条件であった．なおこれらの条件に該当しない者でも，一定の条件を満たした宗教関係者，首長，「普通選挙人」資格保有者の妻（複数妻の場合は第1夫人のみ）が選挙の有資格者と定められた．

「特別選挙人」の有資格者は，2年間の中等教育を受け，さらに年間120ポンドの所得のある者，あるいは年間150ポンドの所得のある者，あるいは500ポンド相当の資産のある者，これらのいずれかに該当することが最低条件であった．なおこれらの条件に該当しない者でも，(1)20年以上同一雇用主の下で働き，年金を受給している者，(2)一定の条件を満たす村長など，そして(3)「特別選挙人」の資格保有者の妻（複数妻の場合は第1夫人のみ）は有資格者とされた．

立法議会議員数は30名，そのうち選出議員は22名で，12名は「普通選挙区」（事実上都市の白人地区），6名は「特別地区」（アフリカ人がほとんどの農村地区），2名は「普通選挙区」からのアフリカ人，残りの2名は「特別地区」からのヨーロッパ人という構成であった．選出議員のうち，14名がヨーロッパ人，8名がアフリカ人という結果になることは明らかであった．それは人種別人口比率と著しい相違を示した．大半のアフリカ人を事実上排除する資格条件は，不公正であるという批判が当然ながら強かった．伝統権威を優遇する選挙規定にも反発が起こった．当時，「普通選挙人」資格を持つアフリカ人はわずか796名，「特別選挙人」の有資格者でも6821名に過ぎなかった[71]．したがってアフ

リカ人に確保された「普通選挙区」2名の選出でさえ，選挙人のほとんどは白人であったので，事実上白人の投票により決まった．

　ところがANCはこの憲法での選挙に参加し，アフリカ人に確保された「普通選挙区」にンクンブラが立候補して当選した．他方，UNIPは選挙をボイコットした．その結果，かつて民族主義運動の父と呼ばれたンクンブラは，植民地政府に妥協したとの強い批判を浴び，彼に代わる新しい指導者としてカウンダの存在が重きをなしていく．とはいえトンガやイラなど，バントゥ・ボタトウェから，すなわち南部の人々からは，ンクンブラは圧倒的な支持を生涯保ち続けたのである．

(3)　マクラウド憲法成立

　人種的基準を用いずに，しかしアフリカ人のほとんどを選挙から排除する憲法への批判は日増しに強まった．その結果，1960年12月から憲法改正に関する交渉がロンドンで開かれた．そこで2種類の選挙区に加え，全国レベルの選挙区を新たに設ける案が植民地相から提出された．3つの選挙区は，農村部に当たる下級名簿区（lower roll），都市部にあたる上級名簿区（upper roll）そして全国区に分かれ，それぞれ15議席ずつである[72]．北ローデシアの各政党との交渉を経て，1961年6月にさらに新たな提案がなされた．選挙資格者は，21歳以上で，次の条件を満たす者とされた．下級名簿区選挙の有資格者は，(1)英語の読み書きができ，年間120ポンドの所得あるいは250ポンドの資産を有する者，およびこれらの資格を満たす者の妻（複数妻の場合は第1夫人）で英語の読み書きができる者，または(2)現地語の読み書きができ，原住民機構や原住民法廷の構成員など，列挙されたカテゴリーにあてはまる者，およびこれらに該当するものの妻（複数妻の場合は第1夫人）で現地語の読み書きができる者である．上級名簿区の選挙人資格は，英語の読み書き能力があり，(1)4年の中等教育を受け，年間300ポンドの所得があるか，または500ポンドの資産を有する者，あるいは(2)初等教育を修了し，年間480ポンドの所得があるか，または1000ポンドの資産を有する者，あるいは(3)年間720ポンドの所得がある者，または(4)1500ポンドの資産を有する者，または(5)首長，原住民機構の構成員，アフリカ人都市協議会委員，大学卒業資格保有者など列挙されたカテゴリにあ

156 —— 第II部　南部アフリカの現実

てはまる者，または(6)以上のいずれかに該当するものの妻（複数妻の場合は第
1夫人）である[73]．

　ベンソン憲法の規定と比べると，資格条件はかなり緩和されている．しかし
依然として所得や学歴を条件にしており，植民地社会の現実からすると，やは
りアフリカ人の政治参加を阻むものであった．一人一票を要求しているカウン
ダとUNIPからすれば，イギリス政府が依然として古い立場に固執し，入植者
の既得権を擁護しようとしていることに変わりはなかった．UNIPの若い党員
である，ウィナ兄弟（Arthur Wina, Sikota Wina），シパロ，ナルミノ・ムンデ
ィア（Nalumino Mundia）などは新憲法に強く反発し，アーサー・ウィナはそ
れを富，教育あるいは地位による差別だと批判した．カウンダは，白人が優越
している冷たい海に，イギリス政府がアフリカ人を投げ入れたので，自分の辞
書から「忍耐」という言葉を取り除かなければならないと述べた[74]．

　激しい抗議行動が起こり，1961年7月24日から9月1日までに，1400名が
逮捕され，38の学校が放火され（うち34校は北部州の学校），60カ所で道路が
封鎖され，24の橋が破壊されるか深刻な被害を受け，27名が死亡した．こうし
た事態に至った責任については様々な見方があった．民族主義運動の活動家に
よるばかりでなく，警察の過剰な対応によって引き起こされたという意見もあ
った．政府はカウンダが暴動を積極的にくい止めようとしなかったと批判した．
末端の党員が急進化し，彼らを統制できなかったという者もいた．様々な意見
や捉え方があったが，カウンダは9月末に，党員に非暴力を強く求め，武力闘
争に発展しかねない最大の危機を回避した[75]．

　憲法修正草案に新たに登場した全国区は，多人種協調の社会を目指すという
意図により，当選にはアフリカ人からもヨーロッパ人からも一定の支持を得る
ことを条件とした．どちらの人種集団からも，12.5％あるいは400票を獲得す
ることを当選の要件としたのである[76]．しかしヨーロッパ人がアフリカ人から
400票を集めることは，アフリカ人の数が多いため容易だが，アフリカ人が数
の少ないヨーロッパ人から400票集めることは困難であった．高まる批判を受
けて，最低10％の支持を要件とすることに決まった．この変化はわずかなこと
であるが，アフリカ人による政権成立の可能性を生む修正であった．連邦に反
対する声がアフリカ人の間で圧倒的であったため，アフリカ人の政権成立は同

時に連邦の崩壊を意味した．この憲法は，北ローデシアの歴史における決定的な分水嶺となることを予感させた．

　植民地相の名前（Iain Macleod）に因んでマクラウド憲法といわれる新たな憲法の下，1963 年に選挙が行われた．10 月および 12 月に実施された選挙の結果は[77]，連邦制維持を主張する入植者の党，統一連邦党（UFP）が 16 議席，UNIP が 14 議席，ANC が 7 議席，無所属が 1 議席であった．UNIP と ANC が連立し，カウンダは総督エヴェリン・ホーン（Evelyn Hone）に閣僚名簿を提出して，自らは地方行政・社会福祉担当，シクンブラはアフリカ教育担当，カプエプエはアフリカ農業担当の閣僚になった[78]．

(4) ルンパ教会と統一民族独立党

　UNIP と ANC の対立は時に暴力的なものに発展した．さらにアリス・ムレンガ・レンシナ（Alice Mulenga Lenshina）が設立したルンパ教会の信者と UNIP の対立では，多くの死者が出た．植民地政府が治安を担当していたが，すでに UNIP が政権を担い，カウンダは一閣僚ではなく，首相になっていた．したがって教会への対応の仕方は，後のカウンダ政権による反政府勢力への対応を予告していたといえる．

　ルンパ教会はヨーロッパ人聖職者（特にカトリック教会），さらに植民地政府と敵対した．カウンダの出身地であるチンサリを中心に信者が拡大し[79]，北部州全域，産銅州諸都市，さらに鉄道沿線や東部州ルンダジで信者を獲得した．1959 年の信者数は 8 万に達したといわれ，チンサリ県のみで，60 の教会ができ，90 カ村に影響が及んだ[80]．やがて教会は UNIP と対立を深め，双方からの暴行と放火が繰り返された．UNIP の急進的な党員は，党の資金調達のために党員証の購入を人々に迫った．信者はそれを植民地政府の課税に代わるものだと激しく反発し，党員証を焼き捨てるなどの抵抗を行った．当初，植民地政府は，UNIP の方が攻撃的で，教会は自己防衛をしているとみていたが[81]，やがて信者は UNIP の影響の強い村を去り，首長の許可を得ずに自分たちの村を建設したため，伝統権威とも対立するようになった．

　カウンダは UNIP と教会の対立を調停しようとしたが，地元ベンバの指導者や若者たちは教会に対して強硬な姿勢を示し，信者の村を破壊し，彼らを強制

的に移住させようとした[82]. 1964年7月30日, 政府軍が出動し, 2時間程度で信者の村を制圧した. その際, 75名が殺害された[83]. これをきっかけに信者の暴動が起こる一方, 迫害を避けてブッシュに逃げ, 多くの人が餓死する結果となった. 独立直前の時期にあたる1964年6月から9月にかけて, 多数の死者（その正確な数は不明であるがおよそ1000名）が出た[84].

レンシナは8月11日に投降し, 軍の活動は10月に終了した. しかし信者の多くがコンゴ民主共和国側に逃れ, 1966年には1万5000から2万人の信者がレンシナの娘（アリス）とその夫を指導者としてコンゴに定着していた. 国境沿いに信徒が多数いることをカウンダは危惧し, コンゴ大統領モブツ・セセ＝セコ（Mobutu Sese-Seko）に信者の送還を求めた. その結果, 8000人から1万人が帰還したが, 政府の思惑通りには集団を消滅させられず, ルンパ信仰は主に都市部で命脈を保った[85]. 教会と信者への過酷な対応と弾圧は, カウンダの生まれ故郷であるチンサリで, 彼に対する不信と恨みを生み出す原因となった[86]. ルンパ教会問題への対応は, 北部州におけるカウンダの評判に悪影響を及ぼした最初の出来事であったといえる. なお後年, カウンダ政権が崩壊すると, コンゴにとどまっていたアリスたちが帰国し, 教会の再建が始まった. ルンパ教会に限らず, ほかにもアメリカ起源の「エホバの証人」の影響で広がったウォッチ・タワーのように, 党や政府の権威を認めない宗教集団の存在は, 国民的基盤の脆弱な政権にとって常に懸念材料となった[87].

4. 伝統権威とバロツェランド

(1) 伝統権威と反植民地運動

反植民地運動にとって, 運動内部で連帯を強めることのほかに, 伝統権威からの支持を取り付けることも重要であった. 植民地政府の間接統治によって, 伝統権威は新たな行政的役割を付与されたが, 政府は都合の良い人物が首長位につくよう働きかけ, 民族主義運動が進展してくると, 首長が運動を支持しないように圧力をかけた. それに対する首長の対応はさまざまであった.

たとえば, チェワの最高首長ウンディ（Undi）は, 住民の福祉と地域の発展は植民地支配のもとで可能であると考え, ANCの指導者には批判的であった. しかし住民に民族主義運動の影響がおよび, 運動の支持者が増えてくると, ウ

ンディは民族主義組織との対立を避けるようになった．民族主義組織は，住民の中に運動を浸透させるために，首長の支持，少なくとも首長に組織の活動を黙認してもらう必要があった[88]．首長が運動を敵視せず，さらに運動を支持するようになるのは，多くの場合，運動の一翼を担うという積極的な意図によるのではない．むしろ民族主義に目覚めていく住民をつなぎとめるためであった．連邦に対する首長の姿勢にも同じことがいえる．イギリス政府による間接統治のもとで，権威を維持しようとしていた首長は，連邦の与える影響を恐れたのである[89]．南ローデシアでは首長権は弱体化していたからである．その結果，連邦問題に対しても，彼らの立場は民族主義運動の指導者に近づいた．

　反植民地運動の活動家にとって，伝統権威は前近代の遺物であり，さらには植民地支配の協力者でさえあったが，しかし運動を広げていくうえでは，彼らから協力を得ることが必要であった．独立後は両者の関係も変わり，政権は次第に伝統権威を排除するようになった．カウンダ政権も首長の影響力を巧みに弱めていった．首長の構成は，最高首長がロジのリトゥンガ（Litunga）[90]，ベンバのチティムクル（Chitimukulu），チェワのウンディとンゴニのムペゼニの計4名，上級首長が46名，その他一般の首長を含めると総勢300名近くからなった．地方行政は大統領が指名する県知事の監督下に置かれ，カウンダは首長とその家族を議員に立候補させ，彼らを与党の権威のもとにおくようにした[91]．彼がしばしば首長をその地域の県知事に任命したのも同様の意図からであった[92]．さらに首長就任には大統領の許可が必要になった．許可権は通常形式的なものにすぎなかったが，首長が与党に協力的でない場合，大統領が就任許可を遅らせることがあった[93]．カウンダは様々な手法を用いて伝統権威の威信の低下を促進したのである．

　植民地時代，バロツェ王国の存在したバロツェランド（現在の西部州）には特別の地位が与えられていた．すでに指摘したように，それは1900年および1909年に，ロジの王とイギリス南アフリカ会社との間で締結された協定に基づいており，さらに1924年に北ローデシア勅令第41条で再確認された．それ以来，バロツェランドでは伝統的な統治機構が独自なかたちで維持されてきた．1936年，北ローデシアに原住民統治機構が設置された時，バロツェランドにだけ，他にない自立的な権限が与えられた．1953年の連邦形成の際にも，1924年

160 —— 第II部　南部アフリカの現実

に認められた最高首長の権限が再確認され,「保護領（北ローデシアのこと——引用者）の中の保護領（バロツェランドのこと——引用者）」[94]と位置づけられた. そこでの民族主義運動の浸透を困難にした理由は, 植民地経済の中心である鉄道沿線から遠く離れ, 交通・通信の整備が遅れた後発地域であったことに加え, 伝統の維持と首長権限の強さにあった.

　しかしウィナ兄弟, ムンディア, シパロなど, 高学歴の若者が民族主義の思想を広めるようになり[95], 王族内の対立も加わって, バロツェランドでの伝統権威も次第に批判と変容にさらされるようになった. 他の地域では民族主義政党の支部設置が植民地政府に許可されるようになっても, バロツェランドでは原住民政府が設置許可の権限を持っていた. 伝統権威は民族主義政党の活動自体に脅威を感じていたが, 特にそれがロジ支配の下で従属的な立場におかれていたシコヤの分離運動などに波及することを恐れた[96]. 1961年UNIPはバロツェランドに初めて非公式な支部を設けたが, バロツェ民族評議会は全会一致であらゆる政党の登録拒否を決めた. 各地で発生するUNIPの急進的な若者による暴力は, 支部を認めない口実になった. しかし1962年6月にリトゥンガは政党活動を認めざるを得なくなり, カウンダ, リューベン・カマンガ（Reuben Kamanga）, ウィナ兄弟が初めて政治集会を開くことができた[97]. このように民族主義運動の展開においても, バロツェランドは他の地域とは異なる様相を呈していた.

(2)　独立後の伝統権威と中央政府

　独立直前の1964年5月にロンドンで, ロジ王（リトゥンガ）と首相就任間もないカウンダが協定（バロツェランド協定）を結んだ. それによりバロツェ州の住民と資源について, 従来通りリトゥンガの権限が認められた. 他方, バロツェランドは恒久的にザンビアの一部であるとされ, バロツェ州に設置される政府機関の職員に他州出身者を政府が任命できることになった[98]. 独立後, カウンダはバロツェランドの特権的地位の解消に乗り出した. 1965年の地方政府法の制定に伴い, バロツェランド国民会議は廃止され, 州内の県ごとに5つの議会が設けられた. 1969年には協定が破棄され, バロツェ州は西部州へと名称が変更された. さらに首長法の制定によって, 西部州の首長についても, 他

の地域と同様に任免権は大統領に属することとなった．こうして最高首長リトゥンガの伝統的権威が弱められていったのである[99]．

　1966年1月に2人のロジ出身閣僚，ムンディア労働・社会開発大臣とムビアナ・ナリルングウェ（Mubiana Nalilungwe）産業大臣が汚職疑惑により解任され，政府の対応に不満を抱く西部州出身者が統一党（United Party: UP）を結成した（1966年7月）．同年，政府は雇用法を制定し，南アフリカ鉱山会議所の労働力調達機関 WNLA によるザンビア国内での労働者募集を禁止した．南アフリカ鉱山に出稼ぎ労働者を長年送り出してきた西部州の人々には大きな打撃であった[100]．これらのことが西部州と中央政府との対立を強めた．モンクトン報告書にあるロジ出身の立法議会委員の発言をみると，誇り高いロジの人々にとって，ザンビア政府の対応が耐え難いものであったことを容易に想像できる[101]．なお1968年にロジ王に即位したゴッドウィン・ムビクシタ・レワニカは，先に述べたように ANC の前身である北ローデシア・アフリカ会議の総裁であったが，1950年代前半にはバロツェ民族主義を掲げる運動に参加し，連邦化を支持して，さらにはウェレンスキーの率いる統一連邦党の最初のアフリカ人党員として，1958年に連邦議会議員になった．さらに彼は，南ローデシアに北ローデシアの産銅地帯とバロツェランドが加わる新たな連邦の形成まで提案した[102]．西部州で最も権威のある人物が，このような考えと経歴の持ち主であったことをカウンダはいつまでも忘れることができなかったであろう．

　産銅州の鉱山都市では UNIP が有力であったが，南アフリカ鉱山で働いた経験のあるロジも多く居住していた．そのためここは統一党への支持が期待できる地域であった．1967年に統一党首に選出されたナルミノ・ムンディアはバロツェランドのカラボ生まれであるが，UNIP の党員時代に，北西部州で活動した経験などがあり，バロツェランド以外にも影響力を持っていた．1968年の選挙の時には，産銅州で UP と UNIP 双方の支持者間で衝突が起き，死者が出た．それを理由に政府は UP を非合法化し，ムンディアを逮捕した[103]．UP が非合法化されたため，彼は ANC に加盟し，西部州選出の ANC 所属議員となった．ムンディアの加盟により，ANC は西部州に基盤を築くことができた．

　なお一党制に移行した後の1973年1月にムンディアはふたたび逮捕され，裁判を受けることなく数カ月拘束された後，再び UNIP に戻り，同じ西部州出

162 —— 第II部　南部アフリカの現実

身のダニエル・リスロ（Daniel Lislo）の後任として，1981年にカウンダ政権の首相を務めることとなった．ムンディアの政治遍歴はこのように複雑であるが，他方で，自らに敵対するものには容赦なく弾圧を加え，反対に恭順を示すものには要職の任に就かせるというカウンダの手法がそこに現れている．カウンダは，最有力集団ベンバの出身者を首相や党の書記長に任命したことがない[104]．このことと合わせて考えると，巧みな人事により諸地域と諸集団を取り込んでいったことがうかがえる．

　西部州問題もカウンダにとって大きな課題であった．ひとつ間違えば，分離主義運動が活発化しかねなかったからである．1983年にカウンダはリトゥンガを党中央委員会の委員に任命したが，これは同時に大統領の首長に対する優位性を知らしめることでもあった．彼は巧みに制度的一体化を推し進めたのである．しかし西部州の人々の中に不満が蓄積することは避け難かった．ムンディアは1985年にアメリカ駐在大使に左遷され，やがて急死する．ムンディアに対する処遇と急死は様々な憶測を呼び，西部州でのカウンダの評判はこの後，急落していった[105]．

5. 迫りくる危機

(1) 与党の分裂と対立の激化

　与党UNIPが直面した独立以来の最大の危機は，UPに続く統一進歩党（United Progress Party: UPP）の結成であった．野党ANCは南部州に加え，中央州を支持基盤とし，ムンディアの入党により，西部州にも基盤を拡大した．UNIPは結党以来ベンバの多い産銅州，北部州を強固な支持基盤としていた．しかしカウンダはUNIPを全国規模の政党として発展させるために，ベンバの影響力拡大を抑制し，民族・地域間のバランスをとる努力をした．1964年9月から67年1月の間，16の閣僚ポストのうち，ベンバからの任用は最も多いときでも5人ほどに抑えられた[106]．党員数ではベンバが優勢であったものの，それに見合うようには優遇されなかったのである．

　1967年8月の党大会では，地域主義による対立が激しくなった．次期の党副総裁（副総裁は規定により同時に共和国副大統領になる）選出をめぐり，東部州出身で当時現職の副総裁だったリューベン・カマンガと，ベンバから圧倒的な

支持を得たカプエプエが争ったすえに，後者が勝利した．これを機に幼馴染で，長年の盟友であったカプエプエとカウンダとの仲が疎遠になっていったといわれる．党全国書記と会計長も，シパロとアーサー・ウィナから，それぞれマインザ・チョナ（Mainza Chona）とエリジャ・ムデンダ（Elijah Mudenda）に代わった．前任者たちはいずれも西部州出身のロジであったが，後任はいずれも南部州出身のトンガであった．彼らは副総裁選挙でベンバに協力した人々である．党婦人局長もロジから北部州出身者にかわった．その結果，ロジの人々は党執行部に対してさらに不満を強めた．こうしてカウンダの意図に反して，民族・地域間の対立が次第に激化し，カウンダは部族主義的言動に抗議して，一時党総裁辞任を表明するほどであった．

　一連の変化はベンバへの警戒心を他の集団に呼び起こし，ベンバへの他集団からの圧力が増し，1969 年 4 月任期切れを理由にカプエプエは辞任に追い込まれ，南部出身のチョナが新たに副総裁となった．1970 年 11 月には，産銅州に多く割り当てられていた党大会参加者数が各州均等割りに変更された．その結果今度は，民族主義運動が真っ先に展開し，多くの指導者を生み出してきたという自負のある産銅州および北部州から，反発が強まった．そして汚職にかかわったとして北部州出身閣僚を大統領が罷免したことが，与党分裂の直接の契機となった．その後，産銅州での新党結成の動きに，4 名の国会議員がかかわっていたことをカウンダが非難し，カプエプエはその動きとのかかわりを認めたため，与党の分裂は避けがたいものになった[107]．

　こうした経緯を経て，UPP が 1971 年 8 月に結成された．鉱山労働者とベンバの人々はこれを強く支持したが，出身民族・地域にかかわらず，国家統制の強化に反発する小規模実業家，あるいはベテラン政治家に批判的な教育程度の高い青年・知識層なども UPP 支持者となった[108]．しかし指導者の出身地・出身民族が影響したことは否めず，党の分裂と対立はパトロン・クライアント関係を軸に展開する傾向が見られた．

　UPP の結成はカウンダにとって大きな衝撃であった．新党の基盤が産銅州であり，最も都市化が進んだザンビア経済の心臓部であったからである．そこは北部州とともに，ベンバが強い力を持つ地域でもあった．したがって，ANC や UP 以上に，政権の存続を危うくする可能性が高かった．UP は先述の通り 1968

164 —— 第II部　南部アフリカの現実

年に非合法化され，その党員は ANC に合流したため，西部州でも ANC が優勢となり，与党 UNIP は依然劣勢であった[109]．その年の選挙では，西部州の 11 議席のうち 8 議席を ANC が獲得した．すなわち南部州，西部州，産銅州，北部州およびその後背地であるルアプラ州などが次々と野党勢力の浸食を受け，与党・政府にとって支持が盤石であるのは東部州のみになりかねなかったのである．

(2)　国民統合と一党制への移行

　以上のような政治的変遷を理解するために，カウンダの民族的特徴に注目する必要がある．彼の父デヴィッド・カウンダ（David Kaunda）も母ヘレン・ニャムニレンダ（Helen Nyamunyirenda）もニヤサランド（現在のマラウイ）の出身である．父方はニヤサ湖西岸に住むトンガで（ザンビア南部のトンガと歴史的関連はあるが同じではない）ンゴニにより征服された人々である．母方はトゥムブカである．すなわちカウンダの両親は互いに民族が異なり，北ローデシアの出身でもなかった[110]．デヴィッドは 1878 年に生まれ，スコットランド教会の布教が始まったころに教育を受けキリスト教徒になった．やがて教会から北ローデシア北部に派遣され，1904 年からチンサリのルブワで布教と教育活動に従事した．「疲れを知らず動き回る人」「人々をしつける人」として，よそ者ではあるが地元で尊敬される人物であったという[111]．1932 年，カウンダが 8 歳の時に，父デヴィッドは死去するが，カウンダ一家はすでに 28 年間ルブワに住んでおり，母ヘレンはそこにとどまる道を選んだ．一家はベンバ社会の一員となり，家庭での言語もベンバ語であった．

　カウンダはマラウイから来た宣教師の子どもであったが，北ローデシア北部チンサリのルブワで生れ育ったのである．カウンダが成長して教師となり，やがて民族主義運動の活動家となるのもこのチンサリであり，北部のベンバ人社会の中でのことであった．したがって同じくチンサリ出身のカプエプエなど，後に民族主義運動の有力な担い手になる仲間たちとも幼少から親しかった．このようにカウンダとベンバの人々との関係は強かったが，他方で彼は折に触れマラウイから来たよそ者の子とみなされた．彼は特定の民族や地域に縛りつけられない存在であったといえる．民族的帰属意識という点で，故郷喪失者であ

った彼にとって，北ローデシア（ザンビア）全体こそが故郷となった．彼が民族間対立に厳しい態度をとり，多民族・多人種社会の発展を強く志向するのは，こうした背景によるといえよう．カウンダは確固とした支持基盤を持たないがゆえに，むしろ諸集団を結びつける存在として捉えられた．ベンバの人々は，カウンダを仲間と考えた．ベンバ以外の人々にとって，彼はベンバを中核とする民族主義運動においてベンバを牽制できる人物であり，したがってベンバに対する防壁として期待された．

　カプエプエなどベンバ出身の指導者と親しかったカウンダは，ベンバの支持が強い UPP が成立するや，その両親の出身地マラウイ，およびマラウイと同じ系統の民族が住む東部州と結びつけられるようになった．北西部州などコンゴやアンゴラと境界を接している人々からすると，カウンダはさらに縁遠い存在で，あからさまに「マラウイ出身の外国人」と蔑称された．カウンダ政権は支持基盤の脆弱化と，地域的諸政党の成立による国家分裂の危機に直面した．UPP 成立の翌月 9 月には新党の活動家 100 人が逮捕拘留された．UPP は ANC に統合を提案するも，ANC はそれを受け入れず，両者の間柄はただの協力にとどまった．南部を基盤とする ANC は，ローデシアや南アフリカとの関係を重視していた．他方で，カプエプエとその同志はもともと戦闘的な反植民地主義者と知られ[112]，より穏健な ANC のンクンブラなどとは考え方に開きがあった．1972 年 2 月にはカプエプエも他の新党党員とともに拘束され，党は非合法化された．

　キプロス生まれの移民で，独立後に産業開発公社の理事長や商業産業貿易省次官を歴任したアンドリュー・サルダニス（Andrew Sardanis）は UPP に対するカウンダの対応について，植民地時代にカウンダを逮捕したローデシア総督アーサー・ベンソンと同じだと批判している．元来は民族主義運動を弾圧するためのものであった公共安全規制法の廃止をサルダニスが提言した時，カウンダはこう述べたという．「それはダメだ，アンドリュー，規制法がイギリスにとって良いものであれば，われわれにとっても良いものなのだ」[113]．植民地体制を支えた制度や法律の一部は独立後も存続していた．それらは反政府勢力を弾圧する道具として温存され，権威主義体制を支える役割を果たしたのである．この時の両者の間で交わされた会話は，1970 年代の展開を見事に暗示していた

166 —— 第Ⅱ部　南部アフリカの現実

のである.

　閣議で決定された一党制移行は，その実現のために憲法修正を必要としたため，新たに「単一政党参加民主主義設立全国委員会」（チョナ委員会）が設置された．12月に UNIP を唯一の合法政党とする憲法修正条項が国会で可決され，複数政党制が廃止された[114]．カウンダは，地域間の力の均衡を図り，バロツェランドの特権をなくし，国民統合を促進しようとしてきた．その結果，皮肉なことに彼は各地域の支持を失い，与党では東部州という特定の地域とのつながりが際立った．その事態への対応，すなわち一党制への移行は，政府・与党の強さではなく，政権の脆弱化を示すものであった[115]．

　憲法修正第2条は UNIP のみを合法政党と定め，さらに第3条は UNIP 以外の政党を非合法化し，結成の試みとそのための集会や言論さえも禁止した[116]．新たな UNIP 党綱領では，党が至上の権限を持つことが謳われた．「人間中心哲学に導かれる党は革命的農民，労働者および知識人による戦闘的組織であり，あらゆる国家組織を越えた最高権力を行使する」「党は最も上位の組織であり，国の指導的政治勢力である．この綱領で表明されている目標は共和国のすべての人と組織に指針を提供することである」[117]．こうして党がすべての上に君臨する支配が形成された．一党制に激しく反対するンクンブラは，成立を阻止するためにカウンダに抗議の公開書簡を送ったが[118]，かつての盟友からの願いも無益であった．

　一党制のもとでも政権基盤の強弱は地域ごとに異なり，その不安定さは引き継がれた．それは大統領選挙結果にも示された．一党制に移行して間もない1973年の選挙では，投票率が39.7％という低さであった．一党制に対する批判で，棄権が多かったからである．投票総数に占める賛成票（候補者は与党の候補，すなわちカウンダ1人であったため事実上は信任投票）は84.4％にとどまった．1978年には党が動員をかけたため，投票率は上昇し，66.7％になったが，南部州は57.7％，西部州では44.5％と低かった．1973年と比べ，賛成票は78.0％に低下し，南部州に至っては賛成票が51.1％にとどまった．1983年と88年の選挙では，投票率は64.3％，56.0％と再び低下した．政権に批判的な人々が投票しなかったので，賛成票の比率は93.1％，95.5％となった．一党独裁体制下で，選挙が形骸化していったことがわかる．高い賛成票比率のなかで，10％前後の

反対票が投じられたのは産銅州である[119]．このように南部州，西部州，産銅州ではカウンダ政権に対する批判が根強かった．このことは，複数政党制復帰後の 1991 年に行われた最初の国会議員選挙において，これら 3 州で与党 UNIP が一議席も獲得できなかったことに繋がっている．

(3) 南部アフリカ解放とザンビア

　カウンダ政権が次第に強権的になった理由は，政治的対立の激化によるのみならず，ザンビアを取り巻く南部アフリカの状況にもよる．独立当時のザンビアは，ポルトガル領のアンゴラとモザンビーク，アパルトヘイト南アフリカの統治下にあったナミビア，そして南ローデシアなどに囲まれていた．南ローデシアでは，1963 年の選挙で強硬派のローデシア戦線が勝利し，スミス政権が誕生した．同政権が 1965 年 11 月にイギリスに対して一方的に独立を宣言するや，ザンビア政府は直ちに非常事態を宣言した．ザンビアにおける銅の精錬に不可欠な石炭は，ローデシアのワンキー鉱山で産出され，石油はローデシア経由のパイプラインの輸送にほぼ依存し，その他の輸出入も当時はほとんどローデシア鉄道で行われていたからである[120]．植民地体制の下の南部アフリカでは，南アフリカを中心とした緊密な経済的諸関係が形成されていた．その結果，独立後もザンビアは南アフリカをはじめ，政治的に対立する近隣諸国に経済的に依存せざるを得なかったのである．すなわちザンビアは国家の安全保障という点において，驚くほど脆弱であった．

　カウンダは南アフリカが密かに核開発を行っていると考え（それは正しかったことが後に判明した），1967 年 10 月に訪米した際，自国の核武装のために地対空ミサイルと核弾頭の提供を求めたという．ザンビアは従来核実験に反対し，非核を主張してきたが，1968 年の核不拡散条約には反対票を投じた．プレトリアの核の標的はザンビアだと考えたからである[121]．カウンダがいかに安全保障に危機感を持っていたかがうかがえる．だからこそタンザニアの大統領，ジュリアス・ニエレレ（Julius Nyerere）は次のように述べたのである．「ザンビアのあらゆるコミュニケーションは南と繋がっていた，あるいはポルトガル植民地アンゴラを通じていた．さらにザンビア経済は専ら銅に依存していた．そしてその銅の生産のためにカウンダ大統領は必要な熟練労働者を調達しなけ

168 —— 第Ⅱ部　南部アフリカの現実

ればならなかったが，その大部分は当時の植民地主義の人種主義的な教育・訓
練政策のせいで南アフリカやローデシアからきていたのである（植民地支配の
下で教育が滞り，南アフリカなどからの白人を雇用せざるを得なかったという意
——引用者）．ザンビア政府が『申し訳ない，われわれの気持ちは皆さんと同じ
ですが，アフリカ解放闘争に参加はできません』ときっぱりと述べるのは簡単
で，しかも理解できることであった．実際そうしたいという慎重な声がその新
しい国家の中にはあったのである．しかしながら独立闘争の間，自身と彼の党
が主張していた原則（植民地支配からアフリカを解放すること——引用者）をカ
ウンダ大統領は固く守ったのである．そしてスミス政権による一方的独立宣言
に伴う大きな困難にもかかわらず，人種主義や植民地主義と戦う自由アフリカ
の前線としての運命を引き受けたのであった」[122]．

　南アフリカとローデシアへの依存度の高さはザンビアの外交政策を縛るととも
もに，国内政治にとっても足枷であった．独立したばかりの脆弱な国家が，安
全保障の危機に直面して，地域・民族間対立を繰り広げている余裕はなかった．
複数政党制は地域別・民族別政党を形成させ，対立を助長するとカウンダは考
えた．国民国家形成途上のアフリカの国家にとって，そのような制度は国家を
分裂させ，新たな植民地主義の浸透を促すことになりかねなかった．このよう
な理屈は，一党制の下での権威主義政治を正当化する根拠になった[123]．

　1991 年に起こる政権交代の直前でさえ，カウンダは一党制への移行時と同じ
論理で，複数政党制に反対し続けた[124]．独立後の最大の敵は貧困になると思
われていたが，南部アフリカ地域がようやく解放へ向かうなかで，ザンビアに
とって植民地主義との戦いが続いた．そのことが政権の権威主義化を促す要因
になった．こうして民主主義の観点からすると，南部アフリカの状況に左右さ
れるザンビアの国内政治は高い代償を払ったといえる．その象徴こそ治安警察
である．大統領府にザンビア安全保障情報局という特別部局が設立されたのは
1973 年のことであった．通称「赤れんが」と呼ばれたその場所で，政府を批
判する者に対する拷問と殺害がおこなわれているという噂が絶えなかった[125]．
ただしカウンダ政権で財務大臣などの要職を歴任し，やがてカウンダと袂を分
かち，一党制を批判するようになったジョン・ムワナカトゥエ（John Mwa-
nakatwe）は，逮捕なしの拘束や過度な独裁化は他のアフリカ諸国に比すれば

少なかったと述べているのである[126].

　独立後の道筋をたどってくると，植民地支配終焉前後になされた議論が思い
だされる．イギリス政府，植民地政府，そしてもちろん入植者は，一人一票に
よる民主主義はまだ早すぎると主張し続けた．クレメント・アトリー（Clem-
ent Attlee）は，イギリス労働党内閣の首相を辞任した後のことだが，ンクンブ
ラにリヴィングストンで会った時にこう述べたという．「この分野（政治的権利
の拡大——引用者）はまだ長い道のりだ．十分責任を果たせる政府をイギリス
議会が生み出すまでどのぐらいかかったか見てほしい」「立憲政体は教科書で
は学べない．あなたは事を急ぎ過ぎている．私の経験では民主主義思想がうま
く機能するには長い時間がかかる」[127]．この場にいたウェレンスキーは，ゴー
ルド・コーストが独立した1957年以降，アフリカではいたるところ，一人一
票が一人一党独裁（one-man-one-party dictatorship）になったと述べている[128]．
彼は連邦崩壊後に生まれた2つの国，すなわちマラウイとザンビアでは，早く
も1つの人種，1つの党，1人の人間による支配が民主主義の名の下で成立し
つつあると指摘した．

　イギリス政府や入植者が植民地支配を引き延ばす口実とした「一人一票の民
主主義は早すぎる」という主張は，不幸にも当てはまることになった．とはい
え冷戦の影響が拡大し，国連でアジア諸国による反植民地主義の言動が活発化
するまで，南部アフリカで改革を怠ってきたイギリスと植民地の政府は，独立
後の事態への責任を免れない．にもかかわらずおそまきながら改革を強いられ
た側は次のような考えを捨てきれなかったようである．「この2つの国（マラウ
イとザンビア——引用者）ではこのような権威主義が目下のところある程度の
政治的安定を維持する恐らく唯一の方法であろう．なぜなら秩序ある筋の通っ
た発展の道が否定されたからである」[129]．

170 —— 第Ⅱ部　南部アフリカの現実

2 —— 権威主義化とカウンダ政権の終焉

1. 政権への挑戦と挫折

(1)　政権基盤の脆弱化と弾圧

　1976 年に北西部州で発生した武装反乱は，その首謀者アダムソン・ムシャラ（Adamson Mushala）が治安部隊によって殺害される 82 年まで続いた[130]．反乱の背景は，北西部州の人々が抱いた疎外感，民族的特徴，カウンダへの反発などである．反乱の中心となったルンダ人は，ニヤサランド（現在のマラウイ）出身の外国人という意味を込め，カウンダをニヤサランド人（Nyasalander）であると揶揄した．ルンダ人は，ザンビアの東部や南部の人々に対してより，コンゴのカタンガ（現在のシャバ）やアンゴラに住む人々に親近感を強く持っていたのである．

　ムシャラは一党制に反対し，複数政党制と 16 州からなるザンビア合衆国の建設を主張した[131]．カウンダはこのような主張や傾向が北西部州にとどまらず，産銅州に広まることを恐れた[132]．ムシャラとその反乱の意図についてはながらく明らかにされず，南アフリカの支援を得たテロリスト，あるいは盗賊によるものとされた[133]．事実，1960 年代と 70 年代，アンゴラ，ローデシア，南アフリカは植民地支配・少数白人政権の維持のために，ザンビアの政治的・経済的な不安定化をもくろみ，介入による不安定化を避けたければ，南部アフリカの解放勢力を支援するなとザンビアに圧力をかけた[134]．反乱への外部からの支援はその圧力の一環であった．しかし反乱の主な要因は統治のあり方と関連しており[135]，現在では，1990 年から 91 年の民主化運動の先駆けとして，再評価の対象になっている[136]．

　両親がマラウイ出身であるカウンダには，マラウイから遠いザンビア北部・西部の動向，ならびにそれらの地域での支持獲得は関心事であった．そこには，コンゴのカタンガと北ローデシアの北部は合併すべきだと考える人々がいた．民族主義運動の指導者の多くはこの考えに反対したが，ルンダとベンバとは文化的に近い関係にあり，かつてのルンダ・ルバ帝国の版図に沿うよう国境を変

更すべきだという主張に共感する人々も少なくなかったのである [137].

1960年代初頭, UNIP と ANC との間で権力闘争が繰り広げられ, 党員間での暴力行為が頻発した. カウンダ政権は, 政治的な寛容さや市民的権利を尊重するという姿勢を次第に失っていった. かつてガーナの独立はザンビアに独立運動を加速化させる影響を与えたが, ガーナで発生した1966年2月のクーデターが, 今度も大きな影響を及ぼした. ンクルマの失脚はアフリカの新興国における政府の脆弱さをカウンダに認識させ, 彼は反政府勢力への警戒心を強めたのである.

1966年3月, 一党制への移行を目指す与党 UNIP を厳しく批判した ANC の議員, エドワード・リソ (Edward Liso) が収賄罪の容疑で逮捕された. 彼はやがて釈放されたが, 今度は大統領侮辱罪で起訴され, 下級審で有罪判決を受け, 高等裁判所でようやく無罪が確定した. しかしその間に彼は議員資格を失った [138]. これは独立後に起きた政権による最初の政治的弾圧である. しかし一党制移行後に, リソは UNIP に加わり, 党中央委員会の委員になった. 批判者を容赦なく排除したカウンダは他方で, 恩赦を与えるなどして取り込む術にたけていた. 類似のことがこの後も繰り返されたのである.

独立すれば豊かになるという期待が外れ, 独立の英雄たちに対する信頼が薄れ, 民衆の間では不満が高まっていった. 次第に育ってきた高学歴の若手官僚や専門家は, 民族主義運動で活躍した古参の党員が要職を占め, 政策を主導していることに対して不満を募らせるようになった. しかし一党制においては, 政権交代どころか政府批判さえ困難であった. 独立直前から継続されていた非常事態宣言は, 国家の安全保障上の目的のためでなく, 政敵を弾圧するために用いられた. 国家安全保障規則により, 警視以上の職位の警察官には, 相応の根拠があると考えられる場合に, 誰であれ逮捕することのできる権限が与えられていた. 拘束された人物に対する扱いは過酷で, 拷問も常態化した [139]. イギリス駐在の高等弁務官を経験し, ザンビア・スタンダード銀行頭取であったエリアス・チピモ (Elias Chipimo) は, 1980年10月に複数政党制こそがクーデターの発生を防ぎ, 大統領に弾丸が撃ち込まれないための確かな方法であると述べた. この発言はクーデターを促すものであると解釈され, 彼は2週間拘束され, 逆に名誉棄損の訴えを起こして勝訴するも, そのことで職を失った [140].

172 ── 第II部　南部アフリカの現実

一党制の時代にはこのようなことがたびたび起こり，政権を批判する者は追及され，迫害をうけた．

　カプエプエは 1977 年に UNIP に復党し，カウンダ政権の腐敗や経済政策を批判し，大統領候補選挙に出馬しようとした．それに対して，党の主流派は，党員歴 5 年未満の者には被選挙権を認めない党規改正を行い，彼の出馬を阻止した[141]．こうした強引な対応が行われたのには理由があった．ベンバではカプエプエの人気が高く，彼はいつでもカウンダに代わりうる存在と考えられていた[142]．カプエプエ自身は，いずれ平和的にカウンダを退陣させることができると考えていた．その考え通り，1990 年代になって政権交代が平和的に実現したが，彼はそれを目にすることなく，カウンダ退陣よりかなり前の 1980 年 1 月に死去した．UPP 結成に関与した嫌疑で 1972 年に逮捕されたカプエプエは，刑務所生活とそこでの拷問によって健康を悪化させ，死期を早めたといわれている．政府は彼に相応しい葬儀を執り行わず，独立運動の英雄に対して，街道名などにその名を残すという慣行も踏みにじった[143]．

(2)　クーデター未遂事件

　政権に対する不満が強まったにもかかわらず，暴力による政権交代は起きなかった．しかしクーデター未遂とされる事件はいくつか発生している．1967 年 3 月に北西部州選出の ANC 議員ジョン・ンジャパウ（John Njapau）が逮捕され，後に釈放された事件がその最初である．コンゴのカタンガからザンビア北部にかけて君臨したかつてのルンダ王国の領域に住む人々を結集し，政府転覆を企てた，これがンジャパウに対する嫌疑であった．結局ンドラの高等裁判所で無罪判決が下された[144]．カウンダの両親がマラウイ出身であるため，ザンビアは外国人に支配されていると，彼は主張した．この事件はクーデター未遂というより，政権が政敵を弾圧する口実だったといえよう．1972 年にもクーデター容疑で 3 名が逮捕されたが，名前さえ公表されず，間もなく釈放された．翌年にはティモシー・カリンベ（Timothy Kalimbwe）という西部州出身の人物が，ローデシア人の支援を得，一党制に反対したという理由で死刑宣告を受けた．彼も刑を執行されずに 1990 年に釈放された[145]．

　最も注目されるのは，1980 年 10 月にクーデター計画を理由に 13 名が逮捕さ

れた事件である．この事件はカウンダ政権に対する積年の不満を明確に示した．
労働組合の指導者として政府による弾圧を自ら経験したチルバによると，この
事件は，政府が批判に警戒心を強め，弾圧を強める契機となった[146]．首謀者
とされたのは，政府の役職を歴任し，事件当時，実業家であったヴァレンティ
ン・ムサカンヤ（Valentine Musakanya），著名な弁護士エドワード・シャムワ
ナ（Edward Shamwana），実業家ゴッドウィン・ムンバ（Goodwin Mumba），さ
らに唯一の白人ピアース・アンフィールド（Pierce Annfield）である．このう
ち，アンフィールドは南アフリカに逃れて逮捕を免れた．

　事件の概要は以下の通りである．ザイールのモブツ政権に対抗する勢力の拠
点カタンガとザンビアの北西部州から，合わせて50-60名が首都ルサカ郊外に
あったアンフィールド所有の農場に集結した．産銅州カルルシの農場にもカタ
ンガから140名が集められた．空軍兵士の動員を空軍准将ゴッドフリイ・ミヤ
ンダ（Godfrey Miyanda）が行った[147]．この年にジンバブウェが独立し，カウ
ンダと親しいジョシュア・ンコモの率いるジンバブウェ人民解放軍（ZIPRA）
兵士がジンバブウェに帰還した．カウンダを支援する可能性のある ZIPRA の
母国への帰還は，クーデターの実行に都合の良い条件となった．

　計画はザンビア空軍司令官クリストファー・カブエ（Christopher Kabwe）中
将が，大統領機に搭乗している大統領の身柄を拘束し，権限移譲を迫り，それ
を大統領に承認させるというものであった．最高裁長官に指名される予定であ
ったシャムワナが暫定政府の首班になる手筈であった[148]．10月17日に決行予
定であったが，その直前に計画が察知され，軍により鎮圧された．1981年5月
に4名のザイール人を含む13名が起訴されたが，カブエは検察側の証言者と
なる見返りに釈放された．最終的に8名が起訴され，裁判は1981年11月に開
始された．83年1月に，7名に死刑，1名に10年の禁固刑が宣告された．被告
は最高裁判所に上告し，1983年8月に審理が開始された．ムサカンヤの弁護は，
財務大臣を二度にわたって務めた著名な法律家ジョン・ムワナカトゥエが担当
した．

　しかし高等裁判所で有罪の証拠として採用された警察の尋問調書が規則通り
に作成されていなかったことが判明した．作成後に本人の前で調書が読み上げ
られていなかったばかりか，調書には被告の署名もないと弁護側は主張した．

174 —— 第II部　南部アフリカの現実

その結果，調書は証拠として採用されないことになり，ムサカンヤは他の2名とともに1985年4月に釈放された[149]．その他の5名は上告が棄却され刑が確定したものの，大統領により減刑され，1990年に全員が釈放された[150]．

　クーデターを計画した中心人物の1人であるムサカンヤの手記は，事件の背景と政治的対立の構図を知るてがかりとなる．ムサカンヤは北部州の州都カサマ近郊で生まれ，26歳のとき南アフリカ大学の学位を得た．1961年にロンドンに留学したおりに，イギリス諜報機関に雇われ，北ローデシアに戻ってからは，イソカ県庁に勤務し，その後，1962年に独立間もないコンゴのエリザベートヴィル（現在のルブンバシ）にイギリス総領事として赴任した[151]．植民地政府で働いたというだけでなく，イギリス政府の外務官僚になるという極めて珍しい経歴の持ち主である．イギリスの官僚機構で働いた経験が後にムサカンヤの行動に影響を与えることになった．

　北ローデシア独立に伴いムサカンヤは初代情報局長となり，1965年4月に官房長，すなわち官僚組織のトップの地位に就き，1969年に技術・職業教育省副大臣，1970年にザンビア銀行総裁に任命された．しかし彼は次第にカウンダから距離を置くようになり，一党制を批判して1972年に総裁を解任された．このころから行政職の採用において，縁故主義のため適任者が排除される傾向が次第に強まった．さらに1970年代後半にモザンビークやアンゴラでマルクス主義を標榜する政権が成立し，これに倣うようにザンビアでも一党制国家による経済の統制が強化された[152]．

　ムサカンヤは，大統領になるには両親が生まれながらのザンビア人であることが必要条件であると主張したため，カウンダとの亀裂が決定的となった[153]．退官後はIBMのザンビア事務所で働くも，パスポートを没収されたため海外出張は不可能であった．彼は長い拘留により健康を害し，釈放後は，UNIPに対抗して結成されたMMDの活動や政権交代に積極的にかかわることなく，1994年3月に死去した[154]．

　典型的な高級公務員であった人物が，なぜ暴力的な手段を用いて政権を転覆しようとしたのか．ムサカンヤの手記を編集した研究者によると，ムサカンヤは縁故主義，腐敗，大衆迎合，権威主義などがはびこる政治の現状を憂い，それを統治の失敗であるとした[155]．イギリスの官僚制で鍛えられた彼は，公務

員の職業倫理, すなわち政治的中立性を重視していたため, 政治家の介入を見過ごせなかった[156]. 独立運動への貢献度が人事に影響し, 公務員採用においては能力主義が無視され, 政治家が強く介入していた.

ムサカンヤと同じく事態を憂慮した公務員たちは, 定期的に会合を持つようになった. 彼らは「水曜日の昼食会」というインフォーマルな集まりを持ち, 政策と政権運営の問題を論じるようになった. 民族・地域間のバランスをとるカウンダの政策は適材適所の人事を妨げ, その結果, 政府の統治能力が低下したといった批判があがった. 彼らにとって, 教育・医療などの社会サーヴィスの無料化は, 豊かな福祉国家のやることであって, 資本主義以前の貧しい社会にはふさわしくない制度であった[157]. その他, 鉱山会社株式の国家所有など経済政策における国家介入の進展にも彼らは危機感を抱いていた.

2. 暴動とカウンダ政権の終焉

(1) 経済危機の深刻化

ムサカンヤなどが批判した経済政策の特徴は次のようなものであった. 政府は1968年4月のムルングシ宣言に基づいて, 外資系企業26社の株式51%を取得し, 企業を新たに設立された産業開発公社 (INDECO) の傘下に置いた. ザンビア国籍を持たない者の商業活動を10都市に限定し, 商業分野でのザンビア人化を目指した. ムサカンヤは次のように述べている. 「ムルングシ宣言から1年後, 農村や中小都市では多くの店が閉店した. 店を引き継ぐ用意のあるザンビア人はいなかった. アジア人店主は急いで事業を整理し, 市民権を持っている親族や息子に名義を変更した. ヨーロッパ人は商店を売却し, 仕事を辞めた. その結果, この国に初めて腐敗が生まれたのである. すなわちアジア人に対し不正に市民権を付与すること, 政治家の親族に商店を売り渡すようアジア人を脅すこと, 党の支持者に貸し付けし, 彼らが店を引き受けるように政府が介入することなどである」[158].

運輸業はザンビア人の出資比率が75%以上であることが求められ, 公共土木事業契約はザンビア企業に限定された. 政府がザンビア人企業の発展を促し, 白人やアジア人による経済支配を解消しようとしたのである. 翌年8月のマテロ改革では, 鉱山会社の株式50%以上を政府が取得した. 一連の政策を社会主

176 — 第Ⅱ部　南部アフリカの現実

義化の表れとする見方が強かったが，むしろ経済的な脱植民地化を目指す民族主義的な色彩が濃厚であった．

　次々と設置される公社，すなわち INDECO，金融開発公社（FIDECO），国立製粉公社（NAMBOARD）の要職に就く人びとは，白人に代わる新たな特権層となった．政府・党の役職配分とともに，こうした公社・公団役員ポストの配分は，有力者を政権に取り込む手段として用いられ，行政の許認可権の拡大は，様々なレベルで汚職・腐敗をはびこらせ，経済的効率性が犠牲になった．一党制移行後，この体質はさらに強まっていったのである．

　国家主導による開発には機能的な官僚組織が不可欠であるが，独立直後にそれを求めるのは無理だった．植民地体制はザンビア人官僚をほとんど育成していなかったからである．国家介入が強化されるにつれ，公社・公団経営は破綻し，腐敗が蔓延した．農業では，市場出荷のための生産を 800 戸程度の白人農場に依存しており，流通と価格における国家統制の強化は，彼らの生産意欲を妨げ，その結果，農業生産の停滞と衰退をもたらした．ではかわりにアフリカ人小農生産が成長したのかといえば，そうではなかった．植民地時代から引き継がれた少数の大規模農業とアフリカ人による小規模農業という二重構造は変わらなかったのである．

　この状況に追い打ちをかけたのが国際的要因であった．たとえばすでに指摘したローデシア問題である．内陸国ザンビアの輸送は近隣国の政治状況に翻弄されてきた．ザンビア向け物資輸送に対する南アフリカ政府の妨害行為，モザンビークとアンゴラの内戦による輸送路の遮断などが，ザンビア経済に悪影響を及ぼした．その他 1970 年代中葉からの石油危機と主要輸出品である銅価格の下落も交易条件を急速に悪化させた．その結果，1980 年代には貿易赤字と財政赤字が急増し，経済危機が到来したのである．

　このような状況について政府の責任を公然と問うのは困難であったが，労働組合がその役割をかろうじて果たした．そうした役割は植民地時代からの組合の伝統である．独立運動では多くの労働組合員が UNIP を支持し，独立後は UNIP 政府も組合を財政的に支援した．しかし 1965 年の法改正により，従来の連合労働組合会議（UTUC）はザンビア労働組合会議（ZCTU）と改称され，ZCTU は UNIP に付属させられることになった．組合指導者は党全国会議の構

第 4 章　ザンビアの解放と現代の暴力 —— 177

成員になった[159]．しかしこのように組合幹部を政権に取り込み，組合を管理下に置くという政府のもくろみは成功しなかった[160]．植民地時代から大きな影響力を振るってきた労働組合は，一党制の時代でも，依然として政府に対峙できる組織であった．

　1974 年に ZCTU 書記長に選出されたフレデリック・チルバは政府との対決姿勢を鮮明にした[161]．1981 年 6 月に発生した鉱山ストライキでチルバは逮捕されたが，裁判所は拘束に根拠がないとして彼を釈放した[162]．このように彼にかんしては，逮捕・拘留されても，やがて釈放されるということが繰り返された．植民地時代から継続している非常事態宣言がこうした拘束・逮捕を可能にしたのである．しかしチルバはその一貫した対決姿勢で人々の信望を集め，やがてカウンダ政権を終焉させる中心人物になった．組合所属の労働者は一般の労働者と比べ，はるかに恵まれた存在ではあったが，経済危機と共に政府との対決姿勢を強めた[163]．都市貧困層・低所得層からも労働組合の指導者は支持を受け，彼らの政治的影響は大きくなっていったのである[164]．

　経済危機に加え，さらに政権への支持を低下させた要因は，政府や与党有力者の腐敗・汚職である．1977 年に汚職により閣僚数名が罷免されたことを受け，UNIP は汚職撲滅の声明を出し，さらに 80 年には反汚職法が成立した．しかし状況は悪化の一途をたどる．82 年に党中央委員会委員の妻が，麻薬密輸容疑でイギリスで逮捕され，1985 年には数々の要職を歴任した西部州の有力者シコタ・ウィナ（Sikota Wina）とその妻も，麻薬密輸と南アフリカ通貨ラントの海外不正持ち出し容疑で逮捕された[165]．逮捕された時点では，ウィナはすでに政権批判の側に立っていたが，民族主義運動の指導者のモラル低下を示す象徴的な事件であった．

　言論統制により政権側の汚職は隠蔽されがちで，大統領を直接批判することは許されなかった．しかし不祥事の噂は人々の耳に頻繁に入るようになった．1985 年には車両輸入にかかわる不正事件が明るみになり，関係者のなかにはカマンガの名前があった．彼はカウンダの長年の盟友で，東部州出身の有力者である．関係者として大統領の息子パンジ（Panji Kaunda）の名前も含まれていた[166]．結局この事件は解明されずに幕引きになったが，パンジが密輸など不正な取引に従事していることを人々は確信していた．1989 年 7 月にカウンダの

178 —— 第II部　南部アフリカの現実

別の息子がカマンガ・スクオッターで女友達を射殺するという事件が起こり，大統領の評判はさらに損なわれた．

(2)　都市暴動と政権交代

　1990年6月25日に都市住民の不満はついに爆発した．暴動はルサカで始まり[167]，カフエ（ルサカの南に位置する都市），カブエ（中部の都市），そして北部の鉱山都市に波及し，3日間の死者は警官を含め24名にのぼり，独立以来最大の惨事となった．軍の出動により暴動そのものは次第に沈静化したが，事態は思わぬ方向に推移した．

　30日の未明にムワンバ・ルチェンベ（Mwanba Luchembe）中尉が仲間の軍人4人と放送局を占拠し，クーデターの成功と政権の崩壊を放送したのである[168]．彼らが占拠していたのは午前3時から7時ごろで，5人は出動した軍により逮捕された．公にされている話はこの程度である．政府は酒に酔った軍人による突発的な事件であると公表した．ムワナカトゥエは，そもそも酔った軍人が夜中に警備の厳しい放送局に入り込んだというのは不自然であるといい，さらにわずか5名の軍人が4時間にわたって占拠したこと，あるいは彼らに4時間も占拠させたということに疑問を呈している[169]．この騒動の関係者が，数人の軍人にとどまるものではなかったということであろう．

　注目すべきは，クーデター騒動そのものではなく，クーデターの成功を告げる放送を聞いた人々の反応である．騒ぎはわずか数時間続いたにすぎないが，その報道を耳にした人々は歓喜した．プロテスタント系独立紙ナショナル・ミラーによると，「クーデターの知らせは国中に衝撃と混乱を巻き起こした．いくつかの通りでは，人々が踊り，祝杯をあげた」「日曜日の早朝にクーデターについて知った民衆は，カウンダ政権転覆を祝して通りに繰り出した．あるものは政府批判をし，ルチェンベ中尉を讃える革命的な歌を歌った」[170]．表立って政権批判，とりわけ大統領批判ができない状態であったので，この出来事は人心を明らかにした．この1年数カ月後に，カウンダに代わり大統領になったチルバは次のように述べている．「政府を崩壊させられなかったのでクーデターは成功しなかった．しかしその衝撃は大きかった．人々がクーデターの試みを歓迎したことで，党とカウンダに政治的地位の脆弱さを認識させたからであ

第 4 章　ザンビアの解放と現代の暴力 —— 179

る」171).

　注目すべきは，この動揺した政権が，反政府活動を強引に弾圧する道を選ば
なかったということである．政権が権力維持に固執して，民主化への移行過程
で多数の命が失われた例はアフリカに多いが，ザンビアは例外であった．実際
クーデター騒ぎでも流血はなく，首謀者も後に釈放された．当時の与党書記長
グレー・ズールー（Grey Zulu）は，6 月末に生じた事態は国家を崩壊させかね
ず，悲劇の 1 週間として共和国の歴史に記されるだろうと述べた．そのうえで，
かれは建設的な批判を歓迎し，それを妨害すべきでないと述べて，人々の協力
を呼びかけた 172).

　いずれにせよ，一連の騒動を契機に，政府と大統領個人に対する批判が公然
と行われるようになり，一気に反政府感情が表面化し，反政府諸勢力の結集が
すすんだ．経済的不満はいまや明確に政権批判に結びつき，折からの世界的な
潮流に沿って，人々は複数政党制への復帰という明確な目標を掲げるようにな
った．1990 年 7 月 20 日，複数政党制復活を求めて開かれた集会は独立以来か
つてないほどの大規模なものになった 173).　政府は当初，複数政党制の是非を
問う国民投票を行う方針であったが，野党勢力の要求を聞き入れ，1990 年 12
月に複数政党制に復帰する憲法修正を行った．

　カウンダ自身は彼の信念として最後まで一党制の意義を主張した．彼は複数
政党制に復帰する直前のインタヴューにおいて，ザンビアではいまだに部族主
義が存続し，部族的感情が根強いため，「私は先頭に立って複数政党制に反対
する運動をしている」と述べている 174).　他方，第 2 代大統領になったチルバ
は，一党制が独立後の平和を保たせたというカウンダの主張を真っ向から批判
した．人口移動，とりわけ鉱山都市への人口集中，それによる社会統合の進展，
そしてキリスト教の普及などにより，ザンビアでは部族主義が極端にならなか
ったと彼は主張した 175).

　反政府勢力は MMD に結集し，暫定的にアーサー・ウィナを議長，チルバを
副議長に選出した 176).　その後，1991 年 2 月末から開かれた第 1 回全国大会に
おいて，チルバが党首として選出された．反政府勢力が地域・民族間の対立で
分裂することがなかったため，政府につけ入るすきを見せなかった．大統領選
挙および国会議員選挙が 10 月 31 日に実施された．一党制により，与党と政府

180 —— 第Ⅱ部　南部アフリカの現実

との区別が曖昧になっていたため，政府の公用車がUNIPの選挙運動に使われた．ザンビア国立放送協会は，与党の選挙活動を，野党のそれよりはるかに詳細に伝えるなど，公平さを欠いていた．このような問題があったにしても，選挙期間中に候補者や支持者から死者が出ることもなく，国内外からの全ての選挙監視団は，選挙が自由・公正に行われたと宣言した．

　投票率は50％に満たなかったが，野党候補チルバが投票総数のうち73.4％を獲得し，カウンダに圧勝した．政権がその結果を受け入れたことにより，平和裏に政権交代が実現したのである[177]．一党制から多党制に移行した国で，選挙で政権交代を実現させたアフリカで最初の事例になった．そのため海外から賞賛の声は大きかった．そのことは選挙の後，官邸を去るカウンダに寄せられた言葉に残されている．

　　選挙とその結果は，あなたが真の民主主義者であることを証明しています．
　　人々の審査結果をあなたが真摯に受け止めたことは，民主主義理念・原則・実践の確かさそのものです（オバサンジョ元ナイジェリア大統領）[178]．
　　ザンビアの選挙におけるあなたの勇気ある姿勢に深い賞賛の念を表明したいと思います．自由で公正な選挙をあなたが決意し実行したことは，民主主義を望んでいる他のアフリカの指導者にすばらしい例になります（ジミー・カーター元アメリカ大統領）[179]．

　アフリカ統一機構事務局長，英連邦事務局長，世界銀行総裁，IMF専務理事など，国際機関の責任者からも同様の言葉がカウンダに伝えられた．選挙で敗れた大統領への挨拶の内容としては，外交辞令の域を超えていた[180]．27年におよぶカウンダとUNIPによる支配は経済的混乱や政治の権威主義化をもたらしたが，他方で，地域主義・部族主義による混乱を避け，極度に緊張した南部アフリカの国際関係のなかでとにかく「安定」と「平和」を維持した．このことが1991年の選挙を可能にしたといえるだろう[181]．

　なお1980年代末からのザンビア政治における変化は，当時の国際環境とも関連している．冷戦の終焉，それによる海外からの自由化・民主化の圧力などが，他のアフリカ諸国と同様にザンビアに変化を促した．さらに注目すべきは，

南部アフリカの新たな状況と暴力との関係である．一党制の成立した1972年当時と選挙の年1991年とでは，ザンビアを取り巻く南部アフリカの状況に大きな違いがある．アンゴラとモザンビークは1975年に独立し，その後も両国で内戦が続いたが，ポルトガル植民地であった時のザンビアとの関係は全く異なるものになった．モザンビークでは和平交渉が進展していた．アンゴラでは，1992年の選挙後に内戦が再開したが，その直前，ザンビアが民主化する時期には，和平への期待が高まっていた．

　何より決定的な違いは，1980年にローデシアがジンバブウェとして独立したことである．さらに1989年には南アフリカでデ・クラーク（Frederick Willem De Klerk）政権が登場し，政府とANCなど反アパルトヘイト諸組織との間で交渉が始まり，アパルトヘイト体制の平和的終焉の可能性が見えてきた．西南アフリカもナミビアとして1990年に独立を果たしていた．こうした南部アフリカの変化は，海外からの介入を防ぐためという名目で存続していた非常事態宣言の正当性を著しく弱めた．非暴力による民主化への移行を後押ししたのは，南部アフリカの国際関係の変化，すなわち地域における緊張の緩和と和平への動きであった．

3 ── カウンダ──連帯と権力

1. 解放と非暴力主義

(1)　反人種差別とキリスト教信仰

　北ローデシアの反植民地運動の指導者たちは，他のイギリス植民地と同様に，ほとんどの場合，教会が経営する学校で学んだ．宣教師から教えを受けたカウンダは早くに母校で教職に就き，ンクルマやニエレレと異なり，長じて欧米に留学するということはなく，ムガベのように南アフリカで学んだこともない．したがって若いときにマルクス主義的な思想に触れる機会がほとんどなかったのである．カウンダはその後もマルクス主義どころか社会主義的な思想とも縁遠かった．彼はなによりも肌の色で人を差別する人種主義と戦う人間であった．キリスト教徒になり，西欧文化を受け入れたカウンダは，しかし植民地政府の

182 —— 第Ⅱ部　南部アフリカの現実

父権主義的な姿勢に抵抗し，自ら新植民地主義という言葉こそ用いなかったが，独立後も主権を侵害する強国には厳しい批判を加えた．

　カウンダは 1924 年に北部州チンサリ県のルブワで，両親の結婚後 20 年目に，最後の 8 番目の子どもとして生まれ，ブチザ（思いがけぬもの）と命名された[182]．ブチザが 8 歳の時に死去した父は，人々の信望が厚い聖職者で，かつ教師でもあった．カウンダと長年親交のある宣教師によると，日々聖書を読み，祈りをささげるカウンダ家の生活は，ヴィクトリア朝のそれを思い起こさせるものだったと述べている．ブチザにとってキリスト教の影響は，聖職者たる父親の存在を介してより一層強いものになっていた[183]．ブチザは友達と喧嘩をして父にひどく叱られたことがある．カウンダは生涯に 3 度だけ直接に暴力をふるったが，その最初がこの友達との喧嘩であった．

　生活は苦しく，家では作物を育て，母は作った石鹸を売って家計の足しにした．カウンダ少年は 2 マイル先の井戸から水をくみ，主食用の穀物（ミレット）を臼でひき粉にし，薪集めや穀物貯蔵庫や鶏小屋を作る木切れの運搬もおこなった．掃除や食器洗い，洗濯やアイロンがけも自分でした[184]．父の死去によって，カウンダは学校に通う費用を捻出できなくなり，教会の溝掘りなどの仕事をして学費を補った．9 歳の時に兄の影響で作詞作曲をするようになった．教師になりギターを買うと，旅先には必ず携行するほど音楽演奏に熱心であった[185]．音楽の他に，スポーツ，特にフットボールを好んだ．試合で相手チームとの間でもめ事が生じた際，チームの代表として相手チームの代表と取っ組み合いをした．これが暴力沙汰を起こした 2 度目の経験であった[186]．

　カウンダに大きな影響を与えたもう 1 人の人物は，小学校の校長マックスウェル・ロバートソン（Maxwell Robertson）である．彼は北ローデシアのボーイ・スカウトの創設者で，「部族」間の対抗心をなくして，ボーイ・スカウトの精神を植え付けようとした．カウンダはスタンダードⅥを修了（日本の小学校卒業に相当）し，ルブワの教員養成コースに入った．その後，首都ルサカのムナリに開校（1938 年）されて間もない最初の公立中学校に入学を許可された．1940 年 8 月のことである．当時スタンダードⅥの在籍者は 450 人程度，それに対してムナリの受け入れ人数は 30 名で，狭き門であった[187]．

　生まれ故郷を離れてムナリで学ぶうちに，カウンダにとって「北ローデシア

第4章　ザンビアの解放と現代の暴力 —— 183

が意味を持ち始めた」[188]．とくに南アフリカ出身の教師ダニエル・ソンクイシェ（Daniel Sonquishe）との出会いが重要な契機となったのは，彼から初めてアパルトヘイトについて聞かされたからである．ソンクイシェはカウンダに時々こういった，「ケネス，南アフリカでは何をするにもほとんど手遅れだ．機会は失われた．しかしここではまだ間に合う．君たちのような若者が，南アフリカで起こったことがここで起こらないようにしなければならない．君たち次第だ」[189]．その後のカウンダはこの助言に忠実に行動したといえる．

　カウンダは学友に人気があった．それはフットボールとギターのおかげであった．彼は服装にも気を配り，チンサリで特製したものを着て，他の学生がカウンダのスタイルのまねを始めたほどである[190]．カウンダは指導者としての資質だけでなく，親しみを感じさせるものを持っていたのである．フォームII終了（日本の中学校終了に相当）後，フォームIIIへの進学が認められた7名にカウンダは入っていたが，ルブワのミッションから帰郷して再び教壇に立つよう求められた[191]．不本意ながら故郷のチンサリに戻ったカウンダは，教師としてそこで4年間を過ごす．同時にアフリカ人の組織であるチンサリ・アフリカ福祉協会に加わり[192]，ダンスパーティーやフットボール試合の開催の仕事にかかわった．

　カウンダの母が彼の伴侶として選んだのは，ムピカの実業家の娘，ベティ・バンダ（Betty Banda）であった．彼女は，当時の女性としては珍しく，スタンダードIVに進学して勉強していた．カウンダは彼女と結婚し，2人の間には6人の息子と1人の娘が生まれた[193]．カウンダは自分で家を建て，畑で作物を育て，様々な果樹も植えた．300マイルも先のベルギー領コンゴまで自転車で出かけ，古着を買い集めた．それをコンゴから自宅に郵送し，妻が売って家計の足しとした．他方でカウンダはANCの支部をチンサリにもうけ，その書記に選出された[194]．北ローデシアの運命に大きな影響を及ぼすことになる人物が，こうして北ローデシアの一角で成長したのである．

　1953年にカウンダはANCの書記長に選出され，住居をチンサリから首都ルサカに移すことになる．家はアフリカ人用に建設された住宅地（ニューチレンジェ）にあり，寝室が一部屋，そして居間と台所がついていた．そこに10人が住んだため，夜は寝室に夫婦と小さい子供2人，居間に子供2人と姪2人，

184 —— 第II部　南部アフリカの現実

台所に長男と甥が寝た[195]．こうしてルサカでの新たな活動が始まった．

　カウンダは，1955 年に許可なく新聞を発行した罪で，初めて逮捕され，ンクンブラと共に 2 カ月間，懲役刑に服した[196]．1959 年 3 月にふたたび逮捕されたときは，カプエプエなど多数が同時に逮捕された[197]．このときは，非合法な目的を共謀したという罪で 9 カ月の刑が言い渡された．ルサカの刑務所では非アフリカ人の囚人用朝食の準備，食事の後片付け，床磨き，便器の掃除，夕食の準備などをさせられた．その後カウンダは，南ローデシアのソールズベリー中央刑務所に移送され，そこで図書係を務めた．そこの図書は充実していたため，有益な時間を過ごせたという[198]．

　刑務所でのあつかいは人種により異なり，アフリカ人の置かれた状況は過酷であった．凶悪犯と政治犯の区別もなかった．受刑者はルサカでもソールズベリーでも，朝仕事に向かう前，何も所持していないことを示すために裸で飛び跳ねることになっていた．このひどいやり方は南アフリカに倣ったものである．しかしカウンダはルサカで，飛び跳ねを強制されなかったため，ソールズベリーでも同様の待遇を求め，この屈辱的な行為から免れることができ，また知り合いの神父がソールズベリーまで妻と一番下の息子を連れてきたので，家族と面会することもできた．カウンダの場合，植民地政府の処遇が一般の受刑者とは異なっていたことがうかがえる[199]．

　カウンダの政治活動は人種差別とキリスト教についての彼の考え方と結びついていた．彼が初めて人種差別による被害を受けたのは，北部の鉱山都市ムフリラでのことだった．アフリカ人は当時，買い物をするとき店内に入れず，建物の横あるいは後ろにある窓口（ハッチ）で支払い，そこで商品を受け取らなければならなかった．そこで彼は抗議活動として，とりわけ評判の悪い店（薬の他に化粧品や新聞・雑誌などを売るドラッグ・ストアー）を選び，正面から入って本を買おうとして，店主に出て行けと言われた．この後すぐにカウンダはムフリラを去り，彼に代わって抗議を続ける人がいなかったので，事態は変わらなかったという[200]．

　しかし次第に差別への抗議や不買運動が起こるようになった[201]．1954 年 1 月以来，ANC がその運動の中心となり，アフリカ人の間に支持と影響力を広げていった．肉屋がしばしば運動の標的になった．当時は，紙に包まれた中身

を確かめることができないまま，アフリカ人は肉を窓口から受け取らなければ
ならなかった．しかも普通の肉のほかに，犬の餌用の dog's meat やアフリカ人
用の boy's meat が売られていた．このことからも扱いのひどさがわかる[202]．
アフリカ人は一人前の人間として扱われず，大の大人でもボーイとよばれた．
庭師はガーデンボーイ，家事従業者はハウスボーイ，アフリカ人の責任者はボ
スボーイと呼ばれたのである．カウンダは，ルサカの肉屋でアフリカ人の女性
が法外な値段を吹っ掛けられる現場に居合わせたことがある．抗議した女性が
乱暴にあつかわれているのを見てから，肉食をしない決意をし，以来，カウン
ダは四足動物の肉料理を断っている[203]．

　1957年のことであるが，たまたまカウンダはンクンブラと2人で鉱山都市
キトゥエの白人地区に出かけたことがあった．彼らはアフリカ人用の飲食店が
近くになかったため，カフェに入ったが，当時の習慣では，アフリカ人はカフ
ェの中で食べることができず，アフリカ人の店員が出てくるのを待ち，店の前
で注文し，外で商品を受け取らなければならなかった．カウンダとンクンブラ
は店内に入り，カウンターでサンドイッチを注文した．たまたま店に来た白人
鉱山労働者が2人を店からつまみ出そうとしたため，取っ組み合いになった．
ちょうど昼食時で，他の白人も加わりンクンブラを殴り始めた．それに対して
アフリカ人が加勢し，騒ぎは大きくなったのである[204]．

　こうしてカウンダにとって，生涯で3度目，そして最後の暴力沙汰が起こっ
た．カウンダは醜い情景だったというが，白人支配に対する運動を盛り上げる
うえで，カラー・バーをめぐるこの事件は大いに役に立った[205]．

　なおンクンブラは自分こそがカラー・バーとの戦いを始めたという自負があ
った．それは郵便局で白人の列に加わるという試みから始まった[206]．「当店は
客を選ぶ権利があります」，あるいはもっとあからさまに「アフリカ人と犬は
お断り」という掲示を出すホテルやレストランさえあった．しかし多くの所は
「ネクタイと背広着用のこと」という規則を掲げ，アフリカ人は事実上排除さ
れた．アフリカ人はそのような格好をする金銭的余裕がなかったからである．
そこでンクンブラは白人の支援者から服を借り，金を用意して，一度に多数の
者をルサカの悪名高いホテルに送り込んだ．彼らはテーブルを占拠し，注文し
た紅茶をゆっくり，しかもそれぞれ4杯飲むことによって，白人を待たせ，席

186 —— 第Ⅱ部 南部アフリカの現実

に着くのを妨げたのである[207]．このように，非暴力抵抗運動はンクンブラに
はじまり，ANC の伝統として引き継がれていったのである．北ローデシアの
反植民地運動の特徴はカウンダから始まったわけではない．

　カウンダは敬虔なキリスト教徒であるが，現実の教会に対してかなり手厳し
いところがある．彼は次のように述べている．「私はキリスト者の家で育ち，
キリスト教信仰は私の一部である．……しかし今日北ローデシアでは，組織さ
れた教会の声を通じて，神は果たしてわれわれに語りかけているのだろうか，
時々深刻に疑問に思う」[208]．カウンダは特別席の存在が教会での人種差別であ
ると指摘したが，それにとどまらず，アフリカメソディスト監督派以外の教会
は反植民地運動を無視し，アフリカ人の闘争に敵対しているようだと述べた[209]．
「残念ながら政党に参加するのを妨げられているキリスト者は多い．多くのキ
リスト者が UNIP に加わるのを恐れている」[210]．

　彼の信仰は排他的でなく柔軟であった．カウンダは「私は現在どの教会のメ
ンバーでもない．むしろすべての教会に属していると感じている」と述べてい
る[211]．カウンダと親しかった宣教師モリスによると，神学者はカウンダに混
交主義を見るかもしれないという．なぜなら彼は教会，モスク，寺院の違いや，
宗派の分裂・対立を無意味なものと考えていたからである．1991 年にカウンダ
に代わって大統領になったチルバは，「ザンビアはキリスト教国家である」と
述べ物議を醸したが，カウンダによれば「ザンビアは世俗国家であり，それは
大統領が国家へのキリスト教の貢献を低評価しているからではなく，多人種の
みならず，多数の宗教が出会う場としてこの国を見ているからである」．彼は
キリスト教に対しても分裂でなく共存を求めた[212]．

(2)　非暴力による解放

　非暴力による運動が効果的か否かは，植民地支配の構造に左右される．連邦
の形成で入植者に都合の良い体制ができたことで，彼らのなかに南アフリカの
ような国家を作ろうとする動きが出はじめた．北ローデシアのアフリカ人は，
入植者による横暴の抑制をイギリス政府に期待した．そのためには，入植者に
よる抑圧の状況をイギリスに訴える必要があった．ウェレンスキーと共に連邦
形成に邁進し，初代の連邦首相になったゴッドフリイ・ハギンス（Godfrey Hug-

第 4 章　ザンビアの解放と現代の暴力 —— 187

gins）は，アフリカ人と白人入植者との関係を馬と騎手にたとえ，アフリカ人
が馬で，白人が騎手であると述べた[213]．しかしこれが「パートナーシップ」
の実態であることをイギリスの世論に知らしめることは容易ではなかった．

　カウンダは 1957 年にイギリスの労働党に招かれ渡英した．その際，「イギリ
スで出会ったアフリカに関心のある人々は大変親切，丁寧で，同情してくれた
が，ローデシアのリベラルなヨーロッパ人の友人と同様，政治的には世間知ら
ずであった」．彼らはローデシアでの抑圧についてカウンダが述べたことを信
じないで，針小棒大に話していると思っていた．「北ローデシアでの抑圧の長
い歴史を説明しようとしたが，彼らは私が真実を述べているとは思っていない
ことがしばしばであった」[214]．

　にもかかわらずカウンダたちはイギリス政府に期待せざるを得ず，そのこと
が反植民地運動の進め方に大きく影響した．すなわち非暴力主義の採用である．
非暴力による運動は，北ローデシアという植民地の特徴と関連していたが，そ
れだけではなく，指導者の思想と彼らのイギリス社会についての理解とも関わ
っていた．暴力を用いれば，イギリスや南アフリカの軍隊を招くことになると
見ていたカウンダは，指導者には帝国の弾丸に人々をさらさない道徳的義務が
あるとさえ考えていた[215]．人々が自由を求める暴動で，数え切れぬほど殺さ
れたから，われわれは非暴力と積極行動を組み合わせた方法を用いるとカウン
ダは述べている[216]．

　1960 年 1 月 9 日に刑務所から釈放された直後の声明で彼はこう述べた．「わ
たしが北ローデシアのアフリカ人に求めるのは，みんなの冷静さと忍耐で，来
たるべき本当の非暴力闘争の準備をすることだ」「非暴力闘争で（一人一票への
憲政改革が——引用者）達成されると期待している．だから皆さんが冷静で，忍
耐強く，非暴力であってほしい」．ガンジーを尊敬していたカウンダは，彼の非
暴力主義とンクルマの積極行動を結びつける決心をした．そして「党の若い過
激な者たちが逸脱し暴動を起こす危険を常に心配していた」[217]．植民地政府は，
カウンダが産銅州の急進的な党員を抑えられるか否かに関心を注いでいた[218]．
1961 年 8 月，カウンダは自分が党員を統制できず，ある地域が過激派によって
支配されているという噂が流れたとき，これをつとめて否定しなければならな
かった．他方で，広い地域を統制することは困難で，まして移動に制限を課せ

188 —— 第Ⅱ部　南部アフリカの現実

られた身（当時カウンダには移動の自由がなかった）にとってはなおさら困難であると彼は述べた[219]．

　その後も北部州を中心に，放火，橋・学校などの破壊，車の損壊，投石，道路封鎖などが頻発し，カウンダはそれが UNIP によるものとは認めなかったが，暴力行為には反対の立場をとり続けた．鉱山でのストライキなどの他に以下のことが，植民地政府の記録に残っている．1957 年には北部州で「無責任な」アフリカ人指導者の行動があり非常事態が宣言された[220]．1959 年の選挙に反対する ZANC 支持者が選挙協力者を脅したり，暴行を加えたため，ZANC が非合法化された．選挙直前にバングエル湖のチルビ等では，首長と ZANC 支持者との間の敵意が原因で暴動が発生し，商店と政府レストハウスが略奪・放火され，4 名が死亡，県知事などが負傷した．さらに北部州チンサリでも騒動が起こり，UNIP と対立していたルンパ教会の信者 3 名が重軽傷を負った．植民地政府は，「レンシナは非協力的であるが，不服従と抵抗の拡大はこの地域における ZANC の影響による」とした[221]．

　1960 年にはモンクトン委員会の調査に反対する UNIP 支持者が，ルサカ訪問中の植民地相の車列 19 両に投石をおこなった．この年の脅迫，放火，投石の多くは UNIP の活動家によるものであった．西部州では白人の女性と娘が乗った車が襲撃され，女性が殺害され，それにより西部州の UNIP 事務所は閉鎖された[222]．1961 年にも北部州，ルアプラ州などで騒動・暴力が相次いだ．道路封鎖，橋の破壊，放火，身分証明書の廃棄などである．やがて暴動は西部州へ広がり，やがて全国化した．20 名が秩安部隊によって射殺され，2691 名が有罪となった[223]．

　このように，植民地時代の末期，暴力的な事件は頻発した．植民地政府とイギリスがなんとかして入植者や鉱山会社の利益を守ろうとしたが，カウンダは非暴力による解決を目指し，相反する理念や方法を主張する諸集団を巧みにまとめようとした[224]．不十分な改革には断固として反対するカウンダであったが，イギリスにとっては危険人物から次第に信頼できる交渉相手になっていった．

2. 民族運動の指導者から大統領へ

(1) 国民統合と権力の正当化

　反植民地運動の闘士が，行政官に相応しい人物になれるとは限らない．解放組織の指導者に求められる資質と，政権担当に必要な資質とは別物である．旧体制を崩壊させることと，新たな仕組みを作ることとは異質の営みであるが，しかし解放をもたらした指導者はほとんど例外なく，人々の圧倒的な支持をえて，独立後も新たな国家の指導者になった．以前の課題と異なる，独立後の新たな課題に彼らはどう対応したのか．対応のあり方が新興独立国の行く末に大きな影響を与えた．

　カウンダにとっての課題は第1に国民的統合の促進・維持であった．彼はいう．「歴史的にはアフリカ人は部族を越える大きさの社会的アイデンティティを，現在はほとんど存在しないいくつかの大国家を除いて，持っていなかった．植民地主義者のお蔭で（あるいはせいで）国境が引かれ，行政と交通・通信の制度ができた．しかし国民的アイデンティティを人々にもたらすことは，地図での線引きで済むものではない．独立国家が直面する様々な問題に横たわるのはこの国民的アイデンティティの追求なのである」[225]．独立以前は，共通の敵に対する戦いが様々な溝を埋め，一体感を育んだ．そして，「共通の文化と言語を発展させる仕事は独立闘争が終わってようやく始まった」のである．カウンダの次の言葉はよく知られている．「われわれの目的は植民地主義者が大陸を切り取って出来た無様な人工物から本当の国民をつくることであった」[226]．

　カウンダにとってまず気がかりは政権内部の問題であった．反植民地闘争を主導したUNIPは政権与党になった．したがって党が政府と人々をつなぐ組織として機能していた．しかし党から優れた人材が，外交や行政など政府の仕事に携わるために流出し，その結果，党の危機が訪れる．党が解放を象徴する存在であったため，この問題は看過できなかった．しかも人々が協力して国家建設の仕事に献身するには，以前と異なる新たなスローガンを必要とした．新たな共通の敵は非人格的な構造の問題，すなわち貧困や失業であった．反植民地主義のように人々を奮い立たせるスローガンと異なり，建設や開発という言葉で人々の血を湧き立たせるのは容易ではないとカウンダは述べている[227]．

190 —— 第II部　南部アフリカの現実

　しかしカウンダは新植民地主義などのイデオロギーに助けを求めなかった.
むしろそれらに対して,　彼は批判的・警戒的でさえあった.「新植民地主義や
共産主義という抽象概念は期待を裏切った政府がその失敗から人々の注意をそ
らすための格好な目標になるかもしれない」と述べ,　さらに,「マルクス主義
や共産主義のような外来のイデオロギーの浸透はアフリカの統一にとって脅威
である」とさえいう[228].　カウンダにとって内に向かっては民族主義が,　そし
て大陸規模では統一を目指す思想,　すなわちパン・アフリカニズムが重要であ
った.

　彼はアフリカ諸国に分裂をもたらしかねないとして共産主義を警戒するかた
わら,　民族主義者を共産主義者と混同する欧米諸国にも批判的であった.「植
民地勢力が体制を批判するものをすべて共産主義者呼ばわりするという馬鹿馬
鹿しい傾向こそ,　アフリカに微笑む宣伝活動で,　東側から注がれる大金による
打撃よりも,　もっと大きな打撃を西側に与えている」.　東側との関係について
も,「ローデシア,　南アフリカ,　ポルトガル植民地での弾圧こそが人々をして
絶望のあまり共産主義者の腕の中に追いやることになっている」と述べてい
る[229].

　独立によって弛緩しかねない一体性をいかに維持するか.　反植民地運動でも
たらされた団結を持続することが,　カウンダの最も重要な課題であった.　現在
の国境すなわち国家の枠組みが,　いかに不自然なものであろうと,　すでに長い
年月を経たその枠組みを彼は判断の前提にした.　1960年代後半の南部アフリカ
では,　植民地勢力がまだ強固であった.　その状況下では,　闘争時に培われた民
族主義と団結を独立後も維持することが至上命令であった.　したがって政府や
与党 UNIP,　あるいは大統領に対する批判は,　国家目標すなわち国民的統合を
妨害する分離主義・部族主義ととらえられた.

　政府批判の取り締まりは次第に強化され,　新聞の検閲や野党の弾圧などに,
内外から批判が起こるが,「間違ってもらっては困る,　国家の存続こそがまず
第一.　アフリカはハイドパーク・コーナー（ロンドンのハイドパークでは人々が
意見を述べ,　聴衆と討論する場がある――引用者）ではない.　……われわれは国
民的なまとまりを維持し,　地域主義と部族主義による分裂を防ぐために必死に
戦っている.　人々の間にくさびを打ち込み,　軋轢と破壊活動を広める者や運動

を厳しく統制することがわれわれの義務である」とカウンダは述べた[230]．解放
闘争の指導者はかつて人々に政府（植民地政府）に対する不服従を奨励したが，
こんどはひたすら政府や国家に対する敬意の念を強調するようになった[231]．

　ザンビアは非暴力の抵抗運動で独立を達成した．しかし運動に従事した者，
まして投獄された者が払った犠牲は小さくなかった．多くの有能な若者が教育
を受ける機会を失ったからである．しかし他方で，解放闘争の期間中に海外に
留学して学位を取得した者もおり，あるいは植民地官僚として採用された者さ
えいた．カウンダによると，解放闘争を戦った人は，勉学の機会を得た知識人
に対して妬みや不満を抱くようになったという．独立後，前者はその貢献度に
比べて恵まれず，後者はその学歴と資格によって恵まれた職につくことが多か
った．両者の対立はある世代の限定的な問題であるが，重要な移行期だからこ
そ，カウンダは両者のバランスをできるだけ保とうとした．

　独立したとはいえ，教育を受けた者全員を満足させることはできなかった．
カウンダは不満を抱いたものが国家統合への脅威となる危険な存在であるとい
う認識も持ち，他方で人々を戦いに導く素質を持つ運動の指導者が，必ずしも
行政能力を持つわけではないことも知っていた．学校教育と民族運動の経験を
積んだカウンダにとっては，知識人は闘争で鍛えられていず，教えられた学問
的な視点で考え，考え通りにいかないと失望する者たちであった[232]．

　ムサカンヤのようにイギリス政府で行政経験がある人物は，独立後のザンビ
アにはあまりに少なく，極めて貴重な存在であった．イギリス官僚制の政治的
中立性を職業倫理として骨肉化していたムサカンヤは，官僚制機構に介入する
政府高官と与党議員の行動が許容の限界を超えていると感じるようになった．
官僚の自負心を否定された彼は，次第に政権に対して批判的になる．カウンダ
からすると諸集団間の政治的均衡を維持するために，人事や資源配分で政治的
な介入を行うのは，縁故主義でも，腐敗でもなく，国家統合に必要な方策であ
り，したがって政治的介入への批判は国民統合の妨害にほかならなかった．そ
の結果，ムサカンヤのような人々が政府から去り，あるいは排除され，さらに
反政府活動に身を投じたために，行政能力は低下し，カウンダ政権の基盤は弱
体化せざるを得なかった．

　地域政党が誕生し，政権基盤が揺らいでいるところに，さらに知識人と官僚

からの批判が加わった．国家統合の維持を重視するカウンダは，政府批判を分離主義として否定的に捉え，一党制こそがザンビアにふさわしいと考えた．一党制に移行したのは 1972 年であるが，彼は早くから複数政党制に代わる体制を志向していた．カウンダは政府にかわり得るような反対派はアフリカに存在しないという．なぜなら，「反対派は政府に対し実現可能な別の道を示すのではなく，むしろ不満を持つ人間や部族主義者の集まりだ」と彼は考えたからである．この主張は独立からわずか 2 年後の 1966 年頃のものであり，当時は野党として ANC が存在し，西部州を基盤とした統一党が結成されるころであった．「アフリカ大陸では歴史的に分断の原因が深く根差しているので，もしも反対派集団に議論を煽る自由がありすぎると国家の基盤は崩壊しかねない」「国家の存続こそが基本価値であり，その他の制約されない言論の自由など全ては，国家の存続に付随するものである．自由の敵は全体主義ではなく混沌である」[233]．独立したばかりの国家を維持することの困難さと，いつでも解体しかねない国家の脆弱さが，カウンダの頭から離れなかったことがうかがえる．

　現政権こそが国民統合を維持できるという論理は，政権維持のために用いられる強権的な手段や政策を正当化することになった．やがて言論や政治活動は厳しい統制下におかれるようになるが，そうした事態に対する内外からの批判にカウンダは，「戦争状態の時，あらゆる国家は国家の存続のために自由を制限する．アフリカの新興国はそうした国家動員の状況にある」[234]と反論した．

(2)　南部アフリカ解放とカウンダの暴力論

　独立後のザンビアでは，植民地経済からの脱却と国家統合が政府の課題であった．さらにもう 1 つ課題があり，それは自国の安全保障と密接にかかわる南部アフリカ解放であった．ザンビアは，ポルトガル植民地のモザンビークとアンゴラに，そして白人強硬派の自治政府が支配するローデシアに，さらにアパルトヘイト南アフリカが統治するナミビア（当時は西南アフリカ）に囲まれていた．

　独立から間もなく，イアン・スミス（Ian Smith）政権によるローデシアの一方的独立宣言（UDI）（1965 年 11 月）は，イギリスにとってばかりか，ザンビアにとっても衝撃的であった．イギリスに反抗し，ザンビアと明確に敵対する

体制が成立したことは，ローデシアへの経済依存度の高いザンビアの死活問題であった．イギリスそして国連によるローデシア制裁はザンビアにも重くのしかかった．ローデシアに対する石油輸出禁止措置によって，ローデシア経由で行われていたザンビアへの石油輸送が停止されたからである．他方で，ローデシアは制裁にもかかわらず，南アフリカやポルトガル領モザンビークから石油を得ることができた[235]．ニエレレが賞賛したように，ザンビア政府は数々の経済的困難にもかかわらず，ローデシア政府と妥協することはなかった．カウンダにはローデシアのアフリカ人を見殺しにする考えなど毛頭なかったのである．

ローデシアは解放勢力を支援するザンビアに圧力をかけるため，1973年1月に国境を閉鎖した．しかしザンビアにとって死活問題である銅輸送は対象から除外され，しかも封鎖自体が3週間後に解除された．ところがザンビアに脅しをかけるというローデシア政府の思惑ははずれ，逆にザンビアが解除をうけいれずに閉鎖を継続した．ローデシア解放の意思を明確にしたのである．

とはいえローデシア問題によってザンビアが苦難を強いられたことは事実である．ザンビアはローデシアや南アフリカにたいして経済的な従属関係にあり，貿易・運輸・通信などで依存していた[236]．だからこそローデシアや南アフリカへの経済依存を軽減するために，独立以来多くの事業に着手しなければならなかった．タンザニアの港であるダルエスサラームへの陸路グレート・ノースロードの舗装化，モザンビークのベイラ港への経由地マラウイに至るグレート・イーストロードの舗装化，ダルエスサラームから産銅地帯までのパイプラインの建設，ローデシアのワンキー炭鉱に依存していた石炭の国内自給化，カフェ水力発電所建設による電力自給化，そして中国の支援によるザンビア・タンザニア間の鉄道建設などである[237]．「1965年から数週間前まで（ジンバブウェの独立近くまでの意──引用者）カウンダ大統領はローデシアの一方的独立宣言，およびザンビアと南部アフリカ全体に及ぼすその影響に頭がいっぱいで，強迫観念にさえなっていた」[238]．

基幹産業である鉱業部門におけるお雇い外国人のうち，40％（1965年末）は南アフリカ人であり，1966年までは警視総監及び副総監は白人がつとめ，国内の白人のほとんどが，ローデシアや南アフリカで白人支配が続くことを願っ

194 —— 第II部　南部アフリカの現実

ていることは明らかであった[239]．まさにそのような時代にあって，ザンビア
は解放勢力を支援する一方で，スミス政権とも，南アフリカ政府とも決定的に
対立することは困難であった．カウンダの「現実的な」政策はこのような背景
から生まれた．他方で，南部アフリカ全体が解放されなければ，ザンビアも真
の解放を享受できない．これがカウンダの揺るぎない考えであった．

　ザンビア国家の基礎を固めつつ，パン・アフリカニズムの発展とアフリカ解
放に献身しようとするカウンダは次のように述べている．「ほかのどの大陸よ
りもアフリカには真の国際主義の考えがあり，バルカン化を避けようとする広
く共有された願望があると私は信じている」[240]，「植民地主義者に感謝しなけ
ればならないことがある．黒い肌の人間の後進性を彼らが強調したために，代
償として『黒さ』がアフリカ人の真の絆になったことである」[241]．カウンダの
パン・アフリカニズムは彼のローデシア問題への取り組みに示されているよう
に，解放のための連帯という実践的な問題と結びついていた．したがって，主
に旧フランス領などで展開したネグリチュード（黒人性）の考えとは異なって
いた．「ネグリチュードの議論は，ブラック・アフリカ全体が『私とは何者か』
と問いかけられているという事実に注目した」もので，それは植民地主義の単
なる輸入品でなく，もちろん部族の遺産でもない経験，すなわち近代アフリカ
の意味を発見する試みである．それゆえ，ネグリチュードは，アフリカの大地
で暮らす人々が感じるものとは異なっているという[242]．

　いずれにせよ，未だ残る植民地帝国からアフリカ人を解放すること，そのた
めに協力することが，カウンダにとって重要であった．しかしローデシアや南
アフリカに経済的に従属していたザンビアは，白いアフリカに依存していない
他のアフリカ諸国のようには，威勢よく対立することが難しかった．カウンダ
は，南部アフリカでの従属構造という縛りのなかで，パン・アフリカニズムの
理想，入植者社会に対するイギリスの曖昧な態度，そして国内の事情を踏まえ
ながら，ローデシア問題に対応しなければならなかったのである[243]．ではロー
デシア問題はカウンダの考えにどのような影響をおよぼしたのだろうか．

　隣国ローデシアの解放戦線を積極的に支援する時のカウンダの考え方は，北
ローデシア解放の時の彼の考え方とは明らかに異なる．それは保護領北ローデ
シアと一方的独立宣言後のローデシアとの基本的な相違，それによる解放運動

第4章　ザンビアの解放と現代の暴力——195

の相違に対応している．カウンダはいう，「アフリカ人の進出を遅らせる政治
的・経済的手段を使える白人入植者社会があるか否かが，展開する民族主義運
動の好戦性に影響した．もっとも重要なことはおそらく植民地権力の政策であ
った．すなわち圧力に抗してアフリカ人の進出を受け入れるか（イギリスのよ
うに），それともアフリカ人の政治的願望を完全に抑圧し，民族主義運動を秘
密裏に行わざるを得ないようにし，旧ベルギー領コンゴのように革命により目
的を達成しようと強いるかであった」[244].

　カウンダによれば，「マハトマ・ガンジーと私は幸いに，無慈悲な圧制とは
とてもいえそうにない植民地権力と向き合っていた．イギリスは常に世論に対
して敏感だった．それはイギリスが誇れるものの1つだった」「非暴力闘争で
私と仲間に起こったことすべてが間もなくイギリスのテレビで放映され，ラジ
オと新聞によって伝えられることを知っていた」「もしわれわれの闘争が南ア
フリカ共和国やサラザール政権下のポルトガル領アフリカ植民地で行われたと
すれば，それはまた別の話となったであろう」「イギリスの支配者と対峙する
のでなく，相手とまともな試合をしない独裁者とガンジーが向き合っていたと
したら，彼の運命はすこぶる異なっていたであろう．政治家はそう結論づけざ
るを得ない」[245].　つまりカウンダからすると非暴力は絶対に譲れない原則では
なく，闘争相手に応じた選択肢の1つであった．汝殺すなかれという倫理的原
則に完全に依拠できないのが政治家であり，倫理的原則と解放の手段選択との
間のジレンマを引き受けざるを得ないのが政治家だと彼はいう．

　南ローデシアのアフリカ人解放は，北ローデシアに比して困難が予想された．
一方的独立宣言に対し，イギリスは経済制裁にとどめ，軍事介入を行わなかっ
た．「ザンビアの解放闘争で私は非暴力を主張したが，私のローデシア問題に
対する立場は武力による闘争を支持するものだった．そのため何人かのかつて
の盟友は，非暴力の主張を私が裏切ったと感じ，衝撃を受け傷ついた」．しか
し「受動的な抵抗手段を用いるべき時と，武力闘争の手段を用いるべき時があ
る」[246].　南ローデシアの入植者たちは，暴力と抑圧で支配を維持してきたので，
そのような国家を崩壊させるために暴力を使うのが間違いでないと彼は主張し
た[247].　また彼があるときザンビア軍に出動を命じなかったのも非暴力主義の
ゆえではなかった．「ローデシア空軍が1978年10月にザンビアの難民キャン

196 —— 第II部　南部アフリカの現実

プを空爆したとき，私は報復の攻撃命令を下さなかった．この自制に対して国
際的な平和諸団体から喜ばれた．しかしその賞賛に私は値しない．全面戦争を
維持する武器をザンビアは持っておらず，それが問題だった．馬鹿者だけが勝
ち目のない戦争をしようとする」[248]．

　ローデシアでのアフリカ人「穏健派」は，アフリカ人を分断して，入植者の
既得権を維持するために利用された．イギリスが歓迎した「穏健派」アベル・
ムゾレワ（Abel Muzorewa）司教はその悲劇的な例である．カウンダはそのこ
とにふれている．「平和を重視する人々，とりわけ平和主義が宗教信仰に裏付
けられている人々は，そのような（植民地勢力が穏健派を取り込もうとする——
引用者）宣伝活動の格好の対象である．なぜならまともなあらゆる人と同様に，
彼らは暴力を嫌い，暴力を避ける可能性のある方法なら，何でも選択しようと
するからである．その動機は立派であるが，彼らを募り利用する植民地主義者
の動機は彼らのように純粋ではない．南部アフリカでの私の経験は次のようで
あった．権力の座にある少数者が，対立を避けるために力を合わせるよう，穏
健派に訴えかける場合，彼らが実際にしていることは，穏健派を招き入れて，
少しでも長く権力の座に居座る助けとすることなのだ」[249]．

　カウンダはキリスト者として，暴力の行使に倫理的な悪を見ていたが，政治
家として非暴力に徹することはせず，状況によって暴力を用いることを容認す
る．スミス政権下のローデシアで，しかもイギリスがあいまいな態度に始終す
る限りにおいて，彼は武力による解放が正当であるという．注目すべきは，彼
が一方で武力闘争を支援しながら，あくまで交渉による解決の道を絶えず模索
していたことである．1978年3月に，ZAPUの訓練キャンプが襲撃され，同年
10月にはローデシア軍のルサカ空爆により，ローデシア難民100名が死亡した．
翌年4月には，大統領官邸近くに住んでいたZAPU総裁ンコモの家がローデ
シア軍により爆撃され，さらにザンビア各地が空爆の被害を被った．こうした
状況にもかかわらず，1978年8月にスミスを招いて直接会談するなど，カウン
ダはローデシア政府と交渉を続けていた[250]．さらにスミス政権，イギリス政
府そして解放勢力間の最後の交渉において，あくまで武力解放での決着を主張
するムガベに対し，カウンダは妥協を迫った．カウンダが妥協を求めた一因は，
闘争の継続による経済的損害にあるが，交渉による解決を重視する彼は，イギ

リスにとって頼りになる存在であった．しかし解放後のジンバブウェでは，そうしたカウンダの姿勢に対する評価は様々であろう．

　カウンダは南アフリカ解放のための暴力を肯定したが，問題は武力による解放が，ローデシアと比べものにならない数の人命を犠牲にするはずだということであった．このことがカウンダの頭から離れなかった．したがって彼はアパルトヘイトの南アフリカ政府とも交渉を続けた[251]．このことが批判にさらされることもあったが，カウンダの目的は対立する双方の被害をできる限り少なくしながら，アフリカ人の解放を勝ち取ることにあった．

　白人少数政権にその体制を変えるよう説得するのは困難であるが，最後まで試みる価値があると彼は述べている．北ローデシアの独立の後，南アフリカが問題を平和的に解決できるよう，すぐにカウンダは南アフリカと大使の交換を提案した．1964年6月に終身刑を宣告されたマンデラはじめ8名の被告をザンビアが受け入れ，その代わりに破壊活動のための拠点をANCに提供しないと申し入れた[252]．「UDIの間，南アフリカの目的はザンビアを他のアフリカから切り離し，心理的・軍事的圧力から共和国を守る緩衝帯を作ることであることはよくわかっていた」「私の同僚たちが『悪魔』との取引を好まないこと，私が彼らの敵と席を同じくして交渉したと考える解放戦士がいることも知っている」「しかしそうしなければならない．あらゆる代価を支払ってでも，アフリカで大戦争が起きることを避ける価値がある」[253]．

　カウンダが武力による解放を支持しながらも，南アフリカ政府と交渉を続けた理由を，犠牲をできるだけ少なくすべきという倫理的信条のみに求めることはできない．輸送路をはじめとする南アフリカへの経済的従属という現実があったからである．さらにカウンダは欧米諸国と南アフリカとの調停役を積極的に務めようとした．独立後のザンビアは，ローデシア，ポルトガル領植民地のモザンビークとアンゴラに国境を接しており，南部アフリカ解放の最前線に位置していた．このことが冷戦時代におけるザンビアの国際的地位を高めていた．ローデシアの独立後も，南アフリカの問題でアパルトヘイト体制と解放勢力の仲介者として振る舞うことがザンビアの重要性を維持する上で有効であった[254]．南アフリカ政府は，カウンダをニエレレとは異なる穏健な反共主義者とみなし，交渉相手として有用だと考えるようになった[255]．

198 —— 第Ⅱ部　南部アフリカの現実

　北ローデシアの独立運動，ローデシア問題の解決，そして南アフリカの解放，これらすべてにおいてカウンダの姿勢は一貫していた．できる限り非暴力の抵抗運動を行うが，必要となれば暴力に訴えることを妨げない．しかしその場合でも，彼はできる限り人的被害を少なくする道を模索した．このような姿勢は，カウンダの生い立ちと思想，そして北ローデシアでの経験から生まれた．しかしそれらだけではない．カウンダには，ザンビアの安全保障に与える危険性を最小限にとどめたいという計算が働いていたのである．ローデシア解放に向けて，ムガベは軍事的勝利を得るまで戦うことを望んだが，カウンダはスミス政権と妥協するようムガベに迫った．ザンビアの外交政策が対決姿勢と共に，対立相手との妥協を模索するという面を持つのは，安全保障上の脆弱さのゆえであり，ローデシアや南アフリカから離れているタンザニアとは状況が異なっていた[256]．以上のように様々な要因はあるが，結果として，イギリスにとってもカウンダは頼れる存在となった．

　カウンダのイギリスに対する認識も複雑だった．しかもその認識は解放運動の進め方に影響したという点で重要である．宣教師の父を持つカウンダは，幼少のころから多くのイギリス人と接してきた．カウンダにとってイギリスという存在は，北ローデシアの宗主国である前に，交流のあった個々のイギリス人であった．彼には宣教師をはじめ親しいイギリス人が複数おり，独立後も折に触れ，重要な相談相手となった[257]．「神の意志や運命による神秘的な作業によりザンビアが何れかの西欧列強に植民地化される定めであったなら，その国がイギリスであったことを神に感謝すると明言したい」[258]．北ローデシアがイギリスに植民地化され，他の国でなかったことに感謝するというこの言葉に，カウンダのイギリス観が象徴的に示されている．

　しかし彼は南部アフリカ解放にかかわるにつれ，イギリスに対して，厳しい評価を下すようになる．カウンダはイギリス政府のUDIへの対応の仕方を厳しく批判した．イギリスが傍観せずに限定的であっても武力を行使していたなら，内戦を避けることができたと考えたからである．「ハロルド卿（イギリス首相ウィルソン［Harold Wilson］のこと——引用者）がわずかの武力でさえ用いることを拒否したことで，彼が避けようと心掛けた暴力がとめどなく広がったことは明瞭である」[259]．

イギリス政府とイギリス社会の反応のなかに，カウンダは人種主義を見出すようになる．ローデシアに対する石油の禁輸が密かに破られているのをイギリス政府は黙認した．世界の白人がいざとなると一致団結することをこのことで学んだとカウンダはいい，密輸された石油がアフリカ人自由戦士を殺し，ローデシア空軍によるザンビア爆撃を可能にしたと批判した[260]．

イギリスの植民地のなかで，入植植民地としての性格が強まるほど，その植民地に対するイギリスの政策に人種主義の匂いをカウンダは嗅ぎ取らざるを得なかった．他方で，旧イギリス植民地のほとんどが英連邦に加盟し，様々な人種からなる機構を構成していることをカウンダは高く評価した．だからこそイギリスの UDI への対応が，入植者に対する人種的な仲間意識によるもので，英連邦の非人種主義の原則をないがしろにするものだとカウンダは捉えたのであった[261]．

【注】

1) W. K. Sikalumbi, *Before UNIP*, Kitwe: National Educational Company of Zambia, 1977, p. 29. 著者は 1950 年代の解放運動で活躍した人物である．

2) Ruth Finnegan, *Oral Literature in Africa*, Oxford: Oxford University Press, 1970, p. 295.

3) ザンビアでは 5 年ごとに大統領選挙と国会議員選挙が行われる．2001 年の選挙では，与党 MMD の候補レヴィ・ムワナワサ（Levy Mwanawasa）が当選し，2006 年に再選された．しかし任期途中に急死したため，残りの期間の大統領を決める選挙が 2008 年 10 月に行われ，当時副大統領であったルピア・バンダ（Rupia Banda）が当選した．

4) その後，任期中にサタが死亡したので，2015 年 1 月に選挙が行われ，与党 PF のルング（Edger Lungu）が当選し，2016 年の選挙でも再選された．1991 年以降のザンビア政治の論考については，拙著『南部アフリカ社会の百年——植民地支配・冷戦・市場経済』（東京大学出版会，2009 年）第 4 章 3 項（ザンビアの民主化と社会変動）で示した参考文献の他に，関連する日本語論文としては以下のものがある．遠藤貢「『民主化』から民主化へ？——『民主化』後ザンビアの政治過程と政治実践をめぐって」『アジア経済』第 46 巻第 11・12 号，2006 年；遠藤貢「ザンビアにおける『市民社会』——民主化に向けた政治的役割をめぐって」田島英一・山本純一編『協働体主義——中間組織が開くオルタナティブ』慶應義塾大学出版会，2009 年；鈴木亨尚「MMD 政権期のザンビアにおける政治—— MMD の凋落と PF の台頭」『実践女子大学人間社会学部紀要』第 10 集，2014 年；鈴木亨尚「ザンビアにおける民主主義と選挙——サタ現大統領に注目して」『亜細亜大学アジア研究所

200 —— 第II部　南部アフリカの現実

紀要』第40号，2014年.

5)　この分野については以下で論じたことがある．『労働移動と社会変動——ザンビアの人々の営みから』有信堂，1995年；小倉，前掲書，2009年.

6)　L. H. Gann, *A History of Northern Rhodesia*, London: Chatto & Windus, 1964, pp. 59-60, 78; Andrew Roberts, *A History of Zambia*, London: Heinemann, 1976, pp. 160-161; 星昭・林晃史『アフリカ現代史I（総説・南部アフリカ）』[第2版] 山川出版社，1992年，106-107ページ．協定は1898年と1900年に改訂され（Lawly Treaty），白人が関連する事件については会社に裁判権があること，王が承認すれば白人の営農が許可されること，850ポンドに年金を削減することなどが定められた（Gann, op. cit., p. 81; Roberts, op. cit., p. 167）.

7)　Gann, op. cit., p. 61; 星・林，前掲書，113ページ.

8)　Roberts, op. cit., p. 159.

9)　Ibid., pp. 164-165; John J. Grotpeter, Brian V. Siegel and James R. Pletcher, *Historical Dictionary of Zambia* (*Second Edition*), Lanham and London: The Scarecrow Press, 1998, pp. 181-183, 185.

10)　A. J. Hanna, *The Beginning of Nyasaland and North-Eastern Rhodesia 1859-95*, London: Oxford University Press, 1956, pp. 156-157, 161.

11)　Gann, op. cit., pp. 88-90; Roberts, op. cit., pp. 168-169.

12)　Gann, op. cit., p. 89.

13)　北川勝彦『南部アフリカ社会経済史研究』関西大学出版部，2001年，195-202ページ.

14)　Gann, op. cit., pp. 189-191.

15)　南部アフリカのいくつかのイギリス植民地を合併しようという考えは古くからある．1935年には南ローデシアと北ローデシアの議員が両者を合併し，自治政府を樹立するという決議を行った．Don Taylor, *The Rhodesian: The Life of Sir Roy Welensky*, London: Museum Press, 1955, p. 51.

16)　山田秀雄「南ローデシア隔離小史」『イギリス植民地経済史研究』岩波書店，1971年，140ページ.

17)　ロイ・ウェレンスキーの父はロシア領ポーランド出身のユダヤ人移民で，母はアフリカーナーの9代目である．ロイは13番目の子として1907年にソールズベリーで生まれた（Taylor, op. cit., pp. 13-16）．長じてローデシア鉄道に機関手として職を得た．1933年に北ローデシアのブロークンヒル（現カブエ）に転勤になり（Ibid., pp. 30-34），労働組合運動で活躍した．ブロークンヒルは亜鉛・鉛鉱山の町で，彼は鉱山労働者との結びつきを強め，アフリカ人低賃金労働者からの脅威にさらされる白人労働者の代弁者となった．やがて立法議会の選出議員（植民地官僚がなる職権上の議員ではなく）となり，北ローデシアと南ローデシアの合併促進，イギリス南アフリカ会社からの鉱物採掘権の回復など，重要な問題にかかわり，植民地時代末期の北ローデシア政界の中心人物となった．なお連邦崩壊後は，南ローデシアで白人の強硬派が支持するローデシア戦線と争うが，選挙で敗北した．

18) Taylor, op. cit., p. 104. 連邦問題へのイギリス政府の対応について詳しくは次の文献を参照されたい. Andrew Cohen, *The Politics and Economics of Decolonization in Africa: The Failed Experiement of the Central African Federation*, London and New York: I. B. Tauris, 2017.

19) Robert I. Rotberg, *The Rise of Nationalism in Central Africa: The Making of Malawi and Zambia, 1873-1964*, Cambridge: Harvard University Press, 1965, pp. 236-241.

20) 第2次世界大戦後から連邦形成に至る期間, 入植者が求めたのは, イギリス政府と対決しても, 既得権を守ることであった. しかし入植者は, 北ローデシアを支配してきたイギリス南アフリカ会社の利害とも対立した. ウェレンスキーが目指したのは, 南ローデシアとの合併だけでなく, イギリス南アフリカ会社から鉱物採掘権を取り戻すことであった. 前者は第2次チャーチル内閣の時に連邦制として実現し, 後者はその前のアトリー労働党内閣の時に実現した. 1950年にイギリス政府, 北ローデシア政府, そして会社の3者で新たな協定が結ばれ, 会社の権利は1986年10月に終了すること, それまで会社の純収益の20%を北ローデシア政府に譲渡することになった. United Kingdom Government, Colonial Office, *Agreement with the British South Africa Company on the Mineral Rights owned by the Company in Northern Rhodesia and for the eventual Transfer of those Rights to the Northern Rhodesian Government* (Colonial No. 272), 1951, p. 3 (Articles 1 and 3).

21) Hurry M. Nkumbula, "The General President's Report on the First Delegation to Britain to Campaign against Federation-July, 1952," *African Archives File 2* (*Cha Cha Cha: Zambia's Struggle for Independence*), Lusaka: Oxford University Press and Neczam, 1972, Document 13.

22) United Kingdom Government, Advisory Commission on the Review of the Constitution of the Federation of Rhodesia and Nyasaland, *Report of the Advisory Commission on the Review of the Constitution of Rhodesia and Nyasaland*, (Command Paper 1148), London: Her Majesty's Stationery Office, 1960 (以下 Cmd 1148 と略記), Chapter 3, 4, 19.

23) United Kingdom Government, Advisory Commission on the Review of the Constitution of the Federation of Rhodesia and Nyasaland, *Report: Appendix VI Survey of Developments since 1953* (*Command Paper 1149*), London: Her Majesty's Stationery Office, 1960 (以下 Cmd 1149 と略記), p. 241.

24) United Kingdom Government, Advisory Commission on the Review of the Constitution of the Federation of Rhodesia and Nyasaland, *Report: Appendix VIII, Evidence Vol. I* (*Command Paper 1151*), London: Her Majesty's Stationery Office, 1960 (以下 Cmd 1151-1 と略記), p. 264.

25) Ibid., p. 21. イギリスの自由主義的な知識人も, 連邦化によって南ローデシアの人種主義が緩和されると考えた. 南ローデシアの民族運動の指導者ンコモはこの考えを批判した. Joshua Nkomo, *Nkomo: The Story of My Life*, Suffolk: Methuen Lon-

202 —— 第II部　南部アフリカの現実

don Ltd., 1984, p. 5.

26)　Nathan Shamuyarira, *Crisis in Rhodesia*, London: Andre Deutsh, 1965, p. 15.

27)　ローデシア・ニヤサランド連邦のこと．中央アフリカ連邦という名称は公文書で
も用いられることがあった．南北ローデシアとニヤサランドを合わせた地域は，イ
ギリスでは中央アフリカと呼ばれた．

28)　The Charter of Unity signed by Leaders of the Nationalist Parties of the Central African Territories in December, 1959, *African Archives File 2*, Ibid., Document 15.

29)　Roy Welensky, *Welensky's 4000 Days: The Life and Death of the Federation of Rhodesia and Nyasaland*, London: Collins, 1964, p. 28.

30)　「全住民の安全，発展および福祉に貢献し，特に住民間の協調と協同を助成し」
(would conduce to the security, advancement and welfare of all their inhabitants, and in particular would foster partnership and co-operation between their inhabitants) とある．連邦憲法については，中原精一『アフリカ憲法の研究』成文堂，1996
年，前掲書，180–182ページ．

31)　Welensky, op. cit., p. 33.

32)　Ibid., pp. 34–35.

33)　Cmd 1148, p. 35.

34)　Colin Leys, *European Politics in Southern Rhodesia*, London : Oxford University Press, 1959, p. 43.

35)　Welensky, op. cit., p. 35.

36)　Ibid., p. 38.

37)　Cmd 1151–1, p. 187（ルンダ原住民統治機構のジョヒンディ上級首長による覚書）．

38)　なお南ローデシアでは，北ローデシアのアフリカ人と異なり，連邦支持者も多か
った．ムガベのように最初から連邦の欺瞞を指摘した人々もいたが，連邦に賛成す
る人もかなりいたのである．このことは次の聞き取り結果からもうかがえる．United
Kingdom Government, Advisory Commission on the Review of the Constitution of
the Federation of Rhodesia and Nyasaland, *Survey of Developments since 1953, Report: Appendix VIII, Evidence Vol. IV*（*Southern Rhodesia*）(Command Paper
1151–III), London: Her Majesty's Stationery Office, 1960（以下 Cmd 1151–3 と略記），
pp. 1, 40–41, 52–53.

39)　Cmd 1151–1, p. 5（チョマ，サバントゥおよびシングワの村長から聞き取り［1960
年2月18日］）．

40)　Ibid., p. 187（ルンダ原住民統治機構のジョヒンディ上級首長による覚書）．1958
年10月，政府と対立したチペポ首長区の農民9名が，彼らを立ち退かせるため派
遣された治安部隊によって射殺された．それを発端に，放火，列車妨害，ボイコッ
トがルサカやブロークンヒルに拡がった．David C. Mulford, *Zambia: The Politics of Independence 1957–64*, London: Oxford University Press. 1967, p. 72.

41)　Cmd 1151–1, p. 182（カボムポのマニンガ原住民統治機構の代表者から聞き取り

第 4 章　ザンビアの解放と現代の暴力 ── 203

[1960 年 2 月 29 日]).

42)　Ibid., p. 166 (北ローデシア教員協議会カサマ・ルウィング支部書記から提出され
　　た覚書).

43)　Ibid., p. 184.

44)　Ibid., pp. 107, 111.

45)　Ibid., p. 165 (北部カサマのトゥンガティ首長による覚書), p. 186 (ルヴァレのサ
　　カヴンガ首長から聞き取り [1960 年 2 月 29 日]).

46)　Ibid., p. 186 (ルヴァレのリタピ首長の覚書).

47)　Ibid., p. 83 (アフリカ鉱山労働者組合元書記の覚書). なおこの人物は UNIP の党
　　員で委員会調査に協力した珍しい例である.

48)　Ibid., p. 218 (1960 年 3 月 5 日聞き取り).

49)　Ibid., p. 219.

50)　Ibid., p. 217 (1960 年 3 月 5 日聞き取り).

51)　Welensky, op. cit., p. 360.

52)　Mulford, op. cit., pp. 211-228.

53)　Roberts, op. cit., p. 210.

54)　連邦と民族主義の展開については, 星・林, 前掲書, 197-206 ページ.

55)　NZANC の形成と ANC への移行については次を参照. Mulford, op. cit., p. 16; Wil-
　　liam Tordoff and Robert Molteno, "Introduction," William Tordoff, ed., *Politics in
　　Zambia*, Manchester: Manchester University Press, 1974, p. 3; Frank M. Chitamba-
　　la, *History of the United National Independence Party*, Delhi: Avtar Printers, 1984,
　　p. 30.

56)　このような批判は対立する側から指摘され拡がった. Giacomo Macola, *Liberal
　　Nationalism in Central Africa: A Biography of Harry Mwaanga Nkumbula*, New
　　York: Palgrave Macmillan, 2010, pp. 62-66.

57)　Chitambala, op. cit., p. 62.

58)　ANC の分裂と ZANC の形成の背景, 植民地政府による ZANC の非合法化につい
　　て, 詳しくは以下を参照. Sikalumbi, op. cit., Chap. VI-VII.

59)　ZANC が非合法化された直後の状況については, Chitambala, op. cit., pp. 42-43.

60)　ポール・カリチニ (Paul Kalichini) が, 次にマインザ・チョナ (Mainza Chona)
　　が党首になった. カウンダは釈放された後, 1960 年 1 月に党首に選出された. なお
　　数週間であるが初代党首になったのは, 実は労働組合の指導者であったディクソン・
　　コンコラ (Dixon Konkola) である. Kenneth P. Vickery, "Odd Man Out: Labour,
　　Politics and Dixson Konkola," Jan-Bart Gewald, Marja Hinfelaar and Giacomo Mac-
　　ola, eds., *Living the End of Empire: Politics and Society in Late Colonial Zambia*,
　　Leiden and Boston: Brill, 2011, p. 111.

61)　Giacomo Macola, "Harry Mwaanga Nkumbula and the Formation of ZANC/
　　UNIP: A Reinterpretation," Ibid., pp. 37, 63-65. カウンダの両親がニヤサランドの
　　出身者であったからである.

204 —— 第 II 部　南部アフリカの現実

62)　Macola, 2010, op. cit., pp. 84-87.

63)　United Kingdom Government, Colonial Office, *Annual Report on Northern Rhodesia 1958*, Review of 1958, p. 5.

64)　Welensky, op. cit., p. 87.

65)　アフリカ人代表議会（African Representative Council）は，各アフリカ人州議会からの代表 6 名とバロツェランド保護領の代表からなる．連邦議会議員 2 名，および北ローデシア立法議会議員 4 名の選出を行う．アフリカ人州議会議員は原住民統治機構，都市諮問会議などから選ばれる．United Kingdom Government, Colonial Office, *Annual Report on Northern Rhodesia 1958*, Chap. 3: Administration.

66)　Ibid., Chap. 3: Administration.

67)　Welensky, op. cit., p. 88.

68)　提案者のジョン・モファット（John Moffat）は著名な宣教師ロバート・モファット（Robert Moffat）の玄孫である．彼はアフリカ人が賛同していないという理由で連邦化に反対した．カウンダの信頼を受け，独立直後のヨーロッパ人議席 10 名を選ぶ選挙では，UNIP の候補となったが落選した．John J. Grotpeter, Brian V. Siegel and James R. Pletcher, op. cit., pp. 265-266.

69)　United Kingdom Government, Colonial Office, *Annual Reports on Northern Rhodesia 1954*, pp. 1-3.

70)　ベンソン憲法の選挙資格については，Mulford, op. cit., pp. 57-59.

71)　Ibid., p. 84.

72)　Colonial Office, *Northern Rhodesia Proposals for Constitutional Change*, February, 1961, Cmd. 1295, p. 7.

73)　Colonial Office, *Northern Rhodesia Proposals for Constitutional Change*, June, 1961, Cmd. 1423, pp. 10-12.

74)　Kenneth D. Kaunda, *Zambia Shall Be Free: An Autobiography*, London, Ibadan and Nairobi: Heinemann, 1962, pp. 158-159.

75)　Mulford, op. cit., pp. 200-201.

76)　Ibid., p. 7.

77)　10％条項を満たす候補がいず，当選者の決まらない選挙区では，12 月に再選挙が行われた．

78)　Mulford, op. cit., p. 298.

79)　カウンダの母と兄も信者であったという．John M. Mwanakatwe, *End of Kaunda Era*, Lusaka: Multimedia Publications, 1994, p. 41.

80)　Beatwell S. Chisala, *The Downfall of President Kaunda*, Lusaka: Co-op Printing, 1994, p. 282.

81)　David M. Gordon, "Rebellion or massacre? The UNIP-Lumpa conflict revisited," Jan-Bart Gewald, Marja Hinfelaar and Giacomo Macola, eds., *One Zambia, Many Histories: Towards a History of Post-colonial Zambia*, Leiden and Boston: Brill, 2008, p. 47.

82）　Ibid., pp. 57-61.

83）　北ローデシア総督は北部州および東部州ルンダジ県に非常事態宣言を発し，それは独立まで継続された．独立後の 1965 年に宣言は全国に拡大され，1991 年 11 月まで継続された．

84）　Gordon, op. cit., p. 45.

85）　Ibid., pp. 65-74.

86）　Chisala, op.cit., pp. 296-297.

87）　Gordon, op. cit., p. 75.

88）　Walima T. Kalusa, "Traditional Rulers, Nationalists and the Quest for Freedom in Northern Rhodesia in the 1950s," Gewald, Hinfelaar and Macola, eds., 2011, op. cit., pp. 75-77, 87-89.

89）　Cmd 1148, pp. 44-45.

90）　リトゥンガとは「大地の主」の意でロジ王の称号である．20 世紀の初頭，北西ローデシアの行政責任者であったコドゥリントン（Robert Codrington）が，王（king）にあたるリトゥンガでなく，最高首長（paramount chief）の語を使った．それ以来，植民地政府はリトゥンガを最高首長と呼んだ．Grotpeter, Siegel and Pletcher, eds., op. cit., pp. 88-89, 209-210.

91）　1996 年以降，首長が国会議員になることが禁止された．

92）　Chisala, op. cit., pp. 178-180.

93）　Ibid., pp. 183-260.

94）　Mulford, op. cit., p. 212.

95）　アーサー・ウィナはアメリカに留学し，独立直後の財務大臣に，弟のシコタ・ウィナは南アフリカに留学し，地方政府・住宅大臣に，ムンディアはインドとアメリカに留学し，産業大臣に，シパロはインドに留学し，厚生大臣になっている．Jan Pettman, *Zambia: Security and Conflict*, London: Julian Friedman Publications, 1974, Appendix A, pp. 242-246.

96）　Mulford, op. cit., p. 223.

97）　Ibid., p. 228.

98）　Ibid., p. 180.

99）　Pettman, op. cit., p. 79.

100）　Ibid., p. 79.

101）　Cmd 1151-1, p. 220.

102）　Pettman, op. cit., pp. 253-254.

103）　*African Contemporary Record*, Vol. 1, London: Africa Research Limited, 1968/69, B. 246.

104）　Chisala, op. cit., pp. 317-318.

105）　Ibid., p. 301. 政府に裏切られ続けていると感じている人々が西部州には多くいる．アカシャムバツア・ムビクシタ＝レワニカ（Akashambatwa Mbikushita-Lewanika）など西部州の有力者が加わった MMD 政権になってもその状況は変わらなかった．

「バロツェ問題」は政治的に利用され，そのたびに，ロジの人々の期待が一時高まるが，結局裏切られるということが繰り返されてきた（Jack Hogan, "'What Then Happened To Our Eden?': The Long History of Lozi Secessionism, 1890-2013," *Journal of Southern African Studies*, Vol. 40, No. 5, 2014）．王国の伝統に誇りを持つかたわら，他の州に比べて経済的に後発的で，周辺化されているという不満をロジの人々は抱いていた．このような挫折感と貧困化が「バロツェ問題」の背景にある．ロジ以外の最高首長の統治範囲と政府の行政単位は一致していないが，ロジの場合，リトゥンガの統治範囲と行政単位としての西部州とが一致しているために，「バロツェ問題」は分離主義運動を生みやすい（Andrew Sardanis, *Zambia: The First 50 Years-Reflections of an Eyewitness*, London and New York: I. B. Tauris, 2014, pp. 219-221, 227）．

106）Pettman, op. cit., Appendix B（List of Ministers in the Government of Zambia），pp. 247-250 による．同時期，ロジは 3-4 名，トンガは 2-3 名である．なお同一人物が 2 つのポストを兼任した場合は 1 つに数えた．

107）Tordoff and Molteno, op. cit., p. 33.

108）Carolyn Baylies and Morris Szeftel, "Introduction: The Making of the One-Party System," Cherry Gertzel, Carolyn Baylies and Morris Szeftel, eds., *The Dynamics of the One-Party State in Zambia*, Manchester: Manchester University Press, 1984, p. 15; Cherry Gertzel and Morris Szeftel, "Politics in an African Urban Setting: The Role of the Copperbelt in the Transition to the One-Party State 1964~1973," Gertzel, Baylies and Szeftel, eds., ibid., pp. 125-131.

109）UPP は ANC に統合を呼びかけるが，ANC は統合案を拒否し協力するにとどまった．ローデシアや南アフリカとの経済的関係を重視する ANC と，戦闘的な反植民地主義の立場に立つ人の多い UPP とでは，路線の相違が大きかった．*African Contemporary Record*, Vol. 1, London: Africa Research Limited, 1968/69, B. 245.

110）Fergus Macpherson, *Kenneth Kaunda of Zambia*, Lusaka: Oxford University Press, 1974, pp. 24-33.

111）Ibid., p. 35.

112）当時，東ドイツと正式な外交関係がなく，ルサカに通商代表部が置かれていた．この代表部が UPP の結成に関与したとして閉鎖させられた．*Africa Contemporary Record*, London: African Research Limited, 1971/72, B. 261.

113）Sardanis, op. cit., p. 73.

114）1973 年憲法で一党制国家が宣言された．中原によれば，一党制を採用する国家は多いが，一党制による政治制度構築のために多くの条文を設けたのはザンビア憲法だけである．中原，前掲書，183 ページ．

115）一党制以前の地域間の対立と一党制への移行については，拙稿「ザンビアにおける『国民統合』と地域主義」『アジア経済』第 32 巻第 8 号，1991 年．

116）Republic Constitution of Zambia, Part I-4(1)(2). なお Chitambala, op. cit. に第 2 共和制憲法の全文および追加条項が収録されている（Appendix E, 229-468 ページ）．

参照箇所は 244 ページ.

117)　*The Constitution of the United National Independence Party*, Chapter I, Article 1(2), Article 2(1), Article 5.

118)　H. M. Nkumbula to K. D. Kaunda, Lusaka, March 1, 1972, *United National Independence Party Archives*（Macola, op. cit., 2010, p. 140 から再引用）.

119)　拙稿「ザンビアにおける経済危機と一党支配の崩壊」『アジア経済』第 33 巻第 8 号, 1992 年, 21 ページ（第 1 表）参照.

120)　この状態を打破するため, タンザニアの港に至る鉄道（タンザニア・ザンビア鉄道）建設が 1970 年に中国の援助で始まり, 1975 年に完成した.

121)　Andrew J. DeRoche, "You can't fight guns with knives: National security and Zambian responses to UDI, 1965-1973," Gewald, Hinfelaar and Macola, eds., 2008, op. cit., pp. 86-88.

122)　Julius Nyerere, "Introduction," Fergus Macpherson, op. cit., VII.

123)　一党制を促した他の要因は, 社会主義圏における共産党支配の存在, そして隣国タンザニアにおける一党支配の影響である. トルドフとスコットが指摘する一党制移行の理由は, 権力維持, 外的脅威, そしてタンザニアの例の 3 つである. William Tordoff and Ian Scott, "Political Parties: Structures and Politics," Tordoff, ed., op. cit., p. 152.

124)　*African Business* 誌におけるカウンダのインタヴュー（*African Business*, Vol. 143, 1990, p. 16）.

125)　Chisala, op. cit., pp. 154-156.

126)　John Mwanakatwe, *Teacher Politician Lawyer: My Autobiography*, Lusaka: Bookworld Publishers, 2003, pp. 421-422.

127)　Welensky, op. cit., p. 58.

128)　Ibid., p. 81.

129)　Ibid., p. 363. 1963 年 12 月南ローデシアの選挙では, 与党であった統一連邦党が強硬派のローデシア戦線に敗北した. ウェレンスキーが思い描いた改革は困難になり, 翌年にはスミスが首相になり, 民族主義運動に対決する姿勢が鮮明になった. こうしてローデシアの悲惨な戦争への道は始まった.

130)　この反乱について詳しいことは従来は知られていなかった. 主に, 2004 年に公開された UNIP archives の史料などに基づいて論じた次の研究による. Miles Larmer, *Rethinking African Politics: A History of Opposition in Zambia*, Surry and Burlington: Ashgate, 2011, Chap. 4.

131)　Ibid., p. 149.

132)　Ibid., p. 132.

133)　Ibid., p.131. 反乱をならず者によるとしているのは, Grotpeter, Siegel and Pletcher, op. cit., pp. 295-296. しかしこの反乱は, 北西部州の人々の中央政府に対する不満とかかわりがあった. 後にムシャラの息子が MDD 議員になり, 2002 年には北西部州担当大臣に任命された.

208 ── 第II部　南部アフリカの現実

134)　Larmer, op. cit., p. 143.

135)　Ibid., p. 154.

136)　Ibid., p. 132.

137)　Miles Larmer, ed., *The Musakanya Papers: the autobiographical writings of Valentine Musakanya*, Lusaka: Lembani Trust, 2011, pp. 30-31.

138)　Goodwin Mwangilwa, *Harry Mwaanga Nkumbula: A Biography of the Old Lion of Zambia*, Lusaka: Multimedia Publications, 1982, pp. 88-89.

139)　Mwanakatwe, 1994, op. cit., p. 147.

140)　Ibid., pp. 166-167; Grotpeter *et. al.*, op. cit., pp. 73-74.

141)　Miles Larmer, "Enemies within? Opposition to the Zambian one-party state, 1972-1980," Gewald, Hinfelaar and Macola, eds., 2008, op. cit., pp. 113, 116.

142)　Larmer, 2011, op. cit., p. 12.

143)　Chisala, op. cit., pp. 313-314, 317.

144)　Mwangilwa, op. cit., pp. 59-61.

145)　Chisala, op. cit., pp. 301-303.

146)　Frederick J. T. Chiluba, *Democracy: The Challenge of Change*, Lusaka: Multimedia Publications, 1995, p. 39.

147)　Larmer, 2008, op. cit., pp. 114-115; Chisala, op. cit., p. 315.

148)　Larmer, 2008, op. cit., p. 117; Mwanakatwe, 2003, op. cit., pp. 335-336.

149)　Mwanakatwe, ibid., Chap. 12.

150)　Larmer, 2008, op. cit., pp. 118-119.

151)　Larmer, ed., op. cit., pp. 27-29.

152)　Larmer, 2011, op. cit., pp. 168-172.

153)　Larmer, ed., op. cit., p. 52.

154)　Ibid., pp. 71-77.

155)　Ibid., pp. XVI-XVII. ムサカンヤと同様の批判的意見を持つサルダニスも，産業開発公社と鉱業開発公社の総裁を辞任した．彼が危惧したように，彼の後任には政治家が任命された．Sardanis, op. cit., Chap. 8（The Politicians Take Over）.

156)　Larmer, ed., op. cit., p. 43.

157)　Ibid., pp. 49, 51.

158)　Ibid., p. 112.

159)　Chisala, op. cit., pp. 270-275.

160)　Larmer, 2011, op. cit., p. 236.

161)　Chisala, op. cit., pp. 339-341.

162)　Mwanakatwe, 1994, op. cit., pp. 188-189.

163)　児玉谷史朗「ザンビアの組織労働者と国家──鉱山労働者を中心として」『アジア経済』第31巻8号，1990年.

164)　1991年の政権交代後は組合の影響力は減少傾向にある．経済自由化政策による民営化によって，公務員数が減少したこと，そのうえ，1993年の産業労働関係法によ

第4章　ザンビアの解放と現代の暴力 ── 209

り，産業ごとに1つの組合という規制がなくなったことによる．1994年の法改正により，新たな連合体結成も可能となった．その結果起こった組合の分裂と新設も組合の影響力を低下させた．Friday E. Mulenga, "Fighting for democracy of the pocket: The labour movement in the Third Republic," Gewald *et. al.*, eds., 2008, op. cit., pp. 243-254.

165)　*Times of Zambia*（1985年9月11日）．

166)　*Times of Zambia*（1985年10月29日）．

167)　暴動について詳しくは，拙稿「社会変動と国際的条件──南部アフリカにおける民主化を事例として」小倉充夫・加納弘勝編『国際社会』（講座社会学 16）東京大学出版会，2002年，174-181ページ．

168)　この後にもクーデター未遂とされる事件が1983年，1988年に発生した．1988年の事件は，在西ドイツ大使で元陸軍中将クリストン・テンボ（Christon Tembo）などが関与したとされた．1990年1月に裁判が始まったが，7月に大統領命令で全員が特赦で釈放された（Mwanakatwe, 1994, op. cit., pp. 171-172）．

169)　Ibid., p. 175. この本にルチェンベの供述内容が収められている（ibid., pp. 149-164）．

170)　*National Mirror*（1990年7月21日）．

171)　Chiluba, op. cit., p. 61.

172)　*Times of Zambia*（1990年7月9日）．

173)　Mwanakatwe, 1994, op. cit., pp. 198-199.

174)　*African Business*, No. 143, July 1990, p. 16.

175)　Chiluba, op. cit., pp. 28-29.

176)　結集した有力者は以下の通りである．ハンフリー・ムレンバ（Humphrey Mulemba: 元 UNIP 書記長），サイモン・ズカス（Simon Zukas: リトアニア移民，反植民地運動に従事し，植民地政府により国外追放の経験），レヴィ・ムワナワサ（法律家，後に第3代大統領），ボールドウイン・ンクンブラ（Baldwin Nkumbula: ハリー・ンクンブラの息子），ロジャー・チョングウェ（Roger Chongwe: 法律家），ニューステッド・ジンバ（Newstead Zimba: 労働組合指導者），エマヌエル・カソンデ（Emmanuel Kasonde: 実業家），シコタ・ウィナ（元閣僚）．

177)　詳しい展開については，拙稿前掲論文，1992年，および拙稿「ザンビアの複数政党制復活とカウンダ政権の崩壊」林晃史編『南部アフリカ諸国の民主化』アジア経済研究所，1993年を参照．

178)　Tiyaonse Chisanga Kabwe, *Kenneth David Kaunda: Perspectives on His Exit from Office*, Harare: Sapes Books, 1997, p. 45.

179)　Ibid., p. 90.

180)　チルバは大統領就任演説で，カウンダ退任についての海外からの反応とは全く異なり，前政権を厳しく批判した．「われわれが引き継いだザンビアは貧困そのものだった．あまりに長く政権の座にいた党と人物による貪り，愚かさ，そして絶え間ない汚職によって，ザンビアは破壊された」"Inaugural Speech by Mr Frederick J

210 ── 第 II 部　南部アフリカの現実

T Chiluba, President of the Third Republic of Zambia, 2 November 1991," Donald Chanda, ed., *Democracy in Zambia: Key Speech of President Chiluba 1991/92*, Lusaka and Kitwe: Africa Press Trust, undated, p. 4.

181) カウンダ時代の功罪については，Mwanakatwe, 1994, op. cit., pp. 255-264.

182) Kaunda, op. cit., p. 5; Mwanakatwe, 1994, op. cit., p. 3.

183) Colin M. Morris, " Introduction," Kenneth D. Kaunda, *A Humanist in Africa: Letters to Colin M. Morris from Kenneth D. Kaunda*, London: Longmans, 1966, pp. 11-13. モリスはカウンダと同じ 1924 年生まれで，メソジスト派の宣教師として 1956 年に北ローデシアに渡来した．以来，カウンダと長い交流があった．United Church of Zambia の初代代表．

184) Kaunda, 1962, op. cit., pp. 5-9.

185) カウンダは演説に長けていたが，音楽の才も彼の政治運動において有益であった．彼が好んだ歌の歌詞（英訳）は以下の通りである．
In the land of the blacks / Slavery has not ended yet / Blacks continue to suffer / In all different ways
We look forward to the day / When slavery will end / When all slave-chains / Will be broken
（Andreya S. Masiye, *Singing for Freedom: Zambia's Struggle for African Government*, Lusaka: Oxford University Press, 1977, p. 73）

186) Kaunda, 1962, op. cit., pp. 10-12.

187) Macpherson, op. cit., p. 52.

188) Ibid., p. 54.

189) Kaunda, 1962, op. cit., p. 17.

190) Ibid., p. 19.

191) Macpherson, op. cit., p. 63.

192) 北ローデシアのアフリカ人政治組織はイソカ県ムウェンゾで 1923 年に設立された福祉協会を嚆矢とする．その設立者の 1 人がカウンダの父であった．協会は課税に対して抗議を行い，1930 年代初頭までに，鉱山都市やリヴィングストン，カロモ，ルサカなどに次々と協会が設置された．1940 年代には協会活動は全国的になり，異なる民族を結びつけていった．1933 年にカフェで統一福祉協会の第 1 回会合が開かれた．1946 年に北ローデシア福祉協会連合が形成され，それが 1948 年に結成された北ローデシアアフリカ会議（のちのアフリカ民族会議）につながった．Mwanakatwe, 1994, op. cit., pp. 15-17.

193) Kaunda, 1962, op. cit., pp. 19-22. カウンダには他に教え子との間の一女がいる（Chisala, op. cit., pp. 3-7）．

194) Kaunda, 1962, op. cit., pp. 38-40.

195) Ibid., p. 104.

196) この時の逮捕の理由は，無許可で新聞を発行したことである．Mwanakatwe, 1994, op. cit., p. 23. 本章 1-3 に記したように，これを境にカウンダは一層戦闘的になった．

逆に収容所での生活がンクンブラを臆病にした．Mwangilwa, op. cit., p. 40.

197）　Ibid., pp. 105-108.

198）　Kaunda, 1962, op. cit., pp. 122-125.

199）　Ibid., pp. 129-132.

200）　Ibid., pp. 31-33.

201）　差別撤廃を求めた抗議運動については次を参照．Sikalumbi, op. cit., pp. 81-91.

202）　Mwanakatwe, 1994, op. cit., p. 24.

203）　Morris, op. cit., pp. 10-11; Mwanakatwe, 1994, op. cit., p. 25.

204）　Mwangilwa, op. cit., pp. 33-34.

205）　Kaunda, 1962, op. cit., pp. 33-35.

206）　Mwangilwa, op. cit., pp. 35-36.

207）　Ibid., pp. 34-35.

208）　Kaunda, 1962, op. cit., p. 146.

209）　Ibid., pp. 147-148.

210）　Ibid., p. 150.

211）　Ibid., p. 150.

212）　Morris, op. cit., pp. 13-14.

213）　Kaunda, 1962, op. cit., p. 86.

214）　Ibid., p. 83.

215）　Ibid., pp. 89-91.

216）　Ibid., p. 153.

217）　Ibid., pp. 138-140.

218）　Larmer, 2011, op. cit., pp. 37-43.

219）　J. R. T. Wood, *The Welensky Papers: A History of the Federation of Rhodesia and Nyasaland*, Durban: Graham Publishing, 1983, p. 945.

220）　United Kingdom Government, Colonial Office, *Annual Reports on Northern Rhodesia, 1957*, p. 3.

221）　United Kingdom Government, Colonial Office, *Annual Reports on Northern Rhodesia, 1959*, pp. 4-5.

222）　United Kingdom Government, Colonial Office, *Annual Reports on Northern Rhodesia, 1960*, p. 5.

223）　United Kingdom Government, Colonial Office, *Annual Reports on Northern Rhodesia, 1961*, pp. 4-5.

224）　Larmer, 2011, op. cit., p. 51.

225）　Kaunda, , 1966, op. cit., p. 58.

226）　Ibid., pp. 81, 82.

227）　Ibid., pp. 54-55.

228）　Ibid., pp. 55, 117.

229）　Ibid., pp. 118-119.

212 —— 第 II 部　南部アフリカの現実

230) Ibid., p. 75.

231) Ibid., p. 92.

232) Ibid., pp. 97-98, 102, 104.

233) Ibid., pp. 107-108.

234) Ibid., p. 108.

235) Richard L. Sklar, "Zambia's response to the Rhodesian unilateral declaration of independence," Tordoff, ed., op. cit., pp. 325-336.

236) 林晃史「南部アフリカ諸国の『経済的従属関係』」『アジア経済』第 16 巻第 10 号，1975 年; 林晃史「南部アフリカの政治変動と内陸国ザンビアの銅輸送問題」『アジア経済』第 20 巻第 12 号，1978 年.

237) Sklar, op. cit., pp. 339-346.

238) Colin Morris, "Introduction," Kenneth David Kaunda, *Kaunda on Violence*, London: Sphere Books, 1980, p. 10.

239) Sklar, op. cit., pp. 355-357.

240) Kaunda, 1966, op. cit., p. 113.

241) Ibid., p. 127.

242) Ibid., p. 57.

243) Morris, 1966, op. cit., pp. 14-15.

244) Kaunda, 1966, op. cit., p. 83.

245) Kaunda, 1980, op. cit., pp. 25, 27.

246) Ibid., pp. 27-28.

247) Ibid., p. 75.

248) Ibid., pp. 34-35.

249) Ibid., pp. 167-168.

250) Chisala, op. cit., pp. 34-35, 141; Andy DeRoche, *Kenneth Kaunda, the United States and Southern Africa*, London: Bloomsbury, 2016, pp. 140-145.

251) Ibid., chap. 9. なお本稿では，対南部アフリカ政策をめぐるアメリカ合衆国とザンビアとの関係については触れないが，それについてはこの研究に詳しい.

252) Kaunda, 1980, op. cit., pp. 171-172. しかしプレトリアから返事はなく，南アフリカ首相フォルスターはカウンダの私信を 1971 年に公表した.

253) Ibid., p. 173. しかし続いて次のように述べている.「1 つだけ譲れないものがある. アパルトヘイトというむかつく汚点がアフリカから完全に払拭されるまでは我々に安らぎはない」.

254) Stephen Chan, *Zambia and the Decline of Kaunda 1984-1998*, New York and Ontario: The Edwin Mellen Press, 2000, pp. 61, 69-70. ザンビアでは職業的訓練を受け，経験のある外交専門家を欠いていた. 独立時の外務大臣ムワアンガ（Vemon Mwaanga）やカウンダの助言者であったチョナ（Mark Chona）が外交政策に関わったが，何よりカウンダの意向が外交政策に強く反映した. Ibid., pp. 19, 63.

255) Larmer, 2011, op. cit., pp. 187-190.

第 4 章　ザンビアの解放と現代の暴力 —— 213

256)　タンザニアと異なり，妥協的な姿勢を示した理由の 1 つは，外交政策に影響を与える技術官僚，企業経営者，彼らと結びついた外国資本などの影響が強かったからである．Timothy M. Shaw, "The Foreign Policy of Zambia: Ideology and Interests," *The Journal of Modern African Studies*, Vol. 14, No. 1, 1976, pp. 96-101.

257)　チサラによると，大統領の個人秘書を 17 年間務めたのはイギリス人女性であり，ジョン・パップウァース（John Papworth）牧師は 1950 年代からの助言者であった．なおチサラはジャーナリスト出身で，その後，大統領官邸の広報責任者（1975-78 年），在英一等書記官など 21 年間政府で働いた．Chisala, op. cit., p. 29.

258)　Kaunda, 1966, op. cit., p. 133.

259)　Kaunda, 1980, op. cit., p. 161.

260)　Ibid., p. 74.

261)　Kaunda, 1966, op. cit., p. 135.

第5章

ジンバブウェの解放と現代の暴力

初代の連邦首相はパートナーシップについて次のように述べた,「それは騎手と馬の関係と同じだ」と.入植者が騎手でアフリカ人が馬だというのだ（カウンダ）[1].

ようやく得た人生の辛い教訓とは,人々は自由にならずとも民族（ネイション）は自由になれるということだ（ンコモ）[2].

はじめに

　南ローデシア（現ジンバブウェ）のアフリカ人は,1980年に白人少数政権の支配から解放された.ロバート・ムガベ（Robert Mugabe）は,選挙で自ら率いる党,ジンバブウェ・アフリカ国民同盟（Zimbabwe African National Union: ZANU）の勝利が明らかになると,昨日まで戦ってきた敵とも協力し,多人種共存の社会を目指すと宣言した.そしてしばらくの間,その宣言に沿って政策が実施された.しかし次第にムガベによる独裁化が顕著になり,政権を批判する人々への弾圧が強化された.今世紀に入ると権力維持のため,政府は暴力にますます依存するようになった.こうした変化は,政策の失敗で信頼を失ったムガベや与党が,権力の維持に狂奔した結果であり,暴力の蔓延と政治の混乱の責任は彼らにあるといわれている.この主張は間違ってはいない.しかし支配者のなかには暴力を用いてでも権力にしがみつこうとする輩がいるものだという一般論を越えた理解をするのは簡単なことではない.ジンバブウェについてはとりわけそうである.

　2000年代後半にジンバブウェに駐在したイギリスの外交官が次のように述べている.「軍事組織としてのジンバブウェ・アフリカ国民同盟－愛国戦線（Zimba-

216 —— 第II部　南部アフリカの現実

bwe African National Union-Patriotic Front: ZANU-PF）[3]の精神は，モザンビークとザンビアのジャングルの中で作られた．10年間の恐ろしいゲリラ戦を戦い，人種的憎悪と暴虐の効果を学んだのである」「指導者たちは権力を移譲することが，党にとっても国家全体にとっても，敗北であると信じるよう訓練されている．もちろん ZANU-PF のトップは，低次元な個人的理由で権力の維持を欲している．それは自身の罪が問われぬため，そして蓄財するためである．しかし彼らの腐敗しきった心のどこかに，1970年代に作られ，深く根づいた信念，すなわち自分たちは民族解放の担い手であり，人々が自分たちを望まない場合，間違っているのは彼らであり，それを明らかにしなければという信念が残存しているのである」[4]．

　このような理解は，単に政権の暴力的性格を指摘するにとどまらず，その背景に迫ろうとするものである．他方で現在の暴力と混乱を，暴力的体質を埋め込まれたムガベや与党幹部の精神分析学的な条件に帰してしまう危険がある[5]．ジンバブウェが現在抱える苦難はさらに複数の観点から理解されねばならないが，そのさい特に注目するのは，支配した側と支配された側との歴史的関係とその変遷であり，とりわけそれに関する両者の認識の溝である．その溝の一端はある研究者の次の表現からうかがえる．彼は政権による強引な土地収用について，「21世紀になって ZANU-PF が急激に行った土地収用は，19世紀末におけるイギリス南アフリカ会社による土地略奪に類似している」[6]と述べている．しかしこの対比にはかなり無理があろう．暴力的に土地が収奪された点では同じでも，21世紀に起きたことは南アフリカ会社による暴力的行為と関連しており，後者なくして前者は起こらなかったからである．

　ジンバブウェ・アフリカ人民同盟（Zimbabwe African People's Union: ZAPU）の指導者ジョシュア・ンコモ（Joshua Nkomo）によると，ポルトガルの独裁者アントニオ・サラザール（António de Oliveira Salazar）と南ローデシア首相ゴッドフレイ・ハギンス（Godfrey Huggins）との間で次のような会話が交わされたという．ポルトガル政府には象についての政策がないごとく，原住民政策もないと述べたサラザールに対し，ハギンスは次のように応答した．リザーブで象が保護され，われわれには象に対する政策があり，同じように原住民政策がある[7]．アフリカ人を動物扱いするこのような人種主義は，独立と共に制度的

には撤廃された．しかし白人には旧来からの差別意識が残存した．入植者やイギリスとの緊張が高まるたびに，ムガベと ZANU-PF は差別と搾取の歴史を思い起こし，彼らとかつての支配者との歴史認識の違いに驚愕しつつ，解放闘争の精神を蘇らせた．

　このほかにもジンバブウェにおける政治的暴力の要因として考慮すべきことはある．後述するローデシア独立をめぐる問題，特にランカスター協定と土地問題への取り組み，ムガベのパーソナリティ，ゼロ・サム的な政治闘争の傾向など，これらを要因として加えることができる．前世紀末から顕著になった暴力と混乱の要因として，さらに冷戦終焉後の国際関係の変化を加えるべきである．これに関連して，先の外交官はイギリス外交の変化について興味深い記述をしている．イギリスの在ジンバブウェ高等弁務官事務所は，今世紀になると，野党の民主改革運動（Movement for Democratic Change: MDC）や反体制派を公然と支援した．イギリス外交官は勤務している国の内政について沈黙を守り，特定の組織に加担しないのが常である．イギリス政府が積極的に他国の内政に関与するのは，国益に関連する重要問題が生じたときであった．1980 年代には，イギリス政府は南アフリカに対してさえ，英連邦による制裁を行わないよう働きかけてきた．だからイギリスが南アフリカ大統領タボ・ムベキ（Thabo Mbeki）に対し，ジンバブウェ政府に強硬な姿勢を示すよう求めたとき，ムベキはアパルトヘイト時代の南アフリカに対するイギリスの対応を思い起こさざるを得なかった．ムベキからすれば，南アフリカでアフリカ人が苦しんでいたときに介入せず，ジンバブウェで白人入植者が迫害に会うと介入しようとするイギリスの態度は矛盾していたのである．

　「イギリスの姿勢は 1997 年に明確に変化した．その時の外務大臣，ロビン・クック（Robin Cook）は外交政策の倫理的次元について語り，外務省は国益とともに，人権を行動するときの理由として扱い始めた」[8]．かくして冷戦期にしばしば踏みにじられた人権尊重の原理は外交手段として積極的に用いられるようになったのに対し，アフリカ諸国には，人権外交を欧米の二枚舌として捉え，これに反発する風潮のあることは否定できない．2002 年の選挙における人権侵害に対する西欧諸国からの批判に対し，ZANU-PF は西欧の二重基準を攻撃した．この食い違いは西欧諸国と ZANU-PF との間にのみあるわけではない．

218 ── 第Ⅱ部　南部アフリカの現実

アフリカ諸国で実施された選挙について，欧米の選挙監視団によるものと，アフリカ連合（AU），南部アフリカ開発共同体（SADC），アフリカ諸国政府などの監視団によるものとは，評価がしばしば異なる[9]．こうした食い違いの背景には，歴史に対する見解の相違が存在するのである．

　2004年のSADC首脳会議において，当時のタンザニア大統領ベンジャミン・ムカパ（Benjamin Mkapa）は「植民地主義の下で，自由な市民の権利を否定した国，あるいはわれわれの苦しみや自由への願望に無関心であった国から，民主主義について講釈されるのはうんざりだ」と述べた[10]．征服や搾取の歴史を経て成立したアフリカ諸国は，国家主権とその維持こそ，再度支配されないために不可欠だという意識を強く抱いている．ゆえに人権抑圧への批判も植民地主義的介入であると受け止められることがある．アフリカ連合の連合憲章第4条には，現在の国境の尊重，内政不干渉の条項があり，アフリカ人権憲章でも人権に関して国内法による制約が認められている．したがって，後述するように植民地問題は終わったといわんばかりのイギリス政府が，ジンバブウェの人権状況を批判的に取り上げると，ジンバブウェの指導者はそれを植民地時代の父権主義の再来ととらえた．その結果，白人農場主や彼らを支援する人々への暴力の行使は正当であるという解放イデオロギーがよみがえったのである．

　本章では，ジンバブウェにおける政治的暴力を，植民地化から解放闘争までの暴力の歴史と関連づけて検討したい．さらに植民地支配とその後の変化に関するかつての支配者側の認識と，支配された側の認識との間の溝に注目し，これと国際的条件の変化と関連づけながらジンバブウェの解放と暴力の問題を論じる．

1 ── 植民地化と解放闘争

1. 入植植民地における解放闘争

　独立後のアフリカでは，クーデターや内戦を経験した国が多く，人々は国家権力による暴力のみならず，民衆相互の暴力にも曝されてきた．暴力が蔓延した原因は1つではなく，多岐にわたる．サルトルはファノンの『地に呪われた

第5章 ジンバブウェの解放と現代の暴力 —— 219

るもの』に寄せた序で，植民地支配のもと，父親が繰り返し鞭打たれる姿を目撃した子供は，加えられた迫害に匹敵する爆発的な激昂を内部に引き起こすと述べている[11]．彼は続いて，植民地での暴力の怒濤を「暴力のブーメラン」と称している[12]．入植植民地では，植民地政府とアフリカ人の間の支配・従属関係に加え，入植者とアフリカ人の間に緊張した人種関係がつくり出された．ジンバブウェにおける暴力を考察する際，この観点は欠かせない[13]．

　南アフリカ金鉱山の開発で莫大な富を手にしたセシル・ローズ（Cecil Rhodes）は，リンポポ川の北に横たわる地域の獲得に乗り出した．彼はチャールズ・ラッド（Charles Rudd）を派遣し，1888年にンデベレ王国のローベングラ（Lobengula）王を言葉巧みに説き伏せて，協定（ラッド協定）に署名させた．協定の内容は，王に年金や銃を供与するのと引き換えに，鉱物に関する一切の権利を得るというものだった．その後，ローズに騙されたと感じた王はイギリス女王ヴィクトリアにそのことを伝えたが，ローズの会社はイギリス政府からこの地域の管轄権を得るのに成功した[14]．

　さらにローズは，3000エーカーの土地と鉱区割り当て権を与えるという約束で人を募り，200人からなる遠征隊（パイオニアコラム）を組織して，1890年にショナ人の住むマショナランドの占拠に乗り出した[15]．ンデベレ王国の支配が部分的に及んでいるにすぎなかったマショナランドもラッド協定の対象地域に含まれていたからである．1893年には，鉱物資源，土地，そして略奪した牛を隊員に与えるという約束（ヴィクトリア合意）で，再び遠征隊を編成し，口実を設けてンデベレ王国を攻撃し崩壊させた．首長との協定でイギリスの保護領になった北ローデシアと異なり，マタベレランドとマショナランドは力ずくで征服されて植民地になったのである[16]．しかしショナ人全体を統括する王国は当時存在せず，そのような王国が崩壊したわけではないので，ショナ人のなかには，征服されたと受け止めない人々もいた[17]．いずれにせよイギリス南アフリカ会社の支配によるローデシア植民地が成立することになり，自らを征服者と考えた会社と入植者は，抵抗するアフリカ人に対して略奪と殺戮を行い，アフリカ社会に甚大な被害を与えた[18]．

　有力な王国や首長国が興亡を繰り返してきたマショナランドでは，19世紀末には多くの首長国に分かれ，相互に牛や女性・子供の略奪が繰り返されていた．

220 —— 第Ⅱ部　南部アフリカの現実

　会社が派遣した白人は，従来の外来者と同様に，金の採集や交易に来た者として受け入れられ，最初から敵視されたわけではない．アラブ人商人や，ポルトガル人と同様に一時的な滞在者と考えられていた．しかし彼らが家畜・労働力・土地を略奪するに及んで，首長国と会社の関係は次第に敵対的なものになった[19]．

　会社による支配が広がるにつれて，ポルトガル人との間で発展した交易路は破壊され，入植者による土地の収奪が進んだ．1893 年には家屋税（徴税は主に家畜で支払われた）が導入された．人々はこのような苦難を強いられたため，1896 年 3 月にマタベレランドで「反乱」が発生し，同年 6 月にはそれはマショナランドに波及した[20]．このときの「反乱」は，いまではチムレンガ（Chimurenga 抵抗・闘争），あるいは第 1 のチムレンガといわれている[21]．会社は，人々の不満が，干ばつやイナゴの被害，そして牛疫病によって強まったと記録しており，そのうえでマタベレランドでの「反乱」の要因として 2 つ挙げている．第 1 に，1893 年におけるンデベレ王国の征服が不完全であったこと，第 2 に好戦的で誇り高い種族であるンデベレが旧習を捨てきれず，定住して文明化することを受け入れなかったからだとしている[22]．

　マタベレランドでは会社とアフリカ人との交渉が行われ，民衆に対する首長の権威の承認と入植者の殺害に関与したものの処罰について合意がえられ，和平が成立した[23]．しかしマショナランドでは闘争が続き，それに対して徹底的な弾圧が行われた．会社はケープ植民地から援軍を得て，1897 年末にひとまず「反乱」を終息させ，5 名の首長および，宗教的指導者カグビ（Gumporeshumba Kagubi）とネハンダ（Nehanda）が処刑された[24]．会社側の死者は，「反乱」軍に殺害された入植者や戦闘で死亡した民兵や警察官などで，全部で 451 名，そのうちマタベレランドでは 260 名，マショナランドでは 194 名である[25]．

　入植者側の被害については克明に記録されているが，アフリカ人についてはそれに対応する記録がない．会社の掃討作戦ごとに，殺害した数を，20 名，60 名，あるいは 200 名などと具体的に示している場合もあるが，「重大な被害」「死者はかなり」「多数の死体があった」という記述が多く[26]，概数でさえ不明である．掃討作戦では，村々が焼かれ，穀物や家畜が奪われ，収穫前の畑が破壊され，人々の避難した洞窟が煙攻めにされ，あるいは洞窟にダイナマイトが

投げ込まれた[27]. したがって多くの犠牲者が出たことは疑いない.

　当時のイエズス会神父は次のように述べた.「原住民に対してできることは, かれらを飢えさせ, 土地を破壊し, 殺せるだけ殺すことだ」「この国の呪術師たちが排除されない限り, 平和を望めない」[28]. こうした発言からも弾圧のすさまじさを想像できる[29]. なお会社による支配の確立が遅れた北東部では, 徴税, 強制的な労働調達, 土地の収奪に反対する人々が, 1900年から02年にかけて, マポンデラ（Mapondera）を指導者として抵抗を試みた. その抵抗運動はポルトガル領内まで広がり, 会社の拠点が襲撃され, 関係者が殺害された[30]. しかし最終的に降伏したマポンデラは7年の重労働の刑を宣告され, 7週間後に死亡した.

　現在では, 1896-97年のチムレンガを第1のチムレンガ, 1960年代70年代の反植民地闘争を第2のチムレンガと称する. 第1のチムレンガは確かに解放運動の起源といえるが, ンデベレとショナとの連携については諸説あり, ショナのなかには反乱に加わらなかったどころか, 入植者側に加担した集団もいた[31]. しかもマショナランドでの反乱は, 各地域で分散して行われ, 相互の協力や組織化が不十分であったことが敗北の一因となった[32]. したがって, 民族主義運動の発展という点では, 第1のチムレンガと第2のチムレンガとの関連づけについてはいろいろな議論があろう[33].

　ただし次のエピソードは意味深い. 第2のチムレンガの指導者ンコモは, あるとき空港で, 第1のチムレンガの生き残りである90歳の老人から, 抵抗のシンボルである聖なる斧を手渡されたという[34]. 第1のチムレンガの性格については様々な議論があるにしても, このエピソードは, 第1のチムレンガが第2のチムレンガの先駆けであると人々に意識されていることをうかがわせる. 両者は植民地支配への抵抗とそれからの解放を目指したことで共通するが, 「反乱」が異なる地域の連携を促すような民族主義運動の先駆であったとはいい切れない. しかし「反乱」をそのように受けとめた人々がいたということは重要であろう.

　南アフリカで富と権力を得たローズの会社によって植民地化されたという点で, 南ローデシアは南アフリカを基盤として展開したイギリス帝国主義が生み出したものである. すなわちケープ植民地のいわば下位帝国主義による産物で

222 —— 第Ⅱ部　南部アフリカの現実

あり，その点で北ローデシアと同じである．しかし植民地化の過程ばかりか植
民地支配の形態において，南ローデシアと北ローデシアは著しく異なった．南
ローデシアでは白人入植者が 1923 年の投票で，南アフリカとの合併ではなく，
自治政府の樹立を選択した[35]．それによって南ローデシアは自治領にこそなら
なかったが，植民地省ではなく自治領省の管轄下におかれた．1931 年から自治
領首脳会議（のちに英連邦首脳会議）に参加した南ローデシアは，北ローデシア
など他のイギリス植民地とは異なる存在であった[36]．

　南ローデシア経済の構造も，植民地経済の通例とはかなり異なる特徴を帯び
ていた．植民地経済の特徴として広く見られるのは単一商品輸出構造だが，南
ローデシアでは農業，鉱業，製造業など各分野で発展が見られたのである．相
違は経済構造にとどまらない．入植者による自治は，南アフリカと同様に，ア
フリカ人に対する差別の制度化を意味した．モリス・カーター（Morris Cart-
er）を長とする土地委員会（1925）の提言で，白人地区で黒人による土地購入
が禁止される一方，黒人篤農家用の土地，すなわち原住民地域（のち原住民購
入地区，独立後は小規模農業地区となる）が設定された[37]．土地の配分は，白
人用地が 1970 万 ha，保留地（のち部族信託地区，独立後は共同体地区）が 1170
万 ha，原住民地域が 280 万 ha となった．さらに 1930 年土地配分法ではアフ
リカ人の居住地指定と隔離が実施された[38]．白人地区が全国土に占める割合は，
およそ半分，1941 年度で見ると 49.9％ を占めた[39]．さらに産業調整法，住民
登録法，原住民パス法などで，南アフリカに類似する人種差別体制が成立して
いった[40]．

　しかし南ローデシアは南アフリカなど他の入植植民地に比べ，不安定で脆弱
であった．アフリカへの入植者は経済的機会と政治状況に応じて各地を移動し
たため，入植者の社会はそもそも流動的で，南ローデシアはとりわけそうだっ
た．南アフリカに隣接していることは，南ローデシアの入植者に発展の可能性
と安心感を与えたかたわら，南アフリカへの人々の移動も促した．白人の人口
流出は解放闘争期から独立直後にかけて急増したが，その時期に限らない．
1890 年の遠征隊に参加した 700 人のうち，1924 年には 115 人しか残っていな
かった[41]．1955-79 年の入移民は 25 万 5692 人，出移民は 24 万 6047 人である．
他方，この期間の白人人口の平均は 22 万 5583 人であった[42]．人口規模に匹敵

第5章　ジンバブウェの解放と現代の暴力——223

する人々が移動したことになり，南ローデシアがいかに流動的で不安定な入植植民地であったかがうかがえる．

1960年に多くの植民地が一斉に独立するなど，アフリカの解放が急速に進むにつれ，それに脅威を感じた南ローデシアの白人社会は，1963年の選挙で改革に反対する強硬派，すなわちローデシア戦線を政権の座につかせた．翌年イアン・スミス（Ian Smith）が首相になり，南ローデシア政府は1965年11月にイギリスに対し一方的な独立宣言（Unilateral Declaration of Independence: UDI）を行い，国名をローデシアとした．イギリス本国に反逆して独立宣言をしたのは，北アメリカの植民地に次ぐ2番目の例である[43]．

ネーサン・シャムヤリラ（Nathan Shamuyarira）はこの宣言の直前に執筆した自伝で次のように述べている．入植者の横暴はイギリス政府の責任であり，長年の無策で生じた問題を解決する義務がイギリスにあるという．南ローデシアに対する最終的な権限は，ローデシア軍の指揮権も含め，イギリスが有している．にもかかわらず，もしも一方的な独立の宣言を阻止しなければ，あるいは宣言された場合にそれを無効にしなければ，イギリス政府は入植者のためにアフリカ人を見すてたことになる．そうなると何が起こるだろうか．12人以上の集会を開くのに警察の許可が必要である社会では，ガンジーの非暴力運動は不可能である．ガンジーはイギリス国内からの支援を，アメリカの公民権運動はワシントンからの支援を期待できた．ローデシアの政権は非暴力運動を無視し，イギリスが行動しなければ，アフリカ人は暴力を用いざるを得なくなるだろうとシャムヤリラは述べている[44]．彼はさらにこう締めくくっている．「ローデシアが直面している危機は通常の政治的危機ではない．それは私のようなすべての普通のローデシア人にとって重大な個人的かつ人間的悲劇であり，アフリカでイギリスの政治手腕が試される最終的かつ真の挑戦である」[45]．

しかし悲劇を回避するため，イギリス政府に向けられた最後の期待は裏切られてしまった．UDI直前の10月にイギリス首相ハロルド・ウィルソン（Harold Wilson）は，ローデシア問題で軍隊を送ることはないと表明し，その結果，スミス政権が望んだ入植者の国，ローデシアが成立した[46]．イギリスが実力行使に踏み切らなかったことは，ローデシアのアフリカ人のみならず，他のアフリカ諸国の人々，とりわけザンビアの大統領ケネス・カウンダ（Kenneth Kaun-

224 ── 第Ⅱ部　南部アフリカの現実

da）やタンザニアの大統領ジュリアス・ニエレレ（Julius Nyerere）を深く失望
させた．当時のイギリスは労働党政権であったため，期待が裏切られたという
思いは一層強かった．

　ザンビアの外務大臣サイモン・カプエプエ（Simon Kapwepwe）は国連で，
「ウィルソン内閣の対アフリカ政策は人種主義によって動かされている」と述
べた[47]．その後，イギリスは経済制裁を行ったが，それはアフリカ人による多
数支配を実現させるためではなかった．UDI がイギリスにとって反乱である以
上，ローデシアをイギリス政府管轄下にある合法政府，すなわち独立宣言以前
の南ローデシアに戻すことが目的であった[48]．しかしローデシア政府は南アフ
リカの支援を受け続け，制裁による影響は緩和された．アフリカ人からすれば，
イギリスは手を拱いて傍観したに等しく，その結果，1972 年末から武力による
解放闘争（第 2 のチムレンガ）が開始され，多くの人命が失われることになっ
た[49]．

　ローデシア軍は 9 万人であったが，それには南アフリカやポルトガルからの
志願兵数千人が含まれている．ローデシア政府はアメリカから軍用ヘリコプタ
ーを，フランスからはミラージュ戦闘機を購入し，世界銀行からも引き続き融
資を受けていた．国内では戦略的観点から 75 万人が 220 の保護村と称すると
ころに強制移住させられ，解放勢力を支援する近隣のモザンビーク，ザンビア，
アンゴラはローデシア空軍による爆撃を受けた[50]．

　モザンビークにあったニャゾニア（Nyadzonia）難民キャンプは，1976 年 8
月 8 日早朝，モザンビーク人民解放戦線兵士を装ったローデシア軍に攻撃され，
国連難民高等弁務官事務所によれば 675 人，恐らくそれ以上の人が殺害され，
500 人が負傷した．その口実はゲリラ基地であるキャンプへの攻撃だが，攻撃
に加わった者の証言によると，このキャンプの難民がゲリラになる前に彼らを
殺害することが目的であったという[51]．1977 年 11 月 23 日から 3 日間にわた
り，ローデシア国境から 75 キロにあるモザンビーク領内チモイオ（Chimoio）
も爆撃とヘリコプター部隊による攻撃を受けた．ZANU の軍事組織であるジン
バブウェ民族解放軍（Zimbabwe National Liberation Army: ZANLA）の司令部
があったチモイオでは，住人 8000 人のうち 5000 人がゲリラ兵になる訓練を受
けていた．作戦は前年に発生したイスラエル特殊部隊によるエンテベ空港襲撃

に倣った綿密な計画に基づいて行われ，85人が死亡，500人以上が負傷した．ここには学校や病院があり，女性や子供にも多くの被害が及んだ[52]．

　このようにアフリカ人の民衆が被った被害ばかりか，戦争遂行で生じたローデシア政府の負債も負の遺産として，独立後の新政府にのしかかった．イギリスの不作為に近い態度は，こうしてジンバブウェの将来に暗い影を落とすことになった．さらに重要なことは，政権側との激しい戦いが解放組織内部の抗争と暴力を助長し，軍事優先の体質を強めたことである．独立後の国軍は解放軍の継承者として，解放イデオロギーの守護者であるという自負を強く抱いた．政府を批判する者は解放闘争に対する裏切り者として，容赦なく弾圧されるようになる．

　ムガベは戦場の経験がなく，解放軍兵士の信望篤いジョシア・トンゴガラ（Josiah Tongogara）のような軍指導者ではなかった．しかしムガベ自身も政権維持のために軍への依存を強めていった．後述する第5旅団によるマタベレランドの掃討（グクラフンディ）はZANU-PFの支配を確実なものにした．ムガベはモザンビーク内戦に最大1万人の兵を送り，重要な輸送路であるベイラ回廊を確保し，さらに1998年からの第2次コンゴ内戦にも介入したが，それは国益よりも軍幹部の利益のためであったといわれている[53]．

　ZANU-PFは多くの農民がZANUの解放闘争を支援したと主張してきた．ジンバブウェ研究の先駆者であるテレンス・レンジャー（Terence Ranger）も，祖先の土地を取り戻したいという農民と解放軍兵士との強い結びつきを指摘する．白人農業と敵対的な農民たちは，解放軍の働きかけによって急進化する素地を持っていた[54]．このような主張に対して，ノーマ・クリーガー（Norma Kriger）は農民がしばしば強制的に動員され，物資の提供をさせられたとし，従来の研究では解放軍による強制の事実が軽視されてきたという．クリーガーはアフリカ人内部にある不平等への不満に注目し，首長と農民，若者と年長者，ジェンダー差別，そして原住民購入地区の農民と共同体地域の農民などをめぐる不平等こそが農村での問題であったという[55]．解放闘争と地域住民の関係について，東部マニカランドで行われた調査によると，政府の土地政策とプランテーション農業の展開によって農民の生活が脅かされ，このことが解放闘争支援につながったという[56]．いずれにせよ民族解放の大義ではなく，農民の具体

226 —— 第Ⅱ部 南部アフリカの現実

的問題が解放闘争と関わっていたということであろう．指導者と一般民衆との間に目的意識の相違があるのは，ジンバブウェに限ったことではなく，他の解放闘争でもみられる．問題はその乖離の克服の仕方が闘争を特徴づける点にあるといえる[57]．

　農民は解放戦線と政府の両方から異なる要求を突き付けられた．ゲリラに協力したことが政府側の兵士にわかれば，農民は面倒に巻き込まれるが，ゲリラに協力しないわけにもいかなかった．時にはZANUによる農民の強制的な動員が行われた[58]．しかしZANUは毛沢東理論にのっとり，「人民の海」の中に入り，農民の支持を得ながら勢力を拡大しようとした．農民は解放軍兵士に食料を提供するなどの支援を行ったが，政府はそれを阻むために，保護村を創設し，そこへ農民を強制的に移住させて管理下に置いた．しかしこの政策は，農耕や日常生活で農民に不便を強いることになり，かえって農民は解放軍を支援するようになった[59]．

2. 反植民地運動における対立と暴力の構造化

　解放闘争はその英雄的な面が強調されがちである．とりわけ解放組織が政権を掌握すると，政府は闘争を美化し，都合の悪いことを隠蔽する．ジンバブウェにおいても，政府はもちろん研究者も，解放運動の組織内部での権威主義，成員間の不寛容そして暴力の存在を軽視するきらいがあった[60]．逆に批判点ばかり強調するのも問題であるが，解放組織における暴力性に注目することは，解放の意味と独立後の問題を考えるために必要である．

　解放組織の内部対立の激しさは，ハーバート・チテポ（Herbert Chitepo）爆殺事件にうかがわれる．チテポはローデシアの黒人として，初めて弁護士資格を取得した人物であり，武装闘争重視の急進派を代表する指導者であった．1975年3月ザンビアの首都ルサカで，彼は車に仕掛けられた爆弾で殺された．ザンビアの大統領カウンダはローデシア政府との協議を重視し，解放勢力間の内部対立に批判的であった．したがってカウンダと，武力闘争の継続を主張するチテポとの関係は良好でなかった[61]．それゆえザンビア政府とチテポ暗殺との関わりが噂された．ザンビア政府はアフリカ諸国やアフリカ統一機構から募った人員で調査委員会を設置し，真相究明を行った[62]．ザンビア政府への疑念を払

拭させることが委員会設置の目的だったといわれている[63].

　同委員会は翌年4月に報告（The Report of Zambia's Special International Commission）をまとめ，それに基づきザンビア政府は，事件の原因はZANU内部の民族・地域間対立，すなわちトンゴガラ[64]などショナ・カランガとチテポなどショナ・マニカの間の主導権争いであると結論づけ，トンゴガラをはじめ多くの活動家を拘束した[65].

　ザンビア政府はこの事件を利用して急進派を押さえつけ，穏健派を中心とした解放勢力の統合をもくろんだと考えられる．ローデシアの放送局も，「ZANUのテロリストを逮捕したカウンダに感謝する．今度はローデシアで彼らの痕跡を破壊する番だ」と歓迎した[66].　ザンビアは経済的苦境に直面していたため，紛争を早期に終わらせる必要があった．さらにザンビア政府は，多くの難民を引き受けることで，対立と社会的不安が増加することを懸念していた．当時ザンビア政府は，自国の安定化を優先せざるを得なかったのである．したがってチテポ暗殺の犯人探しは，ザンビア政府に都合の良いシナリオに沿って進められた．政府はあらかじめ用意した文章を被疑者にそのまま書き写させ，署名を強要した．被疑者に対する取り調べと拘置所の状況が過酷であったため，支援者はロンドンで「デタントの代償——スミスのためにZANU解放戦士を処刑しようとしている」というパンフレットを作製し配布した[67].　裁判では，提出された証拠が拷問によるものであると判断されたため，全員が無罪となった[68].　結局，チテポ暗殺の真相は明らかにならず，ローデシア政府の諜報機関やザンビア政府が関与しているという噂は絶えなかった．

　この事件については，前年の12月にZANUで発生したトーマス・ンハリ（Thomas Nhari）などによる反乱との関係が指摘される．ンハリはZAPUを離脱してZANLAに加わった軍事指導者で，ソ連で軍事訓練を受けた．ZANLAの人数は1972年には200人程度に過ぎなかったが，1974年には3000人に急増し，そのため武器や食料の不足が顕著で，参加した若者の間に不満が高まった[69].　さらにンハリはソ連製の武器の使用を主張し，ZANUが中国からの支援を重視することに不満を募らせていた[70].　このような不満を背景に，トンゴガラなど指導部の人間がヨーロッパやタンザニアに出かけたのを見計らい，指導部に批判的なものたちが，ザンビアのチホンボにあった解放軍基地を占拠した．

228 —— 第Ⅱ部　南部アフリカの現実

しかしこの反乱は失敗に終わった.

　反乱者の処罰について，穏便な対応を求めるチテポと，厳罰を主張するトン
ゴガラとが対立し，結局トンゴガラの主張通りにンハリなど首謀者が処刑され
た[71].　両者の対立は，チテポがマニカ，トンゴガラがカランガであるため，民
族間の権力闘争であったとする見方がある.　しかしチテポなど政治的指導者た
ちと，トンゴガラなど軍事的指導者たちの間の対立という側面も重要である[72].
こうした経緯があったため，チテポ暗殺にトンゴガラが関与していたという疑
念が生まれたのである.　ンハリの反乱に続くチテポ暗殺は，その犯人探しとは
別に，ZANU 内部での疑心暗鬼と対立を強める結果になった.

　なおトンゴガラは独立直前にモザンビークでの交通事故で死亡した.　彼は
ZANU と対立する ZAPU の指導者ンコモとの協力を模索していたため[73]，交
通事故ではなく暗殺ではないかとの憶測がながれた[74].　このことも ZANU 内
部での権力闘争とそれによる緊張の強さをうかがわせた.　ZANU の主な支持基
盤となるショナ人には 6 グループがある[75].　トンゴガラの出身であるカランガ
は人口のおよそ 35% を占め，兵士と軍指導者を多く輩出した.　人口の 25% を
占めるゼズルはムガベの出身集団でカランガと緊張関係にあった[76].

　解放運動で共闘した様々な民族や地域の人々が，独立後には次第に対立する
傾向が各地で見られた.　ジンバブウェの場合は，解放闘争の過程で上述の如く
厳しい内部対立を経験したが，より一層深刻な影響を与えた対立は ZANU と
ZAPU の対立である[77].　1963 年に ZAPU から脱退したンダバニンギ・シトレ
(Ndabaningi Sithole) などによって，新たに ZANU が設立された.　もともと両
組織にはショナとンデベレのどちらの民族もいたのだが，次第に民族・地域間
の対立の様相を強めていった.

　ンデベレは王国の栄光を引き継ぐ人々である.　しかしショナ人の見方では，
ンデベレは，南アフリカのズールー王国の拡大による諸民族の大移動，いわゆ
る「大変動（ムフェカネ）」の結果，1820 年代から 30 年代にかけてジンバブウ
ェ南西部にやってきた新参の移動民である.　ンデベレはショナを攻撃し，牛と
女性を略奪する好戦的な集団であるという考えは，植民地の支配者によって広
められた[78].　そして南ローデシアはマタベレランド，マショナランド，マニカ
ランドと民族名を付けた地域に分割され，その結果，民族による差異化が強め

られた.

　マタベレランドとされた地域にはンデベレ以外の民族も多く住んでいたし，ショナはマショナランドにだけ居住していたわけではない．そもそもショナという語は，類似する言語・文化を持つ複数の集団を指して植民地支配者が用いたことに始まる[79]．植民地政府による支配と力の行使はアフリカ人の分断を助長したのである．こうした歴史的背景によって反植民地運動が民族的対立を伴って展開した．対立はもともと指導者の考えや運動方針の違いによるものであったが，次第に民族間対立の色彩を帯びていったのである[80]．

　ZANU はマショナランド，マニカランド，マシンゴなどショナ人が多い地域を基盤にし，他方で ZAPU は次第にマタベレランドの人々から強い支持を得るようになった．ZANU は軍事組織 ZANLA の基地をモザンビークに置いたため，国境を接するショナ人地域に浸透することが容易であった[81]．それに対して，ZAPU の軍事組織であるジンバブウェ人民革命軍（Zimbabwe People's Revolutionary Army: ZIPRA）は，その基地がザンビアにあり，ンデベレ人の地域と接していた．このような違いにより，2 つの組織の違いはさらに明確化した.

3. 南部アフリカにおけるローデシア問題

　1975 年のモザンビーク独立は状況を一変させた．ザンビアからローデシアへゲリラが出撃するにはザンベジ河を渡らなければならないが，モザンビークからの侵入ははるかに容易であった．闘争の激化と国際的な批判によって，ローデシア政府が次第に追い詰められるかたわら，南アフリカも解決を促すようになった．他方，近隣のアフリカ諸国も，ローデシアで展開する闘争やローデシア軍の攻撃により，直接・間接の被害を受けていたため，ローデシアでの戦闘の終息を望んだ．ザンビアはローデシアとの経済関係の再開を必要とした．ザンビアの国軍を上回る規模の ZAPU の兵員が，ザンビア国内にいることは望ましいことではなかった．ローデシア軍の介入が続くことは，独立間もないモザンビークにとって国内の安定を脅かすものだった．こうした状況を踏まえ，南アフリカとザンビアの首脳はお互いに協議しながらスミス政権と解放勢力とに働きかけた．カウンダはスミスや南アフリカの首相バルタザール・ヨハネス・フォルスター（Balthazar Johannes Vorster）をザンビアに招き会談を行った[82]．

230 —— 第Ⅱ部　南部アフリカの現実

　南アフリカはローデシア政府に圧力を，南部アフリカ諸国（フロントライン
諸国）は解放勢力に圧力をかけ，1979 年 9 月から 12 月，イギリス政府が主催
する会議（ランカスター会議）がロンドンで開かれることになった．経済危機
の克服と安全保障のために，フロントライン諸国は協定締結を強く望み，イギ
リスと解放勢力に圧力をかけた．ンコモは，彼の後ろ盾であったカウンダの意
向を踏まえて行動した．しかしスミス政権と妥協することに強く反発したムガ
ベは，たびたび会議からの離脱を示唆した83)．会議をボイコットしたムガベに
翻意を促すため，モザンビークの大統領サモラ・マシェル（Samora Machel）
は人を派遣し，空港で会議に戻るよう説得を試みることさえあった．ムガベが
会議への参加を拒否するなら，モザンビークは ZANU の基地を国内に置くの
を認めないと警告した84)．解放闘争を支援するフロントライン諸国も，ローデ
シア政府を支援する南アフリカも，支援による疲弊から逃れようとしていたの
である．

　イギリスでは 1979 年 5 月に，労働党政権に代わって，マーガレット・サッチ
ャー（Margaret Thatcher）率いる保守党政権が成立した．スミスは保守党政権
に期待した．サッチャー政権の外相としてランカスター会議の議長を務めたピ
ーター・キャリントン（Peter Carrington）は回顧録で，「ローデシアの白人と
その利益について，イギリス政府に大きな責任があることはよくわかっていた．
彼らは自らの努力によって開発した土地の少数派である」と記している85)．
入植者の利益をまず考えるのは，当時の保守党のみならず，イギリス国民にか
なり共通していた姿勢といえるであろう．しかし国際的な潮流とそのなかでの
イギリスの国益とを考えたキャリントンは，保守派の一部から「裏切り者」
「縛り首にしろ」と批判を受けながらも，白人少数政権を延命させるために手
を貸すことを拒んだ86)．第 2 次世界大戦後に大きく変わった国際環境のなかで，
ナイジェリアやインドなど英連邦諸国の意向を無視して，国際的な孤立の道を
歩むわけにはいかなかったのである87)．冷戦の最中，イギリスもアメリカと共
に，ローデシア問題の迅速な解決を目指さざるをえなかった．その結果，いず
れの当事者も不本意な妥協を強いられながら，協定の締結に至り，その協定に
基づいて，1980 年 2 月に，各勢力が参加した総選挙が実施され，その結果
ZANU-PF が勝利し，ムガベ政権が成立することになったのである．

第5章　ジンバブウェの解放と現代の暴力──231

4. 対立と暴力の継承

　ZANU と ZAPU は互いに対立しながら解放闘争を行ったが，独立直前に実施された選挙でその対立構造が明確になった．マショナランド中部，同東部，同西部，マニカランド，マシンゴの5州に割り当てられた議席数52のうち，ZANU-PF が48議席を獲得し，他方マタベレランド北部，同南部の2州に割り当てられた議席数16のうち，ZAPU が15議席を得た．すなわち国の北東部では ZANU-PF が，南西部では ZAPU が圧勝した．1985年に行われた独立後最初の総選挙では，与党 ZANU-PF が獲得議席を伸ばし，他方で ZAPU の獲得議席はマタベレランド北部と東部に限られた[88]．国内の二極化が明確となり，それが民族間対立と受け止められるにおよんで，独立時に目指された連合政権による国民統合は極めて危うい状況に陥った．

　独立直後の主要な課題は，ZANLA と ZIPRA，そしてローデシア軍を統合し，ジンバブウェ国軍を組織すること，および解放軍兵士を武装解除することであった．当初は ZANLA と ZIPRA を対等に扱うとされたが，ZANLA の将兵の昇進が ZIPRA に比して早く，軍の重要な地位を占める割合も高まった．それに対し ZIPRA の将兵は差別されていると感じ，不満を強めた[89]．なお ZANLA の指揮官トンゴガラが，国軍への統合の前に，ZANLA を3つのグループに分けた．全体のおおよそ3分の1にあたる2万人は，各派の合意に従い指定のキャンプに集結し，数千人は ZIPRA やローデシア軍による敵対行為に備え，かつ来たる選挙で選挙民に影響を及ぼすため農村部にとどまった．残りは国外にとどまり，不測の事態に備えた．権力の移行過程で，いかに ZANU 指導部が疑心暗鬼にかられていたかがうかがえる．しかし ZAPU は，この第2グループの存在が選挙での ZANU 勝利の要因であり，選挙の公正さを損なったと主張した．これが独立後の対立をさらに激化させた[90]．

　ZANLA と ZIPRA は，独立直後の1980年11月と翌年2月と，2度にわたり衝突した[91]．政府は元兵士から武器の提出を求め，所持し続ける場合は新たな登録を要求し，違反者には5年の刑を科すこととした．ところが1982年にマタベレランドの中心都市ブラバヨの近郊で大量の武器が発見された．発見場所はいずれもンコモが設立に協力した私企業の所有地であったため，ZIPRA の

232 ── 第 II 部　南部アフリカの現実

元幹部 2 名をはじめ，関係者が逮捕されたばかりか，ンコモとマタベレランド出身の閣僚 2 名が罷免された．それによって独立以来の連合政府は崩壊した．

　この事件について，異なる 2 つの解釈が可能である．政府が国民統合と民族共存を目指していたにも拘らず，大量の武器が隠匿されていた．これはクーデター計画を予測させるもので，ムガベはンコモと ZAPU に対する信頼を失い，弾圧に転じた．これが第 1 の解釈である．もう 1 つの解釈は，ムガベはンコモと ZAPU を排除する機会をうかがっており，武器隠匿を弾圧の口実にしたというものである[92]．ンコモは民族主義運動の先駆者を自負していたが，ムガベはンコモの老獪な妥協的姿勢を嫌い，両者は対立的な関係を強めてきた．この事件が発生した時，ンコモは次のことを耳にした．ムガベは ZAPU をコブラにたとえ，「蛇を最も効果的に退治する方法は，その頭を打ち砕くことだ」と発言したそうである[93]．ムガベが一党制を望んでいたこと，彼が唱えた共存は，主に経済的理由による白人との共存であったこと，武器が様々な所に隠されているという噂は，当時広く流布していたこと，これらから考えると，武器隠匿事件を政敵排除のために利用したという第 2 の説が妥当性を持つ．

　しかし独立間もない時期に，過剰といえる弾圧が行われたのは，ムガベが抱かざるを得なかった危機感に起因する．不満を持つ元 ZIPRA 兵士の反政府活動には，近隣諸国の不安定化をもくろむ南アフリカの支援があった[94]．南アフリカは ZAPU と ZANU-PF の相互不信をあおり，黒人が安定した統治を実現できないことを，ジンバブウェの例で示そうとした[95]．82 年の隠匿武器発覚事件は，南アフリカが ZANU と ZAPU を分裂させるために仕組んだ陰謀ともいわれている．ムガベは旧ローデシア政府の諜報責任者などを独立後も登用したが，他方で彼らの一部は南アフリカの手先として暗躍し，彼らが武器を用意し，時期を見計らって隠匿情報を意図的に流したという．このような策謀はその後も続いた[96]．

　詳細は不明であるが，1981 年 8 月ハラレ郊外にあった武器庫の破壊，1982 年 7 月グウェル空軍基地での航空機の破壊が南アフリカの工作員によって行われた．さらに「ドラマ作戦」というコード名の下で，南アフリカは反政府勢力を支援した．その支援を受けた集団はスーパー ZAPU と呼ばれた．スーパー ZAPU は主にマタベレランド南部で 1982 年末から 1984 年中ごろまで活動した[97]．こ

のような南アフリカに移動した旧ローデシア軍人・諜報員の介入が，過酷な弾圧をもたらした要因の1つであったと考えられる[98]．

　ムガベが南アフリカなどからの介入を恐れるようになったのは，独立直前の選挙とそれに続く政権移行の時からである．スミス政権とローデシア軍部の目的は，選挙でのムガベの勝利を阻み，ンコモとアベル・ムゾレワ（Abel Muzorewa）による連立政権をつくることであった．それが実現しない場合には，イギリス政府に選挙無効の宣言を迫る手筈で，これらがいずれも失敗した場合には，ローデシア軍とZIPRAを出動させることを考えていた[99]．実際には，ZANUが圧勝し，ローデシア軍もZIPLAも介入しなかった．しかし新政権は，イギリスにも，入植者にも，もちろんZAPUにも，歓迎されていないことを，すなわち敵意に囲まれていることを知っていた．幾多の策謀の背後には，圧倒的な軍事力を誇る南アフリカが見え隠れしていたのである．

　元ZIPRA兵士の反政府活動に，ZAPUの幹部が関与したという明確な証拠はなかった．しかし政府は両者を結びつけ，さらにマタベレランドの住民も反政府活動の支援者であると見なして迫害するようになった．ZAPU関係者への差別，ZAPU関係企業の資産凍結などの弾圧で，マタベレランドは不安定化した．それに対応する措置として今度は，政府が掃討作戦を展開した．それは「グクラフンディ」（Gukurahundi「春の雨が来る前に屑を洗い流す雨」の意）といわれた．その結果，1983年1月からZANU-PFとZAPUが統一する1987年末までの間，とりわけ第5旅団がマタベレランドで活発に展開していた1984年末までに，元ZIPRA兵を主とする反政府勢力や多くの住民が政府による組織的な暴力の犠牲になった．殺害された人の数は数百名から2万人まで諸説あるが[100]，裏付けを示した推定では3000人以上恐らく3750名程度である[101]．

　マタベレランドとミッドランドの一部で行われたこの作戦には2つの側面があった．第1は武装した反政府勢力と国軍との対立であり，第2は朝鮮民主主義人民共和国の訓練を受けた第5旅団に加え，中央情報局，警察の情報部門，そしてZANU青年部による，ZAPUの支持者に対する迫害である．政府はZAPU支持者と反政府勢力の支持者を同一視した．元ZIPRA兵士による暴力を住民は支持していなかったが，政府に通報すれば報復され，政府に知らせなければ仲間と見なされ政府から追及された[102]．その結果，大量の民間人が犠牲

234 —— 第Ⅱ部　南部アフリカの現実

になったのである.

　グクラフンディの目的は反政府武装勢力の掃討にとどまらず，ZAPU 支持基盤を崩壊させ，人々に恐怖心を植え付けることによって ZANU-PF による支配を確立することであったといわれる．多くの人々が国内およびボツワナに避難所を見つけ，難民化した．迫害された一般農民のなかから，スーパー ZAPU に加わり反政府活動に従事する者が生まれても不思議はなかった．その結果であろう，反政府武装勢力による殺害，性的暴行の件数は 1983 年 1 月から 84 年 6 月に比べ 1985 年・86 年の 2 年間の方がはるかに上回っている[103].

　なおグクラフンディの被害者からの聞き取りをもとに，この悲劇の実態を捉えた報告書さえ指摘したつぎのことも重要である．ムガベはこの悲劇の責任を最も問われるべき人物であるが，同時に彼はしばしば暗殺の危険にさらされ，選挙中も暗殺されかけ一命を取り留めたことがあったほどである．1981 年 12 月には，南アフリカの工作員がムガベ暗殺を試み，翌年 7 月には元 ZIPRA 兵士が官邸を銃撃した．独立後のジンバブウェ政府が内外から攻撃されたばかりでなく，ムガベ自身にもその脅威は及んでいた[104]. このことはグクラフンディの悲劇の免罪にはならないが，それが暴力の連鎖の一環であったことを否定できない.

　やがて「反乱分子」135 名の免罪と収監されていた 75 名の釈放を条件に，ZANU-PF は ZAPU との合併を働きかけ，両者は 1987 年 12 月に統合された[105]. しかしこれは ZANU-PF による強制的な吸収であり，ムガベによる独裁の幕開けであった[106]. 多様性のなかの統合どころか，ZANU 化（Zanufication）さらには ZANLA 化（Zanlafication）が推し進められた[107].

　マタベレランドの人々は南アフリカ会社に抵抗したが植民地化され，ローデシア政府との戦いの末に得た独立は，後述の土地問題について解決をもたらさなかったどころか，ZANU-PF による新たな支配をンデベレに加重したのである[108]. 人口の圧倒的多数を占めるショナ人に対して，ンデベレとその居住区は周辺化された．ZAPU と ZIPRA の解放闘争における功績は無視され，その記録さえ破壊された[109]. ジンバブウェ人としてしかるべき扱いを受けていないと感じたンデベレが，今度は彼らの祖国 Mthwakazi，すなわちマタベレランドとミッドランドの解放を目指すとしても不思議ではない．ンデベレ人にとっ

第 5 章　ジンバブウェの解放と現代の暴力 —— 235

て植民地支配からの解放はほろ苦いものになったのである [110].

　なおグクラフンディに対する欧米諸国の関心や批判は強くなかった．1980 年代の人々の関心は，ローデシアからジンバブウェへの政権移行や新政権の経済政策と外交政策に集中していたからである [111]．政府の弾圧に直面して，ンコモは従来からの支援者であったロンローやダンロップなどの企業に助けを求めるが，ジンバブウェにおける経済的利害を優先する企業から見捨てられた [112]．他方でローデシア時代の治安機構を継承した新政権は，1965 年以来の非常事態宣言も維持し，表現・集会・結社の自由の制限，無期限の拘留などで，反政府勢力の弾圧をおこなった [113]．グクラフンディにより生命の危険を感じたンコモは一時ロンドンに亡命する．彼は次のように述べている．「独立という民族的な権利を勝ち取ったが，人権は抑圧されている」[114]．南ローデシアにおける民族主義運動の父とも言われたンコモが，独立のわずか 3 年後に，政府による弾圧から逃れるため，密かに出国せざるを得なかったということは皮肉である．

　ジンバブウェの混乱を「予見できた悲劇」とする見方がある．ジンバブウェの政治文化には暴力が根ざしており，選挙には常に暴力と脅しがつきまとっていた．敵対する者に対して躊躇なく暴力をふるう体質は，ZANU 形成以来のものである．こうした体質を持つ勢力が，解放闘争を主導するに至った理由は，偏狭な人種主義を掲げる白人少数政権（スミス政権）の存在とそれによる一方的独立宣言であった [115]．この主張は，暴力の連鎖という点で，本書でこれまで述べてきたことと一致する．

　また，政権の暴力をジンバブウェ国家の特徴と関連させることもできる [116]．ジンバブウェは内閣や議会ではなく，与党 ZANU の中央委員会が実権を握る国家であるため，党の性格が決定的な影響力を持つ．解放闘争を勝利に導いた社会主義を掲げる政党 ZANU-PF は，権威主義・軍事中心主義という特徴を帯びていた．政権批判は解放闘争の大義を否定することに等しく，容赦ない弾圧や脅迫の対象になったのである [117]．このような解釈は誤りではなく，背景の理解に有益である．しかし与党の性格が暴力と大いに関係したとはいえ，その観点でとどまってしまうわけにはいかないだろう．「予見できた悲劇」という考えでは，土地改革も権力維持のための方便であったという見解に落ち着いて

236 ── 第 II 部　南部アフリカの現実

しまう[118]．21 世紀のジンバブウェ国家による暴力の背景として，様々な主体間の関係性を追求する必要があるだろう．

2 ── 土地改革の停滞と植民地責任

1. 土地問題と改革の停滞

　独立後のジンバブウェの社会構造は，多くの旧植民地と異なる特徴を持っている．それはすでに植民地時代から，限られた種類の原材料の生産と輸出に依存する単一商品輸出構造を成していなかった．ジンバブウェでは製造業の比率がアジアの中進国なみに高いが，1 人当たりの国民所得は極めて低い．平均寿命は短く，他方で教育指標は極めて高い[119]．独立後，驚異的に就学率を向上させるが，それは政府が教育の普及に努めたからである[120]．南アフリカと同様に，所得配分は極めて不平等であったが，南アフリカと異なるのは，ジンバブウェでは白人農場主の経済的・政治的影響力が大きいことだった．独立後のジンバブウェにとって土地改革は極めて重要な課題であった．

　土地改革に決定的な影響を与えたのはランカスター協定である．これは独立直前の 1979 年にイギリスを含むローデシア問題の当事者による会議（ランカスター会議）で締結された．この協定で私有財産の保護が規定され，入植者の所有する土地は強制的に収用されず，市場での売り買い（willing seller, willing buyer）によって土地再配分が行われることになった．タンザニア大統領ニエレレは，イギリス政府がケニアで実施したように，土地買い上げのための資金をジンバブウェ政府に援助する案を提示し，アメリカの国務長官ヘンリー・キッシンジャー（Henry Kissinger）も 10 億ドルの国際基金プランを提案した．ケニアの場合，イギリスが土地改革のために資金援助を約束し，16 年間に 3300 万ポンドで白人の農地 350 万ヘクタールが買収され，そこに 50 万人以上の農民が入植した[121]．しかしイギリスはジンバブウェに対しては，土地改革のために基金の設置を行わず，援助額も明示しなかった．

　ムガベは，独立後の政府が土地を強制的に収用しないで，白人が売る土地を買い上げて農民に配分するという案に異を唱えたが，ザンビアのカウンダ大統

領，タンザニアのニエレレ大統領，モザンビークのマシェル大統領から，協定に合意するよう促された[122]．武力での勝利を目指し，かつ勝利を確信していたムガベにとって，ランカスター協定での妥協は不本意であった．だからこそ，以後彼は何かにつけ，1979年に不本意な妥協をせざるを得なかったことを思い起こしたのである．

　独立時の大規模白人農家は5400戸，その平均面積は2407ヘクタール，合計面積は1300万ヘクタールで，全農地面積の39.9%を占めていた．それに対してアフリカ人共同体地域農業は70万戸，平均面積23ヘクタール，合計面積は1640万ヘクタールで全農地面積の49.2%であった．小規模商業農家（原住民購入地区農業）は8500戸，平均面積165ヘクタール，合計面積は140万ヘクタールで全農地面積の4.2%であった[123]．独立後，大規模農家の戸数と農地面積は減少した．しかし依然として肥沃地の56%，公式部門雇用者数の4分の1を占め，農場主と雇用者及び彼らの家族の総数は190万人（全人口の20%）にのぼっていた[124]．1989年の種類別農家戸数と規模は，共同体農家戸数が80万戸，その農地面積が1635.5万ヘクタール，全農地面積に占める割合は49.6%，小規模商業農家はそれぞれ8600戸，140万ヘクタール，4.2%，再入植農家は5万2000戸，309万ヘクタール，9.4%，国営・協同組合は88.4万ヘクタール，2.7%，大規模商業農家は4500戸，1127万ヘクタール，34.1%である[125]．

　大規模商業農家の内訳をみると，1000ヘクタール未満の農家が2410戸で，全戸数の51.8%を，1000-3999ヘクタールの農家が1736戸で，37.2%を占めていた（1988年）．他方，数の上では大規模商業農家全体の6.0%を占めるに過ぎない4000-7999ヘクタール規模の281戸と，全体の5.0%を占めるに過ぎない8000ヘクタール以上の233戸が，農地面積全体のそれぞれ14.1%，47.8%を占めていた．すなわちジンバブウェ農業は大規模農家と小農からなる二重構造が特徴であるばかりか，大規模農家の間でも，11%の農家（514戸）が大規模農家所有の農地面積の61.9%，全農地面積の27%を占め，極端な不均衡があった[126]．

　独立後の政府は土地改革を慎重にすすめた．その理由の1つは，生産性の高い大規模農業を維持するためであった．他の規模の農業形態に比べ，大規模農業部門の土地生産性はメイズで3倍，ソルガムで5倍，棉花では2倍（1988-1991）もした．土地の利用度では，大規模農家のそれが低いと批判されたが，

238 —— 第Ⅱ部　南部アフリカの現実

市場出荷に占める大規模農家の割合は高く，1991 年ではメイズ・棉花・落花生の 40%，小麦・大豆・タバコ・コーヒー・紅茶の 90-100%，牛肉の 80%，牛乳 100% に達していた[127]．雇用労働者の数も，公式部門のおよそ 4 分の 1 に当たる 22 万 6000 人（1985 年），28 万 6000 人（1990 年）であった[128]．

　このように農業生産における大規模農業部門の重要性は明らかであったが，他方で不平等と格差の是正，したがって小農の貧困克服と土地不足の問題に取り組む必要があり，そのための土地改革は不可欠であった．独立前の 1976 年，アフリカ人農業地区（部族信託地とアフリカ人商業農家の育成を目的とした購買地からなる）は全農地の 53%，それに対しヨーロッパ人農業地区は 47% を占めた．しかし前者の居住人口は 442 万 2900 人で，それに対し後者は 112 万 1100 人（そのうちアフリカ人は 108 万 9200 人，ヨーロッパ人は 3 万 1900 人）であった．すなわち人口比は，前者が 80%，後者が 20% である[129]．その結果，前者の 1 人当たり農地面積はわずか 9.9 エーカーであるのに対し，後者のは 34.4 エーカーである．しかも前者の場合，1969 年にはそれが 14.3 エーカーだったので，独立以前に状況が急激に悪化していたことがわかる[130]．

　しかもアフリカ人農業地区には肥沃地が少ない．ジンバブウェでは土地は 6 類型に区分されており，そのうち第 1，第 2，第 3 類が農業に適した土地である．それぞれの類型の総面積に占めるアフリカ人地区の割合は，第 1 類型が全体の 13%，第 2 類型は 25%，第 3 類型は 43% であった．第 4，第 5，第 6 分類は農業に適さない土地であり，それぞれの類型の総面積に占めるアフリカ人地区の割合は，それぞれ 54%，51%，54% と逆に高くなる．各類型のヨーロッパ人地区の比率を見ると，第 1 類型が 71%，以下順に 69%，45%，28%，26%，2% であった[131]．ヨーロッパ人農業は肥沃地で行われる一方，アフリカ人農業は狭くかつ農業に適さない土地で行われていたことがわかる．

　独立後の土地改革を 3 つの時期に分けると，以下のように展開した[132]．第 1 期は 1980 年から 1991 年まで，ランカスター協定にしたがい，土地再配分が市場を通じて行われた時期，第 2 期は 1992 年から 1999 年まで，市場での売買による再配分から強制収用に向かう中間の時期，そして第 3 期は 2000 年以降で，市場による方法が放棄され，強制収用で急速に再配分が行われた時期である．第 1 期には，貧農や元解放軍兵士に国有地および政府が新たに取得した土

地を配分し，そこに入植させるという計画（再入植計画）がたてられたものの，予定通りには実現しなかった．移行期国家開発計画（1981-85）の5年間に，政府は900万ヘクタール（大規模農家1500万ヘクタールの60％を収用してあてる）を16万2000戸に配分するという目標をたてたが，1985年までに246万ヘクタールを3万6000戸に配分したにとどまった．第1次5カ年計画期間（1985-89年）では，年間の土地配分目標1万5000戸にたいし，1991年までの実績は総数で5万3000戸，配分面積329万ヘクタール（うち大規模農家からは274万，国有地から55万）にとどまった[133]．このように計画通りに進まなかったとはいえ，入植者は難民，貧農，解放軍元兵士で，独立時には小農による市場出荷が全体のわずか8％に過ぎなかったが，1985年には45％まで増加したことは注目される[134]．

　共同体地区の人口520万人（1991年）に，毎年およそ15万5000人が増加したため，再入植計画は農村の人口増加への対応としては不十分であった．労働人口増は年4.4％，14万人で，うち11万人は農村部で増加した．再入植計画による農地収用は，大規模農家に雇用されている労働者の解雇につながるという面があり，問題を一層複雑化した．生産と雇用の両面において，この計画は十分な成果を上げることができなかったのである[135]．

　土地改革が計画通りに進展しないうちに，ランカスター協定の変更が禁じられていた期間（10年）が過ぎたため，1990年に憲法が修正され，土地収用法が1992年に施行された．それにより政府は指定した土地を市場価格以下で買収する権限を得た．しかも収用時に全額支払う必要がなくなり，残金を2-5年以内に支払えばよいことになった．このような収用の仕方をイギリスは厳しく批判し，土地収用のための資金援助を停止した．しかし1992年から1997年の5年間に，年平均15万8000ヘクタール，全体で79万ヘクタールが収用された[136]．従来から白人農業者の多くは，土地再配分を避けがたいと覚悟はしていたが，その後，事態がさらに深刻化し，収用が暴力的に行われるとは予測していなかった．

　政権指導者たちの社会主義的な物言いにもかかわらず，独立後しばらくは，新政権の政策は穏健で現実主義的だといわれた[137]．モザンビークは独立後，白人とその資本の流出を経験したので，そのような事態の再現を避けるため，マ

240 ── 第Ⅱ部　南部アフリカの現実

シェル大統領は白人資本や外資との共存をムガベに助言し，ムガベもそれに従った．他方で，国内で政権への支持を保つために，資本と官職を現地化（アフリカ人化）していく必要があった．しかしその結果，権力に寄生した資本家が成長し[138]，経済合理的な彼らは人種に関わりなく既存の資本と協力する道を選んだため，解放戦争後にムガベが宣言した多人種共存は，実際のところ，資本の共存になったのである．その結果，「『ポスト白人入植植民地国家』は新植民地国家の一類型」とまでいわれるようになった[139]．小農へ土地配分を行う再入植事業に反対する勢力が次第に強くなった[140]．1992年以降の改革も白人農業資本家とアフリカ人富裕層の均衡を図るものだという批判が出るほど，アフリカ人貧農には不十分なものになった[141]．その結果，ブッシュで戦った解放軍の元兵士の間では，経済的に成功した人々に対する反感が強まっていった．

　あいかわらず農民の土地不足は深刻で，他方で白人農場には未使用の広大な土地が存在し続けた．すでに述べたように，独立時にジンバブウェは，土地改革について根本的な方向性を示すことができず，これが後の混乱の原因となった．政府は土地購入に必要な資金を世界銀行の融資に依存せざるをえず，改革は容易に進まなかった．さらに有力者を優遇した土地配分を行うなどの腐敗，および行政機能の不全などで，政府は援助国からの不信を招いた．輸出商品の国際価格の低下と農業投入財の価格上昇，投機的思惑による不安定な土地価格の変動，1990年代の構造調整が及ぼした影響（タバコ，果樹，鰐，駝鳥などを生産する白人農家には利益があった）などは土地問題を複雑化，深刻化させていった[142]．

　1980年代前半の農業生産は比較的順調であり[143]，教育と社会福祉の充実も図られた[144]．しかし80年代後半になると，農業生産が停滞し，財政は悪化の一途をたどったため，他のアフリカ諸国と同様ジンバブウェにも，構造調整計画（1991-96年）が導入されたが，その成果はおもわしくなかった．国内総生産の実質成長率（1991-95年）はわずか平均0.9%で，1996-99年には2.7%に上昇したものの，構造調整以前の4.0%と比べはるかに低い水準のままであった[145]．

　ムガベ政権は植民地時代から受け継いだ資本主義的な構造を大きく変えずに，むしろ現状を肯定する政策をとってきたが，構造調整を新自由主義的な考えに基づいて行ったわけではない．むしろ構造調整はそれにともなう自由化が，政

府・党の有力者の利益追求に合致していたから実施された．資本と経営の現地化は「支配エリートのブルジョア化」を促し[146]，新興アフリカ人企業家の登場，大企業のアフリカ人管理職の増大をもたらした．ところが他方で，構造調整は都市住民の生活を直撃し，民衆を窮乏化させ，人々の与党離れを引き起こした[147]．

　その結果，反政府活動が活発になるも，政府に対抗できる有力な在野勢力が生まれず，政府批判は選挙結果に反映されるに至らなかった[148]．しかし民衆の不満はストライキや暴動という形で次々と示されるようになった．それらは，1995年11月のハラレ暴動，96年8月と10-11月の公務員ストライキ，97年7-9月の産業各分野でのストライキ，97年12月のジンバブウェ労働組合会議（ZCTU）の呼びかけによるゼネストとハラレでの暴動，98年1月の食料品値上げがきっかけとなったハラレとチトゥングウィザでの暴動，98年に頻発した職場放棄，98年11月のガソリン値上げによるハラレ，チトゥングウィザ，ブラワヨでの暴動などである[149]．民衆の不満は都市にとどまらず，失業者が帰村した農村でも広がっていった．

2. 土地占拠と植民地責任

　解放軍の元兵士は，解放闘争への貢献を理由に，雇用や年金での優遇を求めてきたが，満足な成果を得られず，不満を募らせ，やがて暴力的な行動によって要求を実現しようとするに至った．これに危機感を抱いた政府が，彼らの要求にこたえようとしたため，土地改革に関する方針は1997年以降，急速に変化することになった[150]．

　旧ローデシア軍の退役軍人は軍務期間に応じて年金を支給されたが，解放軍の元兵士の場合は対応が異なった．1992年に制定された退役軍人法（the War Veterans Act）は，1962年1月1日から1980年2月29日の間に，軍事訓練を受け，ジンバブウェや近隣国での解放闘争に継続的に参加した者が年金給付の対象であるとした．それ以外の者，たとえばキャンプにはいたが実戦を経験しなかった者は対象から除外され，たとえ給付対象者であっても不十分な支給額や手続きの遅延などに不満を持つなど，多くの問題が山積していた[151]．

　解放軍兵士の数は文献によりさまざまである．ZANLAの場合はローデシア

242 —— 第II部　南部アフリカの現実

国内に1万3000人，全部で4万人と見積もる報告がある一方，別の推計では訓練を受けたものが1万3500人，そのうちの9500人が国内におり，さらに1万2000人がタンザニア，リビア，エチオピアで訓練を受けていたとする．ZIPRAについては，ザンビアとアンゴラのキャンプに8000から1万人，国内に2000人がいたとする報告がある一方，別の推計では都合2万人のうち2900人が国内に，さらに5000人がアンゴラとザンビアで訓練を受け，1000人がソ連で訓練を受けていたとする．いずれにせよ，ZANLA の方がかなり多かったといえる[152]．

　2つの解放組織と旧ローデシア軍が統合してジンバブウェ国軍が形成されたとき，その構成は ZANLA が60％，ZIPRA が30-35％，ローデシア軍出身（ほとんどはアフリカ人）が5％であった[153]．将来への不安から自発的に除隊しようとする者が少ないなかで，解放軍兵士3万人が除隊の対象となる一方，ローデシア政府軍人は希望すれば軍隊にとどまることができた[154]．解放軍の兵士は，彼らが戦った相手の方が優遇されることを理解できなかった．除隊者に対しては初等・中等教育の無償化，闘争に参加したため中断した教育課程を継続する費用の給付，職業訓練や起業訓練の提供，そして退職手当月額185 ジンバブウェ・ドル（当時およそ259米ドルに相当）の2年間供与などがおこなわれた[155]．

　除隊者からは警察官として雇用される者や海外で教育を受けた後に雇用される者もいたが，機会に恵まれず，生活に窮し，エリートの腐敗を目にして苦々しい思いをする者も少なくなかった．そもそも政府の救済対象とならなかった人々，たとえば戦場で仕事をした少年や解放区で協力した民兵，さらに居住地域が戦場となり難民化した人々は，解放の恩恵に十分あずかっているとは感じなかった[156]．彼らは改革が大幅に遅れていると感じ，解放闘争に加わった人々の期待が裏切られたという思いを強くした．

　元兵士たちは1989年にジンバブウェ民族解放退役軍人協会（Zimbabwe National Liberation War Veterans' Association: ZNLWVA）を設立し，政府に圧力をかけるようになった．ZANU-PF の書記長や閣僚の経験もあるエドガー・テケレ（Edgar Tekere）は，一党制へ移行しようとしている政府を批判し，同じ89年にジンバブウェ統一運動（Zimbabwe Unity Movement）を結成した．現

政権は解放闘争の理念から逸脱しているというテケレの批判が退役軍人に大きな影響を与えたのである[157].

1997年，ZNLWVA は政府に対し，1人当たり5万ジンバブウェ・ドルの手当てと1人月額2000ジンバブウェ・ドルの終身恩給（やがてそれは4000ドルに増額された），さらに解放闘争時に約束された土地配分の実施を要求した[158]．ムガベは手当の増額と土地改革の履行を宣言し，収用対象として1471農場を指定した．しかし保守党のジョン・メージャー（John Major）政権に替わって誕生したトニー・ブレア（Tony Blair）新政権は土地改革の支援には消極的であった．イギリス政府は土地問題を植民地問題として扱うことを拒み，むしろ私有財産保護を強調した．

2000年に，国民投票で否決された憲法改正案は，大統領の任期を定める一方でその権限を拡大し，かつ補償なしの土地収用を可能にするという内容であった．2日後には，退役軍人による白人農場の占拠がマシンゴで始まった．政府に批判的な野党支持者あるいは農業労働者の搾取者とみなされた白人の農場がまず占拠対象になった[159]．占拠者は自分たちを解放戦争の勝利者であると自負し，農場の占拠に不法性を感じなかった[160]．彼らの過激な暴力的行動に賛成しない人々の中にも，元兵士と血縁関係にあるか知り合いであるものが多かった．そのため，退役軍人が人々から孤立することはなかった[161]．

農場の占拠には退役軍人ばかりか，与党青年部や都市の失業者も加わるようになり，当初こうした行動に批判的であった政府も事態を黙認するようになった[162]．やがて退役軍人による農場の占拠に，政府が関与していると指摘されるようになったが，ムガベは関与を否定し，占拠に伴う暴力行為の責任はあいまいにされた．しかし少なくとも，退役軍人の急進的な主張に同調するかたちで，ムガベの言動も次第に威圧的で過激な様相を帯びるようになった[163]．政府ならびに党と退役軍人との関係は，解放闘争の継承者として，お互いに摩擦を起こしつつも，利用しあう関係になった．たとえば与党に有利な選挙結果になるよう，政府は退役軍人を利用して野党の候補者と支持者に暴行を繰り返した[164]．

政権基盤の揺らぎが政府を土地改革に向かわせた理由であるとする見方は多い．例えば，関係者からの聞き取りによって，「土地改革は，背後にある政治

244 —— 第II部 南部アフリカの現実

的な目的を隠すまさに政治的な『策謀』であり，土地所有の不平等に対処する
こととはほとんどかかわりがなかった」とする主張である[165]．しかし土地改
革の急進化は，都市住民や退役軍人の不満とそれへの政府の反応に起因するだ
けではない．土地改革の新たな動きを吉國は次のように分析する．「『ブルジョ
アの90年代』への民衆的反発が，第二の民主化にほかならない．通説は，こ
の動きを，もっぱら1990年代末からの都市を拠点とする反政府運動であると
みなすのだが，これは事実に即していない．最初の反発は，農村的文脈におい
て，政府・与党体制の内側，あるいはその周辺から起きたのである．90年代末，
農村では，新自由主義政策のもとで貧困化した農民や失業し帰村した者などが
増えて，不満が蓄積していた」[166]．1997年までの収用総面積は350万ヘクター
ルに達していたが，1998年には農民が白人農場と国有農場の占拠を始めた．同
年9月にハラレで土地問題援助会議が開催され，政府は農地改革プラン「土地
改革・再入植計画第二局面」を提出した[167]．「その骨子は，(1)5年間で500万
ヘクタールを収用し，10万人の農民を入植させる，(2)必要な資金は20億米ド
ルであり，その30％を土地購入に，残りをインフラ開発に充当する．(3)資金は，
60.7％をドナー，35.8％をジンバブウェ政府が負担する，である」[168]．「『第二
局面』案は，かなり合理的かつ現実的な提案と筆者には思われるが，『植民地
問題終焉論』の立場をとるブレア政権（とドナー諸国・機関）はこれを無視し
た．今にして思えば，これは重大な『選択』であった．まさにここから，事態
は，土地収用単独実施，白人大農場制廃止に向かって転がり出したのであるか
ら．続いて，もう一つの重大な『選択』がなされた．すなわち，ムガベ政権の
土地問題への固執と，このころ台頭し始めた反政府運動を見て，ブレア政権は，
ジンバブウェにおける『政体変化』を求める政策を取りはじめたのである」[169]．

　1992年以降，イギリスをはじめ欧米諸国は，ムガベの政策が人種主義である
との批判を強めた．しかしかつて欧米諸国はジンバブウェの土地改革に消極的
で，援助条件に土地改革の推進を含めなかった[170]．ところが逆にムガベが改
革を進めると，ジンバブウェ制裁とムガベ批判を行ったのである．ムガベから
すればこの態度こそ人種主義というべきものであった．「ブレア政権の植民地
問題終焉論とそれに基づく南北関係の見直し政策こそが，ジンバブウェにおい
て危機の連鎖——イギリス系入植者の利益保全すらも怪しくなる結果を招来し

た――を引き起こす大きな要因であったのである」[171]．こうして，イギリス政府とジンバブウェ政府の対立の悪循環が始まった．イギリス政府はジンバブウェの政権交代を目指すようになったが，その結果，皮肉にもイギリス政府が重視した白人農民の利益保全に全く相反する事態が生じることになった．

　かつて平野克己は，土地収用という手段によって大規模農場経営者の投資インセンティブを脅かすことが，ジンバブウェの「国富」を絞め殺すことになると警告した[172]．そして「適切な農地保有制度に関する調査委員会」（ルクーニ委員会）が勧告した「面積に応じた土地税を賦課して農地の分割を誘掖しながら，遊休地を市場に放出させる」という案を示して[173]，平野は，「社会的緊張を惹起しないかたちでの『穏やかな農地改革』」を構想した．すなわち大規模農場地域には広大な未利用地があるので，農地市場の活性化により土地の再配分を進め，アフリカ人小農に良好な農地取得を可能にする．それにより白人商業農業が達成してきた世界的にも高い生産性を損なうことなく，農村の貧困を解消するというのが平野の提言であった[174]．ところが現実は，このような漸進的な改革ではなく，暴力的な変革に転がっていった．

　新憲法案が国民投票で否決されたことは，独立以来，政権にとって初の敗北であり，政府・与党に大きな衝撃を与えた[175]．国民投票の投票率は26％と低かったが，54％が新憲法に反対した．全国憲法会議（National Constitutional Assembly: NCA）の存在がこのような投票結果に影響した[176]．この組織は，新憲法制定過程の不透明さを批判する都市の知識層が中心になって結成したものであり，その後の反政府運動の発展を促した．イギリスの海外開発大臣であったクレア・ショート（Clare Short）は，「2000年の憲法改正国民投票での敗北がショックを与えた．……最初の20年間にすべき土地再配分をムガベは忘れてしまった．不人気になって彼は土地再配分に戻ってきた」と述べる[177]．他方，国民投票で敗北したムガベは2カ月後の独立記念日にこう述べた．「ジンバブウェの敵のように振る舞ったから，お前たち（野党支持者と白人農場主――引用者）はわれわれの敵である」「われわれは怒っている．われわれのコミュニティは怒っている．退役軍人が土地を占拠するのもそのためだ」[178]．一方に政府とZNLWVAがあり，他方にNCAなどの市民組織と野党MDCがあるといったかたちの対立構造に単純化することは問題をはらむが，解放闘争の継承を

246 —— 第 II 部　南部アフリカの現実

自認する勢力と，人権擁護や民主化を唱える勢力との対立は，以後熾烈を極めるようになり，後者が欧米諸国の政府と NGO の支援を受けるにつれ，政権の強硬な姿勢は一層強まった．

　独立から 20 年という年月は，植民地支配の遺産を克服するには短すぎた．白人の既得権を認めて経済基盤を維持することと，不公正を正しアフリカ人に土地を再配分することを両立させることは至難の業だった．政権は 2 つの目的の間で揺れ動いた．独立後の改革が不十分であったことは否めないが，すでに指摘したように土地収用と再配分を遅らせる幾つもの要因があり，さらに加えるべき要因として南部アフリカの状況を思い起こす必要がある．

　1990 年 2 月にマンデラが釈放され，南アフリカの解放組織アフリカ民族会議（ANC）と政府の間で，アパルトヘイト体制の崩壊に向けた交渉が始まった．ジンバブウェでの土地改革の状況がこの交渉に影響する可能性があった．なぜなら，ジンバブウェの白人農場主の状況を，南アフリカの白人は明日のわが身と注視し，ジンバブウェにおける土地改革の推移次第で，南アフリカの民主化への移行に強く抵抗する懸念があったからである．そのため，様々な方面からムガベには圧力がかかり，南アフリカの体制が転換するまで，彼は本格的な土地改革を控えざるを得なかった[179]．ジンバブウェ独立から十数年間は，南部アフリカが大きく変わる時期でもあり，このことと土地改革の進捗状況との関連も視野に入れるべきであろう．

　さまざまな理由で抑制されていた脱植民地化というムガベの本来の目的は，野党の躍進と政権の揺らぎに直面してよみがえり，実力行使に当初批判的であった彼の態度は変わっていった．ZNLWVA は退役軍人の不満を代弁し，政府に待遇改善を要求する存在であったが，脱植民地化を完成させる第 3 のチムレンガ（the third uprising）の最前線に位置するものとして，次第に政府と党にとって役立つ重要な存在になっていった．

　ムガベは人気回復のために，かつての解放イデオロギーを再点火させ，第 3 のチムレンガという表現を用い[180]，土地占拠は次第に政府が後押しする計画的なものになっていった[181]．こうした反帝国主義，反植民地主義の言辞は，アフリカ諸国で好意的に受けとめられたが，欧米諸国政府の強い反感を買ってしまった．イギリスなどの欧米メディアも土地改革を「土地強奪」，政権を

「腐敗した残忍な独裁」と非難するようになり，歴史的経緯を無視した感情的な議論が蔓延した．

　ジンバブウェ政府は2000年から「急速土地改革計画」（Fast Track Land Reform Programme）により土地接収に着手した．それに対し西欧諸国は制裁を強化したが，政府は2002年8月までに1100万ヘクタールを収用し，12万7000戸の小規模農家と7200戸の商業農家を入植させた[182]．さらに2011年までに，収用した用地配分の結果，12ヘクタールから30ヘクタールの小規模農地（A1）14万5775区画（総面積576万ヘクタール）と大規模農地（A2）1万6386区画（総面積298万ヘクタール）が形成された．その結果，白人大規模農家はおよそ300戸まで激減した[183]．

　2000年からの土地占拠は，長期にわたって展開された分散的な土地闘争の頂点であったとサム・モヨ（Sam Moyo）はいう．他方で彼に対する批判者は，闘争の「非市民的」性格，すなわち国家の暴力的介入を問題にする[184]．しかしこのようなモヨへの批判に対し，吉國恒雄は，そのような批判が白人大農場制をどうしたらよいのか（よかったのか）について何ら定見を持っていないことを指摘し，さらに批判者が政権と国家に焦点をあてて，農村の草の根の問題をほとんど無視していると述べている[185]．さらに吉國は自ら行った農村調査の結果に依拠して，「1990年代後半からの土地占拠運動は，草の根レベルでは，伝統的指導者や農村青年，公務員である元兵士など，さまざまな人のイニシアティブと組織によって展開された．これを政府の土地政策と混同してしまえば，民主化運動の主体がまったくわからなくなってしまう」と指摘した[186]．

　経済危機の深刻化と民衆のなかに拡がった政権批判にもかかわらず，MDCはZANU-PFにとって代わることができなかった．その理由は，政権の行った弾圧のみではない．MDCやその支持基盤であるジンバブウェ労働組合会議（ZCTU）は，土地問題に対して方向性を示すことができず，退役軍人の活動に無関心であった．野党勢力と土地改革を求める運動との溝は大きく，MDCは欧米諸国や白人農場主と結託していると受け止められた[187]．武装闘争を経て独立を勝ち取り，しかもその記憶が強く残っている国において，野党勢力は解放の理念を掲げる人々の心を捉えることができなかったのである．

　以上の議論から，強制的な土地収用を専ら権力維持のためと捉えることは，

248 —— 第II部　南部アフリカの現実

無理であろう．入植植民地では二重の意味で解放が必要であった．まず第1に植民地支配からの解放，すなわち政治的な独立を勝ち取ることである．第2に入植植民地における入植者による支配構造を変革することである．ジンバブウェの解放は第1の政治的独立に止まり，第2の解放すなわち社会改革においては，極めて不十分な状況が続いていた[188]．

　土地占拠は白人農場の労働者や小農にどのような影響を及ぼしたのだろうか．農場占拠によってそこの労働者が大量に職を失ったといわれたが，実際はどうだったか．2000年からの「急速改革」前には，大規模農家は35万人の農業労働者を雇用し，その労働者のうち75％が共同体地域出身者であった．35万人のうち半数はパート・臨時雇い（女性が多い）で，改革後，このうちの8万人は占拠を免れた大規模農場で雇用された．占拠された農場では，常雇い労働者の半数以上に当たる8万5000人が引き続き雇用され（多くは砂糖，コーヒー，茶などのプランテーション），残りの人は失職した[189]．他方，土地配分を受けた者のうちおよそ10％は解雇された元農業労働者であった[190]．常雇い，あるいは臨時雇いになった者，あるいは土地配分を受けた者以外は，農場にとどまりスクオッターになるか，出身共同体に戻るか，どちらかの選択をしたが，共同体地域の土地不足が深刻であったため，後者の選択はかなり困難であった[191]．

　土地検討委員会による報告書（2003年2月）によれば，1-30ヘクタールの小農（130万世帯，全農家の98.6％）が新たに農地の66.6％を占めるようになった．30-150ヘクタールの小規模・中規模商業農家（1万3760世帯，1.0％）は農地の9.8％，大規模農家（150-1500ヘクタール）は4272世帯（うち白人農家1332世帯），農地の8.1％（うち白人農家は全農地の3.8％）を占めた．モヨは小農および黒人資本家階級が拡大したと指摘している[192]．しかし計画の効果は地域ごとに同じでなく，小農に改革の恩恵が及んだとはいえない場合があった[193]．1980年代の土地改革に比べ縁故主義や党派的暴力が横行し，現場の有力者の影響で改革の現実は一様でなかった．したがって急速土地改革計画以後の土地配分については次のような報告がある．退役軍人を中心とした農場占拠者，土地改革計画による入植者，鉱山からの移転住民などの間で，土地配分，土地利用をめぐる紛争が発生した．その際，1998年の伝統指導者法で法的正当性が付与されていた伝統権威が重要な役割を担った．伝統権威が植民地化以前に有した土地に

関する権利を主張する場合は，利害関係者の調停が困難になったが，「（住民た
ちは）築いてきた社会関係を通じて紛争の激化を防ぐ一方，隣接地域の伝統的
権威を巻き込むことによってフォーマルな対話の窓口を開き，紛争を鎮静化さ
せることに成功している」という指摘もある[194]．ムガベの意図が何であれ，
土地配分が住民自らによる社会革命の様相を帯びたのであろう．

　急速土地改革には農業生産の低下をもたらしたという批判がある．しかし今
世紀における農業危機は土地配分のせいだけではなく，内外の市場要因，援助
政策の変更と制裁など様々な要因を考慮して，多面的に検討しなければならな
いとモヨは主張する[195]．土地改革後の生産の後退とその要因について詳細に論
じているプロスパー・マトンディ（Prosper Matondi）も，強制収容による急激
な改革の問題点を指摘しながらも，改革自体の必要性は否定できないという[196]．
配分において縁故主義，腐敗や汚職があり，軍・警察・治安関係の高官や党の
幹部，国会議員などの政治家等に偏った形で配分が行われた．占拠した退役軍
人や農民をその土地から追い出し，自分のものにした政府や党の有力者がい
た[197]．ある退役軍人は，ZANU-PF の戦略は，あらゆる手段を用いて土地改革
運動の成果を退役軍人から横取りすることであったと述べている[198]．優良地
を奪取した政治家や有力首長が批判され，奪取されたものを貧農や退役軍人の
ために取り戻す運動さえ現れた[199]．このように問題点は極めて多かったが，に
もかかわらず配分を受けた者のうちで，農村および都市の普通の人々（ordinary
people）が 7 割にのぼったといわれる[200]．土地不足と貧困に苦しんでいた農
民や一般の退役軍人が恩恵に浴したことは否定できない．

　欧米の政府や NGO は，土地改革の暴力的性格に注目し，改革を土地強奪と
とらえたが，このような認識を「思考の構造調整」と見る研究者もいる[201]．
この表現は，土地改革についての批判者たちが進行中の事態に視野を限定し，
入植者による土地収奪という歴史的問題の原点を見失ったことを示唆している．
1990 年代からの事態を一言であらわせば，入植者からの土地強奪による，極端
に不均等な土地所有構造の根本的解体に他ならない．しかし将来，土地改革で
何がされたかではなく，いかに行われたかが重要だという議論が起こる可能性
がある．改革の暴力的性格は，ジンバブウェにおける暴力の歴史に新たな一幕
を加えたことになったからである．

3 ── ムガベ──解放と暴力

1. 変遷するムガベ像

民主改革運動（MDC）が 1999 年 9 月に結成されるなど，反政府運動が高まるにつれて，政府批判に対する弾圧は激しさを増した．2002 年の大統領選挙前には，公共秩序安全保障法（Public Order and Security Act）と情報取得・個人情報保護法（Access to Information and Protection of Privacy Act）が成立した．前者は植民地時代からの法・秩序維持法（Law and Order Maintenance Act）を引き継いだもので，集会・結社の自由を制限し，政権に都合の悪い活動を弾圧するために，後者は報道機関とその関係者を取り締まるために用いられた[202]．

首都ハラレ郊外の，低所得層が住む人口密集地区は，不潔と悪徳の象徴であるという理由で，2005 年 5 月から 6 月にかけて，政府が家屋の強制撤去を断行したため，70 万人が家を失った．これはムランバツヴィナ作戦（Operation Murambatsvina）といわれた．「ムランバツヴィナ」は「汚いゴミはいらない」という意味で，いわば「ゴミ捨て作戦」である．撤去の対象になった地区には，野党支持の住人が多く，彼らに対する懲罰ならびに野党の支持基盤の弱体化がこの作戦の目的であったといわれる．

欧米諸国や人権団体によるジンバブウェ政府批判が急激に高まるのは，土地占拠や野党政治家などが弾圧されたことに加え，一般民衆に暴力がおよんだからである[203]．ジンバブウェの独立式典の時に，タンザニアのニエレレ大統領はムガベに，「あなたは宝石を受けとった．それを傷つけないように」といった[204]．しかし世紀がかわる頃には，ジンバブウェの経済も政治も危機的な状態に陥り，政治的暴力が横行するようになってしまった．そうなった責任は，すでに述べたように，ジンバブウェ政府と与党 ZANU，とりわけムガベにあるといわれる[205]．

ムガベはソールズベリー（現ハラレ）から 80 キロ離れたクタマで，カトリック教会所属の大工の子として 1924 年 2 月 21 日に生まれた[206]．ムガベが 7 歳の時，クタマに赴任したアイルランド人のイエズス会神父は大変教育熱心で，

第5章 ジンバブウェの解放と現代の暴力 —— 251

ムガベの才能に気づき，勉学を続けることを母親につよくすすめた．そればかりか，祖国アイルランドの歴史，イギリスとの戦いや独立についてムガベに語ったという[207]．ムガベは苦労して子供たちを育てる母親の期待を一身に背負い，読書好きで，おとなしい少年だった．ムガベはクタマで教員資格を取得後，奨学金を取得し，南アフリカのフォートハレカレッジで学んだ．それはネルソン・マンデラもかつて学んだ学校である．ムガベはマルクス主義とガンジーの思想から影響を受け[208]，学士号を取得後，1952年に帰国してミッションスクールの教員になり，その後1955年に北ローデシアへ往き，師範学校で教えるかたわら，ロンドン大学の通信教育を受けた．58年にガーナのタコラディ師範学校に赴任した．前年にサハラ以南アフリカで最初の独立国となったばかりのガーナでの生活が，ムガベに及ぼした影響の強さは想像に難くない．ムガベが唯一心を開くことのできた同志にして伴侶たる人サリー・ヘイフロン（Sally Hayfron）とめぐりあったのもガーナであった．彼女もまた教師だった．勉強好きの孤独な少年はいつしか生真面目で熱心な教師になり，やがて政治活動に携わるようになった．

ガーナから帰国後，ソールズベリーで開かれた抗議集会での演説が注目され，それをきっかけに，ムガベは反植民地運動に関わるようになり，次第にその有力な担い手になった．彼は，11年間を刑務所で過ごしたのち，モザンビークに脱出して，そこで解放闘争の指揮を執った．チテポの暗殺やトンゴガラの事故死など，相次ぐ有力指導者の死去を追い風に，ZANUで実権を掌握し，やがて独立と共に首相に就任した．

少年時代から育まれた彼の性格と独裁者の誕生を関連づけるのはハイディ・ホランド（Heidi Holland）である[209]．ホランドはムガベの人となりを捉えようと，ムガベを知る多くの関係者から聞き取りをした．その結果は資料として貴重なのだが，彼女はジンバブウェの問題を最終的にはムガベ個人の性格に還元してしまうきらいがある．しかし同じ聞き取り結果に基づいても，個人の性格をこえた主体間の関係に注目すると，暴力の拡大とその原因について異なる捉え方が可能である．

ムガベは最後のローデシア総督ソームズ（Christopher Soames）夫妻と親しい関係を築いたといってよい．その総督夫人（ウインストン・チャーチルの娘，

252 —— 第 II 部　南部アフリカの現実

Mary Soames）によると，選挙の 1 週間前，総督の公邸に呼ばれたムガベはこう述べたという．「『誰か話のできる人が必要なのであなた（ソームズ総督——引用者）にとどまってほしい．私は国を統治することについては何も知らないし，それを知っている者もいない』．ゲリラ戦について以外，誰も何の訓練も受けていないことを彼は率直に認めていました」210).　選挙前日には総督との会談でムガベは，独立後すぐに大きな変化はないし，産業や土地の急速な国有化もしない，白人にとどまってもらいたい，彼らがいないと経済は破滅すると述べた．さらに彼がピーター・ウォールズ（Peter Walls）（ローデシア軍司令官）の留任を望んだのは，それによって白人の恐怖をやわらげ，ローデシア軍と解放勢力からなる軍隊を創設できると考えたからであった．彼は，自分たちには経験を積む時間が必要であり，その間，総督にとどまってほしいと繰り返した211).　軍事的な勝利にこだわったムガベであるが，独立後は柔軟な姿勢を持っていた（持たざるをえなかった）ことがうかがえる．

　ムガベのこのような姿勢は冷静な状況判断に基づいていたものと思われる．独立前から ZANU と ZAPU の対立が続き，政権基盤は不安定であった．第 1 節で論じたように，ローデシアの征服は，イギリスの軍隊によってではなく，会社が募集した入植者によって行われたため，白人の住民にはローデシアを作り上げたのはわれわれだという強い自負心がある一方で，彼らは独立後も圧倒的な経済力を保持しつづけていた．解放勢力とローデシア軍を統合して新たな国軍を形成するという困難な課題に，新政権は取り組まなければならなかった．そしてジンバブウェは南アフリカの不安定化工作の対象であり，しかも旧ローデシア軍の一部軍人をはじめ，南アフリカ政府に加担する勢力が国内に存在した．このような状況で，新政権は改革を先送りしても，イギリスや国内の白人社会と協調せざるを得なかった212).

　ムガベは 1980 年 1 月にジンバブウェに戻るまでの 5 年間，モザンビークで解放闘争の指揮を執っていた．独立直後のモザンビークでの経験からムガベは多くを学んだようである．モザンビークは独立に伴う大量の白人流出で人材不足に苦しんでいた．マシェルはモザンビークの二の舞にならぬようムガベに忠告し，さらにマルクス主義を採用したモザンビークを見習わないようにとさえいったという213).　ZANU の綱領は，モザンビーク民族解放戦線（フレリモ）と

異なり，マルクス主義を標榜せず，社会主義にのみに言及していた．闘争中の1976 年に開催されたジュネーブ会議で，ムガベはこう述べた．「われわれはマルクス・レーニン主義者である．社会主義の原則は変わらないが，適用の仕方は変わる．現在 500 万人が農村に暮らし，100 万人がほかの地域に住んでいる．人々の慣習や入植者が作った経済状況を考慮しなければならない．ジンバブウェの状況に公式を突然当てはめることはできない」214)．

ムガベが初代の農業大臣に任命したデニス・ノーマン（Denis Norman）（独立前は商業農家組合議長）は次のようにいう 215)．1990 年のことであるが，ある夕方，サッチャーが辞職したというニュースが入り，ムガベの周りにいた閣僚達が歓声をあげるとムガベがいった．「なんでそう浮かれ騒ぐのだ．彼女が去ることがそんなに良いことなのか．君達に思い出してほしいことがある．誰がわれわれの独立を認めたのかね．保守党のサッチャーか労働党のキャラハンか．ランカスター会議の時の首相は誰だったのかね」．そしてムガベは続けた．「彼女の政策には賛成しないが私は彼女を尊敬している．彼女が果敢に戦ったことに敬意を抱いている」．武装闘争を指揮した彼であったが，白人一般に敵意を抱くことなく，白人と個人的な信頼関係を築くことのできる人物であったことがうかがわれる．

ところがその同じ人物が，14 年後の 2004 年には次のように述べた．「われわれの国旗の色はこの国の由来を語っている．真ん中の黒い帯はアフリカ人を，そしてこの国がわれわれのものであることを示している．赤い帯は，第 1 と第 2 の，さらに第 3 のチムレンガで流された血を示している．旗の中の白は白人を示しているのではなく，正直な人間としての心の純真さを表している．……われわれはお前（ローデシアの元首相スミス——引用者）の首を切り落としておくべきだったが，そうしなかった」216)．何が彼を変えたのだろうか．

ムガベが刑務所に 11 年間いたとき，そこで接したアフリカ人神父によると，「彼の本当の強さは他人が学ぶことを助けることだった．刑務所にいる他の人々に関心をもつ，やさしい人であったことに疑問の余地はない」，しかし「別の環境では，あるいは失望すると，親切な人間も全く別の反応を示すものだ．われわれがロバートに見るのもこのことだ．ある点になると彼は人を喜ばせることをやめる」217)．キャリントンによると，「彼は丁寧なときでも何か爬虫類の

ようなところがあった．私は彼にンコモのようには好意を抱けなかった．ンコモは恐るべき老悪党だがとても人間的だった．ムガベには人間味がまったくなかった．彼には好意をもつことができず，彼の力量や知性などは賞賛できるが，おそろしくつかまえどころのない人物，いわば爬虫類だ」[218]．

　ムガベは公邸の夕食に人を呼ぶということがほとんどなく，妻サリーと 2 人だけで食事をとっていた．ムガベはもともと孤独癖があったようだが，サリーの死後はさらにその傾向が強まった．ムガベは熱望していた子を秘書グレース・マルフ（Grace Marufu）との間にもうけ，彼女と正式に結婚するも，前妻への喪失感が癒されることはなかったという．生前のサリーは女子教育の発展に努め，市場や農村で働く貧しい女性を熱心に支援した．そのため，民衆は大統領官邸に自分たちの代表がいるとさえ思った[219]．それに対し，再婚相手のグレースはサリーとは対照的な人柄で，彼女の贅沢好みは人々の政権批判を強める一因となった．

　以上からうかがえるような彼の性格が，独立後の政治家ムガベの行動に影響を及ぼし，ひいてはジンバブウェの方向を決める一因になったのだろうか．最高権力者であるとはいえ，ムガベの性格や生い立ちによる影響力を過度に強調すべきでない．解放闘争時の彼は血塗られたマルキスト，選挙直後の彼は温和な現実主義者といわれ，21 世紀になると狂気の独裁者と罵られるようになった．このような評判の変化は，ムガベ自身の変化によるのか，それとも一貫して変わらぬムガベの言動と，都合の良いときに褒めたたえ，逆になると謗るという評価する側のご都合主義によるのか．サベル・ンドゥロヴ－ガトゥシェニ（Sabel Ndlovu-Gatsheni）は，ムガベの特徴的な言動（彼はそれをムガベイズムという）を検討し，その多面性を指摘する．それらは，スターリニズム，エンクルマ主義，ガーヴェイ主義，ネグリチュード，パン・アフリカニズム，ファノンの暴力論であり，さらに新伝統主義や毛沢東主義であると彼はいう[220]．確かにムガベの性格も思想も複雑な面を持ち，状況に応じて特定の面が増幅して現れる傾向がみられる．しかし多面性を指摘するだけでは，彼の行動とそれに対する評価の変遷を解き明かすには不十分である．

2. よみがえる過去と関係性

　ムガベは独立直前の選挙で勝利した後，黒人白人にかかわらず，過去を忘れ，他者を許し，ともにジンバブウェ人として人種主義，部族主義，地域主義を乗り越えて，社会を再建しようと訴えた[221]．選挙結果が明らかになってからまだ半日もたたぬうちに，白人社会のパニックは収まり始めていた．テレビに登場したムガベは，白人が想像していた人食い鬼のようなマルキストとは異なり，ネクタイをし，スーツに身を包んだ姿で現れ，穏やかな紳士そのものだった．彼は直ちに公務員年金の継続と私有財産保護を約束した[222]．

　ムガベは，解放軍と旧ローデシア軍が統合された新設の国軍最高司令官に旧ローデシア軍司令官ウォールズを，商工大臣に旧ローデシア政府の閣僚デビット・スミス（David Smith）を，農業大臣にノーマンを任命した[223]．敵対していた旧政権の白人を重用したことは，ムガベを警戒していた内外の人々に安心感を与えた．彼はかつての敵の責任を追及することなく，ローデシア政府の首相だったスミスもジンバブウェに住むことができた[224]．当時イギリスの外務大臣だったキャリントンは後にこう述べている．「彼（ムガベ——引用者）がスミスにひどい扱いを受けたことを私は知っていた．彼は11年間刑務所に閉じ込められ，息子の葬儀に出ることも許されなかった．私は彼が苦々しい思いをしているだろうと尋ねたところ，人に対してではなく，体制を苦々しく思っていると答えた．私はそれを大変興味深い意見だと思った．彼はそのことについて本気で率直にいっているように見えた」[225]．しかし多人種共存と漸進的改革路線は白人の多くから協力を得られず，次第に行き詰り，ムガベの期待も裏切られた．ムガベは，黒人と白人が共存することを説いたが，白人には強い人種差別意識が残存し，ジンバブウェを発展させてきたことへの自負が強かった[226]．しかもスミスはムガベの理想を理解できる人物ではなく，むしろ対立を助長するだけであった[227]．

　スミスの回顧録によれば，選挙後最初にムガベに呼ばれたのは自分であり，その時，ムガベは次のように述べたという．この国は発達した物的基盤と多様な産業を持ち，アフリカの穀倉である，そればかりか農業と鉱業における技術の担い手にも恵まれている．変えなければならないことはあるが，それは徐々

256 ── 第Ⅱ部　南部アフリカの現実

にやらなければならず，この国の将来に白人が貢献できるよう，彼らから信頼を得なければならない[228]．このようなムガベの発言に，スミスは嬉しい驚きを感じたが，彼はムガベのいうことを額面通りには受け取らなかった．「彼の振る舞いは釣合のとれた上品な西欧人のようで，想像していた共産主義のごろつきとは正反対だった．もしその通りなら，絶望でなく希望がある．しかしそう結論づけない方がよい．共産主義者は心理戦に巧みで，ずる賢い策略家だから」[229]．すなわち黒人が友好の手を差し延べ，白人がそれをはねつけたのである．国軍の司令官に任命されたウォールズも，任命される前に，ムガベを裏切り，イギリス首相サッチャーに1980年選挙を無効にするよう密かに働きかけていた[230]．

　南ローデシアの入植者たちは，イギリスの帝国主義と植民地主義の産物で，かつイギリス以上に植民地主義と人種主義に固執した．スミスは解放戦線を常にテロリスト集団と呼び，その捉え方は独立後もほとんど変わらなかった．彼はムガベが共産主義の独裁者であるという見方を変えず，白人2名が閣僚に任命されても，彼らはマルクス主義者たちに囲まれるだけだと考えた．人種間の融和を掲げるムガベを信用せず，スミスは敵対的な態度を取り続けたのである．ムガベ政権成立後の野党党首として，彼は白人の権益を維持するために奔走する．独立後の多くのアフリカ諸国のようにジンバブウェが，一党制や独裁制になることをスミスは恐れた[231]．彼の予想は不幸にもある程度現実となったが，その原因の1つがスミス自身と彼の率いる政党の姿勢にあったとの自覚はなかった．

　ノーマンは言う．「スミス派が勝利し（1985年の選挙で白人に割り当てられた議席20の内15席を獲得──引用者），私は結局罷免された．……ムガベを認める機会であったのに，白人たちがなぜスミスを支持したのか，ムガベ同様に私にも理解できない．当時のムガベの政策は明らかに彼らにとっても良いものだった」「彼のあらゆる努力にもかかわらず，白人がスミスを支持したので彼は本当に失望し，そして何より傷ついたと私は思う．私の意見では，ムガベの下でこの国が経験した最初の後退であった」[232]．ムガベの政策がどうであれ，白人は人種主義に基づいて投票したので，ムガベはその態度を裏切りと捉え，おそらくその人種的偏見に深く傷ついた．それはノーマンの罷免という結果をも

たらした．彼によれば，「スミスは1980年に最大の機会を失った．彼は議会で20人の仲間がいた．ムガベは協調しようとしたが，スミスはそれに充分応えなかった．もしスミスがムガベの努力を支持するように彼の仲間にいいさえすれば，もっと人々は団結しただろう．スミスは権力を失ったことに憤り，国の利益を優先して自分自身の失望を克服するという度量を持っていないことが問題だった」[233].

　共存を一層困難にした要因はすでに述べたように，土地問題とそれについての政策だった．ムガベ政権は土地改革に伴う混乱の責任を免れない．しかしランカスター協定からブレア政権の方針に至るイギリス政府の対応も問われるべきであろう．サッチャー政権は土地改革資金を支援し，政権を引き継いだメージャーも増額を検討したが，ブレア労働党政権に代わりそれは実現しなかった．なぜ資金援助は実現しなかったのか．その理由として，資金の使途についての懸念，たとえばムガベの取り巻きに土地が払い下げられているという疑惑などが指摘された[234].土地収用が白人の利害に直接かかわるため，イギリスが慎重になったことも理由に挙げられる．加えてジンバブウェのコンゴ紛争介入も，イギリスの姿勢を変化させた[235].

　土地改革のためのイギリスによる財政支援再開の期限をムガベは1997年7月とした．ショートがジンバブウェ農業大臣に宛てた手紙は両国の関係悪化の決定打になった．「イギリスにジンバブウェの土地買収費用を負担する責任はない，このことを明確にしておきたい．新政府（ブレアを首相とする労働党政府──引用者）はさまざまな経歴の人物からなるが，われわれは旧植民地の利害と繋がってはいない．私自身アイルランド系で，ご承知の通り，アイルランド人は植民地化され，植民地化した人々ではない．……独立直後にイギリスが再入植のために一連の援助をしたと聞いている．それは慎重に計画，実行され，おおよそ目標を達成したと考える．さらに援助の可能性を探る討議が1989年と1996年にあったことを知っている．しかしながら，それもすべて過去のことである」[236].

　白人農家を保護することは保守党の関心事であり，労働党のそれではないとショートは考えた．その結果，彼女の手紙は外交的配慮を欠き，イギリスの植民地責任を否定したもので，ムガベには許し難かった．後にこのことについて

258 —— 第Ⅱ部　南部アフリカの現実

聞かれた時，ショートはランカスター協定の歴史に無知であったことをさらけ出した．ランカスター協定締結をめぐる過程で，アメリカが土地改革に資金援助をすると約束したことを彼女は知らなかった．ショート自身は手紙が両国の対立の原因であることを認めず，むしろムガベに利用されたという主張をまげなかった[237]．

　2007年12月21日に大統領官邸でムガベはこう述べている．「（ランカスター会議で——引用者）奪われた土地を取りもどすために税金を使うことは受け入れ難かった．イギリスに（土地買収資金を提供する——引用者）責任があった．キャリントン卿もそれを認めたが，資金に限りがあるといった」[238]．ムガベはさらに次のように述べている．アメリカが援助を申し出たにもかかわらず，新たに大統領になったレーガンはムガベたちをロシア側についた共産主義者とみなし，援助を打ち切ってしまった．サッチャー政権は4200万ポンドというわずかな額しか支出せず，さらに要求しても300-400万ポンドを増加しただけだった．メージャーは理解を示してくれたが，残念なことに選挙に負け，ブレアが登場した[239]．

　このようなムガベの発言が意味するところは，ランカスター協定以来の土地問題に関する複雑な経緯についての，ブレア政権の認識不足で，そのことがショートの手紙に象徴的に示されていたということであろう．土地問題についての合意が文章化されず，紳士協定の形をとったため，イギリスとジンバブウェの間で，後に対立が生じたときに参照すべきものがなかった．このこともイギリスが土地問題について見誤る一因になった[240]．白人農場の占拠が起こった時，それを黙認したジンバブウェ政府にイギリスは秩序回復を求めた．ムガベの表現では，「彼らは私に警察と軍を派遣して，退役軍人を農場から排除しろと要求した」[241]．ムガベにとってはこれこそイギリスの二枚舌である．なぜならかつて一方的に独立を宣言したスミス政権に対し，イギリスは軍事行動をとらなかったからである．イギリスはムガベ批判を展開し，ブレア首相はムガベとの電話会談さえ拒否するに至った[242]．

　「ジンバブウェ問題」についての議論，とりわけ欧米での議論はおおむねショートの主張の延長線上にある[243]．「急速土地改革」を略奪と捉え，その際に用いられた手段の暴力性や，配分における不正が注目される一方，土地配分の

第5章　ジンバブウェの解放と現代の暴力 —— 259

全体像，すなわち多くの農民が土地改革によって得た恩恵や，ジンバブウェ社会にとっての長期的な利点については論じられなかった．2002 年に 12 人の白人農場主が殺害された事件は注目され，他方で第 3 のチムレンガについてはその野蛮性が強調された．イギリス政府は，2 万人が殺されたグクラフンディには沈黙し，白人が殺された農場占拠には敏感に反応したのである．ピーター・ヘイン（Peter Hain）は，ブレア政権とそれを引き継いだブラウン政権で閣僚を務めた人物である．彼の両親は南アフリカで反アパルトヘイト運動に従事したため政府から弾圧を受け，1966 年にイギリスに亡命した[244]．ヘインはイギリスで育ち，反アパルトヘイト運動で活動し，やがて労働党議員としてイギリス政界で活躍するようになった．このような経歴の持ち主でさえ，ムガベの言動にいささかの共感も示していない．彼によれば，再配分の土地は側近に払い下げられ，農地は荒廃し，解放闘争の理念は卑劣な目的のために利用され，ムガベは圧政をしいているのである[245]．

　他方で，ほとんどのアフリカ諸国の政府は農場占拠を批判しなかった．野党への弾圧など，人権と民主主義の問題については懸念や批判を表明しつつも，イギリスやアメリカと協同歩調をとらなかった．欧米諸国は同じ人権問題でも，白人が関連する場合は極端に注目する一方，例えばナイジェリアの軍事独裁政権に対しては白人が関わっていないため曖昧な態度をとった．アフリカ諸国は，欧米諸国の二重基準に与するわけにはいかなかったのである[246]．イギリスがジンバブウェを激しく批判し，制裁を科すことに，ムベキなど南部アフリカの指導者が疑念を抱くのは驚くべきことではないだろう．

　こうしてジンバブウェとイギリスの関係は，次第にそして 21 世紀になると急激に，協調から対立へと転じ[247]，それにつれてムガベはひたすら解放闘争とその継続に，すなわち反人種主義と反植民地主義に，強権的な支配の正当性を求めるようになったのである．

おわりに

　イギリスはアフリカの旧植民地との関係を維持し，ソ連など東側の影響力拡大に対抗するという政策を，冷戦終焉と共に大きく変化させた．冷戦期には，アフリカ諸国の内政に介入せず，軍事政権や独裁政権に対しても援助を続けた

260 —— 第Ⅱ部　南部アフリカの現実

が，冷戦終焉でその意義が失われた．非民主的な政権への援助は国内から批判にさらされるようになった．西欧諸国はアフリカ政策の基本目標に，市場開放と民主化を置き，アフリカ諸国の内政に注文をつけるようになった．

　サッチャーからメージャーへと続いた保守党政権にかわり，1997 年に労働党政権が成立し，イギリスの外交政策はさらに変化した．ニューレーバーの旗印で勝利した労働党政権は，外交に「倫理的要素」を持ち込み，人道支援のためには他国への軍事的介入も辞さないと明言した．ブレアは政権掌握直後に，民主主義と人権思想を広めることは，イギリスの道義的責任であると宣言し，アメリカの 9.11 でこの考えをさらに強固にし，テロとの戦い，そしてテロの温床をなくすための開発を重視した[248]．しかしこうした論理こそ二枚舌，欺瞞，過去の隠蔽であると正面から批判したのがムガベだった．他方，ブレアはムガベに対してばかりか，ムガベに圧力をかけないアフリカ諸国にもいら立ちを隠せなかった[249]．

　2002 年の憲法改正の是非を問う投票とその後の大統領選挙について，ジンバブウェ政府への批判を強めた西欧諸国は，対ジンバブウェ制裁を実施し，ムガベ体制の崩壊を目指すようになった．それを先導したのがイギリスだった．しかしこうした変化はジンバブウェの状況の改善につながるどころか，事態のさらなる悪化をもたらした．ジンバブウェの混乱がムガベ問題に矮小化され，ムガベの追放に議論が集中していった．ブレアが意図した政権交代は 2017 年11 月にようやく実現した．しかし政変はイギリスの影響とかかわりなく，中国から帰国したばかりの軍司令官が国政の混乱を口実に軍の介入をほのめかし，大統領を軟禁して辞任を迫った結果である[250]．新たに大統領に就任したエマーソン・ムナンガグワ（Emmerson Mnangagwa）も解放闘争で活躍した英雄である．

　1960 年代に独立した多くのアフリカ諸国と異なり，ジンバブウェの独立は最近のことである．しかもこの国は激しい解放闘争を経て独立を達成した．南部アフリカでは解放闘争の英雄神話はまだ消え去っておらず，闘争での貢献は，指導者の資格として無視できないものである．近隣諸国の指導者にとって，ムガベは簡単に切り捨てることのできない解放闘争の同志であった．南部アフリカ諸国の首脳が，ボツワナを別として，西欧諸国の期待に反してジンバブウェ

に圧力をかけないのはいわば当然で[251]，その理由はなにより歴史的経験の共有による．欧米諸国は結局のところアパルトヘイト体制を延命させ，冷戦終焉を境に態度を変え，今度は民主化や人権擁護を強制し始めたと受け止める人々がアフリカには多くいる．西欧の影響が強まることへの警戒感もアフリカ人の意識のなかに存在する[252]．ムガベのやり方に賛同しない者でも，この警戒感がムガベ批判を控えさせた[253]．少なくとも西欧の行動に同調しているとみなされることを，アフリカの指導者たちは避けなければならなかった．イギリスが圧力を強めれば強めるほど，植民地支配の記憶はよみがえり，圧力は逆効果になった．過去の加害者にはこのことを理解することが難しかった．

　ザンビア（旧北ローデシア）とジンバブウェ（旧南ローデシア）とを隔てるのはザンベジ河だけではない．両者のちがいは解決すべき土地問題の有無であった．このことは独立後も植民地責任という言葉のもつ重みが2つの国で同じではなかったことを意味する．指摘してきたようにムガベ政権下での暴力については多くの論評がある．それらのほとんどは政権の独裁化とムガベが権力維持に狂奔する姿を描いている[254]．しかしジンバブウェでの暴力は歴史に深く根差している．独立後の政権による暴力の原因を専ら植民地支配に帰することはできないが，これを長年にわたる暴力の歴史から切り離すこともできない．過去の植民地支配とその遺産について，かつての支配者と被支配者がどう受け止め，継承しているかは，さまざまなことに影響をおよぼし，過去と現在をつなげている．外交における倫理的要素を重視し，自らの無謬性を過信しがちなイギリス政府の対応は，被支配者にとって忘れがたい過去を，加害者が忘却の彼方に追いやろうとすることに等しく，少なくともアフリカでは，そのように受け止める人が今でも多くいるのである[255]．

【注】

　本章は拙稿「植民地支配と現代の暴力」拙編『現代アフリカ社会と国際関係』（有信堂，2012年）で論じた内容を基に，大幅に加筆したものである．

1)　Kenneth Kaunda, *Zambia Shall be Free: A Autobiography*, London: Heinemann, 1962, p. 86. 連邦首相とはゴッドフリイ・ハギンス（在任期間1953-56年）のことで，彼は南ローデシア首相も務めた（在任期間1933-1953年）．

2)　Joshua Nkomo, *Nkomo: The Story of My Life*, Suffolk: Methuen London Ltd.,

262 —— 第 II 部　南部アフリカの現実

1984, p. 245.

3)　ZANU-PF という名称は 1980 年総選挙から用いられるようになり，解放闘争時の名称は ZANU である．

4)　Philip Barclay, *Zimbabwe: Years of Hope and Despair*, London, Berlin and New York: Bloomsbury, 2010, pp. 209-210.

5)　政府・与党の弾圧について記述したものが多い．その例として，Martin Meredith, *Mugabe: Power, Plunder, and the Struggle for Zimbabwe*, New York: Public Affairs, 2002; Andrew Meldrum, *Where We Have Hope: A Memoir of Zimbabwe*, New York: Grove Press, 2004.

6)　Michael Bratton, *Power Politics in Zimbabwe*, Boulder: Lynne Rienner, 2014, p. 236.

7)　Nkomo, op. cit., p. 121.

8)　Barclay, op. cit., p. 212.

9)　監視団による選挙評価内容一覧については次を参照．Blessing-Miles Tendi, *Making History in Mugabe's Zimbabwe: Politics, Intellectuals and the Media*, Bern: Peter Lang, 2010, pp. 182-183.

10)　Ibid., p. 191.

11)　ジャン＝ポール・サルトル『シチュアシオン V』人文書院，1965 年，153 ページ．

12)　同上書，156 ページ．

13)　ンドゥロヴ－ガトゥシェニはジンバブウェの歴史を暴力が正当化されてきた歴史だと述べる．Sbelo J. Ndlovu-Gatsheni, *Do 'Zimbabweans' Exist? Trajectories of Nationalism, National Identity Formation and Crisis in a Postcolonial State*, Oxford: Peter Lang, 2009, ch. 5.

14)　Alois Milambo, *A History of Zimbabwe*, New York: Cambridge University Press, 2014, pp. 38-43.

15)　星昭・林晃史『アフリカ現代史 I』山川出版社，1992 年（第 2 版），102-103 ページ．

16)　T. O. Ranger, *Revolt in Southern Rhodesia, 1896-1897: A Study in African Resistance*, Evanston: Northwestern University Press, 1967, pp. 69, 96, 109.

17)　Ibid., p. 87.

18)　ンデベレが保有する牛の頭数は，少なくとも 20 万頭から 4 万頭に激減した（Ibid., p. 113）．

19)　Ibid., pp. 390-394（Appendix）; D. N. Beach, *War and Politics in Zimbabwe 1840-1900*, Gweru: Mambo Press, 1986, pp. 128-133.

20)　Milambo, op. cit., pp. 46-50.

21)　ショナではチムレンガ，ンデベレでは Umvukela という．

22)　British South African Company, *Report on Native Disturbances 1896-7*, pp. 5-7.

23)　Ibid., pp. 13-17.　和平に伴い，銃 2842 丁，投げやり 1 万 3820 本が押収された（Ibid., p. 22）．

24) Ranger, op. cit., pp. 309-310. 「反乱」における呪術師の役割を強調している南アフリカ会社の記録と同様に，レンジャーも宗教的指導者の地域・民族を超えた影響力を強調している．しかしそれは誤りだと批判されている．Julian Cobbing, "The Absent Priesthood: Another Look at the Rhodesian Rising of 1896-97" *Journal of African History*, Vol. 18-1, 1977.

25) British South African Company, op. cit., pp. 4, 50, 143. マショナランドの数値には行方不明者が含まれているため，マタベレランドの死者数との合計は 451 ではなく 454 となり，食い違いがある．

26) Ibid., pp. 25, 73-74.

27) Ibid., pp. 73-77. 村を襲い，羊やヤギと共に女性を 70 名あるいは 120 名とらえたという記述がある（Ibid., pp. 76-77）．

28) Ranger, op. cit., p. 295.

29) レンジャーは 1896-97 年の「反乱」について，特に南アフリカ会社と入植者による反乱への対応と彼らへの影響を詳しく記述している．アフリカ人の被害にはあまり触れていないが，アフリカ人研究者による聞き取り結果がレンジャーの著書に添付されており，アフリカ人の視点から支配と「反乱」を理解する上で有益である．

30) D. N. Beach, *Mapondera: Heroism and History in Northern Zimbabwe 1840-1904*, Gweru: Mambo Press, 1989.

31) Cobbing, op. cit., pp. 77, 82.

32) Beach, op. cit., 1986, pp. 137, 143-147. この著者はレンジャーが強調する宗教的指導者の役割，反乱における連携・組織性・計画性，1950 年代 60 年代の民族主義運動との関連について，様々な研究を踏まえて批判を加えている（Ibid., pp. 119-122, 127, 137, 143-145）．なおレンジャーによる「反乱」についての研究成果は 1967 年に出版されたが，それは民族主義運動が高揚した時期である．

33) Cobbing, op. cit., p. 82; Beach, op. cit., 1986, p. 147.

34) Ranger, op. cit., p. 385.

35) 1923 年憲法では，人種別ではなく財産や教育程度によって上級名簿・下級名簿に分けて選挙が行われた．しかし下級名簿でもほとんどのアフリカ人は有権者資格を取得できなかった．なお原住民に対する差別法の制定に対しては，イギリス政府に拒否権が認められていたが，それが行使されたことはなかった．中原精一『アフリカ憲法の研究』成文堂，1996 年，194-195 ページ．

36) 山田秀雄「南ローデシア隔離小史」『イギリス植民地経済史研究』岩波書店，1971 年．

37) Peter von Blanckenburg, *Large Commercial Farmers and Land Reform in Africa: The Case of Zimbabwe*, Aldershot and Brookfield: Avebury, 1994, pp. 15-16.

38) その後 1951 年の原住民土地耕作法では，土地私有化によるアフリカ人農民の専業化と都市出稼ぎ者の定住化がはかられた．入植者数は 1945 年に 3699 人，1955 年には 6255 人であった（Ibid., pp. 15, 18）．土地保有法（1969 年）で，商業農業地域（旧白人地域）は 1810 万 ha，部族信託地は 1820 万 ha となった．

264 —— 第 II 部　南部アフリカの現実

39)　Advisory Commission on the Review of the Constitution of the Federation of Rhodesia and Nyasaland, *Survey of Developments since 1953, Report: Appendix VI*, London: Her Majesty's Stationery Office, 1960, p. 234, Table 61.

40)　山田秀雄は「南ローデシアの原住民政策——それは単に差別的政策というより隔離政策と呼ぶ方がよりその実質をあらわしている」，と述べている．山田秀雄，前掲書，141 ページ．

41)　Josian Brownell, "The Hole in Rhodesia's Bucket: White Emigration and the End of Settler Rule," *Journal of Southern African Studies*, Vol. 34, No. 3, 2008, p. 593.

42)　Ibid., p. 595.

43)　星・林，前掲書，223 ページ．

44)　Nathan Shamuyarira, *Crisis in Rhodesia*, London: Andre Deutsch, 1965, pp. 236-238.

45)　Ibid., p. 240.

46)　David Martin and Phyllis Johnson, *The Struggle for Zimbabwe*, London: Faber and Faber, 1981, pp. 71-72.

47)　Richard L. Sklar, "Zambia's response to the Rhodesian unilateral declaration of independence," William Tordoff, ed., *Politics in Zambia*, Manchester: Manchester University Press, 1974, pp. 346-354.

48)　井上一明『ジンバブウェの政治力学』慶應義塾大学法学研究会，2001 年，46 ページ．

49)　これに対し政権側は 1977 年土地所有法により，白人地区でのアフリカ人土地所有禁止条項を廃止し，白人地区内の土地購入を許可した（吉國恒雄『燃えるジンバブウェ』晃洋書房，2008 年，50 ページ）．

50)　Horace Campbell, *Reclaiming Zimbabwe: The Exhaustion of the Patriarchal Model of Liberation*, Trenton and Asmara: Africa World Press, 2003, pp. 25-26. 解放戦争と被害については，A. R. ウィルキンソン「ローデシアからジンバブウェへ」Ｂ．デビッドソンほか『南部アフリカ——解放への新たな戦略』岩波書店，1979 年を参照．

51)　Martin and Johnson, op. cit., p. 241; Fay Chung, *Re-Living the Second Chimurenga: Memories from Zimbabwe's Liberation Struggle*, Stockholm: The Nordic Africa Institute, 2006, pp. 141-142.

52)　Martin and Johonson, op. cit., pp. 288-289; Chung, op. cit., pp. 143-144.

53)　Stephen Chan, *Robert Mugabe: A Life of Power and Violence*, Michigan: The University of Michigan Press, 2003, pp. 135-137.

54)　Terence Ranger, *Peasant Consciousness and Guerrilla War in Zimbabwe*, Oxford: James Currey, 1985, p. 25.

55)　Norma J. Kriger, *Zimbabwe's Guerrilla War*, Cambridge: Cambridge University Press, 1992, p. 51 および第 5 章を参照．なお女性ゲリラの置かれた従属的な状況については，Josephine Nhongo-Simbanegavi, *For Better or Worse? Women and ZAN-*

LA in Zimbabwe's Liberation Struggle, Harare: Weaver Press, 2000 に詳しい.

56) Heike I. Schmidt, *Colonialism and Violence in Zimbabwe: A History of Suffering*, Suffolk and Rochester: James Currey, 2013, Chap. 4.

57) 参照した解放闘争に関する諸研究が, ジンバブウェ史研究において占める位置関係については, ヌグワビ・ムルンゲ・ベベ「ジンバブウェ史研究の黄金期とその衰退」井野瀬久美恵・北川勝彦編『アフリカ帝国——コロニアリズム研究の新思考に向けて』晃洋書房, 2011 年.

58) Kriger, op. cit., pp. 149ff.

59) Schmidt, op. cit., pp. 176-194. なおこの研究は, 植民地侵略, モザンビーク解放闘争, ジンバブウェ解放闘争, そしてモザンビーク内戦と, 調査対象地域が絶えず暴力にさらされてきた状況を明らかにしている. 女性が苦難を強いられてきたばかりか, 女性が解放闘争において重要な役割を果たしたことが示されている. 成年男性が多く出稼ぎに行くなかで, 女性が暴力に対峙し, 家族を守る役割を負わされていたばかりか, 解放軍兵士に食料を提供するなど, 闘争に積極的に関わっていたことをこの研究は明らかにしている.

60) Ndlovu-Gatsheni, op. cit., p. 15.

61) Luise White, *The Assassination of Herbert Chitepo*, Bloomington: Indiana University Press, 2003, p. 41.

62) Martin and Johnson, op. cit., pp. 183-189.

63) Ibid., pp. 48-49, 74.

64) トンゴガラは 1940 年生まれ. 彼は中国の南京で軍事訓練を受け, すぐれた軍事指導者として信頼されるかたわら, 年長の民族主義者や宗教指導者とは対立することがあり, 組織に属する女性に対する態度にも批判があった. Chung, op. cit., pp. 124-133.

65) 57 名が逮捕され, 1300 人がザンビア国内にあった ZANU の基地で拘束された. Martin and Johnson, op. cit., p. 189.

66) Ibid., p. 179.

67) Ibid., p. 183.

68) Chung, op. cit., pp. 133-139; Martin and Johnson, op. cit., pp. 181-182.

69) Chung, op. cit., pp. 88-90. マーティンとジョンソンによれば ZANLA の人員は 2 年間に 300 人から 5000 人に増加した (Martin and Johnson, op. cit., p. 166).

70) Martin and Johnson, op. cit., p. 160.

71) ンハリたちは反乱計画に反対した仲間 70 人の殺害, 基地占拠の際には 25 名の殺害, トンゴガラの家族の誘拐などを行った (Martin and Johnson, op. cit., pp. 161-166; Chung, op. cit., p. 93). なおトンゴガラが反乱者を処刑したという明らかな証拠があり, 証人もいたが, ザンビア政府は取り上げなかった. 他方, 証拠がないにもかかわらずチテポ暗殺については, トンゴガラを犯人とした. この対応の違いにザンビア政府の意図がうかがえる (Chung, op. cit., p. 134).

72) Chung, op. cit., pp. 93-94. チャンは中国系移民 2 世のジンバブウェ人である.

266 —— 第II部　南部アフリカの現実

　　ZANU 党員であるからか，ZAPU とンコモに対する評価は低いが，本人が述べて
　　いるように，アジア系の女性であるため，ZANU 内部の対立に巻き込まれなかった．
　　したがって ZANU 内部の関係について理解する上で彼女の記述は有益である．

73）　ンコモは解放勢力間の連帯を望むトンゴガラを高く評価していた．Nkomo, op. cit.,
　　p. 172.

74）　独立後も野党の党首としてムガベと対立したスミスは，トンゴガラは暗殺された
　　としている．Ian Smith, *Bitter Harvest: Zimbabwe and the Aftermath of its Inde-*
　　pendence, London: John Blake Publishing, 2008, pp. 335, 370-371. しかしながら事
　　故死を疑わせる事実はない．トンゴガラの乗っていたランド・クルーザーが大型ト
　　ラックを追い越そうとした際，牽引されていたトレーラーが左に触れ衝突した．助
　　手席にいたトンゴガラが死亡し，他の同乗者は負傷にとどまった（Chung, op. cit.,
　　p. 139）．モザンビーク政府も ZANU も，調査の結果，事故死と結論づけた（Mar-
　　tin and Johnson, op. cit., pp. 319-320）．スミス政権における情報機関の責任者であ
　　ったフラワーも，この事故に不審な点はないと述べている．Ken Flower, *Serving*
　　Secretly: An Intelligence Chief on Rhodesia, Rhodesia to Zimbabwe 1964-1981,
　　London: John Murray, 1987, p. 252.

75）　Finex Ndhlovu, *The Politics of Language and Nation Building in Zimbabwe*,
　　Bern: Peter Lang, 2009, pp. 30-31. レンジャーは，ジンバブウェにおけるエスニシ
　　ティ形成の歴史的経緯，特にマニカのエスニシティの形成について，植民地支配お
　　よびキリスト教の布教や聖書の翻訳と関わらせながら述べている（Terence Ranger,
　　"Missionaries, Migrants and the Manyika: The Invention of Ethnicity in Zimba-
　　bwe," Leroy Vail, ed., *The Creation of Tribalism in Southern Africa*, London and
　　Berkeley: James Currey and University of California Press, 1989）.

76）　Ndhlovu, op. cit., p. 88.

77）　ザンビアの軍事訓練所での，そして独立後，エチオピアでの職業訓練所での，
　　ZANU と ZAPU の対立については，Ngwana Maseko, *ZPRA: Zimbabwe People's*
　　Revolutionary Army, Lexington: Xlibris Corporation, 2008, pp. 67, 118-120. この著
　　者は元 ZIPRA 兵であり，ザンビアでの軍事訓練の様子を詳細に語っている（Ibid.,
　　pp. 18-37, 65-70）.

78）　Sabelo J. Ndlovu-Gatsheni, *The Ndebele Nation: Reflection on Hegemony, Memo-*
　　ry and Historiography, Amsterdam and Pretoria: Rozenberg and UNISA Press,
　　2009, p. iv. 入植者によりンデベレとショナについての画一的な見方が広がり，両
　　者の対立が強調された．Milambo, op. cit., pp. 24-28. 19 世紀のンデベレとショナ
　　の関係については，Ranger, op. cit., 1967, pp. 25-32.

79）　1930 年代までは，マニカやゼズルを含んだショナというアイデンティティはほ
　　とんど形成されていなかった．「1930 年代にいくつもの要素が，ある要素はアフリ
　　カの，ある要素はヨーロッパの要素が重なり，単一のショナ語とそれに続くショナ・
　　アイデンティティという意識の形成をうながした」（Ranger, op. cit., 1989, p. 142）.

80）　1963 年の ZAPU からの ZANU の分裂は，出身民族の違いによるというより，指

第5章　ジンバブウェの解放と現代の暴力 —— 267

導者間の路線対立が背景にあった．ンデベレ王国は，ズールから分かれたンゴニとカランガ（Kalanga）を中心に，1839年以降に形成されたいわば多民族国家である．ンコモはカランガ（ショナと文化的な繋がりがある）出身であるが，ンデベレそのものと重ねられるようになった．Teresa Barnes, "Reconciliation, ethnicity and school history in Zimbabwe 1980-2002," Brian Raftopoulos and Tyrone Savage, eds., *Zimbabwe: Injustice and Political Reconciliation*, Harare: Weaver Press, 2005, p. 143.

植民地支配とンデベレ民族の形成（あるいは「創造」）については，Terence Ranger, "The Invention of Tradition Revisited: The Case of Colonial Africa," Terence Ranger and Olufemi Vaughan, eds., *Legitimacy and the State in Twentieth-Century Africa*, Houndmills and London: The Macmillan Press, 1993, pp. 83-84, 96-101.

81）　Nkomo, op. cit., p. 162.

82）　Nkomo, op. cit., pp. 153-155, 189.

83）　1978年から79年初頭までには，ムガベは軍事的勝利を確信していた（Robert Mugabe, *Our War of Liberation: Speeches, Articles, Interviews 1976-1979*, Harare: Mambo Press, 1983, pp. 15-27）．それだけに政治的に妥協することには不満であった．彼からすれば，その妥協が改革を中途半端にさせ，21世紀の混乱を生んだということになろう．

84）　Smith, op. cit., pp. 320-321.

85）　Peter Carrington, *Reflect on Things Past: The Memoirs of Lord Carrington*, London: Collins, 1988, p. 269.

86）　Ibid., pp. 298-299.

87）　Ibid., pp. 271-272.

88）　井上，前掲書，270ページ，第1表による．国土の中央に位置するミッドランドでは，1980年の選挙で12議席のうち8議席をZANU-PFが，4議席をZAPUが獲得し，1985年の選挙ではZANU-PFがすべての議席を獲得した．

89）　Norma Kriger, *Guerrilla Veterans in Post-war Zimbabwe: Symbolic and Violent Politics 1980-1987*, Cambridge: Cambridge University Press, 2003, Chap. 4.

90）　Chung, op. cit., pp. 248-253.

91）　Charles Abiodun Alao, "Governance and the politics of security," Martin R. Rupiya, ed., *Zimbabwe's Military: Examining its Veto Power in the Transition to Democracy, 2008-2013*, Pretoria: African Public Policy and Research Institute（APPRI）, 2013, pp. 19-20. 対立については当事者でもあるンコモの記述もある（Nkomo, op. cit., pp. 219-220）．イギリス軍事顧問団が解放軍とローデシア軍との統合に協力した．ムガベは新たな国軍にイギリスの影響が強まるのを恐れ，中国および朝鮮民主主義人民共和国とも軍事協力を推進した（Alao, op. cit., 2003, p. 20）．

92）　Ibid., pp. 26-27.

93）　Nkomo, op. cit., p. 229.

94）　井上，前掲書，242-247ページ．Kriger, op. cit., 2003, p. 30.

268 —— 第Ⅱ部　南部アフリカの現実

95)　Tendi, op. cit., pp. 196-197.

96)　ジョセフ・ハンロン『隠された戦争——アパルトヘイトと黒人諸国』新評論，
1987 年，92-95，119 ページ.

97)　The Catholic Commission for Justice and Peace in Zimbabwe, *Gukurahundi in Zimbabwe: A Report on the Disturbance in Matabeleland and the Midlands 1980-1988*, Columbia University Press, 2008（初版は 1997 年に同コミッションから出版），pp. 48-50. 1982 年 7 月に発生した海外からの白人観光客 6 名の誘拐事件は海外で大きく報道された. 犯人として元 ZIPRA 兵の 2 名が絞首刑になったが，元ローデシア諜報機関職員が 1996 年にその事件に関与していたことを明らかにした（Ibid., pp. 69-71）. Super-ZAPU については次も参照. Chan, op. cit., pp. 29, 34. なおこの本の著者は 1977-83 年の間英連邦事務局に勤務していた.

98)　ローデシア軍の司令官であり，独立後，ジンバブウェ国軍司令官であったピーター・ウォールズは罷免の後，国外追放となり，南アフリカに移住した. その際，250 名の白人軍人も退役し，その多くが同じく南アフリカへ移住した. Alao, op. cit., p. 20.

99)　Smith, op. cit., chap. 21; Maseko, op. cit., pp. 192-198.

100)　Nkomo, op. cit., pp. 235-237. スミスは推定 3 万人という. Smith, op. cit., p. 382.

101)　The Catholic Commission for Justice and Peace in Zimbabwe, op. cit., pp. 284-285.

102)　Ibid., pp. 71-73.

103)　Ibid., p. 94.

104)　Ibid., pp. 2-3. グクラフンディの犠牲者からの聞き取りについてはこの報告書に詳しい. 他に次も参照, Maseko, op. cit., pp. 202-206.

105)　Alao, op. cit., pp. 27-29.

106)　独立直後にとなえられた和解と協調は主に黒人と白人との関係についてであった. 人種間の関係が緊張度を増すにつれ，次第に統合が強調されるようになり，白人に対する黒人間の，それも ZANU-PF による統合という色彩が強まっていった.

107)　Sabelo J. Ndlovu-Gatsheni, "A perspective on ethnic, regional and ideological dimensions of the composition of the Zimbabwean military and their implications," Rupiya, ed., op. cit., p. 41. ZANU 化・ZANLA 化どころか, Zezuru 化（Zezurisation）が進んだ. ショナの力が増すが，なかでもムガベの出身集団であるゼズルが有力となり，軍・治安関係の要職を占めた. 2013 年時点で，軍の最高司令官は大統領ムガベ，軍のトップである国防参謀長，さらに空軍参謀長，警察長官，刑務長官などはいずれもゼズルである. 国防大臣と陸軍参謀長はカランガ，国家安全保障大臣はマニカである（Ibid., pp. 44-45）. なお空軍参謀長ペレンス・シリはマタベランド掃討で悪名高い第 5 旅団の指揮官であった.

108)　マタベレランドが被った暴力の略史については, Jocelyn Alexander, "Legacies of Violence in Matabeleland, Zimbabwe," Preben Kaarsholm, ed. *Violence, Political Culture and Development in Africa*, Oxford, Athens and Pietermaritzburg:

James Currey, Ohio University Press and University of KwaZulu-Natal Press, 2006. グクラフンディとその後も繰り返されたマタベレランドの苦難は，長く覆い隠され，明らかにされなかった. Shari Eppel, "'Gukurahundi': The need for truth and reparation," Raftopoulos and Savage, op. cit.

109) Maseko, op. cit., pp. 161, 208.

110) ンデベレランドでは開発が遅れ，教育におけるショナ化が進み，就職差別が見られた. Brilliant Mhlanga, "Post-coloniality and the Matabeleland Question in Zimbabwe," Sabelo J. Ndlovu-Gatsheni and Finex Ndhlovu, eds., *Nationalism and National Projects in Southern Africa: New Critical Reflections*, Pretoria: African Institute of South Africa, 2013, pp. 283-287.

111) Liisa Laakso, "Research Debates in Zimbabwe: From Analysis to Practice," Staffan Darnolf and Liisa Laakso, eds., *Twenty Years of Independence in Zimbabwe: From Liberation to Authoritarianism*, Basingstoke and New York: Palgrave Macmillan, 2003, pp. 3-5.

112) Nkomo, op. cit., pp. 243-244.

113) ローデシア政府が解放運動の弾圧に用いた「法と秩序（維持）法」は，独立後も残り，政府批判に対する弾圧に用いられた. 後に，この法律はより抑圧的な「公共秩序保安法」に受け継がれた. Dieter B. Scholz, "Robert Mugabe: revolutionary or rebel?" David Harold-Barry, ed., *Zimbabwe: The Past is the Future*, Harare: Weaver Press, 2004, pp. 26-27.

114) Nkomo, op. cit., p. viii.

115) Daniel Compagnon, *A Predictable Tragedy: Robert Mugabe and the Collapse of Zimbabwe*, Philadelphia: University of Pennsylvania Press, 2011, pp. 47-49, 79, 269.

116) 憲法の度重なる改正と大統領権限の強化については，中原，前掲書，199-203ページ.

117) Eldred Masunungure, "Travails of opposition politics in Zimbabwe since Independence," Harold-Barry, ed., op. cit., pp. 147-152.

118) Ibid., pp. 175, 189.

119) このようなジンバブウェ経済の特徴については，平野克己「パラドックスのなかの貧困——ジンバブウェにおける農地改革を展望する」『アジア経済』第40巻，第9・10号，1999年9月号，60-73ページ.

120) 「黒人教育を等閑視する一方で白人に関しては手厚い教育システムを敷き，南アフリカのようなプア・ホワイト問題を回避してきたローデシア流の人種主義政策に対する，ZANU-PF政権の強烈な反発があった」（同上論文，71ページ）. 教育政策に重点が置かれたのは，後述するムガベ個人の経歴と思想も関係していると考えられる.

121) 吉國，前掲書，16-17ページ.

122) Meredith, op. cit., pp. 7-9. キャリントンによると，「当事者だれもがそれぞれの理由で合意を望んでいた. だれもが思い通りやろうとしていると思っていた. ムガ

270 —— 第 II 部　南部アフリカの現実

べを別として，南アフリカはスミスを支えるために金を使うのにうんざりしていた．
老いたンコモは事態を進行させ，ジンバブウェ大統領になろうとしていた．ローデ
シアの白人は瀕死の状態で，制裁は効果を示し始めていた．それで誰もが何らかの
解決を望んでいた．しかしムガベはそれが必要だとは思っていなかった．そして彼
はおそらく正しかったのだ．タンザニアのニエレレ大統領とモザンビークのマシェ
ル大統領がムガベに促さなかったなら，ランカスター協定にムガベが署名しなかっ
たことは疑いない．ムガベは軍事的には勝利することを知っていた．しかし一度会
議が始まると退席することは極めて困難であった．なぜなら戦争による被害を受け
ている国のニエレレとマシェルに圧力をかけられていたからだ」(Heidi Holland,
Dinner with Mugabe: The untold story of a freedom fighter who became a tyrant,
Johannesburg: Penguin Books, 2008, p. 60).

123)　Sam Moyo, "Land Reform and Redistribution in Zimbabwe since 1980," Sam
Moyo and Walter Chambati, eds., *Land and Agrarian Reform in Zimbabwe: Be-
yond White Settler Capitalism*, Dakar: Council for the Development of Social Sci-
ence Research in Africa, 2013, p. 43 (Table 2. 2). なお独立直前に，ムゾレワ政権
は黒人農業資本家の形成をはかり，200 以上の大規模農場が存在していた．Sam
Moyo, *The Land Question in Zimbabwe*, Harare: Sapes Books, 1995, p. 5.

124)　von Blanckenburg, op. cit., pp. 20-21. 1976 年のヨーロッパ人農家戸数は 6682 戸
であった．解放闘争の末期に減少したことがわかる．R. G. Riddell, *The Land Prob-
lem in Rhodesia: Alternative for the Future*（*Socio-Economic Series No 11*）, Salis-
bury: Mambo Press, 1978, p. 54.

125)　von Blanckenburg, op. it., p. 23.

126)　Ibid., p. 24. 独立以前（1976 年）は，農地面積 5000 エーカーから 1 万 5000 エー
カーまでの農家は 1189 戸（全体の 17％），その全農地面積に占める割合は 27％，1
万 5000 エーカー以上の農家は 469 戸（全体の 7％），全面積に占める割合は 50％,
すなわち 24％の農家が全体の 77％の農地を占めていたことがわかる．なお白人農
家のうち所得税の課税対象基準に達していない農家は 60％もあった（Riddell, op.
cit., pp. 58-59, Tables 21 and 22, p. 67, Table 29）．このことから白人農業内部に大
きな格差があったことがわかる．白人農業の展開と多様性については，島田周平「南
ローデシアのヨーロッパ人農業の史的展開過程」『アジア経済』第 31 巻第 5 号,
1990 年 5 月号.

127)　von Blanckenburg, op. cit., pp. 26-27.

128)　Ibid., p. 29.

129)　Riddell, op. cit., p. 34, Table 5. なお表での数値 112 万 1000 人は 112 万 1100 人の
誤りだと思われる．

130)　Ibid., p. 35, Table 6.

131)　Ibid., p. 36, Table 7. なおアフリカ人地区，ヨーロッパ人地区の他に国有地がある．

132)　Sam Moyo and Paris Yeros, "Land Occupation and Land Reform in Zimbabwe:
Towards the National Democratic Revolution," Hany Besada, ed. *Zimbabwe: Pick-*

ing up the Pieces, New York: Palgrave Macmillan, 2011, p. 183.

133) von Blanckenburg, op. cit., p. 30. モヨらによると白人農家の土地は1100万ヘクタールに減少した（Moyo and Yeros, op. cit., p. 171）.

134) Moyo and Yeros, op. cit., p. 174.

135) von Blanckenburg, op. cit., pp. 31-34.

136) Moyo and Yeros, op. cit., p. 185.

137) 平野は独立後の経済政策において,「帝国主義的搾取の撤廃」「平等な社会主義国家の建設」が掲げられ, 具体的には流通や生産部門への国家介入がすすめられたこと, その結果,「内戦と国際経済制裁を生き残るためローデシア時代に作られた統制経済体制は新政府にもそのまま引き継がれ, さらに強化されていくことになった」（平野, 前掲論文, 67ページ）と指摘している. 経済政策のみならず, 非常事態宣言や治安の面でも強権的・軍事的体質が受けつがれていった. 今日のジンバブウェを理解するためには, ローデシア時代からの継続性に留意することが不可欠であることがわかる.

138) Brian Raftopoulos and Daniel Compagnon, "Indigenization, the State Bourgeoisie and Neo-authoritarian Politics," Darnolf and Laakso, eds., op. cit., pp. 22, 29.

139) Moyo and Yeros, op. cit., p. 171.

140) Chung, op. cit., pp. 296-297.

141) Moyo, op. cit., 1995, Chap. 1.

142) Patrick Bond and Masimba Manyanya, *Zimbabwe's Plunge: Exhausted Nationalism, Neoliberalism and the Search for Social Justice*, Pietermaritzburg: University of Natal Press, 2002, p. 77.

143) 独立後の「小農の奇跡」については, 吉國恒雄「ジンバブエ農業の成功と小農の躍進」川端正久・佐々木建編『南部アフリカ——ポストアパルトヘイトと日本』勁草書房, 1992年.

144) 初等教育の就学者数は80万人（1979年）から230万人（1986年）へ, 中等教育は177校, 6万6000人から, 1300校, 53万7000人へ増加した. Barnes, op. cit., p. 141.

145) Godfrey Kanyenze, "The Performance of the Zimbabwe Economy, 1980-2000," Darnolf and Laakso, eds., op. cit., p. 63, Table 3.13.

146) 吉國, 前掲書, 2008年, 25ページ.

147) これについて詳しくは, 井上一明「ジンバブウェにおける都市民と政治——ハラレをケースとして」『法学研究』75巻11号, 2002年, 8ページ以下を参照. なお Economic Structural Adjustment Programme は Eternal Suffering for African People と揶揄された.

148) 井上, 前掲書, 324ページ; 井上, 前掲論文, 21ページ.

149) 井上一明「ジンバブウェのクレプトクラシー体制とそのメカニズム—— 2000〜08」『地域研究』9巻1号. 京都大学地域研究統合情報センター, 2009年, 116ページ. 構造調整の導入に伴い民衆の不満が強まるにつれ, 政府の言論統制, 司法へ

272 ── 第II部　南部アフリカの現実

の介入が強化された. 弾圧の強化は, 軍・警察の影響力がさらに強まることを意味
した. 井上によると, 2008年の決選投票への出馬をムガベはあきらめようとしたが,
統合作戦司令部がムガベに翻意を促したという (同上論文, 124ページ).

150) Norma Kriger, "Zimbabwe's War Veterans and the Ruling Party: Continuities in Political Dynamics," Darnolf and Laakso, eds., op. cit., pp. 105-107.

151) Kriger, *Guerrilla Veterans in Post-war Zimbabwe*, p. 98. クリーガーは退役軍人が比較的優遇されたと述べるが, マッキャンドロスによると2000年代には多くの退役軍人から強い不満が表明された (Erin McCandless, *Polarization and Transformation in Zimbabwe*, Lanham: Lexington Books, 2011, p. 78). 不満を抱いたのは退役軍人ばかりではない. 戦闘訓練は受けたが, 実際に戦闘に参加する機会のなかった者, 解放闘争に加わったが兵士にもなれなかった人々, 政治犯として収監されていた人々である. 彼らは闘争が終わるころに参加したとして, afikizolo (late-comers の意) と揶揄され, 退役軍人に比べ軽視された. Munyaradzi B. Munochiveyi, "War Vet Nation?: Beyond 'Guerrilla Nationalism' and the Search for Other Nationalism in Zimbabwe," Sabelo J. Ndlovu-Gatsheni and James Muzondidya, eds., *Redemptive or Grotesque Nationalism?: Rethinking Contemporary Politics in Zimbabwe*, Bern: Peter Lang, 2011, pp. 126-127.

152) Kriger, Guerrilla Veterans in Post-war Zimbabwe, pp. 23-24. 女性は軍事訓練を受ける機会が少なく, 実際に戦闘に参加するより, 看護などの後方支援に従事することが多かった. したがって女性兵士の数は定義により大きく異なる. 6万6000人のうち女性兵士を4000人とするもの, あるいはZANLA兵のうち女性は25%(1978年)とするもの, さらには全体の3分の1が女性(1979年)であったとするものなど, 異なる各種の数値がある (Ibid., pp. 122-123, 245: note 94).

153) Ibid., p. 132.

154) Abiodun Alao, *Mugabe and the Politics of Security in Zimbabwe*, Montreal, Kingston, London, Ithaca: McGill-Queen's University Press, 2012, pp. 38, 46.

155) Alao, op. cit., 2013, pp. 20-21. 1985年時点で, 除隊者およそ3万5000人のうち, 就業者および職業訓練中の者の数は1万6000人であった. McCandless, op. cit., p. 78.

156) Zvakanyorwa Wilbert Sadomba, *War Veterans in Zimbabwe's Revolution: Challenging Neo-colonialism and Settler and International Capital*, Suffolk and Harare: James Currey and Weaver Press, 2011, pp. 69-70.

157) Ibid., pp. 95-96.

158) Holland, op. cit., p. 123. 元農業大臣ノーマンによる.

159) McCandless, op. cit., pp. 119-121.

160) Prosper B. Matondi, *Zimbabwe's Fast Track Land Reform*, London and New York: Zed Books, 2012, pp. 22-23. 彼らは jambanja ndizvo (violence is the answer) という標語で注目を集めた.

161) McCandless, op. cit., p. 87.

162) Compagnon, op. cit., pp. 65-67.

163) Sadomba, op. cit., p. 195. 権力維持の観点からムガベと ZANU-PF が土地占拠を重視し，利用する過程については，Charles Laurie, *The Land Reform Deception: Political Opportunism in Zimbabwe's Land Seizure Era*, New York; Oxford University Press, 2016, Chaps. 2 and 3.

164) Norma Kriger, *Guerrilla Veterans in Post-war Zimbabwe*, pp. 185-187, 195, 208.

165) Laurie, op. cit., p. 81.

166) 吉國恒雄「『ジンバブウェ問題』とは何か──土地闘争と民主化」永原陽子編『「植民地責任」論』青本書店，2009 年，255-256 ページ．

167) 吉國，前掲書，2008 年，22 ページ．

168) 吉國，前掲書，2009 年，257 ページ．

169) 同上書，257 ページ．

170) Moyo, op. cit., 1995, p. 10.

171) 吉國，前掲書，2009 年，264 ページ．

172) 平野，前掲論文，87 ページ．

173) 同上論文，84-86 ページ．

174) 同上論文，59-60，89-90 ページ．

175) 井上，前掲論文，2009 年，117-118 ページ．

176) McCandless, op. cit., Chaps. 3 and 5.

177) Holland, op. cit., p. 101.

178) Meldrum, op. cit., pp. 149-150.

179) ムタサ（ZAPU-PF の強硬派）とシャムヤリラ（党情報局長）からの聞き取り（2007年 9 月）によると，急速な土地改革を思いとどまるようアニャオク（1991-2000 年英連邦事務局長）は ZANU-PF に懇願したという（Tendi, op. cit., p. 84）．アニャオク自身，彼らの言ったことを裏付ける証言（2007 年 5 月）をしている．「ランカスター協定による白人農家保護が終わった時も，土地に手を付けぬようにムガベに警告することが私の外交的任務であった．保護の終了は南アフリカのアパルトヘイト終焉に向けた交渉の開始時と同じであった．白人農場の接収は，デ・クラークが試みていることを水泡に帰せしめるとムガベにいった．南アフリカの白人社会は強力で，ジンバブウェの白人資産の接収は南アフリカ白人を不安にさせるだろう．彼らが資産に不安を覚えると，交渉を潰すために彼らは自らの影響力を行使するだろう．このことを私はムガベに強調した．彼は同意したがらなかったが，私の議論の激しさに気づいていた．移行が終わるまでは白人農場を保護するとムガベはいった．私はムガベよりンコモと親しかった．ンコモも，土地のために 10 年待つのは長すぎると感じる人々の一人だった．彼はすべての土地がアフリカ人に返還されることを望んでいた．私は彼らに我慢するよう説得した」．「アニャオクはムガベの保証をムベキ経由で ANC に伝えた．彼はこのことを記録に残しておけばよかった．そうであればムガベが土地改革の完了を先延ばしにした理由や，ジンバブウェの土地収用へのムベキの対応を説明できるからだ」（Ibid., p. 85）．

274 —— 第Ⅱ部　南部アフリカの現実

180)　Chris Alden and Warl Anseeuw, *Land, Liberation and Compromise in Southern Africa*, Basingstoke and New York: Palgrave Macmillan, 2009, p. 65.

181)　Moyo and Yeros, op. cit., pp. 188-189.

182)　吉國，前掲書，2009 年，261 ページ．

183)　Matondi, op. cit., pp. 9, 56.

184)　このような観点から土地占拠の暴力的な性格を強調している一例は，Meredith, op. cit., pp. 191-207. 土地占拠は政権維持のために用いられた戦術という面があったが，それを専ら強調する研究もある．Laurie, op. cit. なおこの本の第 7 章および第 8 章には，白人農場主およびその農場で働く労働者に加えられた暴行・脅迫の実態について詳しい記述がある．

185)　吉國，前掲書，2009 年，264-265 ページ．

186)　同上書，267 ページ．以下も参照．壽賀一仁「ジンバブウェ——『紛争国』の農村で暮らす人々」峯陽一ほか編『アフリカから学ぶ』有斐閣，2010 年，220-221 ページ；壽賀一仁「2008 年統一総選挙後のジンバブウェ——中部農村に見る暮らしの実相」『アフリカレポート』48 号，2009 年．次の文献では，土地占拠が政府による指令ではなく，人々の自発的な運動であったという体験を，解放闘争に参加し土地分配にあずかった人が述べている．Alexander Kanengoni, "The long way home: one man's story," Harold-Barry, ed., op. cit., pp. 49-50.

187)　Sadomba, op. cit., pp. 109-110, 112.

188)　ローデシアからジンバブウェに代わっただけで解放が達成されたわけではなく，独立後も「新植民地主義」の圧力に抗してすすんだ解放の 1 つとして土地改革を理解するという観点については，Sibonginkosi Mazibuko, "The Meaning of African Freedom and Independence: The Road from Rhodesia to Zimbabwe," Ndlovu-Gatsheni and Ndhlovu, eds., op. cit.

189)　Moyo and Yeros, op. cit., p. 196.

190)　Moyo, op. cit., 2013, p. 55.

191)　Lloyd M. Sachikonye, "Land reform and farm workers," Harold-Barry, ed., op. cit., p. 70. 土地配分を受けたものは農業労働者の 5 ％に満たなかった．なお労働者の 26 ％はマラウイ，モザンビーク，ザンビアなど国外出身者であり，土地に関する権利から除外された彼らは，土地占拠による明らかな被害者であった（Ibid., p. 73）．

192)　Moyo and Yeros, op. cit., 194-199. 急速土地改革計画の後，300 ヘクタール以上の農家は 3000 となり，そのほとんどはアフリカ人である．Moyo, op. cit., 2013, pp. 64-65. 土地配分において，A1，A2 という分類がされ，前者は配分される農地が小規模，後者は大・中規模であるが，両者に明確な規模別区分はない．前者は共同体地域の村と繋がりを持ち，後者は資源を動員した商業農家を目指すものである．

193)　Jocelyn Alexander, *The Unsettled Land: State-making and Politics of Land in Zimbabwe 1893-2003*, Oxford and Harare and Athens: James Currey, Weaver Press and Ohio University Press, 2006, p. 193.

194) 壽賀一仁「ジンバブウェ土地改革に見る再入植地の形成と伝統的権威――同国中部マシンゴ郡の事例から」『日本アフリカ学会第50回学術大会研究発表要旨集』2013年，151ページ．

195) Sam Moyo, "Agrarian Reform and Prospects for Recovery," Besada, ed., op. cit., pp. 131-138.

196) Matondi, op. cit., pp. 257-258.

197) McCandless, op. cit., p. 159.

198) Sadomba, op. cit., p. 217. 著者は1959年生まれで，1975年に戦闘に参加した経歴を持つ．

199) 土地収用など第3のチムレンガに対してこの運動を第3.5のチムレンガと呼ぶ者もいる．McCandless, op. cit., pp. 99, 128.

200) Ibid., p. 160.

201) Moyo and Chambati, "Introduction: Roots of the Fast Track Land Reform," Moyo and Chambati, eds., op. cit., pp. 2, 10.

202) McCandless, op. cit., p. 155.

203) 杉木明子「アフリカ人権レジームと『ジンバブウェ問題』」芹田健太郎編『国際人権法の国際的実施』（講座国際人権法4）信山社，2011年．この論文では，20世紀末からの人権状況について，土地問題，市民・政治的権利に対する弾圧，司法機関への介入，そして食料問題の各分野における人権状況が論じられている．この作戦そのものについては，Fidelis Duri, *The Relentless Governance by the Sward: Situating Operation Murambatsvina in Zimbabwean History*, Saarbucken: VDM, 2010, Chap. 5 に詳しいが，著者は政権の暴力を，専ら解放闘争以来のZANUの暴力的性格によるとしている．

204) Meredith, op. cit., p. 15.

205) 2005年にムガベについての戯曲がイギリスで出版，上演された．それはジンバブウェの混乱と暴力の責任がムガベにあるという解釈の一例である．Fraser Grace, *Breakfast with Mugabe*, London: Oberon Books, 2005. ムガベが次第に暴力的になることや，過去に彼が行使した暴力については以下を参照．Chan, op. cit. しかしムガベに暴力を行使させた状況については関心を払っていない．

206) ムガベの経歴については，主にDavid Smith and Colin Simpson, *Mugabe*, Salisbury: Pioneer Head, 1981 による．

207) Meredith, pp. 22-23.

208) Smith and Simpson, op. cit., pp. 22-23.

209) Holland, op. cit. ムガベは1974年12月に釈放されたが，政府の監視下にあった．翌年4月にソールズベリーを脱出し，テケレと共に，モザンビークに向かう．その際，夜間に幼児を独り家に置いたまま，ムガベを車で密かに駅まで送ったのがホランドである．

210) Holland, op. cit., pp. 71-72.

211) Smith and Simpson, op. cit., p. 197. スミスの回顧録には，選挙結果が判明した

276 ── 第Ⅱ部　南部アフリカの現実

直後，ソームズに会見した際に聞いたこととして，サンデー・タイムズのこれらの記者によるものと同様の記述がある．Smith, op. cit., p. 344. 諜報機関の責任者フラワーの回想録にも同様の記述がある（Flower, op. cit., p. 268）．

212) Alao, op. cit., 2012 にはジンバブウェの内政と安全保障との関係が詳しく分析されている．

213) Smith and Simpson, op. cit., pp. 165-168.

214) Smith and Simpson, op. cit., p. 94. しかし他方では，ジュネーブで「搾取している白人には1エーカーの土地も認めない」と述べ，血塗られた鬼というイメージが出来上がった（Ibid., p. 95）．ニエレレとカウンダからの働きかけでジュネーブにかろうじてとどまるが，強硬派で血なまぐさいゲリラ指導者という評価がイギリスなどで強まった．

215) Holland, op. cit., pp. 110-111, 119.

216) Robert Mugabe, "Remain United: President," *The Herald*, 20 March, 2004（Tendi, op. cit., p. 109 より再引用）．

217) Holland, op. cit., pp. 152-153.

218) Holland, op. cit., p. 63.

219) Chung, op. cit., pp. 183-187, 265.

220) Ndlovu-Gatsheni, *Do 'Zimbabweans' Exist?*, p. 298.

221) 井上，前掲書，219 ページ．Flower, op. cit., pp. 267-278.

222) Meredith, op. cit., p. 13. 独立に際してムガベは次のように述べていた．「これからはあなた方と私は，政治的変化の現実に，知的にも精神的にも適応するよう，また同志的な絆により結びつけられた兄弟として関係するよう，努力しなければならない．私が皆さんと敵として戦ったとしても，今では友となり，私と同じ国益と忠誠と権利及び義務に結びついている．私をかつては憎んでいたとしても，今ではみなさんを私に，私を皆さんに結びつける愛を避けることはできない．こうした状況の時に，過去の傷や不満の種をよみがえらせようとすることは愚かではないだろうか．今や過去の誤りは許され，忘れ去られるべきだ」「かつて白人が権力を持っていた時にわれわれを抑圧したからといって，今度は黒人が権力を握ったので，白人を抑圧し迫害するというのは決して正当化できない．白人の黒人に対してであれ，黒人の白人に対してであれ，悪は悪である．外観や考えが異なる人々を多数派が抑圧し迫害し，あるいは苦しめるならば，多数派支配は容易に非人間的な支配になるだろう」．"Independence Message," *The Struggle for Independence: Documents of the Recent Development of Zimbabwe 1975-1980*, Vol. 7, December 1979-April 1980, Institute of African Studies Documentation Centre, Hamburg（Brian Raftopoulos, "Introduction: Unreconciled differences-The limits of reconciliation politics in Zimbabwe," Raftopoulos and Savage, eds., op. cit., pp. x-xi より再引用）．

223) 農業大臣に白人の商業農業組合の責任者を任命したことは土地改革との関連で注目される．しかしムガベは彼に最初は鉱業大臣就任を打診したという（Smith, op. cit., p. 348）．したがってノーマンが商業農業組合長であったからというより，白人

第 5 章　ジンバブウェの解放と現代の暴力 —— 277

の民間人を閣内に入れることが目的であったと考えるべきかもしれない.

224)　チャンによれば, ニエレレとマシェルはムガベに政治的妥協を強く求め, スミスを閣僚にするようにさえ求めたという. さすがにムガベはそれを受け入れなかった (Chung, op. cit., p. 257).

225)　Holland, op. cit., p. 59. 同じ趣旨のことが彼の回想録にも記されている (Carrington, op. cit., p. 298).

226)　白人社会と人種主義については, 北川勝彦『南部アフリカ社会経済史研究』関西大学出版部, 2001 年, 219-230 ページに詳しい.

227)　キャリントンはその回想録のなかでは, スミスについて厳しい批判をしていないが, スミス政権の副首相・蔵相デビット・スミスとローデシア軍司令官ピーター・ウォールズを賞賛していることから, 彼のスミス評価がうかがえる (Carrington, op. cit., pp. 293, 300).

228)　Smith, op. cit., p. 341.

229)　Ibid., p. 342.

230)　スミスが仲間とともに選挙結果を無効にするよう, 総督とイギリス政府に働きかけ, サッチャーに手紙を書いたのはウォールズである (Smith, op. cit., pp. 339-340). それに先立ち, ウォールズは選挙自体の停止を, しかもロンドン駐在の南アフリカ大使を通じて要請していた (Flower, op. cit., p. 266).

231)　Smith, op. cit., pp. 349, 351-352, 376.

232)　Holland, op. cit., p. 114. 後にムガベは, スミスも含め白人農場主が 1999 年に MDC 設立のために資金援助を始めたことを知って, 彼らの行為を民主的な権利であるというより, 白人に好意的に対応してきた自分への裏切りであるととらえた (Ibid., p. 87).

233)　Ibid., p. 118.

234)　Alao, op. cit., 2012, p. 178.

235)　Ibid., pp. 153ff., 221-222.

236)　Clare Short, "Letter to Minister Kangai," *Guardian* (http://politics.guardian. co.uk/foi/images/0,9069,1015120,00.html).

237)　Tendi, op. cit., , pp. 91-92. ランカスター協定締結に至る交渉において, イギリス政府の側の責任者であった外務大臣キャリントンは, 後にテンディに次のように語っている (2012 年 6 月 11 日聞き取り). 「白人とアフリカ人との土地問題解決を手助けするとランカスターでムガベに約束したのは確かである」. このような立場にあった自分が, ショートからも他の労働党政権の構成員からも, 1979 年の土地交渉の経緯について相談を受けることはなかったという (Blessing-Miles Tendi, "The Origins and Functions of Demonisation Discourses in Britain-Zimbabwe Relations (2000-)," *Journal of Southern African Studies*, Vol. 40, No. 6, 2014, p. 1256.

238)　Holland, op. cit., p. 229.

239)　Ibid., pp. 230-231.

240)　Tendi, op. cit., 2010, p.107.

278 —— 第Ⅱ部　南部アフリカの現実

241）　Robert Mugabe, "Do Not Interfere," *Herald*, 4 March 2002（Ibid., p. 193 より再引用）.

242）　ブレアとムガベを仲介しようとしていた南アフリカ大統領タボ・ムベキからのテンディ聞き取り（2011 年 2 月 18 日）（Tendi, op. cit., 2014, pp. 1264-1265）.

243）　Tendai Chari, "Media Framing of Land Reform in Zimbabwe," Moyo and Chambati, eds., op. cit., pp. 316-321. 欧米および日本の論調では「腐敗したアフリカの指導者による権力維持」というのが圧倒的であった.

244）　Peter Hain, *Outside In*, London: Biteback Publishing Ltd., 2012, Chap.1.

245）　Ibid., p. 220; Stephen Chan, op. cit., pp. 151-153.

246）　Alao, op. cit., 2012, pp. 7, 186-188, 212（Table 7.1）.

247）　Holland, op. cit., p. 235. ムガベはイギリス保守党政権時代の 1994 年にナイトに叙せられた. しかし 2008 年に労働党政府はそれを剥奪した. それに対しムガベは,「われわれは女王を尊敬し続ける. 悪魔祓いが必要なのはダウニング街 10 番地に住む悪魔だ」と述べた（Tendi, op. cit., 2014, p. 1262）.

248）　Julia Gallagher, *Britain and Africa under Blair: In pursuit of the good state*, Manchester: Manchester University Press, 2011, pp. 5-12.

249）　Ibid., p. 13.

250）　この政変については, 井上一明「『暴君』と呼ばれた世界最高齢の大統領ムガベの退場」『アフリカレポート』2018 年, No. 56; 坂田有弥「マーチは何処へ？──ジンバブエの 2017 年政権交代とポスト・ムガベ土地問題」同上書.

251）　Holger Bernt Hansen, "Donors and the Crisis in Zimbabwe: Experiences and Lessons Learned," Besada, ed., op, cit., pp. 252-253.

252）　MDC が期待した支援をアフリカ諸国から得られなかったのは, 欧米諸国とそのNGO から支援を受けたことが影響した. MDC は欧米諸国と同一視され, 反植民地主義と解放イデオロギーを掲げる政府からの批判にさらされた. Paris Yeros, "The Rise and Fall of Trade Unionism in Zimbabwe, Part I: 1990-1995," *Review of African Political Economy*, Vol. 40, No. 136, 2013; Paris Yeros, "The Rise and Fall of Trade Unionism in Zimbabwe, Part II: 1995-2000," *Review of African Political Economy*, Vol. 40, No. 137, 2013.

253）　英米からの要望にも拘らずムベキが「静かな外交」政策を推進し, ムガベ批判を避けた要因をネーサンは 4 つ指摘している. 第 1 に, ムベキはツァンギライやMDC に共感を持てず, 解放組織としての ZANU-PF に親近感を持っていた. 第 2 に,南アフリカが強い姿勢を取ることはアフリカ諸国の連帯を損なう恐れがあった. 第3 に, ジンバブウェ問題に限らず, 南アフリカは安全保障理事会非常任理事国であった時, ミャンマー, イラン, スーダンに対する制裁にも反対し, 交渉による解決を求めた. 最後に, ムベキの国際問題へのアプローチは反帝国主義的という特徴を持つ. 英米はムガベ政権を倒すために人権を利用していると, ムベキは受け止めた. Laurie Nathan, *Community of Insecurity: SADC's Struggle for Peace and Security in Southern Africa*, Ashugate: Surrey and Burlington, 2012, pp. 77-81.

第5章　ジンバブウェの解放と現代の暴力 —— 279

254)　例えば，Meredith, op. cit..; Meldrum, op. cit. 近年のムガベの言動から，偏執病
　　であるととらえる風潮の一例は，すでに述べたフレーザー・グレイスの戯曲『ムガ
　　ベとの朝食』である．
255)　ブレアはジンバブウェに対し軍事的行動を行うことさえ考えていたという．ムベ
　　キはブレアから軍事介入に合意するよう迫られた（ムベキからの 2011 年 2 月 12 日
　　聞き取り）．軍司令官チャールズ・グトリエも首相官邸と外務省からジンバブウェ
　　侵攻が可能かどうか打診されたという（グトリエからの 2012 年 6 月 13 日聞き取り）．
　　Tendi, op. cit., 2014, p. 1265.

第6章

モザンビークの解放と現代の暴力

> 　我々人民の願いに応えた武装解放闘争は，解放・団
> 結・正義・進歩といった共通の理想の下にモザンビーク
> 社会のあらゆる愛国者を結びつけたが，その最終目的は
> 土地と人民を解放することにあった．独立は達成され，
> モザンビークの人民は基本的な権利と自由を取り戻した
> （モザンビーク人民共和国憲法前文，1975年7月20日
> 発布[1]）．

> 　独立という名の平和と繁栄は，まだ到来していない
> （モザンビーク北部ニアサ州マウア郡の女性，1999年8
> 月18日）．

はじめに

　1975年6月25日，モザンビークの南端に位置する首都マプートのスタジア
ムは群衆で埋め尽くされていた．10年にも及ぶ武装解放闘争の末に得た独立
を祝うため，集まった人びとの姿であった．

　この独立は，解放闘争のただなかで起こった，宗主国ポルトガルの首都リス
ボンでの無血革命によって，ある日突然もたらされたものである．革命を起こ
したのは，ポルトガル国軍の大佐であったが，長年にわたるアフリカでの植民
地戦争に疲れ果てた多くのリスボン市民は，「カーネーション」を持ってこれ
を歓迎した．この「カーネーション革命」に，とりわけ大きな影響を及ぼした
のが，「モザンビーク解放戦線（以後，フレリモと略す）」であった．フレリモ
は，解放闘争初期から「敵はサラザール政権による独裁や植民地支配といった
システムであり，ポルトガル人であってもそのシステムの被抑圧者である」と

282 —— 第Ⅱ部　南部アフリカの現実

訴え続け，ポルトガル国軍内部に共感者を得ていた．最終的にフレリモに全権が移譲される形で独立が付与された背景として，この点は重要である．

　独立記念式典では，ポルトガルの旗が降ろされた途端，新国歌が鳴り響き，新国旗がゆっくりと空に舞った．解放闘争の間，歌われ続けた「フレリモ万歳」であった．

　　フレリモ万歳，モザンビーク人民の誘導者．武器を手にした勇士は，植民地主義をついに打破した．ロヴマからマプートまで，すべての人民が団結し，帝国主義に対する闘いを続ける．そして我々は勝利するだろう．……全世界と団結し，ブルジョワジーと闘うことで，我々の愛する国は資本主義と搾取の墓場となるだろう．労働者から小農まで，モザンビーク人民は働き続けることで，富を生み出し続けるだろう（独立から 2002 年までの国歌[2]）．

　映像では，世界から集まった人びとが，モザンビークの独立を心から祝う様子が確認できる．その中心に，初代大統領サモラ・マシェル（Samora Machel）の姿があった．マシェルは，フレリモ解放軍の第 2 代司令官を務めた後，1969 年より第 2 代書記長としてフレリモを率いた．1974 年 9 月に独立が決まると，マシェルはフレリモの拠点が置かれたタンザニアからモザンビークに入り，行く先々で集会をしながら南進した．解放闘争のスローガンである「ロヴマからマプートまで」を体現し，「モザンビーク人」の間に新生国の国民としての一体性を高めようとの狙いからであった．

　「モザンビーク」「モザンビーク人」といっても，それはザンビアのケネス・カウンダ（Kenneth Kaunda）大統領が表したように「人工創造物」にすぎなかった[3]．「モザンビーク」領は，ポルトガルによる植民地占領，そして英国との 2 国間交渉の末に生み出されたものであった．最終的に，領土が画定するのは 1891 年のことである[4]．ただし，巨額の対外債務を抱える弱小国ポルトガルの植民地支配は，1920 年代から 30 年代の大戦間期に初めて全土に浸透し始めたにすぎなかった．実に，植民地解体の 30 年前のことであった．

　ヨーロッパ諸国とその確執の結果によって，一方的に「モザンビーク」と確定された地域に暮らしてきた人びとにとって，「モザンビーク・ネイション」

第 6 章　モザンビークの解放と現代の暴力——283

の枠組みは自ら創造したものではなく，かつ実態を伴ったものではなかった．
南北に長いモザンビークには，多様な言語を話す人びとが暮らしていただけで
はなかった．植民地支配下における経済活動・行政・教育のあり方が一様では
なく，地域や集団に多様で異なる影響を及ぼしたからである．このことは，解
放闘争に対する各地域や人びとの反応を多様化した．

　「モザンビークとしての独立闘争」は，現在進行形の壮大なる試みを伴った[5]．
これは「モザンビーク人の創造」にとどまらなかった．「闘争の目的として，
誰の何からの・いかなる解放を目的とするのか？」，そして「独立後にどのよ
うな社会を目指すのか？」という問いが常に付きまとったからである．

　ようやく手にした平和と独立であったが，数年も経たないうちに，モザンビ
ークの人びとは再び大規模な戦闘のただなかに放り込まれる．1977 年に勃発し
たフレリモ政府と反政府武装組織（モザンビーク民族抵抗，MNR／RENAMO）
の間の武力紛争は，1992 年に和平合意が調印されるまでの 16 年間に 100 万人
以上もの犠牲者を生み出し，国を二分する結果となった[6]．

　このようなモザンビーク政治に特徴づけられる連帯と分裂の相反するイメー
ジは，内外識者の間で様々な論争を呼び起こしてきた．「団結」を強調する者
は外部（南アフリカ・南ローデシアの白人政権とそれを支える西側諸国）からの
不安定化工作をその原因とし，「分裂」を強調する者はフレリモ政府の共産主
義政策を批判した．これらの論争は，そのままフレリモ政府あるいはレナモへ
の軍事支援の根拠として正当化に利用され，現実の武力紛争（とりわけ紛争の
長期化）に影響を及ぼしてきた[7]．

　これまで筆者は，独立後紛争の原因について，「外部要因」と「内部要因」
が相互に関わり合うなかで生じていった歴史的プロセスとして明らかにしよう
と試みてきた．特に，独立後の暴力の根底に，植民地化と脱植民地化の相互作
用が育んだ土壌があったことについて，国際，国内，北部農村社会を含む多様
なレベルの主体の関係性と構造変容に注目して詳しく論じた[8]．なかでも，
MNR を結成したのが南ローデシア CIO（中央諜報機構）であったこと，ジンバ
ブウェ独立後は南アフリカが MNR を支援したことは重要であり，このような
周辺諸国の介入の歴史的背景がいかなるものであったのか，それらがポルトガ
ルやアフリカ植民地にどのような影響を及ぼしたのかについては，すでに本書

の第Ⅰ部第3章で検討した通りである.

　本章では，脱植民地化プロセスと独立後の暴力との関係について一部取り上げるものの，本書全体のテーマである「誰の何からの解放か？」という問いを中心課題とする．現代において再び鋭く問われ始めたこの問いについて，歴史的連続性のなかで考察する必要があると考えるからである．とりわけ，「モザンビーク北部の小農」に焦点を当てることとする．

　本論に入る前に，なぜ小農に注目するのか，そして小農をどう定義するのかについて明らかにしておきたい．　小農に注目する理由としては，次の4点があげられる．第1に，独立時にモザンビーク人口の9割を小農とその家族が占め，40年以上を経た現在においても依然として圧倒的多数が小農であること[9]．第2に，小農がモザンビークを含むポルトガル領アフリカ植民地の脱植民地化において決定的な役割を果たしたこと．第3に，これらいずれの国においても，小農は「暴力の主体・犠牲者」の両方として歴史に登場すること．第4に，小農自身が「解放の意味」を問い続けてきており，かつそれが現在再び鋭く問われる時代となっていることによる．

　北部に注目する理由は，次の3点である．まず，モザンビーク人口の過半数がこの地域に集住し，フレリモあるいは植民地権力にとって，その動向が解放闘争期から焦点とされてきたこと．次に，北部は解放戦争あるいは独立後の紛争のいずれでも最前線地域となり，各陣営による住民の争奪合戦が行われ，現在も社会内の分断が継続していること．最後に，近年大規模開発が相次ぎ，土地収奪などの困難に小農が直面していることがあげられる．

　本章で注目するモザンビーク北部小農であるが，その国際的イメージは過去50年の間にめまぐるしく変化した．これらの小農は，1960年代から70年代までは，「変革主体」として世界の賞賛を集めた．しかし，1980年以降にこの地域に広がった独立後紛争によって，「残虐な攻撃者」あるいは「悲劇の犠牲者」としてのイメージが拡散した．そして迎えた1992年の和平合意以降，「緊急援助や開発援助の受益者」として位置づけられるようになった．その後，これらの人びとは，長らく世界から忘れられた存在となった．しかし，2010年に入ると，「鉱物資源開発やアグリビジネスによる大規模な土地収奪の犠牲者」，あるいは契約栽培の「小規模生産者」として認識されるようになった．

モザンビーク北部小農をめぐるイメージの変遷は，小農自身が直面した変化の一端を示しているとはいえ，より大きな影響を及ぼしたのは，彼女・彼らを取り巻く世界・地域・国内構造において生じた変化であった．解放闘争期を除き，北部小農は歴史の主体としてよりも客体として捉えられる傾向にあり，これは現在でも継続している．ただし，これはモザンビークに留まらない．

冷戦後，資本主義的経済システムは，世界のあらゆる「周辺地域」を取り込みながら急速に拡張を続けていった．その推進者は「財政規律」「貧困削減」「食料安全保障」などを掲げ，「周辺地域（貧困地域とも称される）」の「グローバルな市場経済への統合」のみが唯一の解決策であると主張する．この主張に，国際金融機関，米国・日本などの西側諸国政府や多国籍企業だけでなく，アフリカ諸国の政府や一部の国際・国内 NGO なども呼応してきた．この世界大の推進力は，植民地占領以来，多種多様な圧力を受けながらもレジリエンス（耐性）を示してきたアフリカの小農とその社会に劇的な変化を迫っている．

この「世界経済統合」の一形態として，最近では，「グローバルなサプライ（ヴァリュー）・チェーンの構築」が日本を含む各国政府によって推進されることが多くなってきた．表面上は 21 世紀型の新しい現象にみえるが，「南」の小農から見たその内実は植民地解放闘争において「（新／再）植民地主義」あるいは「帝国主義」として糾弾されたものと極めて酷似している．しかし，であればこそ，疑問が生じる．独立後のモザンビークでは，共産主義が国是とされ，「帝国主義」は敵として国歌に登場する．共産主義路線は 1990 年に放棄されるものの，独立以来政権与党を担うのは，植民地解放組織フレリモである．とすれば，この現象は，植民地解放闘争との決別後の新しい現象として理解されるべきか．あるいは，植民地解放闘争時や共産主義体制下においても存続した現象が，ここにきて表面化したということか．本章は，この問いを念頭に展開される．

最後に，本章で中心に据える「小農（peasant）」について，若干の整理を行いたい．近年，世界的に「小農」よりも「小規模生産者（small-scale producer）」が使われることが多く，農を営む人びとを経済主体としての側面からのみ捉える傾向が顕著となっている．世界銀行のインターネットサイトで検索すると，「peasant」の 4 万 5200 件に対して，「small（-scale）producer」は 2 倍以上の 11

万 5000 件の資料が蓄積されていることが分かる[10]．このような言い換えの傾向は開発の関係者・機関に限ったことではなく，各方面で生じている．

　この背景として，英語の「peasant」という言葉が「『近代化』を阻む存在」「田舎者」という否定的なニュアンスを帯びて使用されてきたことと関係している[11]．他方で，1960 年代から 70 年代にかけて世界の注目を集めた「小農による植民地解放闘争や革命の成功」は，「小農」に肯定的な意味を付与するようになった．しかし，農業の資本主義化，あるいは共産主義諸国での農業の集団化は，世界中で「非小農化（de-peasantization）」を招いた[12]．

　英語をはじめとする西欧諸語で語られるヨーロッパの小農やアフリカの小農，あるいは日本の小農について，同じ「小農」という単語を用いて議論することは容易ではない．いつの時代の，どこの，いかなる人びとを，誰が，「小農」と呼び，何との関係の中でそれを論ずるのかによって，「小農像」も大いに異なってくるからである．これは，日本国内・日本語世界だけをとってみても明らかである．

　例えば，「小農」を「百姓」に置き換え，その歴史的・社会的・伝統的な起源を積極的に打ち出す当事者もいる．他方で，「小農」による生産を，それがソ連型のものであれ米国型のものであれ「近代化」についていくことができない「遅れや歪み」として否定する傾向は，知識人や政策立案者の間に顕著に見られ，これは 20 世紀全般を通じて続いてきた．しかし，このような言説に対して，挑戦する識者もいた．玉真之介は，日本農業論を海外の「原理論」の適用から解放し，日本農業それ自体が独自の論理を包含するとの考えに基づいて分析を試みた「5 人の先達」の議論を整理・紹介し，「日本小農論」の変遷を追った[13]．1995 年のことである．しかし，その後，食と農分野のグローバル化は加速度を増し，ますます「小農」を否定的に捉える動きが強まってきている．その一方で，このような傾向に危機感を覚えた九州の農家らが，2015 年に「小農学会」を立ち上げ，「小農の道」として「農業の道，複合化・小規模・家族経営・兼業・農的暮らしなど」を積極的に評価し，「小農とは既存の農家のみならず，農に関わる都市生活者も含まれた新しい概念と考えたい」として，「新たな小農像」を打ち立ててもいる[14]．

　多様な「小農像・理論」の存在やその変遷は，日本に限らず世界的に見られ

第6章　モザンビークの解放と現代の暴力——287

る現象である．ただし，狩猟採取を同様に重視してきたアフリカの農耕を営む人びとを，直ちに「小農」として位置づけるのは問題である．特に，本章で取り上げるモザンビーク北部の人びとが，社会的に「小農／農民」として分類される，あるいは自己アイデンティティとして「小農」を名乗るのは，植民地支配が地域に浸透し綿花の強制栽培が行われるようになって以降のことであった[15]．つまり，モザンビーク北部では，植民地行政の確立と資本主義の浸透が，「小農」アイデンティティの誕生と形成に少なからぬ役割を果たしたといえる．

　ただし，ここで留意したいのは，モザンビーク北部の「小農」が伝統的な農の基盤を持っていなかった，あるいは失ってしまったわけではないという点である．これについては，玉が「5人の先達」に共通する特徴としてあげた次の点は，モザンビーク北部の「小農」について考える際にも参考になる[16]．

　　農業は資本制という生産関係には本来的には不適合であり，資本関係への農業の発展は限りなく制約されている．また，資本主義とは本来的に部分的な生産様式であって，多くの非資本主義的関係の存在をその外側に予定して存立しているのであり，家族労働に依拠した伝統的・歴史的な生産形態（小農）は，矛盾をはらんだ市場形態によって資本主義と関係を結んでいるのである．

　したがって，本章では，まず植民地支配の影響を受ける形で進行した「小農化」のプロセスを示した上で，解放闘争と小農の関係を検討する．次に，独立以来進行してきた「非小農化」のプロセスを明らかにし，最後にモザンビークの小農にとっての「解放の意味」を考察することとしたい．

　本章の構成は次の通りである．第1節では，解放闘争／革命と小農に関する先行研究を踏まえつつ，ポルトガル植民地領アフリカの解放闘争において問題提起された点を明らかにする．その上で，武装闘争の主体となったモザンビーク北部小農の「覚醒」と「動員」がどのようなものとして展開したかを示す．これを受けた第2節では，小農の「覚醒」と「動員」に重要な影響を及ぼした植民地支配の確立と浸透のあり方を，暴力・「小農化」・「取り込み（co-optation）」の3点に注目して明らかにする．第3節では，植民地支配下での歴史的展開のあり方がモザンビークの解放闘争にいかなる影響を及ぼしたのかについ

て，フレリモとマコンデ人，組織（MANU）との関係で考察する．第4節では，
独立後のフレリモ政府と小農の関係の変遷を次の手順で振り返る．まず，これ
らの歴史経験を経て独立後のフレリモ政府がいかなる姿勢で小農に対応し，そ
れが小農との関係（とくに戦争）にどのような影響を及ぼしたのかを明らかに
する．その上で，紛争末期に世銀／IMFによる融資プログラム（後の構造調整
計画）がどのように導入され，フレリモ政府と小農の関係にいかなる影響を及
ぼしたのかについて取り上げる．最後に，以上の結果，北部小農がどのような
限界と可能性を抱えるようになったのかについて，世界史的な意味を含めて考
察したい．

1 ── 解放闘争と小農

1. フレリモによる「人民戦争」の選択

　フレリモ創設以前，モザンビークの解放を目指す運動としては，北部マコン
デ人を中心として結成されたMANU（マコンデ民族同盟，後にモザンビーク・
アフリカ人ナショナル同盟に改称），南ローデシアへの出稼ぎ者・亡命者を中心
に結成されたUDENAMO（モザンビーク・ナショナル民主同盟），ポルトガル
領アフリカの横断的な解放運動であるCONCP（ポルトガル植民地支配下のナ
ショナリスト組織会議）があった．これらの諸組織は，独立後のタンガニーカ（後
のタンザニア）政府の招きで，ダル・エス・サラームに事務所を構えた．

　しかし，1961年にコンゴやルワンダでアフリカ人同士の分裂と暴力的対立が
決定的な段階に至ったことを受けて，これら組織は統一を迫られる．この「分
裂」は植民地権力やその他の国々の介入抜きには考えられなかったが，この時
期のパン・アフリカニストは，外部からの介入に耐えうる統一の解放運動体の
形成を促し，それを支援することが不可欠なものとして認識されるようになっ
ていた．

　1962年6月，ニエレレから運動の統一を要請された諸組織は，モザンビーク
内外で教育を受けた若者が加わる形で，フレリモを結成した．米国で博士号を
取り大学教員になった後に，国連職員となっていたエドゥアルド・モンドラー

ネ（Eduardo Mondlane）が初代書記長として選出されている．フレリモは，言語集団，人種，教育水準，あるいは階級という面でも，多種多様な主体による緩やかな「統一戦線」として誕生したのである[17]．

　フレリモ結成から2カ月後の9月に開催された第1回党大会には，植民地内外から多くのモザンビーク人が駆けつけた．そして，植民地状況に関する分析と課題，それへの方策が議論された．闘争の目的は「モザンビークのナショナルな解放」と決定され，「その達成のための手段としてあらゆる努力を行うこと」が明言された[18]．さらに，「すべての階級（農民，労働者，プチブルジョワジーを含む）に属するモザンビーク人の同盟に基盤をおくこと」が確認され，「違いを乗り越え，同じ目標のために力を結集すること」が宣言された[19]．

　この党大会では，武装闘争は採択されなかった．その理由として，参加者に「非暴力主義の影響」や「国際圧力による独立達成への期待」があり，タンガニーカの事例を指して「理由なしに暴力を使おうとしている」と考える人が少なくなかった点が挙げられる[20]．しかし，ポルトガル政府は植民地死守を掲げているだけでなく，実際に軍備増強をはかり，「ムエダの虐殺」も起こっていた．独立交渉の可能性がないことは明白であった．最終的に，モザンビークから駆けつけた若者がもたらした植民地内の最新情報が決定的役割を果たし，武装闘争が採択された[21]．

　次なる焦点は，武装闘争手法の検討に移っていた．検討の対象になったのは，(1)都市蜂起（植民地統治機関が集中する都市での攻撃と占領），(2)植民地住民が入手可能な武器を使って入植者を襲う方法，(3)毛沢東やヴェトナムのグエン・ザップの「人民戦争[22]」を模範とする案である[23]．すでに(1)は他のポルトガル領植民地で失敗した上に，(2)は「人種間戦争」をもたらし「植民地主義の問題」が矮小化されてしまう危険があることが懸念された．結局，ギニアビサウの解放運動が（3）を開始していたこと[24]，そして（3）の手法でアルジェリア解放を目指して戦ったFLAが独立を達成し新政権を樹立していたことから，（3）が採択されたという[25]．

　フレリモのこの選択に重要な役割を果たしたのが，ギニアビサウの解放組織PAIGC（ギニアビサウおよびカーボ・ヴェルデ独立アフリカ人党）の経験であった．PAIGCの指導者アミルカル・カブラル（Amilcar Cabral）は，1959年8月

290 —— 第 II 部　南部アフリカの現実

の港湾労働者による「都市闘争」が植民地当局によって 20 分以内に鎮圧され，50 名もの犠牲者を出したのを受けて，翌月には小農を動員する形の武装闘争に方針転換する[26]．カブラルは，1959 年時点で「党は世界情勢を知らず……私が毛沢東の著書を知ったのは 1961 年であった」として，知識不足による戦略の過ちを認めている[27]．方針転換した PAIGC は，1958 年にフランスから独立を果たした隣国ギニアのトゥーレ政権の協力を得て，同国内に政治学校を設立し，都市出身者の政治教育に着手した．次に，小農の教育と動員を行い，1963 年 1 月に農村部でのゲリラ戦を開始した[28]．

　これと同じ月，フレリモは 50 名の若者をアルジェリアに派遣し，ゲリラ戦の訓練を受けさせている[29]．この最初の 50 名の中に，マコンデ出身の初代総司令官アルベルト・シパンデ（Alberto Chipande），第 2 陣にマシェルが含まれた．独立前のアルジェリアには，対ゲリラ戦術の訓練施設（「対ゲリラ平定訓練センター」）があり，ポルトガルを含む NATO 加盟国から派遣される士官の研修を行っていた[30]．同じ施設が解放組織のゲリラ戦術の訓練施設として利用されるようになったことは，この時期の世界的変化を指し示すものとして象徴的である．

　さらに，1963 年 5 月の OAU の結成と解放調整委員会（後に解放委員会）のダル・エス・サラームでの設置は，アフリカ解放勢力の武装闘争を後押しした[31]．ポルトガルによる植民地支配への武装闘争は，アフリカ諸国の独立と集合的な努力抜きには考えられないものであった．また，アフリカ人同士の連帯だけでなく，バンドン会議で謳われた「アジア・アフリカの連帯」も重要な役割を果たした．

　毛沢東率いる中国共産党は，抗日闘争と国共対立を経て，1949 年に中華人民共和国を建国するが，アフリカの解放闘争に積極的に関与した．これには，解放戦士の訓練，中国人民解放軍の派遣，武器の供与が含まれるだけでなく，新生国家へのインフラ整備や農業の支援が含まれる．これらの支援は，「全アフリカの解放」に関与しているために，西側諸国からの支援が受けられない，あるいは経済活動が妨害されるなどの困難に直面したアフリカの新興諸国や解放運動に重要な意味を持った．なかでも，タンザニアとザンビア間を結ぶタンザン鉄道の整備は象徴的な意味を有した．

第 6 章 モザンビークの解放と現代の暴力——291

内陸国ザンビアは，主要産品である銅の輸出に際し，南ローデシアかポルトガル領（アンゴラ）を経由する必要があった．しかし，カウンダ政権が「南部アフリカ解放への貢献」を掲げ，南ローデシアやモザンビーク，アンゴラ，ナミビアの解放運動を支援していたことにより，輸送路封鎖の不安に常に直面し続けた[32]．そこで1965年にジュリウス・ニエレレ（Julius Nyerere）によって提唱されたのが，全長1859kmにも及ぶタンザン鉄道であった．同鉄道は，1970年に中国・ザンビア・タンザニアの3カ国の間で合意され，中国の多大な貢献を得て1976年に完成した[33]．

中国はフレリモとも密なる関係を築いた．1963年，毛沢東はモンドラーネ書記長を中国に招聘し，人民解放軍による新国家建設の成果を披露している．この直後のフレリモ機関誌には，「中国の人民戦争が未だ抑圧下にいるモザンビークをはじめとするアフリカ人民の闘争の参考になると確信した」とのモンドラーネのコメントが掲載されている[34]．

アフリカ解放においてヴェトナムが果たした役割も忘れてはならない．武装闘争を採択したアフリカの解放闘争指導者は，毛沢東の『抗日遊撃戦争の戦略問題』に並び，ヴェトナム人民軍の総司令官ヴォー・グエン・ザップ（Võ Nguyên Giáp）の著書『人民の戦争・人民の軍隊』に強い影響を受けていた．フレリモ指導部は，党機関紙を通じて脱植民地化のプロセスで冷戦構造に囚われてしまったヴェトナムの人びとに対して，2つのメッセージを送り続けた．つまり，モザンビークとヴェトナムの人びとの闘争が，共通の世界構造に対する同一の闘いであること，そして連帯に向けた強い意志である[35]．

2. 解放闘争における小農の重要性

中国やヴェトナムでの「人民戦争」の経験は，ゲリラ戦の主戦場を農村，主体を農村住民——その多くが小農——として想定することを現実化した．ゲリラ戦における「魚と水」の比喩は，食料生産を行う小農と農村が存在して初めて可能であった．また，森の存在も重要であった．森と農村なしには隠れる場所は得られず，小農が生産する食料と森の恵みなくして生き延びられず，小農なしには輸送や追加兵は確保できなかったからである．これらアジアの小農は，「人民戦争」を掲げるゲリラ戦を通じて，「革命の主体」として立ち上がり，賞

292 —— 第 II 部　南部アフリカの現実

賛されるようになった.

　しかし,「革命の主体としての小農」への注目は,第 2 次世界大戦後のアジアを基点としたわけではなかった. 数多くの文献があるなかで,レーニンによる『ロシアにおける資本主義の発展』(1899 年)は特別な位置を占める[36]. 同書はロシア革命前後の変動の最中に書き上げられ,小農の革命性に関する議論を学術上だけでなく実践においても活性化させることになる.

　レーニンは同書で,資本主義の影響を受けて封建制度が崩壊の兆しをみせたロシア農村部における農民層の階級分化(農民層分解)と各階級の経済的基盤に注目し,家計や資産に関する統計を使ってこれを分析した. その作業の狙いは,異なる農民層のいずれが「社会主義革命の主体」としての潜在性を有しているかを特定することにあった[37]. ロシア／ソ連の政治変動と同時代的に展開されたこの議論は,同じ年に発表されたカール・カウツキー(Karl Kautsky)の『農業問題』とともに[38],革命後のソ連における農民・農業問題(都市・農村,労働者・農民関係を含む)をいかに捉えどのように展開していくかの議論において重要な位置を占め続けた. 一方,この少し後に現れたロシアの農業経済学者アレクサンドル・チャヤノフ(Alexander Chayanov)は,自作小農(とりわけ家族農業)の優位性を説いた[39]. しかし,ソ連の国家政策として,国営農場(大規模な社会主義農場,ソフォーズ)の設営と農業の集団化政策(コルフォーズ)が採択されたこともあり,これ以降「小農と革命」をめぐる論争は下火になっていった[40].

　しかし,武装闘争から建国までの中国共産党の戦略戦術と勝利は,「小農と革命」に関する世界的な注目と論争を活性化させるとともに,植民地支配や異民族・異人種支配,抑圧的独裁政権に直面するアジア,アフリカ,ラテンアメリカの人びとに大いに参照された[41]. 毛沢東の著書が世界で幅広く読まれただけではなかった. 中国人民解放軍の派遣は,アフリカの解放運動に強い影響を及ぼした. 特に,長期にわたる武装解放闘争を余儀なくされていたアルジェリアやポルトガル植民地支配領のアフリカ人指導者にとって,中国のみならず,その後のヴェトナムやキューバ革命の経験は重要な意味をもった[42].

　アルジェリア戦争に身を投じたフランツ・ファノン(Frantz Fanon)は,1961 年にこの世界的な流れを次のように記している[43].

植民地諸国では小農だけが革命家といえる．それは，彼らが失うものを何も持たず，すべてを一から勝ち取らねばならないからだ．階級システムの外の飢えた小農は，暴力だけが解決策だと最初に発見できる被収奪者である．彼らにとって妥協はあり得ない．

60年代半ばになると，このファノンの主張に対して，より詳細なる検討を加えようとする研究者も現れた．ハムザ・アラヴィ（Hamza Alavi）による「小農と革命」は，レーニンの農民層分解の3分類を踏まえる形でロシア／ソ連，中国，インドの比較研究を行っており，先駆的な論文となる[44]．この時期，実践の面でも「小農の革命性」が注目されていたこともあり，この論文は世界で活発な論争を喚起した．例えば，エリック・ウルフ（Eric Wolf）は，ロシア，メキシコ，中国，アルジェリア，キューバ，ヴェトナムで生じた体制変換を「人民革命」——とりわけ「小農の戦争」——と捉えて比較研究を行い，これを1969年に発表している[45]．

3. 解放闘争と小農の多様性

しかし，反ポルトガル植民地運動の指導者は，植民地解放闘争を直ちに社会主義革命と結びつけようとする姿勢に対して批判的な意見を繰り返し表明した[46]．カブラルは次のように述べている．

「井戸の水がどれほど温かいとしても（その水では）米を炊くことはできない」と，彼ら（アフリカ人）は，ごく簡潔に，物理学・政治学上の根本的な原理を語る．外からどう見えようとも，運動の中で生じる現象の展開は内的な性質に左右されることを我々は知っている．……現実の政治を変容させるには，それに関する詳細なる知識に基づきながらも，我々自身の努力で，我々自身の犠牲の下に実践されなければならない．

カブラルは，「ポルトガル植民地支配下の小農」と「その他の国々の小農」の違いを次のように述べ，異なったアプローチが不可欠であると強調した[47]．

294 —— 第II部　南部アフリカの現実

　　アルジェリアあるいは中国で戦った小農は我々の小農ではない．ポルトガル植民地
　主義者は土地を収奪しなかった．……人びとに「土地はそれを耕す者のものだ」と伝
　えても，彼らを動員するには十分ではない．なぜなら，彼らは土地を十分持っている
　からだ．我々の小農を動員するのに適した方程式を探さなければならない．単に反植
　民地闘争というだけで我々の人民を動員することは不可能である．……全員が理解で
　きる直接的な言葉で語りかけなければならない．

そして，「直接的な言葉」として次のような例をあげた[48]．

　　なぜ戦わなければならないのか？　……君は落花生でいくら稼いだ？　その落花生
　で本当はいくら稼げるか考えたことはあるか？　家族はどれほど苦労してそれを生産
　したのか？　（これまで）家族の誰が投獄された？　君が道路工事に駆り出される時，
　道具は与えられたか？　その時，君に食べ物を提供したのは誰だ？　君自身だ．しか
　し，その道路を車で走るのは誰だ？　君の娘は誰にレイプされた？　——君はこれに
　満足しているのか？

　　これは，落花生を綿花に置き換えるだけで，モザンビーク北部農村の植民地
状況の描写とすることができる．ポルトガルによるアフリカ植民地での農村住
民に対する搾取，とりわけ労働力の搾取と恒常的な弾圧は極めて過酷なもので
あった．他方で，その支配と搾取のあり方は，カブラルが指摘する通り，「土
地の問題」に絡むものではなかったため，問題が可視化されづらく，小農を大
規模に動員することは容易ではなかった．これは，「土地の解放」を求めたア
フリカ各地の「初期抵抗」や反植民地闘争とは異なる点である[49]．ただし，
モザンビーク解放闘争において，「土地の問題」がまったく役割を果たさなか
ったということを意味しない．この点については後述する．

4. 小農の「覚醒」と「動員」

　　アフリカの解放闘争における小農の「覚醒」に関する研究は，1980年以降
に活発化する[50]．モザンビークについては，アレン・アイザックマン（Allen

第6章　モザンビークの解放と現代の暴力 —— 295

Issacman）とバーバラ・アイザックマン（Barbara Issacman），バリー・ムンスロー（Barry Munslow），エドゥアルド・アルパース（Eduardo Alpers）など，闘争に直接たずさわった西側諸国の知識人によって多くの研究が発表された[51]．

　かつてアイザックマンは，「すべての小農とは言い切れないものの，おそらくほとんどの小農は抵抗した」と主張した[52]．しかし，「抵抗は膝反射的なものではなく，注意深い思慮の上での決断だった」と述べ，その理由として「激しい抑圧的環境の下で多くの人が威圧されていた」ことをあげ，サイザル・プランテーション労働者の次の語りを紹介した[53]．

　　どうすれば抵抗なんてできたんだ？　……背後にシパイオ（警察）やカパタース（現場監督）が見張っているというのに．

　アイザックマンは，「小農や都市・農村労働者は，家族の日々の生存のことしか考えられず，すべての時間と力を生き延びるために使っていた」と説明し，ポルトガル植民地支配による小農や労働者の搾取が個々の「覚醒」に余力を与えないものであったと主張する．さらに，「空間・エスニシティ・宗教・親族関係」などによってモザンビークの小農が分断されており，大規模な反植民地運動を形成する力を持っていなかったため，「過去におけるアクションは孤立しがちで散発的であった」と指摘している[54]．そして，過去の抵抗に関する記憶の重要性を強調し，「初期抵抗」あるいはサボタージュなどの日常抵抗の事例をいくつか紹介した後[55]，わずかながらも存在した都市労働者（港湾・鉄道労働者），独立系教会信者，知識人による抵抗や抗議について説明した[56]．

　また，アイザックマンは，農村部での大規模抵抗の形成の難しさについて，「自由な社会空間」が欠落していたことを強調した[57]．政治意識の形成と民主的参加における日常的な暮らしの一部となり得る「自由な社会空間」の重要性は，アメリカの公民権運動を事例としてサラ・エヴァンス（Sara Evans）とハリー・ボイテ（Harry Boyte）によって提唱されたものであった[58]．

　植民地支配からの解放は大半のアフリカ人の願いであったものの，モザンビークの小農が闘争に積極的に関与することは，容易ならざることであった．暮らしや人間・社会関係を大きく変容させる闘争への参加については，それが集

296——第Ⅱ部　南部アフリカの現実

団であれ個人であれ，ある程度の「自由な社会空間」と意識の転換プロセス（「覚醒」）が不可欠であった．しかし全体主義体制下にあったポルトガルの植民地には，そのような空間の形成は限りない困難を伴った．

　しかし，モザンビークの小農にもアクセス可能な「自由な社会空間」があった．それは，周辺諸国であった．ここまで，農村住民を「小農」と総称してきたが，これらの人びとは農業だけに従事していた訳ではなかった．「アフリカの年」前夜の 1958 年に発表された ILO（国際労働機関）の報告書には，「モザンビークでは（領域）外への労働移動がアフリカ内で最も高い割合に達している」と記されている．この時期の人口流出は大規模なものとなっており[59]，公共事業への強制労働や綿花栽培の強制など厳しい抑圧に直面していた農村住民の間では，移動労働は顕著な傾向となっていた[60]．

　モザンビークの小農やその子どもたちの世代は，移動労働を通じて，労働運動，パン・アフリカニズムや共産主義に触れる機会を得た．そして，都市部の「知識人」や独立系教会関係者と並び，いち早く解放闘争の主体となっていく[61]．第 2 次世界大戦後に生じた大規模な人の移動は，モザンビークの農村部に様々な情報をもたらしただけでなく，周辺諸国から地域社会を結ぶ人的ネットワークの構築に貢献した．厳しい統制下にあったモザンビークで，農村住民の間に解放闘争への理解が広がり始めた背景には，この人的ネットワークの存在が大きかった．特に，植民地支配から脱して独立国となっていた周辺諸国に関係（親族・宗教・職業）を有する人びとは，早くから解放闘争や組織化に関心を寄せる傾向にあった．

　なかでも，南部アフリカで最も早く独立を達成したタンガニーカ／タンザニアの影響と役割の大きさは，強調してもしすぎることはないであろう．英国の信託統治領下にあったタンガニーカでは，白人支配下にあった他の南部アフリカ諸国と異なり，アフリカ人による政治活動はある程度の自由が認められ，TANU などのアフリカ人の政治政党はすでに何年にもわたる経験を蓄えていた．同国とモザンビークにまたがって暮らしてきたマコンデの人びとが，反植民地主義的な運動をいち早く開始した背景には，この地政学的な特徴に加え，ポルトガルの植民地支配に最後まで抵抗し続けた歴史があった．後に歴史家レネ・ペリシエ（René Pélissier）が述べるように，「マコンデ人は最も遅くまで抵抗

し，最も早くに闘争を開始した．この間は 47 年しかなかった」のである[62]．

　マコンデ人の組織化については記録が少なく，詳細については情報の矛盾や混乱が多く見られるものの，資料を整理していくと次のような経緯が示唆される．まず，モザンビークからタンガニーカに「出稼ぎ[63]」に赴いたマコンデの人びとの間で，相互扶助のための組織が結成される．次に，第 2 世代が中心となり，1950 年代半ばに労働争議の中心地タンガ州でエスニック組織「タンガニーカ・モザンビーク・マコンデ人同盟」が結成される[64]．なお，組織名称がタンガニーカとモザンビーク両方のマコンデ人を包含する形となっている点に注目したい．1960 年には，TANU に倣い，「マコンデ・アフリカ人ナショナル同盟」が結成される．その後，「マコンデ」が「モザンビーク」に置き換えられ，反ポルトガル植民地主義的でナショナリスト組織としての「モザンビーク・アフリカ人ナショナリスト同盟」（MANU）に変貌を遂げ，これがフレリモの母体組織の 1 つを構成する．

　以上の歴史的背景，そして第 I 部第 3 章で取り上げた「ムエダの虐殺」によって，マコンデの若者は最も早い段階でフレリモの解放戦士となり，解放軍の大半を占めた．しかし，このことをもって「マコンデ人＝フレリモ参加者・支持者」と捉えるべきではない．マコンデの人びととフレリモとの関係には，多くの矛盾や対立が見られるからである．

　独立後の歴史教科書では，この対立はマコンデ社会内の「封建的な伝統主義者」とフレリモ指導部の「進歩的革命派」の抗争，あるいは「伝統的権威」対「若者・女性」の対立として表されてきた．しかし，このような二項対立にもとづく理解は，解放闘争期に顕在化することとなった現在に連なる問い（「誰の何のための解放か」）について，歴史的経験から学ぶ機会を奪いかねない．

　したがって，次節では，北部小農の「覚醒」について歴史的プロセスのなかで検討する．まず植民地支配がどのようなものとして農村部で展開したことにより「小農」が創り出されたのか，そして植民地支配はこれらの小農をどのように「拿捕」しようとしたのか，それが結果的に北部小農と社会をどのように変容させたのかを明らかにする．

2 ── 北部農村における植民地支配の確立と暴力

1. ポルトガル「経済ナショナリズム」と植民地政策の変化

　第1次世界大戦参戦による経済危機，忍び寄る大恐慌は，1920年時点のポルトガルの対外債務を史上最悪の水準に導いた．通貨エスクードは2018年の7.9ポンドから109.4ポンドまで下落し，資本の国外流出が生じるとともに，農業国から工業国への転換を試みた政策を破綻させた[65]．

　大戦前，ポルトガル北部では，他のヨーロッパ諸国に遅れをとりながらも，紡績業が勃興し，工業化を牽引するようになっていた．しかし，通貨危機に加え，戦争勃発を受けて綿花の国際価格が上昇したことから，ポルトガルは厖大な貿易債務を抱えた[66]．輸入綿花に植民地産が占める割合は5%にすぎず，植民地を本国経済のために有効活用することは焦眉の政治課題となっていた[67]．

　ただし，ポルトガル紡績業界もただ手をこまねいていたわけではなく，モザンビークの特許会社（外資）に綿花の委託栽培を依頼するなど，自主的に綿花確保に乗り出している．委託を受けた特許会社はプランテーションでの綿花栽培を試みたが，期待された生産をあげることができなかったうえに，生産物の大半をより高い価格で買い取ってくれる国際市場に売却した．つまり，植民地領内で綿花が生産されても，国際競争力で劣るポルトガルの繊維産業を利することはなかったのである[68]．

　以上の繊維業界の危機と失敗は，植民地資源を本国のために搾取できない「無能な政府」に対する経済界や市民の不満と反発を強めた．クーデタによって，1926年に政権を奪取したポルトガル軍は，新政権樹立の2カ月後に法令11.994を公布し，植民地での綿花政策の再構築を命じた．その結果，植民地領内の全アフリカ人農村住民が，強制的に綿花を栽培させられることとなった[69]．この際モデルとされたのが，ベルギー領コンゴである．第1次世界大戦後，自国の紡績業界から圧力を受けたベルギー政府は，コンゴに綿花の強制栽培政策を導入し，1917年時点で12トンしかなかった綿花の生産高を3年後に3万トンに急増させていた[70]．

ポルトガル政府は，アフリカ植民地の中でもモザンビークを綿花栽培地として選び，次の4点からなる政策を発表した．(1)政府は民間企業に特定領域の特許を付与し，地元農民から低い固定価格で綿花を買い取る排他的権利を与える．(2)企業は綿花を綿繰り機にかけて種を取らなければ販売ができず，本国の購入者が優先される．(3)本国企業・資本が優先的に特許を付与される．肥沃な土地が割り当てられ，農業技術普及サービスが受けられる．(4)以上のすべてに植民地行政府が介入する[71]．しかし，綿花の国際価格が下落したため，特許を取得しようとする企業はおらず，この政策が具現化されることはなかった．また，この時期の植民地領に，このような政策を遂行するだけの統治体制がなかったことも影響した[72]．

本国経済のニーズと植民地領の現実の間に横たわる断絶を埋める役割を果たすことになるのが，大学教授で経済学者のアントニオ・サラザール（António Salazar）であった．軍事クーデタから2年後に経済相となったサラザールは，1930年に海外問題相に就任すると上述の政策を取り入れた植民地法（Acta Colonial）を制定する．同じ年，サラザールは「すべてはネイションのために」というスローガンを掲げてファシスト政党「国民同盟」を結成し[73]，1932年に首相に就任するとともに，1933年には「新国家」体制の基盤となる憲法を発布する[74]．

「新国家」体制では，本国と植民地領の全ての資源は（本国）ネイションのために動員できるとの前提に基づき，「経済ナショナリズム」政策が導入されていった．そして，「経済の一体化」のかけ声の下，植民地は本国の綿織物・ワイン・タバコの独占市場となることを強制され，砂糖・綿花・コーヒーなどの1次産品を安価で本国に輸出する義務を負わされた．植民地領が課された2つの機能（原材料供給と市場提供）を保障するため，植民地法を補完する「植民地行政修正法」が制定され，行政システムの再構築が図られる．この結果，植民地住民はレグロ（植民地行政が認定する広域「伝統的首長」[75]）領に分けられ，住民の自由な移動・移住が禁止された[76]．

カブラルが指摘するように，ポルトガルによるアフリカ農村部の支配は，住民の土地を奪うというよりも，労働搾取の形態をとることが多かった．本国が必要とする1次産品生産のため，広大なる領域の管轄権を本国あるいは外国の

資本・企業に与え，そこに暮らす住民を奴隷に近い安価な労働力として徴用する傾向にあった．「新国家」体制は，植民地領でのこのような搾取を法制度によって可能にし，機能させ，徹底させることを企図したものであった．

ただし，植民地住民の労働搾取は，綿花の強制栽培によって初めて行われたものではなく，モザンビークでは19世紀末からすでに試みられてきたものであった．ポルトガルは，1891年に英国との間で領土が確定すると，いよいよ実効統治の実績を示す必要に迫られたが，本国から遠く，広大なモザンビークの統治に不可欠な資金や人材を持ち合わせていなかった．そこで，植民地領の実に65%にあたる地域を3つの特許会社に割譲し（99年契約），その統治と経営を任せたのである[77]．残りの35%の地域については，直接統治を行い，周辺諸国への派遣労働のリザーブとして利用しようとした．モザンビーク北部では，現在のニアサ州とカーボデルガード州が1つの企業（ニアサ会社，1884-1928年）に与えられる一方，ナンプーラ州は労働力の供給地として直接統治下におかれた．より南西にあるザンベジア州とテテ州の一部は，英国資本のセーナ砂糖会社に与えられることとなった．これら領域内のいずれの住民も，植民地当局あるいは特許会社に一方的に搾取される労働力として位置づけられた．

2.「アフリカ分割」後の武装抵抗と暴力的征服

ヨーロッパ列強による「アフリカ分割」に際しては，モザンビークに限っても，ほとんどの集団が何らかの武装抵抗を行ったことが明らかになっている．なかには，何年にもわたる激しい抵抗を繰り広げた集団も多かった[78]．

アフリカ人首長による武装抵抗に対する切り札として導入されたのが，特許会社であった[79]．南東部アフリカにおいて最も広い範囲で激しい武装抵抗を繰り広げたとされる「バルエ首長のハンガ（Hanga）」は，ザンベジ川流域を支配し，その権威は英国やドイツによっても認められていた．ポルトガルは，ベルリン会議の合意通り，実効統治実現のため，バルエ王国の制圧に乗り出そうとするが，困難に直面する．19世紀末，ハンガはドイツの探検家に次のように語っている[80]．

　　私は，英国人とドイツ人が私と共にいることを嬉しく思う．ポルトガル人だけがこ

こに滞在することを許されない．現在，彼らと戦争をしており，この戦いを続けるつもりだ．私の父や祖父は，長い年月彼らと戦ってきた．

　独力での制圧が不可能と判断したポルトガルは，「反乱の平定」を条件としてこの地域一帯の特許をモザンビーク会社に付与する[81]．対するハンガは，他地域のアフリカ人首長と同盟を結びつつ，英・独・ポルトガル間の軋轢を利用しながら戦いの前線を拡大し続け，ついには中部にまで影響力を拡大した．

　ハンガの躍進は，植民地支配の強化に直面しつつあった各地のアフリカ人首長に抵抗の機運をもたらすとともに，住民に不服従の機運を生み出した．1901年のモザンビーク会社の会議録には，会社領の住民がポルトガルの「特権（植民地の統治権）」を尊重せず，ポルトガル軍に怖れをなさず，税の支払いや強制労働の提供に躊躇し，領外に移住し始めたことが記されている[82]．ポルトガルは自ら軍事制圧に乗り出さざるを得なくなり，女性や子どもを含む住民への無差別的な暴力の行使により，1902年にバルエを制圧する．

　モザンビークの最北端地域は，リスボンの商人が設立したニアサ会社に貸与された．同社の狙いは，インド洋上のフランス領諸島（特にレユニオン）のサトウキビ・プランテーションへの「労働者の送り出し」による収入確保であった[83]．しかし，「労働者」の確保が奴隷狩りに近い形で行われていたことが国際的に問題化し，「奴隷貿易」との批判が生じた．ニアサ会社は財政危機に陥り，1897年には英国の資本グループ（イボ投資信託）によって買収される．新生ニアサ会社は，投資を回収するため領内住民に小屋税を課した．しかし，住民側が抵抗したため，同社はポルトガル植民地軍とともに制圧活動を活発化させる[84]．

　ニアサ会社と植民地軍による制圧活動は，同社が本部をおくインド洋に浮かぶイボ島から内陸部に向けて行われたが，マコンデ人，次にヤオ人の首長の激しい抵抗に直面する．長引く遠征によって資金難に陥ったニアサ会社は，1908年に英国と南アフリカの資本によって救済される．これらの資本がニアサ会社に出資した理由は，ラント（南アフリカ）での鉱山労働者不足が深刻化したためであった．同年，ロンドンで設立されたニアサ整理機構は，ニアサ会社から初の「鉱山労働者」764名を南アフリカ鉱山へ送り出した[85]．これによって追

302 —— 第II部　南部アフリカの現実

加資金を得たニアサ会社は，領内各地を徐々に制圧していった．

　しかし，第1次世界大戦勃発後もモザンビーク北部のアフリカ人首長による武装抵抗は続き，ドイツ領タンガニーカからの軍隊（ドイツ軍）と同盟を組む首長も多かった[86]．この同盟軍に対し，ポルトガル軍は，装備や経験不足，士気の低さによって劣勢を余儀なくされる．そこで，ポルトガルは隣接するニアサランドの英国軍の助けを借り，植民地領内からドイツ軍を追い払い，部分制圧を実現する[87]．

　大戦後も抵抗を続ける首長もいたが，1921年までにすべての「反乱首長」は捕らえられ，その多くは処刑，島流し，あるいは奴隷として他植民地（サントメ・プリンシペ島等）に強制送還された[88]．公開処刑に際しては，住民にわざと石を投げさせた例，あるいは生き埋めにさせた例もあった[89]．リーダーを失った各集団からは，植民地行政付や特許会社に従順な「首長／レグロ」が選ばれた．この結果，北部社会は植民地権力の指揮下におかれることとなった[90]．

　後に，植民地占領に対する武装抵抗は「初期抵抗」と呼ばれることになるが，これに対する植民地権力の暴力は，アフリカの人びとの記憶に恐怖や嫌悪とともに刻み込まれるようになる．注目すべきは，この暴力が近代国家機構を介した組織的なものであった点である．例えば，「バルエ反乱鎮圧軍」司令官に宛てた郡知事からの電報には，次のような指令が記されている[91]．

　　　　君たちは，反乱村のすべてを焼き払い，すべての畑を破壊しなければならない．彼
　　　らの牛をすべて接収し，女性と子どもを含むできる限り多くの捕虜を獲得せよ．……
　　　将来の反乱を予防するために，地元住民をテロライズ（怖れさ）せよ．これらのアク
　　　ションができる限り素早くかつ暴力的に遂行されることが，何よりも重要である
　　　（1917年5月4日付）．

　植民地政府は，これに先立つ4月，南ローデシアの英国総領事館に対してマシンガンや連射式ライフルの大量供与を要請している．英国は，この要請通りには対応しなかったものの，ベイラ・ローデシア間を結ぶ鉄道（ベイラ回廊）とセーナ砂糖会社を守るために2小隊を派遣し，モザンビーク領内での武装抵抗の鎮圧にあたらせている[92]．

以上から明らかな点として，地図上の線引きとして理解されがちな「アフリカ分割」が，数々の武装抵抗を受けた後に，組織的で大規模暴力による軍事的制圧を伴う形で実現されたこと，そしてこの経験が民衆の記憶と日常の中に生き続けてきたことがあげられる[93]．このことは，アフリカ人が抵抗の手段として武力を用いることを心理面でも難しくした．また，ポルトガルによるモザンビーク領の実効統治実現において，英国や英国領の資本・企業や政府，部隊が資金あるいは軍事面で果たした役割の大きさも特筆されるべき点であろう．ここから示唆されるのは，19世紀末から1920年代までの植民地支配確立期に，モザンビークが南アフリカ鉱山を含む南部アフリカ経済圏の一部として組み込まれていたことである．そのことは翻って，アフリカ人首長の「初期抵抗」が，南部アフリカ地域に構築されつつあった経済構造との闘いでもあったことを意味した．

3. 綿花強制栽培と住民の「小農化」

植民地支配確立前のモザンビーク北部に焦点をあてると，住民は食料生産のための農耕を営んでいたとはいえ，それは女性によって担われることが多く，狩猟・採取・漁撈は極めて重要な社会的意味を有していた．狩猟や漁撈は男性によって集団でなされ，森での木の実や果物などの採取には子どもたちも参加した．また，木炭，酒造，水瓶や土鍋などの生産，鍛冶などの手工業，そして奴隷貿易を含む交易や物々交換は，生存や生計などだけでなく，社会構造あるいは社会関係の維持という意味でも重要な役割を果たした．これらの活動を可能としたのは，豊かな森と多くの河川の存在であった[94]．植民地支配確立後には，これに近隣諸国への移動労働が加わった．

北部の人びとが「農」を「業」（経済活動）と位置づけ，「農業」との関係で自らの社会的身分や地位を意識するようになったのは植民地末期，とりわけ1950年代後半以降のことであった．このプロセスは次のようなものである．まず，領域の統治権をめぐる争いとしての「初期抵抗」が鎮圧され，正統性をもった首長が排除される．次に，植民地行政が社会や暮らしに介入するのを避けようと，集団での「逃亡」が繰り返される．しかし，暴力・懲罰・徴税の強化によって，植民地システムに取り込まれていく．人びとは日常の様々な場面で

304 —— 第Ⅱ部　南部アフリカの現実

抵抗（「消極的抵抗」）を続けるが，「新国家」体制後の綿花強制栽培，そして交通網の整備や徴税・換金作物栽培の導入による貨幣経済浸透の結果として，北部農村住民は「小農になった」[95]．なかでも，綿花が北部農村社会とその住民に及ぼした影響は計り知れないものであった．

モザンビークでの綿花生産は「新国家」体制の最優先事項となり，1933年の植民地行政修正法は植民地行政府に綿花栽培の促進と実現の責任を負わせるとともに，全農村住民に綿花栽培が義務づけられた．これを受けた各行政官は，地元の「レグロ」に住民を集めさせ，各住民に1ヘクタールの土地を綿花栽培に割り当てること，綿花の種子と袋を渡して収穫物を行政府に持参することを命じた[96]．

当初は「金のなる作物」との宣伝に魅力を感じて栽培に参加した住民も，儲からないばかりか，綿花は土壌を劣化させる上に手間がかかり（年間最低150日の労働），食料生産のための労働時間を奪うなどのデメリットの方が大きいことに気づくようになった．収穫物を行政府に持参しても，最低等級しか認められず，生産者はわずかな現金しか受け取れないため，食料を買うことも，小屋税を支払うこともできなかった．翌年には，綿花栽培を拒否する住民が各地で見られたが，行政府はアフリカ人警察（シパイオ）を使って栽培を強制したため，深刻な食料不足や飢饉が発生し，大規模な「夜逃げ」や周辺諸国への人口流出が生じた[97]．

その結果，法改正によって拡大すると思われた綿花生産は停滞し，1937年になっても推定労働人口390万人のうち約8-10万人しか綿花栽培に従事しなかった[98]．そこで，1937年には，政令によって行政官の権限が強化され，綿花栽培に抵抗・反対する者の処罰が可能となり，弾圧はさらに厳しさを増した．翌1938年には，官製の「植民地綿花輸出連盟JEAC」が設置され，綿花栽培の適地とされた広大な領域のコンセッションが，民間数社に与えられた．その結果，民間綿花会社は広大な管轄地を手にすることとなった[99]（巻頭地図5）．

「綿花適地」に指定された地域の住民は何も知らされぬまま，綿花会社の労働力として位置づけられるようになった．1939年の綿花栽培キャンペーンには，カトリック教会も積極的に参加し，教会付属校の生徒を教会の綿花畑で働かせるなどして，この政策に全面的に協力した[100]．北部農村住民は，ポルトガル

国家，綿花会社，植民地行政，キリスト教会までが一致団結して綿花栽培を強制する垂直関係に組み込まれたのである[101]．

　植民地権力による綿花栽培の強制は，第2次世界大戦の勃発とも関係していた．ポルトガルは第1次世界大戦の経験から，ナチス・ドイツに親近感を持ちながらも中立の立場を貫き，不足する加工品や原材料を世界市場に供給することによって国内経済を発展させようとした．特に，軍需品でもある綿織物と綿花の世界的な供給不足は深刻な状態になっていたことから，植民地産の安価な綿花を得られる立場にいたポルトガルに有利な状況が生まれていた．ポルトガルは，外貨を使わずに植民地で綿花を買い取り，綿織物の生産・輸出で外貨を稼ぎ，対外債務を返済しながら国内経済構造を近代化する可能性を手にしたのである．そこで焦点となったのが，モザンビーク北部で安定的かつ大量に綿花生産を実現することであった．

　しかし，同地は植民地支配の確立と経済開発が最も遅れた地域であった．そのため，1940年にサラザールによって派遣されたのが，新総督ジョゼ・トリスタン・デ・ビッテンクー（José Tristão de Bettencourt）であった．1944年，ビッテンクーは，全行政府に対し機密文書扱いで次のようなメッセージを発信した[102]．

　　　大国が戦争に忙しい現状では，労働に関する国際協定によって（本来は）制限される，いかなる専横も批判を受けることはない．

　これを受けた各行政府と綿花会社は，住民に確実に綿花を栽培させるため，レグロに綿花プランテーション（共同畑）を設置させ，シパイオなどの監視の下，女性・子どもを含む全住民に綿花栽培を強制し，反抗する者は投獄した[103]．しかし，病人も妊婦も動員された上に，食料生産に重要な役割を果たしていた女性の動員によって深刻な飢饉が発生したため，各地で再び社会不安が増していった[104]．

　対応を余儀なくされた植民地政府は，プランテーションでの生産を放棄し，世帯ごとの生産を義務づけ，出来高に対価を払うという小農ベースの生産形態を導入した[105]．しかし，プランテーション生産に比して，小農生産は管理の

306 —— 第II部　南部アフリカの現実

面でより細やかな対応を必要とした．そのため，栽培を監視する現場監督（カパタース）の雇用が綿花会社に許可された[106]．また，1942年には小屋税から人頭税への政策変更を行い，女性を課税対象に加えることで，換金作物（綿花）の栽培から逃れられないようにした[107]．家族のための自給的生産と調理（水汲みから薪の調達まで）の責任を負う女性にとって，これは大変な重労働を意味した．モザンビーク北部の女性は次のように語っている[108]．

　　綿花キャンペーンは長く続いた．カパタースに叩かれ，牢屋に入れられることもあった．きちんと畑仕事をしている証拠として行政官に抜いた草を持ってくるように命令されたこともあった．

　第2次世界大戦中に採用された厳しい監視と強制の結果，モザンビークの綿花栽培者数は1940年には100万人に大幅に増え，綿花生産量は2万トン（1940年）から翌1941年には2倍を超える5万トンに急増した[109]．これを受けて，本国輸入総量に占める植民地産の綿花比率は，22.7%（1936年）から1942年には81.8%，1943年には94.4%に及んだ[110]．この大半がモザンビーク産であった[111]．安価な綿花の安定供給を実現したポルトガルは，主産業を綿織物とする工業分野の成長率を年平均4.4%に伸ばした[112]．

　政府調査機関で綿花政策を研究したネルソン・ブラーヴォ（Nelson Bravo）は，モザンビーク北部の綿花栽培が，「本国需要に応えるための一次産品生産」にとどまらず，「債務軽減」に多大な貢献をしていることを強調し，政策の継続を主張した[113]．つまり，第2次世界大戦は経済危機脱出の好機をポルトガルに与えたが，これは植民地，とりわけモザンビーク北部農村住民への暴力的な生産動員を不可欠とした．強制栽培による綿花増産は，植民地関連法と行政網の整備，綿花会社や海外資本との一体化，地元「伝統的首長」の取り込みによって実現されることとなった．

　農村男女の「納税者」並びに「綿花栽培者」としての把握と登録は，「初期抵抗」の制圧以降の唯一の抵抗手段であった「夜逃げ」や「出稼ぎ」，そして日常的抵抗を困難にした．これらの住民は，ポルトガル国家経済を支える末端の一次産品生産者として位置づけ直される一方で，これを可能とする社会保障

や再生産のコストは各「生産者」（多くの場合女性）に押しつけられた．この結果，換金作物栽培と自給生産の両立が，北部住民に無理強いされる形で課されていった．

ポルトガルでの経済ナショナリズムを追求する「新国家」体制の成立，大戦勃発を受けた綿花栽培の強制を通じて，モザンビーク北部住民は「小農になった」のである[114]．ただし，「小農だけになった」のではなかった．

インフラ整備が最も遅れていたニアサ郡では，綿花の強制栽培の導入と同時に，生産物を運び出すための道路や鉄道網の整備が急ピッチで進められた．1940年に2.5千キロにすぎなかった郡内道路（未舗装）が，数年後には1万キロに延長されるほどのスピードであった[115]．しかし，この数字上の「路線拡張」は，住民の犠牲の下に達成されたものであった．すでにポルトガルは，植民地行政改定法により，地元行政官の判断による強制徴用を可能としていた．行政官は，「有益な仕事に就いていると証明できないアフリカ人男性」や「人頭税が払えない者」に対し，「地域社会に極めて重要性を持つと思われる公共事業」のため，自由に労働を課す権限が与えられていたのである[116]．実際は，地域住民の大半にこれが適用された．ニアサ郡の長老は次のように語っている[117]．

> 橋を造るため，何メートルにもなる大きな木を伐らされた．その上にシパイオ（植民地警察）が乗り，これを運ばねばならなかったが，これは辛かった．力が弱い者は叩かれた．……シパイオは夜に家々を訪れては男たちを捕まえた．森に逃げた者もいたが，行政がレグロを呼び出し，次にレグロはシェッフェ（配下の「伝統的首長」）を呼び出した．各首長は行政が定めた人数の男を行政府に差し出さねばならなかった．道路工事は男女両方の仕事とされ，山から砂をとってきて道路にした．砂や土は素手で掬わされた．

以上の歴史過程と語りは，遠く離れた弱小植民地宗主国ポルトガルが，「最も辺境の地」であったモザンビーク北部社会をどのように変容させ，住民の動員を実現したのかを明示する．綿花の強制栽培は，植民地統治構造の中に北部社会を包摂し，領内から「逃亡先」を消滅させた．その結果，多くの北部住民が国境を越えて周辺諸国（タンガニーカ，南ローデシア，南アフリカ）に流出し

ていった．この時期に周辺諸国でも労働力不足が顕著となっていたとはいえ，
モザンビークからの人口流出は急激かつ大規模なものとなった．

　例えば，この時期の南ローデシアへのモザンビークからの移動労働者数は，
人口統計に表れているだけでも，1940 年の 6.8 万人から 45 年には 9.3 万人に増
えている．この上昇幅は，同じ英領下にある北ローデシアやニアサランドから
の移動労働者数よりも格段に大きかったことから，「送り出し側」の要因が大
きかったと考えられる [118]．また，マクア人の居住地は国境から遠かったにも
かかわらず，タンガニーカ南部では，1930 年から 48 年の間にマクア人納税者
数が倍増した．マクア人居住地が綿花栽培の中心地となっていた点からも，綿
花政策の影響が推察される [119]．聞き取り調査でも，綿花栽培から逃れるため
のタンガニーカ行きが「流行」になっていたことが確認されている [120]．

　以上の経験は，「土地を失ったわけではなかった」モザンビーク北部の住民
が，植民地支配をどのように理解し，いかなる不満を持っていたのかを暗示す
る．また，モザンビーク北部でのポルトガルの植民地支配がカブラルが指摘し
たギニアビサウでの抑圧状況と酷似したものであったことも明らかになった．
しかし，モザンビーク北部の小農が強制されたのは落花生ではなく，食べられ
もしない，ローカル市場で売り買いができない綿花であった．また，綿花は土
壌を著しく劣化させる点で，大きな違いがあった．

4. 農村社会における格差の出現

　以上の歴史的プロセスを経て「小農・綿花栽培者・納税者」となった北部住
民は，以前にも増して植民地国家の監理を受けるようになった．1944 年には，
レグロ／「伝統的首長」・シパイオ・通訳などの「植民地行政補助者」の再編と
義務が法律で定められ，レグロ／「伝統的首長」は農村部における政府の代理
人として位置づけ直された [121]．そして，監理の対価として，住民から徴収す
る税金や綿花売却益の一部を受けとることが許可される．さらに，住民はレグ
ロの綿花畑での労働が義務づけられ，相互扶助の観点から行われていた奉仕活
動が，垂直関係下での労働提供に変質した [122]．これについて，別の長老は次
のように語っている [123]．

レグロとなったムエネ（伝統的権威）は，ある時からマッシーラ（輿）で移動する
ようになった．自分の足で歩かなくなり，アフリカ人の肩の上に乗るようになった．

　北部社会では，「伝統的首長」は「権力」というよりも「権威」と呼ばれる
べきものであった．特に，母系・分節的傾向を強く持っていた北部の諸集団は，
先祖崇拝と長老会での合議を重視した価値・社会体系を有していた．集落の住
民数が一定の規模に達すると，下位集団のリーダーが集団を率いて分節化し，
新天地で別の村落集団を形成することが可能であった[124]．しかし，1940年代
以降の植民地支配の確立により，集団の分節，そして移動・移住が不可能とな
った．さらに，首長の「権威」が「権力」に転じたことは社会に大きく深い影
響を及ぼした．

　レグロは住民からの徴税と綿花によって安定的な収入を獲得し，一部には商
店を構え，車を所有する者も現れた[125]．配下の住民は，割り当てられた自分の
綿花畑とレグロの畑での労働だけでなく，数十キロもの収穫物を50キロ以上
離れた集荷場まで歩いて運搬させられるなど，食料生産の時間を奪われた．綿
花の販売によって得た対価は税金に吸い上げられ，残った金で入手できるのは，
綿花会社が経営する商店での粗悪で高価なポルトガル産商品であった．そのた
め，集落の中からは，植民地側に取り込まれたレグロや「伝統首長」に見切り
をつけ，森林地帯や高原地帯の「綿花栽培不適地」に向かう家族や集団が現れ
始めた[126]．

　植民地権力は，国際的な批判をかわす目的もあり，第2次世界大戦後の1946
年には「栽培者の便宜を図る」と称して，綿花会社に綿花畑の15キロ以内に
集荷場を設置するよう義務づけた[127]．しかし，この法令の適応実態は，表向
きの政策意図とまったく異なったものとなった．この法令を根拠として，各行
政府は，登録地区外の「逃亡コミュニティ」に暮らすようになった人びとに帰
還を命じたのである[128]．

　1948年になると，植民地綿花輸出連盟は，「生産性の高い」男性農民を「綿
花栽培営農者」として登録し，集中的に支援する政策を開始した[129]．「営農
者」には1ヘクタールの綿花栽培（妻1人につき0.5ヘクタールを追加）が義務
づけられたが，政府の技術支援を受けることができ，「綿花コミュニティに移

住することが可能」となった.「綿花コミュニティ」では,栽培管理を容易にするためと称し,綿花畑を一カ所に集め,これをブロックに分けた畑が「営農者」に与えられた.また,「綿花コミュニティ」内の社会インフラを整備することによって,生活の質を向上させると謳われた[130].

　しかし,この政策の真の狙いは別にあった.それまで分散して暮らしてきた人びとに集住化を強制し,道路沿いに集め,住民の統治と生産の監理を徹底しようとしたのである.この政策を熱心に働きかけたのは綿花会社だけではなかった.北部に入植を開始したポルトガル人,特に除隊兵士もこの政策を積極的に推し進めた[131].この点は後述する.

　小農生産を促進するための様々な監理体制の強化は,北部住民から「逃亡コミュニティ」の形成という最後の抵抗手段を奪う.1950年代以降,周辺諸国への移動労働がさらに活発化していった背景には,以上の変化があった.世界的な一次産品価格の高騰により,この時期のタンガニーカでは,コーヒー・綿花・サイザル・カシューナッツのプランテーションで労働力が不足していた[132].この不足を埋めたのが,モザンビーク北部からの「出稼ぎ」労働者,そして移住者であった.1957年のタンガニーカの労働人口調査によると,モザンビーク出身マコンデ人の長期滞在者は約2万人で,女性の割合が3割から4割を占めている.これは,マコンデ人の間で,「家族でのタンガニーカへの移住」が増えたことを示唆している[133].当時のマコンデ人人口は13万人と規定されており[134],その影響は甚大であった可能性が高い.

　この移動について詳細に検討したアルパースは,「逃亡」というよりも「洗練された生活戦略」の側面が大きいと結論づけた[135].そして,フレリモの母体組織 MANU の指導者ラザロ・カヴァンダメ（Lázaro Nkvandame）が,タンガニーカのサイザル・プランテーションへの労働者斡旋によって蓄えた資金をモザンビーク領内での商店経営に投資し,利益を上げていた点に注目し,「資本主義的商人」であったと分析した[136].また,ポルトガル政府の依頼を受けてマコンデ人の民族誌的調査を行ったジョルジ・ディアス（Jorge Dias）は,労働移動は地元首長から農地を購入する資金を得るためになされていると分析した[137].乾燥した高原地帯にあるマコンデ居住地では,農耕が可能で水源に近い土地は希少化し,売買の対象となっていたのである.

第6章　モザンビークの解放と現代の暴力——311

　しかし，移動労働がもたらした変化は，これに留まらなかった．ポルトガル植民地領ではアフリカ人による結社が禁じられていたが，タンガニーカでは，1925年の「キリマンジャロ原住民栽培者協会」を皮切りに，各地に「原住民栽培者協会」が設立され，アフリカ人の組織化に重要な役割を果たしていた．サイザル労働者も，1932年から38年にかけて各地でサボタージュを行い，タンガ州では1938年だけで32件のストライキと3件の「反乱」が記録されている[138]．

　なお，MANUに繋がる「タンガニーカ・モザンビーク・マコンデ同盟」が結成されたのもタンガであった[139]．1942年の時点で，タンガニーカ南部のサイザル労働者の半数近くがモザンビーク出身者によって占められていたことは特筆に値するであろう[140]．

　このような動きに連動し，1957年には，モザンビーク領内（ムエダ高原）で「モザンビーク自主アフリカ人綿花組合（SAAVM）」が結成されている．しかし，同組合が反植民地主義組織として結成されたのではなく，植民地当局側に歓迎される形で結成された点は重要である．

　第Ⅰ部で示した通り，1950年代後半の急速な世界情勢の変化は，ポルトガルの「新国家」体制に動揺をもたらしていた．ポルトガルは，1955年の国連加盟によって，「海外州」が実質的には「植民地領」であり，住民は強制労働を課されているとの疑惑を否定する必要に迫られていた．

　モザンビークの植民地政府は，1955年12月17日の政府広報により，「地域における生産活動の場で文明化を牽引し，原住民の協力を引き出す有効な手段としてのアフリカ人農民の組合結成の奨励」を打ち出した[141]．1961年には，植民地綿花輸出同盟がモザンビーク綿花研究所（IAM）に置き換えられ，綿花会社の独占は終わりを遂げる．これ以降，ポルトガル人入植者やモザンビーク人「営農者」への技術向上や融資が重視されていった[142]．また，綿花販売価格を高くすることで小農の生産意欲を高める「価格インセンティブ政策」への転換が図られた[143]．このような政策転換は，綿花の買い取りを独占できなくなった綿花会社に大きな打撃を与えるが，他方で小農の組織化は監理のコスト削減が期待でき，デメリットばかりではなかった．

　植民地政府，綿花会社，カトリック教会が，マコンデ人の小農組合結成を歓

312 —— 第Ⅱ部　南部アフリカの現実

迎した背景には，政治的な理由もあった．1958 年 9 月には，タンガニーカでの
初選挙で TANU が完全な勝利を収め，独立は秒読みとなっていた．国境を頻
繁に行き来するマコンデ人は，ポルトガルによる植民地支配に最後まで抵抗し
た歴史を有していた．このマコンデ人の監理と統制を地元レグロなど「伝統的
権威」に任せるだけでは，明らかに不十分であった．また，マコンデ人の若者
や「進歩的な層の人びと」の間で，「植民地主義と関係のない新しい宗教」と
してイスラーム教を評価する動きが急速に広がり，教会関係者の間でも危機感
が強まっていた[144]．「アフリカ人の自主的な綿花組合」は，多様なアクター間
の利害が一致するものであった．SAAVM の結成を受けて，伸び悩んでいたマ
コンデ地区の綿花栽培者は，4262 人（1957 年）から 5104 人（1959 年）に急増
した[145]．

　モザンビークの歴史学者ユスフ・アダモ（Yussuf Adamo）は，SAAVM 創設
者の全員が，地元カトリック教会の関係者（教師・労働者等）やレグロなどの
地元有力者であり，「小農ではなかった」点を重視した[146]．また，名称が示し
ているように，SAAVM は綿花「栽培者」組合ではなく，「綿花組合」であっ
た．にもかかわらず，設立後 2 年で 3000 人もの組合員を獲得できた理由は，
組合証を持っていればモザンビーク内のサイザル・プランテーションでの強制
労働が回避でき，各組合員に農地が割り当てられると約束されていたからであ
った[147]．ただし，組合員の綿花栽培は義務であり，相互扶助に基づく組合ら
しい活動もなく，実態としては「綿花会社のようなもの」であったという[148]．
一般組合員が 4 から 5 袋の収穫しか得られなかったのに対し，組合長カヴァン
ダメは 150 袋，副組合長マタンダ（Matanda）は 30 袋もの収穫を得ていた[149]．
アダモの論文では，一般の組合員は経済的恩恵をほとんど受けられず，「豊か
な者がより豊かになっただけ」との語りが紹介されている[150]．

　また，アルパースは，カヴァンダメをはじめとする SAAVM の指導者がタン
ガニーカでの経験を通じて資本主義的農民・商人の性質を身につけ，帰還後に
「地元プチブルジョワジー」になったと結論づけている[151]．他方，モンドラー
ネは，「新国家」体制下のポルトガル植民地領において 5000 人ものアフリカ人
小農を合法的に組織化したという意味で，SAAVM の政治社会的な役割を軽視
すべきではないと強調していた[152]．SAAVM は，表面上は「御用組織」を装

第 6 章　モザンビークの解放と現代の暴力 —— 313

いながらも，密かに創設者の 1 人をタンガニーカに送り，TANU 指導者らと接触させ，小農の組織化と「協会」設立に関する助言を受けていたという[153]．

　TANU を参考にする形で「出稼ぎ者」や第 2 世代のマコンデ人がタンガニーカで設立した MANU は，1959 年に代表者をモザンビークに数度派遣している．MANU は，「イスラーム教の拡張に対抗するキリスト教の普及団体」として，モザンビーク内での活動許可を得ていた[154]．MANU 指導者は，SAAVM の協力を得て組合員に政治的な演説を行ったほか，植民地行政官との面談の申し入れを行った[155]．武装闘争を経ないでも独立が可能となったタンガニーカで育った MANU 指導者は，サラザール政権による「植民地死守」の実態を理解していなかったのである．

　そして起こった「ムエダの虐殺」については，様々な，そして矛盾する説明がなされてきた．この事件についてモンドラーネ国立大学歴史学部の教科書は，次のように説明する[156]．MANU とムエダ行政官との 3 度目の面談の最後に（1960 年 6 月 12 日），モザンビーク総督との面談が提案される．面談に先立ち，行政官の指示を受けたシパイオが地元住民に集まるように促した．ポルトガル軍と共に現れた総督は，演説時に不満の声が出されたことを受けて，MANU 指導者の拘束を命じる．これに抗議した群衆は，MANU 指導者が乗せられた車が発車しようとするのを妨害した．総督はポルトガル軍に無差別発砲を命じ，何百人もの人びとの命が絶たれた．この発砲は，レグロなどの「植民地行政の補助者」が安全な場所に誘導された後の出来事であったという．「ムエダの虐殺」を逃れた MANU や SAAVM の指導者，そして住民は，タンガニーカに向かい，1962 年のフレリモの結成に参加する．

5. ポルトガル軍除隊兵士の入植と土地

　ポルトガル政府は，「海外州」の既成事実化とポルトガル内の不満軽減，そして来るべき反植民地武装闘争に対する防衛のため，1950 年代末よりポルトガル人のアフリカ植民地への入植を奨励するようになっていた．資本を持たずにモザンビークにやってきた兵士・入植希望者は，農地の開墾や耕作のため地元住民の半奴隷的な労働を必要とした．これは，地元植民地行政府との連携によって実現されていく．モザンビーク北部では，タンガニーカの独立が確実と

314 —— 第Ⅱ部　南部アフリカの現実

なったことを受けて，ポルトガル軍の駐屯のためのインフラ整備が急速に進み，
「白人の町」が整備されていった．これにあわせ，川に近く肥沃な土地の摂取
が開始され，除隊兵士が次々に入植した．

　ニアサ郡で最初の（1960年）小隊（130兵）に配属されたポルトガル兵士の
事例は，次のようなものであった．ポルトガルで生まれ，貧しさから19歳で
志願兵となったが，1962年の除隊後，政府の奨励に従って同郡に留まり，農園
主兼商店主となった[157]．同様に，多くの除隊兵士が，北部で農園主や商店主
となっていった[158]．後に，これらの除隊兵士は，各郡の自警団志願兵として
役割を果たした．

　除隊兵士の大量入植の結果，条件のよい農地を巡る対立が，ポルトガル人入
植者と「小農化」したアフリカ人住民との間で生じるようになった．中部にあ
る第2の都市ベイラの近郊で生じた土地紛争について，1945年生まれのアフ
リカ人女性は次のように述べている[159]．

　　……ポルトガル人はすべての土地を奪った．そこに暮らしていた人びとは追い出さ
　れ，住むところと食料生産のための土地を自分で見つけなければならなかった．補償
　はなく，ただ追い出された．……ポルトガル人は土地全体にサトウキビを植えた．自
　分たちで掘った井戸なのに，水の使用が禁じられた．サトウキビのためであった．も
　しサトウキビを持っているところを見られたら，窃盗容疑で逮捕され，50エスクード
　を請求された．支払えないと，農場で1週間働かなくてはならなかった．日常的に農
　場での労働が強制されていた．朝から晩まで働いても2.5エスクードをもらうだけ．
　服を買うことすらできなかった．

　1950年代の一次産品価格の高騰と脱植民地化の時代を受けて，モザンビー
クにポルトガル人入植者や投資が流入し，カブラルが主張した「十分にある土
地」が奪われていく事態が生じた．「小農化」しつつあったモザンビークの農
村住民は，「安価な労働力」として位置づけられ，「土地なし農業労働者」への
転落を余儀なくされる危機に直面したのである．

第6章 モザンビークの解放と現代の暴力 —— 315

3 —— モザンビーク解放闘争における対立と暴力

1. 部分的解放か全面解放か

　以上の展開は，農村社会を大きく変容させ，地域・エスニック集団・宗教・住民の間に，経済格差だけでなく立場と認識の違いをもたらし始めた．

　北部には，マコンデ人以外にも，早い段階で解放軍兵士として訓練を受けた人びとがいた．ニアサ湖周辺に暮らし，マラウイやザンビアにも同じ言語（チェワ語）の話者がいるニアンジャ人である．彼らは，英国国教会の信徒として，反ポルトガル植民地主義の姿勢を育んでいた．小舟でタンガニーカに行ける地理的条件も重なり，ニアンジャ人男性はいち早くフレリモに参加するようになる．この他，タンガニーカ国境に暮らし，最後まで植民地支配に抵抗したヤオ人首長マタカの末裔は，当初はフレリモに懐疑的だったものの，後に積極的に協力するようになった．マタカは，1963年に50名の若者を訓練に派遣し，1965年には配下の全住民を引き連れてタンザニアに逃亡した[160]．

　当時，3万人しかいなかったニアンジャ人に対して，10万を超える人口を擁したヤオ人のフレリモへの協力は大きな意味をもった．当初はマコンデ人居住地（カーボデルガード／北東部ルート）に限られていたフレリモの進入経路が，ヤオ人居住地（ニアサ／北西部ルート）に広がったことにより，解放闘争がより南方に居住するマクア人の間に広がる可能性が高まったからである[161]．

　マクア人はモザンビークで最大の人口を擁する一方で，北部の中でタンガニーカから最も遠い地域に暮らす集団であった．そして，その居住地内（ナンプーラ市）に植民地統治の中枢機構が置かれていたこともあり，「植民地主義のコラボレーター（協力者）」とのレッテル貼りを受ける傾向にあった[162]．この点は後述する．

　植民地当局が防衛体制を構築しきれていなかった武装闘争初期（1964-1968年），フレリモによる地域単位・エスニック集団単位の働きかけは面的な効果をみせ，躍進の基盤を提供した．1968年9月に，第2回フレリモ党大会がモザンビーク領内（ニアサ郡のヤオ人居住地）で開催されたことは，これを印象づ

けた．しかし，そこには大きな危険も潜んでいたことが，党大会直後に発刊された党機関紙の巻頭言に表されている[163]．

　　かつて（武力）衝突は，ある部族のみの自由を求め，特定地域からポルトガル人を追い出すことだけを目的とした戦いを意味した．……しかし，現在の闘い（の）……最初の一発を撃ったのはヤオ人，マコンデ人，シャンガン人，あるいはマクア人かもしれないが，彼は地元の解放のためだけに戦っているのではない．彼自身の地域から遠いところで，他の部族の人びとと共に，全モザンビークの解放のために戦っているのである．

　自分たちだけの独立を主張し始めた旧MANU指導者への牽制記事であったことは明らかであった．

2. 誰の何のための解放か

　「人民戦争」では，闘争継続のためには根拠地となる「解放区」の形成は不可欠であった．モザンビークでは，武装闘争の進展によって植民地機構が撤退した地域や森林地帯（いずれもタンガニーカ国境付近）が「解放区」となった．「解放区」の運営はフレリモ内務部に委ねられ，カーボ・デルガード郡に関しては，「州」知事として元SAAVMとMANUの指導者カヴァンダメが就任した．カヴァンダメは，「解放区」の実質的な統治について，彼に協力的な「伝統的首長」に「チェアマン（議長）」という新たな肩書きを与えて任せた[164]．

　「解放区」では，世界各地の「人民戦争」と「革命後」の経験を踏まえ，生産活動は集団化され，フレリモが収穫物を一括販売して補給物資を確保し，住民は「人民商店」から生活必需品を受け取ることになっていた．しかし，カヴァンダメや「チェアマン」は，「彼等の農園」で住民を働かせ，収穫物を勝手に売り払い，タンザニアで入手した商品を高い値段で売りつけるようになった[165]．さらに，住民と解放戦士を分離し，前者を自らの支配下におき，後者だけに武装闘争に従事させた．

　これにより，解放軍兵士の中から，「何のために命をかけて戦うのか」といった疑問を持つ者が現れ始める[166]．フレリモ指導部にとって，「解放区」は

第6章 モザンビークの解放と現代の暴力 —— 317

「解放後に創造しようとする新しい社会」を試行し，独立後の国（国家とネイション）のあり方を検討するための実験場でもあった．ポルトガル人を追い出して国土を解放するだけでは，闘争は終わらなかった．他方，刻々と変化するアフリカ内外の潮流と構造，そして植民地支配・経済の根深い影響を受けた社会を植民地支配前の社会に戻すことも不可能であった．植民地支配前には，「モザンビーク」自体が存在していなかった．モンドラーネは，自著で次のように語っている．

　　4年間の戦いから得られた最も重要な教訓の1つは，解放がポルトガル当局を追い出すだけではなく，新しい国家を建設することを意味しており，それは植民地国家が破壊されるプロセスの最中に着手されなければならないという点であった．戦闘開始前から分かっていたが，闘争が進展して初めて，素早く包括的な文民社会を再構築することがいかに不可欠かを学んだ．

　しかし，「多様な主体の緩やかな統一戦線」として発足したフレリモにとって，同じ理解を徹底するのは容易ではなかった．何よりも，植民地経験や闘争の地理的な進展の違いは，深刻な認識の差を生み出していた．後にマシェルは，カブラルの追悼式典で次のように述べている[167]．

　　同じ国の中でも武装闘争のプロセスは一様ではない．……ある地域で武装闘争の開始が喫緊の課題だとしても，他の場所では解放プロセスを逆行させないための構造を築くことがより重要な課題かもしれない．このような多様性は，指導部にイデオロギー上の明確さを求める．これなしには，闘争は破滅のリスクに直面するであろう．

　フレリモは，統一解放組織として，何を闘いの対象（「敵」）と規定し，それをどう乗り越えることが「解放か」に関するコンセンサスの形成を迫られていた．
　一方，カヴァンダメらは，カーボ・デルガードだけの即時独立を求め，高度な軍事訓練を受けたゲリラによる都市戦の効果を主張し，「人民戦争」を否定した[168]．さらに，白人を妻に持つフレリモの書記長と副書記長への憎悪や不

信感を掻き立てる狙いから，「敵は白人」であり「白人を追い出すことが解放であり独立である」と強調し，人種間対立を煽った[169]．フレリモ指導部が，捕虜となったポルトガル人兵士を丁重に扱ったことも，これらの猜疑心を強めることとなった．これに対して，フレリモ中央委員会は，「敵は人種ではなく（帝国主義や植民地主義の）システムであり，アフリカ人でも民衆の敵になり得る」との反論を試みた[170]．

　同じ時期（1966年2月），ガーナのクワメ・ンクルマ（Kwame Nkrumah）大統領が，中国訪問中に生じた軍事クーデタで失脚したことを受けて，フレリモ中央委員会は「上からの革命」の限界に危機感を抱くようになった．そして，「解放闘争とは武力による勝利を超えて，独立後のあるべき社会のビジョンに近づくための実践の一部」であり，したがって「闘争の原点は政治闘争」にあり，「すべての人が武装闘争に参加することを通して政治意識を鍛え，能動的な主体になる」との考えに基づき，全モザンビーク人の武装闘争への参加義務を発表した[171]．

　しかし，カヴァンダメなどMANU関係者はこれに従わず，1966年10月には，「解放区」の運営権をめぐって対立していた防衛局長フィリペ・マガイア（Filipe Magaia）が「何者かに」暗殺される．結果として，より革命志向の強いマシェルが新防衛局長に就任し[172]，フレリモ内の軍事と政治の一体化プロセスが推進された[173]．これに対してカヴァンダメらは巻き返しを図り，カーボ・デルガード内での武装闘争は混乱を来すようになった．そこで，新たに「政治軍事委員会」が内務局（カヴァンダメ）と防衛局（マシェル）の上位組織として設置され，両者の溝を埋める努力がなされた．しかし，対立は解消されないまま，むしろ深刻化する[174]．

　1967年9月，フレリモ中央委員会は，闘争の最上位目的として「飢えのない，すべての人が自由で平等な新しいモザンビークを創造すること」を掲げた[175]．しかし，この目的は，いかようにも解釈できたため，具体的な体制や政策，日常に落とし込んでいくなかで，違いを露呈させていった．実際，「解放区」での運営，特に生産活動と取引，そして住民の軍事訓練をめぐって，「チェアマン」とゲリラ司令官，あるいは内務局と防衛局間の衝突は収まらなかった．マシェルは，先の追悼式で次のように続けている．

村落内で，どの社会集団のために誰が権力を行使すべきか，誰が何の所有権を持ち，取引をどう組織するかを決めることは，喫緊の，しかし微妙な問いである．……敵が物理的に消滅した時に表面化するのは，新たな，そしてより決定的な対立である．……植民地支配者と被植民地者の間に引かれた分離線は，今度は搾取者と被搾取者の間のより深い分離線に取って代わられる．……我々は搾取的な社会に生まれ落ち，そのイデオロギーと文化を内面化してしまっている．

フレリモ指導部は，「解放区」で示された「ポルトガル人からアフリカ人に置き換わるだけの搾取構造」が，独立後も継続する可能性に危機感を抱くようになった．これを「植民地前からの伝統的な社会のあり方」として擁護する動きに対して，モンドラーネは次のように反論した[176]．

武装闘争前，2つの権威が共存していた．植民地権威と伝統的首長の権威である．（後者は）植民地システムに統合され，それに従属したが，一定程度の自律性を継続させた．植民地権力がゲリラの勝利によって破壊された時，行政上の真空が残った．……植民地前であれば，場所によっては伝統的な政府（に任せること）が目的に適っていたが，……近代国家の需要を満足させる基盤となり得ないものであった．他の地域では，これは封建的性格を持ち，小農の搾取を伴った．……植民地主義の効果は，伝統的権威構造を歪めさせ，権威主義的エリート主義者を作り出した点にある．

1968年7月の第2回党大会では，これらの点が真正面から論じられた．その結果，「解放区」は「新しい種類の権力」——「ピープル・パワー（poder popular／人民権力）」——を構築する目的で運営されると議決された[177]．また，闘争のビジョンとしては，「すべてのモザンビーク人が等しく同じ権利を持ち，これらの人びとに権力が宿る社会の創造」が定められた[178]．これは，中国や東ヨーロッパで試行された「人民民主主義」に近い社会主義的なものとして認識される傾向にあるが，現在各国の憲法で掲げられる「主権在民」と同様のものであった．

320 —— 第II部　南部アフリカの現実

3. 内部抗争と国際介入，革命路線の明確化

　第2回党大会の開催地として，「解放区」がより多いカーボ・デルガード「州」ではなく，マコンデ人の影響力が及ばないニアサ「州」が選ばれた点にも，内部対立の深刻さが表されていた．開催地が発表された1968年5月，ダル・エス・サラームのフレリモ党本部がMANU関係者によって襲撃され，中にいたフレリモ党員が殺害される事件が発生する．決裂は決定的になり，党大会をボイコットしたカヴァンダメらは，分派の結成に動き始める．危機感をもったニエレレは，同年8月にモンドラーネとカヴァンダメを呼び出し，調停に乗り出した[179]．

　しかし，ニエレレは，カヴァンダメ側に妥協を求めたため，カヴァンダメはPIDE[180]に接近する．これを知ったフレリモ中央委員会は，1969年1月，カヴァンダメの党員資格を停止した．この翌月，モンドラーネは小包の中に仕掛けられた爆弾によって暗殺されている[181]．関与が疑われたカヴァンダメは，「フレリモの重要書類をカバンいっぱいに詰めてPIDEに投降した」[182]．

　フレリモの内部抗争が表面化する1966年から68年にかけての時期は，「ホスト国」タンザニアにとっても重要かつ変動の大きい時期となった．1967年2月，TANUは「アルーシャ宣言」を発表し，「労働者と小農の党」として自らを規定し，農村開発を軸とする社会主義的な自力更生路線へと大きく舵をきっていた[183]．同年9月には，「ウジャマー村」と名付けられた共同村への集村化政策の開始が表明された．より革新的な政策を打ち出したニエレレがフレリモを支持することは明らかであったが，ニエレレの調停にカヴァンダメが期待を寄せた理由は，7月に勃発したビアフラ戦争でタンザニアがビアフラ側を支援したためであった．しかし，ニエレレは，モンドラーネとフレリモ指導部を擁護し，タンザニアでの分派結成を容認しなかった[184]．

　この背景には，別の理由も関わっていた．同じ7月，ニエレレの下でTANUの初代事務局長を務め，1965年来，外務大臣と国防大臣を兼任し，OAU解放委員会委員長に就任していたオスカー・カンボナ（Oscar Kambona）の「離反問題」が生じていたのである．カンボナは英国への「逃亡」後，ニエレレを「独裁者」と批判する記事を新聞に投稿し，反ニエレレ姿勢を鮮明にした[185]．

元々カンボナは，フレリモの母体組織 MANU と UDENAMO（モザンビーク民主同盟，南ローデシアで結成）に近く，かつニエレレの社会主義路線に反発していた．そのため，フレリモを支援すべき解放委員会委員長の立場にありながらも，フレリモ指導部に敵対的な態度をとるようになっていた[186]．

南ローデシアの諜報機関 CIO は，早い時期（1964 年）からカンボナに注目していたが，ポルトガルはカンボナの転向可能性に懐疑的であった．しかし，カンボナの新聞投稿を受け，ポルトガルは秘密エージェント，ジョルジ・ジャルディン（Jorge Jardim）を接触させる．ジャルディンは，モザンビーク中部でビジネスを営み，駐マラウイポルトガル領事の肩書きを持つ一方，後にアフリカ人特殊部隊（GE），そして独立後は MNR の創設者の１人となった人物である（第Ⅰ部第３章）[187]．1970 年，ジャルディンによって「ニエレレ政権転覆計画」を持ちかけられたカンボナは，これに合意し，ポルトガルの支援を受け始める[188]．

ポルトガルの公文書には，カンボナがコードネーム「409」で呼ばれ，フランス・ポルトガル・南ローデシア・南アフリカの諜報機関と協力していたことが記されている[189]．1971 年６月には，南アフリカとポルトガルの間でタンザニアの政権転覆を狙った「OK 作戦」が話し合われたという．この２国間協力の最終的な狙いは，フレリモ最大の支援者であるニエレレ政権を崩壊させ，武装闘争を阻むことにあった[190]．実際，南アフリカ特殊部隊が潜水艦でタンザニア領海に侵入し，ダル・エス・サラームで爆破工作を行ったことが明らかになっている[191]．

つまり，解放闘争の「内部抗争」に見えたとしても，同時代のタンザニアの新国家形成や政治闘争，パン・アフリカニズムの後退，これらに介入する米・英・仏・ポルトガル・南部アフリカ諸国の影響を検討することなしに全体像を把握することは不可能であった．そして，これらの介入はカヴァンダメらがタンザニアを立ち去った後も継続した．

ポルトガルは，本国での秘密警察や相互監視を使ったファシスト体制維持の手法を早くから植民地領でも応用し，内外のアフリカ人組織に内偵者を潜入させ，場合によって各組織の上層部に資金を与え，監視や介入活動を行った[192]．早くも 1951 年の時点で，在モザンビーク PIDE 職員は 46 名，公安警察職員は

322 —— 第 II 部　南部アフリカの現実

227 名，アフリカ人の逮捕者数は「公共秩序を乱した罪」で 2761 人（うち白人は 12 名）に上っていた[193]．

　ポルトガルは自国の植民地領だけに介入したわけではなかった．反ポルトガル植民地運動を支援するパン・アフリカニスト政権を混乱させるため，ナイジェリアではビアフラ，コンゴではカタンガ，ザンビアではバロツェランドの指導者を支援した[194]．「反フレリモ＝反ニエレレ」志向を強めるカンボナやマラウイのハスティングス・カムズ・バンダ（Hastings Kamuzu Banda）大統領との「協働」は，このような戦略の一環として行われた．このようなポルトガルによる工作や分離独立派への支援は，南ローデシアや南アフリカに模倣されていく[195]．

　これら外部からの介入は，結果的にモンドラーネの暗殺に帰結し，フレリモ内に多くの混乱を生じさせた．そもそも，UDENAMO 指導者は，早くも 1962 年には分派を結成しており，MANU 関係者だけでなく，UDENAMO 指導者も暗殺への関与が疑われた．フレリモで主導権を取れないことに不満を抱いた UDENAMO のアデリーノ・グワンベ（Adelino Gwambe）は，タンガニーカからカイロに移った後，新 UDENAMO を結成していたのである[196]．ただし，これに追従する者はほとんどいなかった．なぜなら，グワンベは，PIDE の内偵者であった過去を告白しており，その後も PIDE との繋がりが疑われてきたからである[197]．実際に，UDENAMO を通じた内偵者のフレリモ潜入が示唆される事件が多発したため，UDENAMO 関係者の忠誠にはいつも疑問がもたれてきた．その 1 人に，フレリモの副書記長ウリア・シマンゴ（Uria Shimango）がいた．

　モンドラーネの死後，書記長になれなかったシマンゴは，フレリモに不満を抱えるようになる．1969 年 11 月にフレリモの内情と自らの主張を論文にまとめて発表し，党から除名され，タンザニア警察に拘束されている[198]．この際，UDENAMO 関係者 11 名も拘束・投獄され，タンザニアからの国外追放処分を受けた[199]．この中には，直ちに PIDE に投降する者もいた．その代表例がフレリモの情報部長を務めていたミゲル・マルーパ（Miguel Marupa）である．マルーパは，「多人種主義国ポルトガル」の「スポークスパーソン」に変貌を遂げ，内外でポルトガルによる統治を擁護し，フレリモを批判し続けた[200]．

この抗争によって，MANU と UDENAMO の指導者すべてがフレリモを去った．その多くが PIDE に助けを請うた事実は，闘争参加の目的が利己的なものであったことを示唆する結果となった．これらの人物の多くが，長年にわたって周辺諸国で暮らし，モザンビーク農村で住民が直面する過酷な現実を経験していなかったこと，また高い教育を受けられるほど恵まれた環境にあったことも影響していた[201]．

また，一連の出来事は，PIDE がフレリモの中枢部にまで入り込んでいたことを広く周知させる結果となった．実際，フレリモ内部の情報が PIDE によって入手され回覧されていたことも確認されている[202]．

内外からのフレリモ指導部への揺さぶりや介入は，モンドラーネ書記長の暗殺という事態を招いたが，他方で「誰の何のためのどのような解放か」という問いに，フレリモが正面から取り組む機会を創り出した．武装闘争から5年が経過した1969年，植民地支配の厳しい現実を知る小農出身の兵士が，積極的な役割を果たすようになっていた．フレリモ防衛局長，つまり解放軍総司令官マシェルのフレリモ書記長就任は，党内で揺れ続けた方向性の統一を促した．マシェルの書記長就任後の1969年10月11日，フレリモ中央委員会は，次のメッセージを発表している[203]．

　　……当初，我々には思想的な志向はなかった．多様性に富む社会，政治，経済，宗教，文化的集団に見られる異なった傾向すべてを包含するに耐えうるイデオロギーを作り上げることは不可能であったからだ．……しかし，我々は解放区を持ち始めた．我々は，ナショナルな再建に関わる事項——生産，学校，病院——の計画を策定せねばならなかった．このことは特定の問題を生じさせた．解放区の経済はどのような構造を持つべきか？　……我々はせっかく排除した植民地主義－資本主義のモデルを模倣すべきか？　人民のニーズと人民による意思決定に基づいたシステムを採用すべきか？

　　矛盾は顕在化した．個人的な利害に引きずられ，金持ちになりたいがために革命に参加した者は同じシステムの継続を望んだ．……革命的同志は正反対のポジションを採った．……（今ある）闘争を正当化することができないと知っていたからだ．……彼らは，全く異なったシステムを求めた．彼らは，人びとの利益に真に応えうる，搾取者・抑圧者の制度に少しも似ていないシステムを求めた．

324——第 II 部　南部アフリカの現実

　タンザニア政府の助けを借りた内部抗争の収束，新執行部による闘争目的の
明確化，そしてマシェルによる新しいリーダーシップは，1970 年以降の武装闘
争を進展させた．そして，ザンビアの協力を得て，解放戦線の最前線はモザン
ビーク中部に到達する．ついに，フレリモは南部アフリカ経済の要所に現れた
のである．この動きに対し，ポルトガル当局以上に危機感を持ったのが南ロー
デシアと南アフリカであった．この時期に，両国がモザンビーク内で直接的な
軍事活動を活発化させ，村々を襲撃したことについては，第 I 部で示した通り
である[204]．

4. 奪い合われる北部小農

　1970 年以降に躍進を遂げたフレリモであったが，北端地域（ニアサ郡とカー
ボ・デルガード郡）の南方——つまり，マクア人居住地——に「解放区」を広
げられないでいた．ポルトガルは，早くからマクア人居住地を「対反乱」戦略
の「防波堤」に位置づけ，住民を「戦略村（アルデアメント）」に囲い込む一方，
「心理作戦」を展開し続けた．政府発表では，1974 年 5 月の時点で，カーボ・
デルガード郡の 63.3%，ニアサ郡の 67.7%，テテ郡の 44% の住民が「戦略村」
に収容されていたとされる[205]．

　1966 年に開始されたこれらの「対反乱」戦略は，中国での関東（日本）軍，
マラヤでの英国軍，ヴェトナムでの米軍，アルジェリアでの仏軍によって試行
されたものである．この戦略は，米国や NATO の支援を通じて，1950 年代末
にポルトガルにもたらされ，モザンビークにも適用された[206]．NATO 諸国ポ
ルトガル軍将校の訓練は，1957 年にベルギー，フランス，スペインで開始され
たが，規模は数名にとどまった．他方の米国は，1963 年以降，毎年百人単位で
ポルトガル軍関係者を訓練し，アフリカ植民地での軍事戦略に大きな影響を及
ぼし始める[207]．同じ年，ポルトガルで最初の「対反乱」戦略研修プログラム
が始動するが，この戦略には「防衛のアフリカ人化」も含まれた．

　強制的な「戦略村」政策と同時に進行した「防衛のアフリカ人化」は，米軍
の「ヴェトナム人化」戦略を模倣していた．ポルトガル人兵士の不足を補うだ
けでなく，武装闘争を「反乱者と平定者の戦い」，「共産主義と自由を守る戦

い」，あるいは「アフリカ人同士の戦い」に転化させる狙いであった．その意味で，「防衛のアフリカ人化」は戦力補強策であると同時に，「心理作戦」でもあった[208]．

　ポルトガル軍はこの戦略に従い，初等教育を受けたアフリカ人男性の徴用を1968年より開始する．その結果，革命前夜の1974年には，兵士の35-40%をアフリカ人が占めるようになった[209]．武装闘争の最前線となった北部農村では，「戦略村の防衛」のため，「伝統的首長」は地元若者と共に「自警団」の結成が強制された．最終的に，非正規民兵（自警団）を含めると，植民地側兵力の6割近くをアフリカ人が占める結果となった[210]．また，特殊部隊の訓練が，マクア人と中部ダウ人を中心に行われたことにも，エスニック対立を煽ろうとする植民地権力の意図が読み取れる（第I部第3章）．

　1970年代に入ると，武器を取った元小農解放軍兵士が，植民地支配者の側で武器を持たされた小農・ポルトガル軍兵士／「自警団」／特殊部隊要員との間で戦闘を繰り広げる現象が各地で発生した．ポルトガル人司令官の指示に従わず，密かにフレリモに協力した首長や住民，兵士の存在が確認されている．しかし，マクア人居住地の圧倒的多数の住民は，ポルトガルの統制下にとどまったまま独立を迎えた[211]．これは，中部地域も同様であった．後に，南ローデシアや南アフリカが反フレリモ政府武装集団（MNR）を結成する際，ターゲットとしたのはまさにこの地域の人びとであった．

　フレリモ指導部は，北部小農が自らの被搾取状態に気づかず，「覚醒」が阻まれた状態にあるのは，植民地統治に悪用され温存されてきた「封建的社会」あるいは「部族主義」が原因と考えるようになった．このような考えは，1960年代末のMANU指導者との抗争によってたびたび言及されてはいたが，戦闘がアフリカ人同士のものとなったことを受けて強められる結果となった．なお，モンドラーネは暗殺の直前，次のように記していた[212]．

　　戦争は究極の政治行為である．傾向として，社会変化を他の何よりも早くもたらす．だからこそ，我々はこれから先の長い闘いが正当なるものだと考える．

　暗殺直後に再編されたフレリモ党中央委員会は，この考えを「持久戦」ある

いは「長期武装闘争」として言語化した．そして，解放闘争を植民地支配に取り込まれた社会と人びとの変革を伴う「政治闘争」として表明するようになった[213]．つまり，フレリモにとって，社会革命こそが武装闘争の究極的目的として明言されるようになったのである．ただし，中央委員会が，「モザンビークの革命」が「独自のもの」であり，「他の革命の複製」ではないと述べ，「他の革命の経験は，問題の解決法を探求し，革命過程の段階を予測するために役立つ」としている点は重要である．1970年までに，フレリモの武装闘争は「持久戦」として戦われるべきものとして位置づけられるようになった．

しかし，「長期武装闘争」は，モザンビークではなく，本国リスボンでの無血革命によって突如終わりを告げる．リスボン革命後，マシェルが独立交渉を急がなかった理由としては，ポルトガル新政府からフレリモへの全権移譲を勝ち取ろうとしたことがあげられるが[214]，もう1つ理由があった．マシェルをはじめとするフレリモ指導部が，「政治闘争」としての解放闘争をモザンビークの隅々に行き渡らせる必要があると判断したためである．解放闘争のなかで最も重要となったスローガン「闘争は続く（A Luta Continua!）」が，独立後も掲げられた政治上の理由はこれであった[215]．

4 —— 独立後のフレリモと小農の関係

1.「労働者と小農の前衛党」

1974年9月7日にフレリモへの全権移譲が決定すると，モザンビークに25万人いたポルトガル人の大規模な流出が開始した．1977年までにその数は23万人にも上り[216]，フレリモの新国家運営を極めて難しいものとした．

モザンビークで公的あるいは民間部門のすべてを動かしていたのはポルトガル人であり，交代に備えた訓練や引き継ぎが行われなかったばかりか，退去時には機器（工場，農場，放送局）や品物の破壊・焼却が横行した．機械の修理マニュアルすら持ち去るほどの徹底ぶりであった[217]．また，植民地時代，アフリカ人の教育は意図的に後回しにされ，独立時に大学で学んでいたアフリカ人は6名にすぎず，急に生じた人材不足を埋めることはほとんど不可能であっ

第 6 章　モザンビークの解放と現代の暴力——327

た.

　植民地時代のモザンビーク経済は，周辺諸国への労働力の輸出（とりわけ南アフリカ鉱山，南ローデシア鉱山と農場），内陸国あるいは内陸部と港を東西に繋ぐ鉄道・港湾設備の使用料，国内での強制的な労働を用いた農業生産によって成り立っていた[218]．しかし，フレリモ政府は，「全南部アフリカの解放」に尽力するため，国連決議に従い，南ローデシアの生命線であったベイラ回廊の封鎖と南アフリカからの労働者引き上げ（労働者斡旋場の部分閉鎖）を決行する．これを受けて，1975 年に 11 万人を超えていた南アフリカ鉱山労働者は，翌年に 4.4 万人に落ち込む結果となった[219]．さらに，南アフリカによって「金による延べ払い」が廃止されたため，モザンビークは巨額の外貨収入を失うこととなった[220]．

　経済危機にもかかわらず，フレリモ政府は，すべての国民の教育と医療へのアクセス達成を掲げ，野心的な教育プログラムを推進する．その結果，1974 年に 7 万人にすぎなかった就学児童数は，1981 年には 13 万人を超え，非識字率は 95% から 75% に急減した．1976-78 年の予防接種率は 95% を超え[221]，1979 年までに乳幼児死亡率は 20% 減少した[222]．人びとは，独立の果実を手にし始めたかに見えた.

　破壊の中から新しい「国民国家」を生み出すという壮大なる事業に乗り出したフレリモは，1977 年に第 3 回党大会を開催するにあたって，新聞，公報，都市，村々，工場等に，3 つの「検討課題」を掲げて討議を呼びかけた．それぞれ，(1)モザンビーク国家は誰の利益のために統治されるべきか，(2)そのため，フレリモはどのような役割を果たすべきか，(3)党と国家の関係はどうあるべきかであった[223]．

　これを受けた党大会では，一党支配体制を採択し[224]，「マルクス・レーニン主義」を国是とすることを決定しただけでなく，フレリモ党を「労働者と小農の前衛党」であり，「人民の民主的な権力（ピープル・パワー）に基づくもの」と定義した[225]．そして，国民の圧倒的多数を占める「小農」を「社会の革命的変容への関与において素晴らしい証拠を既に示した」と讃えた[226]．

　フレリモ党は，「民衆を導き，組織化・指南・教育」し，「大衆運動を資本主義の破壊と社会主義の建設の強力な道具に変容させる」歴史的使命を有すると

328 —— 第Ⅱ部　南部アフリカの現実

された[227].「階級の敵」として,「植民地ブルジョワジーの残余者」だけでなく,「(独立後) 生じた真空を埋める欲望を持ったモザンビーク人ブルジョワジー」が規定され,これらの「破壊」が党の目的とされた.これを受けて,フレリモ党が「国家を掌握し,植民地構造を解体し改造した上で,新しい国家を建設する」と表明された[228].独立時の土地の国有化,独立翌月の学校や病院の国有化に続き,この時期までに入植者や企業が投げ出した2千近くの農場が国営農場として接収されている[229].

　解放闘争が終わった時点のフレリモ党員数は 1.5 万人であり,そのほとんど全員が解放軍兵士であった.党大会では,「前衛党」となったフレリモの党員は,元兵士以外は選挙で選ばれることになった.フレリモは,「伝統的/封建社会」と決別し,革新的な党員になりうる層として若者と女性に焦点をあて,各村での組織化や党員候補の選出を進めた.1983 年の党大会時には,11 万人(うち 53.5% が女性) の党員候補がいたことが分かっている[230].

　党大会で決定した「植民地構造の解体と改造」は,農村部では「解放区」で試行した共同生産,共同販売,共同消費を意味した.この切り札として掲げられたのが「共同村」政策,つまり集村化政策であった.森や農村部に散らばって暮らす小農家族や親族集団を「共同村」に集め,その政治・社会的,あるいは生産上の組織化を可能にするとともに,学校・医療機関・水源(井戸)などの社会サービスへのアクセスを容易にすることが意図された.村々でこれを担ったのは,行政官となった元フレリモ兵士であった.

　第2回党大会以来「ピープル・パワー」による社会の確立を目指してきたフレリモであったが,農村部では党組織と行政が一致する形で運営され,農村社会の掌握と小農の「組織化と指導」がなされた.また,「伝統的権威」は,植民地支配との関係がどのようなものであれ,「社会変革の敵」として「打倒植民地主義者,レグロ,伝統,部族主義」と辱められる存在とされた[231].

2. 独立後紛争と小農

　1977 年,反政府ゲリラ MNR は,南ローデシアに逃れた PIDE 関係者や中部出身の元アフリカ人兵士を使って結成され,越境攻撃を開始する[232].独立直後のこの時期,政府は防衛のためにも「共同村」政策を急がざるを得なくなり,

MNR の攻撃や侵入が予想された中部や北部での集村化プロセスは，場所によっては強制力を伴ったものとなった[233].

　再びの強制的な集村化は，武装闘争が戦われた北部農村の住民にとって，「綿花コミュニティ」や「戦略村」に連なるものとして理解された．植民地時代と同様，建前上の「小農の発展のための政策」は，実態としては小農とその社会を統制するためのものとなった．ただし，集村化によって小農が受けられたメリットは，植民地時代よりも劣るものであり[234]，住民の生活に及ぼしたダメージは甚大であった．生産性の向上や土壌の生産力の回復を休閑，輪作や焼き畑等の手法で行ってきた北部の小農にとって，耕作地の固定化と農業の集団化は，自給のための食料生産を犠牲にするものとなっただけでなく，共同生産の対価が支払われなかったため，食料不安・不足が頻発するようになった．住民の不満に対して，政府役人となり「前衛党の指導者」となった行政官は，より高圧的な態度で小農らに接した[235].

　1980 年 4 月にジンバブウェが独立すると，MNR の指揮権は南アフリカに移るが，同国は国際的な批判を回避するため，MNR に「モザンビーク化」を促した．そこで，MNR は「党大会」を開催し，活動目的を「自由の回復＝解放＝民主化」と定めて「政治運動」を装い，英語名の MNR からポルトガル語名の RENAMO（以後，レナモと略す）に名称変更した[236].　議長に選ばれたアフォンソ・デユラカマ（Afonso Dlakama）は，1980 年 11 月に NATO 加盟国のポルトガル・フランス・西ドイツを訪問して，これらの国々から支援の取りつけに成功する[237].

　同じ月，米国では人権外交を掲げたカーター大統領に対し，共和党候補ロナルド・レーガン（Ronald Reagan）が圧勝していた．レーガン新政権は，外交政策の柱として，モザンビークを含む世界 14 カ国で発生した革命を頓挫させることを掲げ，これらの国々への軍事介入を開始する[238].　これに意を強くした南アフリカとレナモは，武器・兵力を増強し，北部に戦闘を広げ，多くの村や学校，保健所や商店を破壊し，厖大な数の死傷者を発生させた．

　レナモ兵の多くが誘拐された子どもや若者であったように，レナモの政治スローガンはレトリックにすぎなかった．しかし，フレリモ政府が周辺化した「伝統的権威」や宗教関係者を積極的に取り込む戦略を進めた結果，中部に加

え，北部——なかでも「解放区」とならなかったマクア人居住地——で，支配
領域の拡大に一定程度成功する．ただし，住民はレナモに積極的に協力・参加
したわけではなかった．反抗・逃亡を試みた住民は残虐な手法で公開処刑され，
性暴力も常態化していた．多くの小農の想いは，「戦争から逃れ，誰からも干
渉を受けずに自由に暮らしたい」というものであった[239]．

　このような願いは，植民地期の綿花の強制栽培，そして植民地解放闘争を経
験した北部小農にとって，一貫したものであった．しかし，北部小農は双方勢
力のための暴力請負人，あるいは食料生産者として動員され，時に犠牲になり，
時に二分される結果となった[240]．圧政，暴力と不自由な状況に再び追い込ま
れた北部小農は，歴史的に抵抗手段の１つであり続けた周辺国への「逃亡」を
選択した．しかし，これらの小農は，「逃亡先」となったマラウイやタンザニ
アに到着すると，食料や換金作物を生産する手段を失い，もはや「小農」では
なくなった．「難民」になったのである．

3. 偽りの不可侵条約と米国・IMF／世銀による影響

　新国家成立後の希望が萎み，戦渦が全国に拡大していくなかで，1983 年には
深刻な干ばつがモザンビークを直撃する．フレリモ政府は，緊急食糧援助を国
際赤十字，西側援助国，国連機関（世界食糧計画 WFP）に繰り返し要請するが，
いずれの機関もこの要請に十分に応えようとしなかった．背景には，米国の意
向があったという[241]．結局，最大の食糧支援を行ったのは，独立したばかり
の隣国ジンバブウェであった[242]．自身も干ばつに喘ぐなかでの支援であった．

　深刻化する一方の戦況と食料危機，そして債務超過を受けて，モザンビーク
はソ連や東側諸国に助けを求めるが，十分な支援が受けられず，マシェルはヨ
ーロッパ諸国や EC 本部を訪問して支援を求める．マシェルが西寄りに舵をき
り始めたと考えた米国は，他の西側諸国や WFP に食糧援助の許可を与えた．
しかし，時はすでに遅く，食糧援助が到着する頃には 10 万人が飢餓の犠牲に
なっていた[243]．一連の事態を詳しく報じたジョセフ・ハンロン（Joseph Hanlon）
は，米国務省関係者の後日談を披露している[244]．

モザンビーク政府には，我々の食糧援助が政治的なものであると常に明確にしてきた．援助には条件が付きものだ．……（モザンビーク政府は）経済政策を変更する姿勢を見せなければならなかった．……ソ連からの独立も．

確かに，援助はフレリモ政府の軟化を促す道具として使われた．

ジンバブウェの独立によって再開通したベイラ回廊の使用料収入は，年9300万ドルを超えたが，MNR／レナモの攻撃によって1983年には6600万ドル，1984年には3400万ドルに急減した[245]．輸出で最も重要な位置を占めた農業生産も，干ばつや戦争の影響で激減していた．モザンビークは，増える一方の対外債務を新たな債務でしのいでいたものの，1983年にはこれも不可能となる．西側諸国や民間金融が，一致団結して，無償援助や融資を拒否したからである[246]．食料，石油，消費材，医薬品，部品など，国民の暮らしに不可欠な品々の輸入が滞り，マシェル政権はついに八方ふさがりの状態に陥った．同じ時期，隣国のアパルトヘイト政権がIMFから巨額融資を受けた事実は象徴的ですらあった[247]．

1984年1月，モザンビークは債務返済不履行を宣言し，返済繰延べを要請する．しかし，債権者グループは，延期の条件として，モザンビークのIMF加盟を要求した[248]．この結果，モザンビークは，社会主義国の中では最も早く世界銀行とIMFに加盟することとなった．続く3月，マシェルは，南アフリカとの間で不可侵条約を締結することで，その背後にいる西側諸国（とりわけ米国）との緊張緩和を試みた．しかし，条約締結にもかかわらず，南アフリカはレナモへの支援を密かに継続・拡大させた[249]．条約締結直前の1984年2月には，南アフリカ軍の諜報組織（MI）は，レナモに次の戦略指示を与えている．(1)農村経済の破綻，(2)輸出入に繋がるコミュニケーション網の破壊，(3)経済復興に繋がる外国の活動阻止である[250]．レナモの勢力範囲は広がり，ついにモザンビーク全土が戦渦に巻き込まれる事態となった．

マシェルは米国との直接交渉が不可欠と考え，1985年9月にワシントンDCを訪れ，非公式にレーガン大統領と会談する．米国は，マシェルに支援を約束するとともに，日本を含む西側諸国に援助を促した．しかし，その後もレナモの攻撃は止むことなく続き，条約不履行は明白であった．1985年には，南アフ

332 —— 第II部　南部アフリカの現実

リカ外務副大臣がレナモ基地を三度も極秘訪問したことが，後に発覚する[251]．そして，1986年10月，南アフリカ領内でマシェルの乗った飛行機が「墜落」し，マシェルは死亡する[252]．

　この時点で，モザンビークでは300万人近くの人びとが住まいや村を追われる状態にあり，さらに450万人が緊急援助を必要とした．もはや自力での事態打開は不可能となり，新大統領に就任した元外相のジョアキン・シサノ（Joaquim Chissano）は，後に「構造調整政策」と呼ばれる緊縮財政政策を含む融資プログラム（経済復興プログラム．以後，PREと略す）の受け入れに合意する．1987年のことであった．

　このプログラムは，第三世界や社会主義諸国の累積債務問題に対し，米国，世銀，IMFの間で形成された共通の政策方向性——後の「ワシントン・コンセンサス」——に基づき，「小さな政府」と市場原理を重んずる新自由主義（ネオリベラリズム）に根ざしたものであった[253]．構造調整政策のアフリカ各国・社会への負の影響については，多くの指摘がある．冷戦期における独裁政権への過分な資金提供の責任を脇にやり，急な緊縮財政を押しつけ，社会サービスの切り捨てを行わせたこと．その一方で，海外直接投資を奨励し，外資の参入を可能とする公共事業の「民営化」を断行し，弱者の困窮化を招いたこと．社会不安から暴動や騒乱が起きたこと．競争的選挙の押しつけにより深刻な内乱を招いたことなどである[254]．

　一足先にこのプログラムが適応されたモザンビークでは，西側諸国や国際機関による国政や経済への大幅な介入が正当化された．介入は際限なく強まり，政府機能はより弱体化し，国家の主権が揺らいでいった[255]．ジョン・ソール（John S. Saul）は，これを「再植民地化」と呼んでいる[256]．

　米国務省のコメント通り，援助はただの支援受け入れで終わるものではなかった．その先には経済政策転換，つまり「市場経済への移行」が設定されており，国家や政府，政党，社会のあり方に強烈な影響を及ぼすことは確実であった．しかし，結党以来重視されてきたフレリモ党内の熟議は，中央委員会・党大会でも議会でも行われなかった．ハンロンは，世銀／IMFが政府関係者に「最大の秘密主義」を強いていたこと，フレリモ上層部も社会的論議が起こらないように努めていたと指摘する[257]．

第6章 モザンビークの解放と現代の暴力 —— 333

　結局，党大会（第5回となる）が開催されたのは，PRE 導入決定から2年が経過した 1989 年7月のことであった．党大会では，「ピープル・パワー」の建前すら顧みられず，議論はごく一部内の閉鎖的なものとなり，PRE に関する討論は行われなかった[258]．問題を察知した労働運動が PRE 反対のストライキを起こすが，新聞がこれを報じることは許されなかった[259]．そのため，一般の党員を含む圧倒的多数のモザンビーク国民は何も知らされないままに留め置かれた．党大会では，一党支配体制とマルクス・レーニン主義が放棄され，海外からの投資に対する各種の制限が撤廃された．そして，フレリモは「前衛党」の看板を下ろし，党員資格が「所有者」「宗教関係者」を含む全市民に開放される[260]．1990 年 11 月には，これらを追認する新憲法が発布され，国名から「人民」が抜け落ち「モザンビーク共和国」と改められた．

4. 格差の基本構造と「新階級」の誕生

　PRE 受け入れの最大の狙いであった「和平」は到来せず，戦渦は拡大し続けた．しかし，援助と投資の流入や民営化などの機会に乗じて，政府高官，つまりフレリモ・エリートの「ビジネス・アクター化」が進んでいった．その結果，独立後に権威主義的傾向を強めたものの，依然として解放闘争で獲得した高い規律と規範を特徴としていたフレリモ上層部が変質する．個々の政府高官は，ドナーや貸し手（以後，「援助者」と略す）と手を結び，我先に国家の資源や権限を利用あるいは手中にしていった[261]．

　圧倒的多数の小農は，依然として戦渦のなかにあり，衣食住すらままならない現実と格闘していた．「援助者」と結びついたフレリモ・エリートの意識には，すでに小農の苦境はなかった．1990 年6月，PRE の交渉責任者・財務大臣マジッド・オスマン（Magid Osman）は，次のように強調する[262]．

　　　PRE の導入とともに市場経済を始めた．……国民の間で格差が生まれた．しかし……大きく，ダイナミックで，起業家精神に溢れるモザンビーク企業家階級の創造が不可欠である．

　「援助者」から学んだ「開発のルール」として，フレリモ・エリートが「ま

334 —— 第Ⅱ部　南部アフリカの現実

ず自分自身が家と車とウィスキーとステレオセットを持たなくてはならない．その時初めて，小農を助けることができるのだ」と述べたことを，ハンロンは紹介している[263]．

　国の南端にある首都で生じたこのような変化を知ることもなく，北部の人びとはただ和平を求め続けた．1992年，ついに和平協定が調印される．この一報を受け，人びとは武器を手放し，地域に戻り，再び小農としての営みを再開させた．これらの人びとは伸び放題になった薮を伐り拓き，土を耕し，種を蒔き，最初は簡易な茅の小屋を，次に木組みと土壁の家屋を建て，徐々に自律的生活を取り戻していった．小農に戻った人びとの多くは，放置された国営農場に入り，自主的に土地を割当て，これを耕し始めた．武装闘争と独立により「人民と土地は解放」され，国有化され，「土地は耕す者のもの」と理解されていたからである[264]．

　融資プログラムの社会的影響を詳細に検討したメル・ボーエン（Merle L. Bowen）は，小農の頭上で生じた政策変更とその影響を事例研究に基づき克明に描いた[265]．そして，国民的議論もないまま，「援助者」が決めた通りに進められた民営化によって，多国籍企業，外国資本，フレリモ党員（政府高官）が次々に国営農場の土地の権利を獲得した過程を明らかにした[266]．1993年までの数年で，4.3万ヘクタールあった国営農場の大半が，これらフレリモ・エリートを通じて外国資本に譲渡されたという[267]．土地の収奪は，国営農場に限らなかった．ボーエンは，各地で「商業農家」/「大規模農家」と外国資本・企業による土地収奪が勃発し，地元小農や組合はこれらとの土地紛争を自力で闘わねばならなくなったと指摘している．「商業農家」といっても，その大半は大臣などの政府高官——つまり元解放兵士——であった[268]．土地紛争において，政府関係者は，常に民間資本と「商業農家」を擁護したという[269]．

　「経済復興」や「開発」の名の下に，「援助者」はフレリモ上層部の意識を変え，ごく短期間に憲法，政策，社会を激変させた．かつて武器を取ってまで闘った「帝国主義／植民地主義」と呼ばれた独立前の経済や社会のあり方が，フレリモ幹部自身の手によって急速に復活していった．資本面での南アフリカや英国系の金融の受け入れ，一次産品輸出の重視，鉄道港湾サービスの刷新，南アフリカへの労働力輸出など，南部アフリカ経済への垂直統合が再開したので

ある[270]．農村部では，アグリビジネスによって半強制的な労働や綿花などの換金作物栽培が復活しただけではなかった．フレリモ政府は，レナモに奪われた「伝統権威」を奪還すべく「和解」を演出し，レグロや「伝統的首長」職を復権させ，村落の間接統治が再開した[271]．これらの措置は，「援助者」が旗を振る「分権化」の下で促進された[272]．いずれも，フレリモが「搾取を生み出す植民地主義の遺制」として批判し，乗り越えようとしてきたものであった．

　先のソールは，これを「南部アフリカ／グローバルな資本主義への再従属」と呼び[273]，デビッド・プランク（David N. Plank）は，「新植民地的隷属」と称し，「国連やドナーは，モザンビークを破壊国家と呼ぶことによって，行政，治安，経済政策における無限の直接統制権を手にした」と指摘する[274]．他方，北部農村への農業政策の影響を調査したアン・ピッチャー（M. Anne Pitcher）は，一連の変化のなかで，フレリモ・エリートが「経済アクター」としての立場を強化させた点に注目し，次の結論を示した．フレリモは，民営化プロセスで生じた国営企業や土地，資源などの利権配分において，あらゆるレベルで「パトロン＝クライアント（親分＝子分）関係」を構築し，「下部組織の強化に成功した」[275]．そして，これは「再植民地化」というよりも「資本主義化」と呼ばれるべきと主張した[276]．

　この現象を学術的にどう捉えるかは重要であるものの，北部小農の目からは，「植民地支配の再来」にほかならなかった．結党以来フレリモの力の源泉であり，「あらゆる搾取から解放されるべき存在」であったはずの小農は，党／国家の路線変更の議論や決定から外され，「生産性が低いのに土地を占領する邪魔者」，より生産効率をあげるために民営化された農場の「安価な労働力」，あるいは「パトロン＝クライアント関係の対象」（つまり子分）として位置づけ直された．小農は，かつてのように歴史的な政治変動や社会変革の主体として，あるいは「ピープル」（主権者）としてモザンビークの政治・経済・社会における役割を期待されないばかりか，その「生産性の低さ」や「経済的効率の悪さ」によっては権利を剥奪されても仕方のない対象と決めつけられてしまったのである．

　この結果，PRE 受け入れから数年も経たないうちに，現在も続く格差の基本構造が形成されることとなった．ボーエンらは，これをフレリモ・エリート

336 ── 第II部　南部アフリカの現実

の「民間企業家への変貌」による，「外国資本・企業との階級的同盟関係の構築」と表現した[277]．とりわけ，この「同盟」は，希少性の高い資源（天然資源，木材，土地）の独占と分配のために機能した[278]．農村部では，地方行政官が，トラクターやトラックなどの援助物品を，地元商人や「商業農家」に優先的に提供し，その見返りを受けとるなどの「同盟関係」が構築されていった[279]．

　独立直後，「あらゆる搾取」を「人民と国家の敵」と糾弾したフレリモ政府には，腐敗や汚職はほとんど存在しなかった．しかし，PRE導入後，国から地方レベルまで汚職は常態化した．ハンロンは，市場主義への移行を促すために「援助者」がもたらした価値観──消費文化と「トリクルダウン」を前提とする格差の公認──を「強欲良しドクトリン（Greed is Good Doctrine）」と呼んだ[280]．

　憲法改正直前の1989年12月，闘争期以来の中央委員会メンバーであり内務大臣を務めたセルジオ・ヴィエイラ（Sergio Vieira）は，この傾向を強く批判し，これを「新カヴァンダメ主義の再現」と呼んだ[281]．他方，同様に闘争に参加したアルマンド・ゲブーザ（Armando Guebuza）は，移行期の社会格差や社会不正義は「進歩のために支払われるべき犠牲」と述べ，最も積極的に国営企業の民営化に関与し，後に大統領に就任する[282]．

　2004年，民営化で生じた利権を親族や党内にばらまき，「パトロン＝クライアント関係」の構築に成功したゲブーザは，フレリモの大統領候補となり，2005年から2期にわたって，フレリモ党首兼大統領を務めた．ゲブーザとその家族は，外資と手を組み国家資源や権限を利用して「ビジネス帝国」を築き上げ，アフリカで一二を争う富豪となった．南アフリカの新聞は，これを「Guebusiness（ゲブーザとビジネスの造語）」と称し，「ズマ（南アフリカ）大統領はゲブーザと比してちっぽけな小店主にすぎない」と揶揄している[283]．

　フレリモが長きにわたる解放闘争を経て鍛え，命をかけて具現化しようとした「解放の思想」は，党指導者の規範と言動から消えていった．フレリモ・エリートは，かつて自分たちが「敵」と考えた構造そのものの一部となり，その推進者かつ利権者となった．カブラルが危機感をもって唱えた「階級の自殺」は，利己主義に道を明け渡したのである．

5. 暴力の再燃と岐路に立つ北部小農

　植民地時代から社会の最底辺に位置づけられ続けた小農は，主権を回復した
はずの独立から25年以内に，外国資本や援助，そしてかつての同志であり一
部は同じ小農であったフレリモ・エリートから，二重に主権を脅かされ，時に
それを剥奪されることとなった．政治集団化したレナモもまた，援助と「最大
野党」の位置を謳歌し，小農の苦境に目を向けることはなかった[284]．

　2000年，世界の市民社会による「債務帳消しキャンペーン（ジュビリー
2000）」は，援助国や国際機関を動かし，重債務からモザンビークを解放した．
しかし，それによってもたらされたのは，さらなる巨額の融資と投資であった．
「戦後復興の模範例」と賞賛されたモザンビークは，豊富な地下資源と肥沃な
土地，地政学上の立地条件から，日本を含む各国の投資競争に呑み込まれてい
く．北部小農が切望した「平和と繁栄」という名の「独立」は，ついに手の届
くところに現れたはずであった．しかし，現実は違っていた[285]．

　2014年4月，モザンビーク最大の小農運動UNAC（全国農民連合）は[286]，
次のような総会宣言を発表した[287]．

　　……本総会は，わが国が政治的軍事的な緊張の高まりのなか，国民和解と平和の定
　　着，そして民主的プロセスの深化が危機に瀕する最中に開催された．この間の緊張の
　　高まりは，数千もの小農に大きな被害を及ぼしている．
　　　加えて，我々小農にとって緊急事態が生じている．それは，国家開発政策——特に
　　農業部門に焦点を置いた政策の策定と優先課題設定——に関し，小農が周辺化され排
　　除されていること，小農の土地の権利が鉱山開発，水力発電，アグリビジネスの巨大
　　プロジェクトやその他の民間投資・公共投資によって体系的に剥奪されていること，
　　そして政府の一部による土地を使った利益誘導や私有化の企みの継続である．これら
　　に対して，我々は立場を明確にし，抵抗と闘争の方針を強固にしなければならない．

　フレリモに近い小農組織として1987年に結成されたUNACの政府批判の背
景には，次のような現実があった．アフリカ一の石炭埋蔵量を誇る北部テテ州
モアティゼ郡では，その大半が外国企業に切り分けられ，そこに暮らす住民は
強制的に移転を余儀なくされた[288]．モアティゼの人びとは，これに抵抗しよ

うと鉄道や道路封鎖を行うが，地元警察は暴力的にこれを弾圧した[289]．同郡からの石炭輸送のため，植民地時代に作られたナカラ鉄道の利用が掲げられた．しかし，その内実は，植民地時代のコンセッションと同様の住民との合意形成を経ることなく，一企業体に（指定）領域の開発権と施設設置の運用権を与え，その開発資金を集めさせるというものであった．モアティゼ炭鉱を操業するヴァーレ社の子会社には，モザンビーク内だけでなく隣国マラウイを通過する自前の延長路線の建設が認められ，ナカラ鉄道の経営権から港湾設置の権利まで取得している[290]．ヴァーレ本社には日本の三井物産が経営参画しており，2015年9月，三井物産はこれら子会社の15%（炭鉱）と50%（鉄道）の権益獲得を発表[291]，その融資を日本国際協力銀行（JBIC）に要請し，10億3000万米ドルを獲得した[292]．なお，新設路線の建設にあたっては，十分な補償もないまま大規模な住民移転が行われたことが，地元の小農連合と日本のNGOの共同調査で明らかになっている[293]．

さらに，2008年来，モザンビークは「最も大規模な土地収奪対象」の上位国となり[294]，各地で輸出向けの一次産品（サトウキビ，大豆，トウモロコシ，綿花，ユーカリ）栽培のために大規模な森林伐採と土地収奪が頻繁に起こっている[295]．特に，日本の官民が開発に力を入れるナカラ回廊沿い地域では土地収奪が加速化し[296]，すでに「土地なし農業労働者」が生み出されている[297]．

なかでも，ザンベジア州グルエ郡では，外資による大豆の大規模生産のための土地収奪が深刻化し，ルアシ地区では，戦後に国営農場跡地を耕作していた小農が外国企業に追い出され，収穫を待っていた作物がブルドーザーで破壊されている．この国営農場の土地の利用権は，いつの間にか政府によってこの企業に貸与されていた．会社と地元政府によって用意された土地は沼地で農業生産に適さず，小農は困窮状態に陥っている[298]．グルエ郡の別地区では，アルマンド・ゲブーザ前大統領の関連企業（AgroMoz社）が地元レグロとの合意に基づいて，広大な土地の利用権を入手し，十分な補償もないままに住民は居住地と農地を失った．ある日ブルドーザーが現れたため，住民は怖れをなして隣州に「逃亡」し，避難生活を送るようになった．残った住民は安価な労働力として企業にあてにされ，反抗的な人物は「作物を盗んだ」容疑で逮捕・勾留された[299]．

かつて，闘争期にフレリモ機関誌で紹介されたものと同じ状況が，外資や「援助者」と結びついたフレリモ・エリート自身によって作り出されてしまったのである．二度の戦争を経験したグルエ郡の小農は，次のように述べている．

独立なんてどこにあるんだ．またいつでも戦う覚悟はできている．

民衆の不満の高まりを背景に，2010年9月には首都を含む全国各都市で大規模な民衆暴動が生じた．しかし，ゲブーザは権力基盤をより強固にしようと，批判者や反対者の締め付けを強化するとともに，「公式野党化」していたレナモの国政からの排除に乗り出す．激化する投資競争のなかで，もはや「ガバナンス」や「民主主義」を問題にしなくなっていた日本を含む「援助者」は，人権侵害や民主化後退に沈黙を貫いた．

2013年4月，特に中部・北部で高まる民衆の不満を背景に，レナモは「選挙法における公平な扱い」を求めて散発的な武力攻撃を開始する[300]．他方のフレリモ政府は，機動隊と国軍を使った大規模な攻撃を展開し，両者の武力衝突が再燃する．その結果，中部で数千人単位の避難者が発生し，数百人単位の死者が生じた．しかし，その後も何事もなかったように外国からの投資や援助は続けられ，軍事費は激増する．2014年10月，市民社会組織や小農運動は，フレリモ政府に平和的解決を求める大規模マーチを各大都市で実施するが，軍事衝突は悪化していった[301]．

2016年1月，国連難民高等弁務官事務所（UNHCR）は，マラウイに逃げてきた1万人を超える難民の保護を発表するとともに，フレリモ政府がこれらを「難民」として認めず，無理に帰還させようとしていると抗議した[302]．難民にインタビューした外国メディアは，その大半が炭鉱の集中地モアティゼ郡の小農女性とその子どもであり，政府軍や警察（機動隊），そして与党の民兵による襲撃から逃げたと報道した[303]．レナモに協力した（匿った）として，男性が殺され，女性がレイプされ，家々が焼かれたとの証言がなされた[304]．

20世紀初頭の「バルエの制定」以来，繰り返されてきた植民地権力による国家機構を使った暴力的手法が，これを乗り越えようと結成されたはずのフレリモ自身によって再現されることとなった．当時と同様，「畏怖による徹底的な

340 —— 第II部　南部アフリカの現実

統制」が目指された結果とはいえ，その根底には，「特権階級」となったフレ
リモ・エリートによる「被抑圧階級」となった圧倒的多数の北部小農に対する
侮蔑の念と目に見えない不安があった.

おわりに

　本章では，「小農の解放」を焦点として，植民地時代から解放闘争期，独立
後から紛争，そして「復興」から現在までの「モザンビーク解放戦線」（フレ
リモ）と北部小農の関係の変化を追った.「誰の何のためのいかなる解放か」
に注目し，解放闘争の歴史的考察を試みた.

　19世紀末から現在までの過去150年ほどのモザンビークの変化は，人類史
を振り返っても波乱に満ちたものであった.「帝国主義の時代」における欧州
列強間の競争を経た「アフリカ分割」. 各地での「初期抵抗」と「征服」をめ
ぐる軍事衝突. 本国での軍事クーデタを受けた「本国と植民地の一体化」と，
そしてこれを支えた第2次世界大戦. 綿花強制栽培の導入を通じた植民地支配
の確立. これに対抗するための「日常抵抗」,「逃亡」や「出稼ぎ」.「アフリカ
の年」前後の「植民地死守」のための弾圧. 植民地解放運動の結成と武装闘争
の開始. 冷戦下，周辺を白人政権に包囲されるなかでの長期にわたる闘争. リ
スボンでの革命と突然の独立. 様々な社会主義政策の試行. 戦争の勃発と破壊.
国家の破綻と西側諸国の介入. フレリモ・エリートの買収と国是の放棄. 格差
拡大と弾圧. 武力衝突の再燃である. これらを生きた北部住民は，時に「反乱
者」になり，「小農」になり，「移動労働者」になり，「解放戦士」になり，「植
民地軍民兵」になり，「国民」になり，「党員」になり，「組合員」になり，「兵
士」になり，「ゲリラ兵」になり，「難民」になり，再び「小農」になった. そ
して今，「土地なし農業労働者」あるいは「都市の滞留者」に転じる可能性が
高まっている.

　この変動の最中の2006年にUNACの代表となった故アウグスト・マフィゴ
（Augusto Mafigo）は，炭鉱州テテの出身で，14歳の時に武装解放闘争に身を
投じている. 2013年2月，日本政府と国際協力機構（JICA）がナカラ回廊地域
で進める援助・投資計画（プロサバンナ事業）に異議を唱えるために来日した
際，次のように語った[305].

我々小農は植民地主義と戦い，自らの手で「人民と土地を解放した」．今それらが
　　脅かされている．独立はどこに行ったのか？　闘争は続く．

　その「古くて新しい闘争」の誕生は，モザンビークの小農を岐路に立たせて
いる．「強欲良しドクトリン」から30年が経過した現在，もはや「小農のた
め」に，あるいは「小農と共に」この闘争に立ち上がる人はいない．かつて同
志であったフレリモ指導者は，独立した小農運動を毛嫌いし，これを弾圧しよ
うと躍起である[306]．1977年の党大会で提唱された労働者との同盟は定着しな
かった．そして，唯一フレリモの「伝統」を守り続けようとしてきた「知識
人」やジャーナリストは，2015年3月のジル・シスタック（Gille Cistac）教授
の暗殺を皮切りに，「国家反逆罪」での訴追，暗殺，脅迫に直面している[307]．
市民社会は萎縮し，一部を除いて政府に取り込まれ，沈黙するか「コラボレー
ター」化しつつある．
　「フレリモ」「労働者」「知識人」や「市民社会」をあてにできず，何重もの
抑圧状況の中に丸裸の状態で放り投げられ，日々闘いに直面するようになった
小農は，互いの連帯によってこれを乗り越えようとしている．ナカラ回廊地域
の中心地ナンプーラ州の小農連合のリーダー，コスタ・エステヴァン（Costa
Estevão）は語る[308]．

　　我々小農は，土地さえあればなんとかやっていける．ポケットにお金がなくても，
　　何カ月だって生き延びられる．だから，闘わねばならないし，闘うことができる．都
　　市のエリート（NGO関係者を含む）はお金がないと生き延びられない．だから，買
　　収される．

　世界的に消滅すると思われた小農であるが，近年は「再小農化（re-peasanti-
zation）」と呼ばれる現象が見られつつある[309]．また現在，国連人権理事会で
世界の国境を越える小農運動（ビア・カンペシーナ）が起草した「小農と農村
で働く人びとの権利に関する国連宣言」の策定が最終段階に入っている[310]．
これらの潮流は，ほかでもない，小農自身によって主体的に紡ぎ出された動き

であった[311]．圧倒的な世界状況のなかで，これらの運動が可能性を示す一方で，限界もまた明らかである．しかし，かつての解放闘争期と異なるのは，これら小農自らが運動の最前線に立っている点である．小農は，「援助」や「覚醒」・「動員」を待つ客体ではなくなり，「抵抗」が小農の選択肢の1つとして再び重要度を増している．他方，国家エリートや「援助者」・企業にとって，小農の主権者としての目覚めは，自らの自由な権力・権限行使を阻むものとして疎まれ，「経済主体」としての「小規模農家」の機能だけを肥大化させる方向で「支援策」が組まれるようになっている[312]．

　2つの長い戦争の後に，モザンビーク北部小農女性が口にした「独立という名の平和と繁栄」は，未だ訪れていない．これを目指したフレリモの闘いは，いつの間にか自らの手によって幕を閉じた．闘争時から独立後を通して口にされた「闘争は続く」は，フレリモから遊離してしまった．しかし，小農の実感のこもった経験知として，そして再び到来した苦難のなかでの闘争の指針として，今日もどこかで囁かれ，小農たちを励まし続けている．

【注】

1)　モザンビーク共和国憲法前文．筆者による翻訳．

2)　筆者による翻訳．

3)　第I部第2章参照．

4)　舩田クラーセンさやか『モザンビーク解放闘争史』御茶の水書房，2007年，96-98ページ．

5)　舩田クラーセン，前掲書，序章・第1章・第2章; 網中昭世『植民地支配と開発——モザンビークと南アフリカ金鉱業』山川出版社，2014年，第2章・終章．

6)　舩田クラーセンさやか「モザンビークにおける平和構築の課題——国家レベルの共存と地域社会内部での対立の深化」武内進一編『戦争と平和の間——紛争勃発後のアフリカと国際社会』アジア経済研究所，2008年; 舩田クラーセンさやか「モザンビークにおける紛争解決の現状と教訓」川端正久・武内進一・落合雄彦編『紛争解決——アフリカの経験と展望』ミネルヴァ書房，2010年．

7)　舩田クラーセンさやか「モザンビーク紛争研究の問題と課題——ニアサ州マクア郡における調査に基づく一考察」『アフリカレポート』（アジア経済研究所）第27号，1998年，16-19ページ．

8)　舩田クラーセン，前掲書，2007年．

9)　Allen Isaacman and Barbara Isaacman, *Mozambique: From Colonialism to Revolution, 1900-1982*, Boulder: Westview Press, 1983, p. 148.

第 6 章　モザンビークの解放と現代の暴力――343

10)　2016 年 12 月 28 日閲覧.

11)　Deborah Bryceson, "Peasant Theories and Smallholder Policies: Past and Present," in Bryceson *et.al.*, *Disappearing Peasantries?: Rural Labour in Africa, Asia and Latin America*, London: ITDG, 2000, p. 1. ブリセソンは,「小農」の「階級的あるいは家族的な由来を迂回する」ために,「小自作農（smallholder）」が使われる傾向があることも指摘している.

12)　「小農消滅／小農社会解体」を意味する. マクマイケルによると,「農業における市場合理主義の置き換えと小農的実践の侵食に関わるものである. （これは）資本主義的モダニティの前提であり, 土地からの小規模生産者の追放などを伴う. 開発に関するリベラルあるいはマルクス主義的な語りのいずれもが……これを前提条件とする」という（Phillip McMichael, "Depeasantization," The Wiley-Blackwell Encyclopedia of Globalization, 2012）. アラギは, この現象を第 2 次大戦後のグローバル・プロセスとして論じた（Farshad A. Araghi, "Global Depeasantization, 1945–1990," *The Sociological Quarterly*, Volume 36, Issue 2, March 1995, pp. 337–368）.

13)　玉真之介『日本小農論の系譜――経済原論の適用を拒否した五人の先達』農山漁村文化協会, 1995 年.

14)　小農学会「設立主意書」. このような潮流については, 本章の最後に「再小農化」という概念とともに簡単に紹介した.

15)　農耕をほとんど行わなかったマコンデ人や漁撈を営むムエニ人と接して暮らすカーボ・デルガード州のマクア人は, 農耕を営むことを自らのアイデンティティの拠り所としていた. ただし, それをもって, 同地のマクア人が「小農」アイデンティティを確立していたとは言い難い.

16)　同上書, 2 ページ.

17)　舩田クラーセン, 前掲書, 2007 年, 337–338 ページ.

18)　Eduardo Mondlane, *The Struggle for Mozambique*, Harmondsworth: Penguin Books, 1969, pp. 122–123; Barry Munslow, *Mozambique: The Revolution and Its Origins*, London: Longman, 1983, p. 82.

19)　Ibid.

20)　Mondlane, op. cit., p. 123; *Mozambique Revolution*, July-September（1970）no. 44, pp. 1–2; Walter Opello, "Internal War in Mozambique: A Social-psychological Analysis of a Nationalist Revolution," University of Colorado, Ph.D. dissertation, 1975, p. 42.

21)　Nadja Manghezi, *O Meu Coração Está nas Mãos de um Negro: Uma História da Vida de Janet Mondlane*, Maputo: CEA, 1999, p. 225.

22)　ヴェトナム人民軍総司令官ザップは,「人民戦争」を「人民に完全に依拠して, 人民の全勢力を結集した戦争」と定義した（ボー・グエン・ザップ『人民の戦争・人民の軍隊』弘文堂, 1965 年, 1 ページ）.

23)　同上書, 250 ページ.

24)　Opello, op. cit., p. 42.

344 —— 第II部　南部アフリカの現実

25)　Mondlane, op. cit., p. 128.

26)　アミルカル・カブラル（白石顕二ほか訳）『アフリカ革命と変化』亜紀書房，1980 年，93 ページ．

27)　Mondlane, op. cit., pp. 123-132.

28)　Ibid.

29)　Ibid., p. 128.

30)　1959 年度には 6 名のポルトガル人将校が 200 名のフランス人将校と一緒に訓練を受けた（John P. Cann, *Counterinsurgency in Africa: The Portuguese Way of War 1961-1974*, Westport: Greenwood Press, 1997, pp. 40-41）.

31)　初期の解放委員会は，エチオピア，アルジェリア，ウガンダ，エジプト，タンザニア，ザイール，ギニア，セネガル，ナイジェリアで構成されていた．

32)　これについては第I部第 3 章でも取り上げた．

33)　星昭・林晃史『アフリカ現代史 I ——総説・南部アフリカ』山川出版社，1988 年，234 ページ．

34)　*Mozambique Revolution*, December（1963）no. 1, p. 9.

35)　*Mozambique Revolution*, June-September（1968）no. 35, p. 11.「ヴェトナム人民に対する米国の帝国主義的侵攻」を批判し，「北ヴェトナム政府と南ヴェトナムの解放戦線への連帯と支援」が表明されている．

36)　ウラジミール・レーニン『ロシアにおける資本主義の発展』岩波文庫，2005 年．その前提に，マルクスによるいくつかの著作，"The Class Struggles in France: 1848-1850,"（1850）;『ルイ・ボナパルトのブリュメール 18 日』太田出版，1996 年（原典は 1852 年に出版）;『資本論』（1867 年）などがあげられる．

37)　同上書．

38)　カール・カウツキー『農業問題——近代的農業の諸傾向の概観と社会民主党の農業政策』岩波文庫，1946 年．

39)　著作の多くはロシア語のままであるが，英語では次の論文がある．*The Theory of Peasant Economy*, Manchester: Manchester University Press, 1966（ロシア語版は 1925 年）; *The Theory of Peasant Co-operatives*, Columbus: Ohio State University Press, 1991（ロシア語版は 1927 年出版）．近年，チャヤノフの再評価が進みつつある．Jan Douwe van der Ploeg, *Peasants and the Art of Farming: A Chayanovian Manifesto*, Agrarian Change & Peasant Studies vol. 2, Nova Scotia: Fernwood Publishing, 2013.

40)　Bryceson, op. cit., pp. 9-12. ソ連では，「クラーク（「富農」）撲滅運動」が展開された．「親クラーク主義者」「反革命」とされたチャヤノフは，1937 から 39 年の間に処刑されている．このことは，社会主義諸国が小農を重視する視点を欠く背景ともなる．

41)　毛沢東『遊撃戦論』中公文庫，2001 年，57 ページ．毛沢東選書の英語版（1965 年出版）に当時の世界的反響が紹介されている．

42)　Mondlane, op. cit.; Amilcar Cabral, *Revolution in Guinea: An African People's*

第 6 章　モザンビークの解放と現代の暴力 —— 345

Struggle, London: Stage 1, 1969.

43) 英語版（Frantz Fanon, *The Wretched of the Earth*, NY: Grove Book, 1963）からの筆者訳．フランツ・ファノン『地に呪われたる者』みすず書房，1969 年．

44) Hamza Alavi, "Peasants And Revolution," *The Socialist Register*, 1965, pp. 241-277. その結論（「中農」への期待）は，1920 年のレーニンと類似するものであった（レーニン「農業問題についてのテーゼ原案」）．しかし，ソ連は農業の集団化政策を採択する．なお，小農をより詳細に分類して政治変動との関係で分析することは重要と考えるが，今後の課題としたい．

45) Eric Wolf, *Peasant Wars of the Twentieth Century*, Norman: University of Oklahoma Press, 1969. その他，次の文献．Jeffery M. Paige, *Agrarian Revolution: Social Movements and Export Agriculture in the Underdeveloped World*, NY: Free Press, 1975; Don Barnett, *Peasant Types and Revolutionary Potential in Colonial Africa*, Richmond: LSM Press, 1978. 最近では，Joel S. Migdal, *Peasants, Politics, and Revolution: Pressures toward Political and Social Change in the Third World*, Princeton: Princeton University Press, 2015; Robert Buitenhuijs, "Peasant Wars in Africa: Gone with the wind?" in Bryceson *et al.*, op. cit., pp. 112-122.

46) Amilcar Cabral, "Address delivered to the first Tricontinental Conference of the Peoples of Asia, Africa and Latin America," Havana, January 1966, p. 74.

47) Cabral, op. cit., 1969, p. 128.

48) Ibid.

49) 「初期抵抗」は，植民地支配浸透の際に各地のアフリカ人首長が率いた最初の武装闘争を指す．テレンス・レンジャー「分割と征服の時期におけるアフリカ人の主体性と抵抗」A. アドゥ・ボアヘン編『ユネスコ アフリカの歴史 第 7 巻 上巻』同朋社，1988 年．

50) Terence Ranger, *Peasant Consciousness and Guerrilla War in Zimbabwe: A Comparative Study*, Oakland: University of California Press, 1984; 川端正久『アフリカ人の覚醒——タンガニーカ民族主義の形成』法律文化社，2002 年．

51) Allen Isaacman and Barbara Isaacman, op. cit.; Munslow, op. cit.; Eduardo Alpers, "To seek a better life, the implications of migration from Mozambique to Tanganyika for class formation and political behaviour," *Canadian Journal of African Studies*, 18, 2, 1984.

52) Isaacman and Isaacman, op. cit., p. 62.

53) Ibid. アイザックマンらによる 1979 年 6 月のインタビューに基づく．

54) Ibid.

55) Ibid., pp. 63-69.

56) Ibid., pp. 69-78.

57) Ibid., p. 67; Sara M. Evans and Harry C. Boyte, "School for Action: Radical Uses of Social Space," *Democracy*, 2 (Fall 1982) pp. 55-65.

58) Ibid., p. 55.

346 —— 第Ⅱ部　南部アフリカの現実

59)　ILO, *African Labour Survey*, Switzerland: Imprimeries Reunies, 1958, p. 135.
60)　都市への移住は厳しい状態になっていた.
61)　このプロセスについては，次の文献. 舩田クラーセン，前掲書，2007 年，第 3 章・第 4 章.
62)　René Pélissier, *História de Moçambique: Formação e Oposição 1854-1918*, Lison: Editorial Estampa, 1994, p. 412.
63)　本章では，帰還を前提に「出稼ぎ」した人びとが，ホスト国に定住したことが多いこと，あるいは経済的な理由に見えても実際は教育や消費の機会のための移動であったことなどを踏まえ，「　」を付けて使用する.
64)　Yussuf Adamo, "Mueda, 1917-1990, Resistência Colonialismo, Libertação e Desenvolvimento," *Arquivo*, no. 14, 1993, p. 26; Departamento de Historia, *História de Moçambique: Moçambique no auge do colonialismo, 1930-1961, vol. 2*, Maputo: Universidade de Eduardo Mondlane, 1993, p. 241; 舩田クラーセン，前掲書，2007 年，276 ページ.
65)　舩田クラーセン，前掲書，2007 年，121 ページ; Armando Castro, *A Economia Portuguesa do Século XX, 1900-1925*, 1973, p. 68.
66)　舩田クラーセン，前掲書，2007 年，121-121 ページ.
67)　Allen Isaacman, *Cotton is the Mother of Poverty: Peasants, Work, and Rural Struggle in Colonial Mozambique, 1938-1961*, London: James Currey, 1996, p. 29.
68)　Ibid., pp. 26-27.
69)　Carlos Fortuna, *O Fio da Maeda: O Algodão da Moçambique, Portugual e a Economia-Mundo, 1860-1960*, Porto: Afrontamento, 1993, p. 114; Isaacman, op. cit., 1996, p. 30.
70)　Fortuna, op. cit., p. 114.
71)　Ibid.
72)　Ibid., p. 60.
73)　合田昌史「ポルトガルの歴史の歩み」立石博高編『スペイン・ポルトガル史』山川出版社，2000 年，447 ページ.
74)　Allen Isaacman, *The Tradition of Resistance in Mozambique*, London: Heinemann, 1976, p. 30.
75)　「レグロ」は，地元のいずれのアフリカ言語にもない表現であり，ポルトガル人による「造語」，「小さな王」を意味する.
76)　A. M. Teixeira Alves, "Análise da Política Colonial em Relação à Autoridade Tradicional," MAE Seminário, 1993, p. 1.
77)　舩田クラーセン，前掲書，2007 年，100-101 ページ; 網中，前掲書.
78)　René Pélissier, op. cit., p. 360.
79)　Malyn Newitt, *A History of Mozambique*, London: C. Hurst & Co., 1995, p. 368.
80)　Carl Peters, *The Eldorado of the Ancients*, 1902, in Isaacman, op. cit., 1976, pp. 56-57. ハンガと英・独との関係については，舩田クラーセン，前掲書，2007 年，

第 6 章　モザンビークの解放と現代の暴力 —— 347

603 ページ.

81)　Isaacman, op. cit., 1976, p. 62.

82)　Ibid., pp. 57-58.

83)　Leroy Vail and Landeg White, *Capitalism and Colonialism in Mozambique*, Minneapolis: University of Minnesota Press, 1980, pp. 31-32, 34. 奴隷貿易は禁じられていたが，フランスはこれらを「自由な労働者」と呼んで正当化した．ポルトガルは，1853 年にブラジルとの奴隷貿易が禁じられたことを受けて，植民地領内，フランス領諸島，スペイン領キューバへの「送り出し」を活発化させた.

84)　舩田クラーセン，前掲書，2007 年，104-105 ページ.

85)　同上書，106 ページ; Barry Neil-Thomilson, "The Nyassa Chartered Company: 1891-1929," *Journal of African History*, XVIII, I, 1977, p. 118.

86)　舩田クラーセン，前掲書，2007 年，114-116 ページ.

87)　同上書.

88)　同上書，106，168 ページ.

89)　カーボ・デルガード州バラマ郡，ニアサ州マウア郡での聞き取りから.

90)　舩田クラーセン，前掲書，2007 年，168，178-184 ページ.

91)　Isaacman, op. cit., 1976, p. 170.

92)　Ibid., p. 169; 舩田クラーセン，前掲書，2007 年，114-119 ページ.

93)　Mondlane, op. cit., pp. 102-103. マシェルによる独立宣言（1975 年 6 月 25 日）.

94)　植民地支配確立以前の北部地域の人びとの暮らしや社会については，舩田クラーセン，前掲書，2007 年，147-184 ページ.

95)　モザンビーク北部におけるこのプロセスについては，同上書，119-120 ページ.

96)　同上書，126-127 ページ.

97)　同上書，123-127 ページ. 1934 年の植民地行政府の文書などでもこれは確認できる.

98)　当時のモザンビークの推定人口は 500 万人であり，この数字には女性・高齢者・子どもが含まれた可能性が高い. Fortuna, op. cit., p. 118.

99)　舩田クラーセン，前掲書，2007 年，129 ページ.

100)　Isaacman, op. cit., 1996, p. 47; 舩田クラーセン，前掲書，2007 年，142 ページ. この背景に，植民地領内での宣教に関するサラザール政権とローマ教皇庁（ヴァチカン）の合意協定（1940 年）がある.

101)　同上書，129-131 ページ.

102)　Circular Confidencial no. 1041/D7, do Governador-Geral, 1944（モザンビーク歴史文書館，ISANI, cx77）.

103)　Issacman, op. cit., 1996, p. 78; 舩田クラーセン，前掲書，2007 年，132-133 ページ.

104)　舩田クラーセン，前掲書，2007 年，133 ページ

105)　アイザックマンは，世帯単位の生産奨励は，サラザール政権がキリスト教的価値（一夫一婦制）の促進を植民地でも狙っていたためであり，生産効率と関係ないと述べている（Issacman, op. cit., 1996, pp. 49-50）.

348 —— 第II部　南部アフリカの現実

106)　現場監督は綿花会社によって雇用されていたものの，アフリカ人警察の補助的な役割を果たすことが多かった．

107)　舩田クラーセン，前掲書，2007年，132-133ページ．この時点では，1世帯1ヘクタール，寡婦あるいは2番目以降の妻は0.5ヘクタールの面積の栽培が義務づけられていたが，男性の「逃亡」が相次いだため，1947年に個人単位の生産に切り替えられている（同上書，138ページ）．

108)　筆者による聞き取り（Maria Vossa, Muhoco, Maua district, 28/8/1999）．

109)　Isaacman, op. cit., 1996, p. 46.

110)　Ibid., p. 31; Nelson Saraiva Bravo, *A Cultura Algodoeira na Economia do Norte de Moçambique*, Lisbon: Junta de Investigações do Ultramar, 1963, p. 70. これらの統計の推移は，舩田クラーセン，前掲書，2007年，128ページ．

111)　モザンビークからの綿花出荷量の推移については，同上書，139ページ．その大半が，北部からのものであった．

112)　Isaacman, op. cit., 1996, p. 46; 合田，前掲書，450ページ．

113)　Bravo, op. cit., p. 243.

114)　このニアサ州南部での変容プロセスについては，現地調査と文献調査を踏まえ，マルーパ郡，マジュネ郡，マウア郡を中心に詳細に検討した（舩田クラーセン，前掲書，2007年，178-200ページ）．

115)　同上書，140ページ．

116)　星昭・林晃史『総説　南部アフリカ』山川出版社，1979年，256ページ．

117)　筆者による聞き取り（Mocha Penpena, Muoco, Maua district, 29/8/1999）．

118)　Joel Mauricio das Neves Tembe, "Economy Society and Labour Migration in Central Mozambique, 1930-1965: A Case Study of Manica Province," Ph. D dissertation（SOAS, University of London）1998, p. 365.

119)　Alpers, op. cit., p. 375.

120)　筆者による聞き取り（Amissi Muripa, Muhela, Maua district, 4/9/1999）．

121)　この詳細については，舩田クラーセン，前掲書，2007年，134-137, 141-142ページ．

122)　Isaacman, op. cit., 1996, p. 51.

123)　筆者による聞き取り（Sancho Afia Amisse, Maua sede, 30/7/1997）．

124)　マクア，マコンデ，ニアンジャ，ヤオのすべてが母系社会を形成してきた．詳細は，舩田クラーセン，前掲書，2007年，第2章．

125)　カーボ・デルガード郡南部でもっとも有力なレグロとなった首長メガマ（Megama）は，若い頃にポルトガル人家庭で「ハウスボーイ」として働き，ポルトガル語に通じていた．伝統的な序列では有力な首長ではなかったにもかかわらず，植民地権力と「植民地主義の友」と呼ばれる関係を結び，各地に妻，畑，商店や車を持つようになった．しかし，メガマには別の顔もあった．メガマは，地元メクフィにモスクとコーラン学校を建て，内陸部のムスリムの首長や子弟のイスラーム化に尽力した．1961年に，この「イスラーム・ネットワーク」が反植民地主義活動の疑

いで一斉摘発され，メガマも監獄に送られ，そこで死んでいる（舩田クラーセン，前掲書，2007年，353-355ページ）．メガマの例に限らず，「植民地のコラボレーター（協力者）」と呼ばれた人びとについては，その多義的な役割を注意深く分析する必要がある．

126) ニアサ州とカーボ・デルガード州での聞き取り調査に基づき，次の文献に詳細をまとめた．舩田クラーセン，前掲書，2007年，194-198ページ．

127) Isaacman, op. cit., 1996, p. 130.

128) 舩田クラーセン，前掲書，2007年，198-200ページ．

129) Isaacman, op. cit., 1996, p. 133; Bravo, op. cit., p. 117.

130) Isaacman, op. cit., 1996, p. 135.

131) 舩田クラーセン，前掲書，2007年，199ページ．

132) 川端，前掲書，230-231ページ．

133) Harry West, "Sorcery of Construction and Sorcery of Ruin: Power and Ambivalence on the Mueda Plateau, Mozambique (1882-1994)," PhD dissertation (University of Wisconsin-Madison) 1997, p. 105.

134) Jorge Dias, *Os Macondes de Moçambique*, Lisbon: Comição Nacional para as Comemorações dos Descobrimentos portugueses, Instituto de Investigação Cientifica Tropical, 1998, p. 19. 筆者による推計（舩田クラーセン，前掲書，2007年，270ページ）．

135) Alpers, op. cit., 1984, pp. 379-380.

136) Ibid., p. 381.

137) Jorge Dias and Manuel Vegas Guerreiro, *Missão de Estudos das Minorias Étnicas do Ultramar Portugês*, Lisbon: Centro de Estudos Políticos e Sociais da Junta de Investigações do Ultramar, 1958, pp. 8-9.

138) 川端，前掲書，72，76ページ．

139) この組織については不明な点が多いが，相互扶助のための協会であったと考えられる．Adamo, 1993, p. 26; Departamento de História, *História de Moçambique vol.3*, Maputo: UEM, 1993, p. 241.

140) R. R. Kuczynski, *Demographic Survey of the British Colonial Empire, vol.2*, London: Oxford UP, 1949, p. 344.

141) Departamento de História, 1993, p. 234.

142) Merle L. Bowen, *The State against the Peasantry: Rural Struggles in Colonial and Postcolonial Mozambique*, Charlottesville: The University Press of Virginia, 2000, p. 35.

143) M. Anne Pitcher, "From coercion to incentives: the Portuguese colonial cotton regime in Angola and Mozambique, 1946-1974," in Allen Isaacman and Richard Roberts, eds., *Cotton, Colonialism and Social History in Sub-Saharan Africa*, London: James Currey, 1995, p. 121. Isaacman, 1996, p. 125.

144) Dias and Guerreiro, op. cit., pp. 13-15.

350 —— 第 II 部　南部アフリカの現実

145)　Bravo, op. cit., p. 145.

146)　Adamo, op. cit., p. 19.

147)　国際価格の高騰を受けて，カーボ・デルガード郡では，郡内サイザル・プランテーションでの労働が住民に強制されるようになっていた．

148)　Ibid., p. 20.

149)　Departamento de História, op. cit., p. 237.

150)　Adamo, op. cit., p. 23.

151)　Alpers, op. cit., p. 381.

152)　Mondlane, op. cit., p. 104.

153)　Departamento de História, op. cit., p. 243; 舩田クラーセン，前掲書，2007 年，270-283 ページ．

154)　Departamento de História, op. cit., p. 241.

155)　Adamo, op. cit., pp. 26-27.

156)　Ibid., pp. 241-242.

157)　Renoto de Gouveição Lagoas, Cuamba sede, 17/9/1999.

158)　舩田クラーセン，前掲書，2007 年，418-420 ページ．

159)　この女性は 1960 年代半ばにフレリモに参加しているが，その理由をこのような境遇から人びとを解放したかったからと述べている（*Mozambique Revolution*, June-September 1968, No. 35, p. 12）．

160)　Abel Barroso Hipólito, *A Pacificação do Niassa: Um Caso Concreto de Contra-guerrilha*, Lisbon, 1970, p. 40.

161)　舩田クラーセン，前掲書，2007 年，362-365 ページ．

162)　舩田さやか「モザンビークにおける『部族主義』」『外国語学研究』第 38 号（1997 年 3 月）．

163)　*Mozambique Revolution*, June-September（1968）no. 35, p. 7.

164)　Munslow, op. cit., p. 91.

165)　Ibid., p. 105.

166)　Sérgio Vieira, "O Direito nas Zonas Libertadas," a paper given to the Faculty of Law, Maputo（4/7/1977）in Ibid., p. 105.

167)　Aquino de Bragança and Immanuel Wallerstein, *The African Liberation Reader, vol.2, The National Liberation Movements*, London: Zed Press, 1982, pp. 104-105.

168)　Munslow, op. cit., pp. 106-107.

169)　モンドラーネ書記長の妻は米国出身で，ドス・サントス副書記長の妻はフランス出身者であった．また，副書記長は混血でもあった．

170)　Munslow, op. cit., p. 105.

171)　Ibid., pp. 102, 105.

172)　Ibid., p. 103; *Mozambique Revolution*, March-April 1969, no. 38, pp. 10-11.

173)　Opello, op. cit., pp. 73-74.

174)　João Paulo Borges Coelho, *O Início da Luta Armada em Tete, 1968-1969, A*

Primeira Fase da Guerra e a Reacção Colonial, Maputo: AHM, 1989, pp. 47-48.

175) Mondlane, op. cit., pp. 163-164.

176) Ibid.

177) Ibid., p. 191.

178) *Mozambique Revolution*, December (1965)-February (1966) no. 23, p. 1.

179) Munslow, op. cit., p. 110.

180) この時期すでに PIDE から DGS に名称変更しているが，組織の目的・活動に大きな変更がないため，煩雑さを避けるため本章では PIDE を使用する.

181) *Mozambique Revolution*, March-April (1969) no. 38, p. 10.

182) Opello, op. cit., p. 76. 後に Frelimo 分派を形成する COREMO が，党機関紙でカヴァンダメの「敵への投降」を 1969 年 4 月と明記している（COREMO, *Newsletter*, No. 3, September 1972, p. 6）.

183) 小倉充夫『開発と発展の社会学』東京大学出版会，1982 年，第 5 章「タンザニアの農村開発と『社会主義』」.

184) Munslow, op. cit., p. 110.

185) José Freire Antunes, *Jorge Jardim: Agente Secreto*, Lisbon: Bertrand Editora, 1996, pp. 362-364. タンザニアをめぐる一連の詳細は，舩田クラーセン，前掲書，2007 年，382-383 ページ.

186) Antunes, op. cit., pp. 362-364. これらの点は，ポルトガル外務省や秘密警察の公文書に基づいて明らかにされている.

187) 詳細は，舩田クラーセン，前掲書，2007 年，序論・第 4 章・終章.

188) Antunes, op. cit., pp. 362-364. 詳細は，Peter Stiff, *The Silent War: South African Recce Operations, 1969-1994*, Alberton: Galago Publishing, 1999, pp. 367-374.

189) Antunes, op. cit., pp. 362-364.

190) Ibid., pp. 371-372; Stiff, op. cit., pp. 46-48.

191) Ibid., pp. 46-48.

192) 舩田クラーセン，前掲書，2007 年，294-295，327-329 ページ.

193) 同上書，2007 年，294-295 ページ. 1951 年統計（Anuário 1951-52, pp. 470-471）に基づき算出した.

194) 1969 年以降，南アフリカ軍諜報局が，ポルトガルの要請と仲介を受けて，ビアフラ支援を開始したプロセスが詳しく記されている（Stiff, op. cit., pp. 22-33）. Rui Manuel Proença Bonita Velez, "Salazar e Tchombe: O Apoio de Portugal ao Catanga (1961-1967)," Dissertação de Mestrado em Ciência Política e Relações Internacionais, 2010.

195) Stiff, op. cit., pp. 22-33.

196) フレリモのカイロ駐在員に UDENAMO 関係者が着任していた.

197) Joel Muricio das Neves, "Economy Society and Labour Migration in Central Mozambique, 1930-1965: a case study of Manica province," Ph. D. dissertation, School of Oriental and African Studies, University of London, 1998, p. 299; Munslow, op.

352 —— 第 II 部　南部アフリカの現実

cit., p. 80.

198）　Uria Simango, "Gloomy Situation in Frelimo," in Bragança and Wallerstein, op. cit., pp. 125-126.

199）　Antunes, op. cit., pp. 337-338.

200）　Miguel Artur Murupa, "Appeal: Is Cabora Bassa a 'Crime against Humanity' and a 'Threat to World Peace'?," London: Anglo-Portuguese Publications, 1971. あるいは，自費出版物 Murupa, *Perspectivas da África Portuguesa: construção de uma nação multirracial*, 1973.

201）　シマンゴの父はモザンビーク人として初めて米国の大学（コロンビア大学）で学位を取得し，モザンビーク内でホテルを経営していた（舩田クラーセン，前掲書，2007年，280-282ページ）．また，ムルパもフレリモに参加する前に米国のハワード大学を卒業している．

202）　リスボンの国立文書館に所蔵（舩田クラーセン，前掲書，2007年，337-340ページ）．

203）　*Mozambiuqe Revolution*, October-December 1969, no. 41, pp. 1-4.

204）　Stiff, op. cit.; Lt. Col. Ron Reid Daily (Peter Stiff), *Selous Scouts: Top Secret War*, Alberton: Galago, 1983.

205）　1973年半ばの統計では，それぞれ238村に26.2万人，116村に18.6万人，156村に15.9万人の合計60.7万人の住民が収容されていたという（Thomas Henriksen, *Revolution and Counterrevolution: Mozambique's War of Independence, 1964-1974*, Greenwood Press, 1983, p. 94）．

206）　舩田クラーセン，前掲書，2007年，389-392ページ．なお，1958年から60年の間は，主として英国とフランスの経験が参考にされた（Cann, op. cit., pp. 40-47）．

207）　1963年から71年までの9年間に米国の援助によって訓練を受けたポルトガル軍士官は415名（うち陸軍245名），志願兵は216名，計690名に上った（Cornelius St. Mark, "Mozambican-South African Relations, 1975-1985: A Study of Destabilizaiton," Ph. D dissertation, Howard University, 1990, p. 81）．

208）　これらの「対反乱（ゲリラ）」戦略を「身体的拘束」と「心の獲得」に分けて論じた（舩田クラーセン，前掲書，2007年，第4章・第5章・終章）．

209）　St. Mark, op. cit., p. 81.

210）　Ibid., p. 68.

211）　舩田クラーセンさやか「マクア人居住地におけるモザンビーク解放闘争の経験——その実態と言説の再検討」『アフリカレポート』第35号（2002年9月）49-53ページ; 舩田クラーセン，前掲書，2007年，第5章.

212）　Mondlane, op. cit., pp. 219-220.

213）　*Mozambique Revolution*, no. 41, 1969 Oct.-Dec., p. 1.

214）　Norrie MacQueen, *The Decolonization of Portuguese Africa: Metropolitan Revolution and the Dissolution of Empire*, London: Longman, 1997, pp. 142-147.

215）　ウィルフレッド・バーチェット『立ち上がる南部アフリカ2 ——モザンビーク

　　　　　　　　　　　　　　　　　第6章　モザンビークの解放と現代の暴力 —— 353

　　の嵐』サイマル出版会，1978 年，75-77 ページ.
216)　Isaacman and Isaacman, op. cit., p. 145.
217)　Joseph Hanlon, *Who Calls the Shots?*, London: James Currey, 1991, p. 10.
218)　Ibid., pp. 10-11.
219)　網中，前掲書，202 ページ.
220)　同上書，注 12，13.
221)　Hanlon, op. cit., p. 9.
222)　Isaacman and Isaacman, op. cit., pp. 138-139.
223)　Ibid., p. 121.
224)　Hanlon, op. cit., p. 13.
225)　AIM, Information Bulletin 9-10 (1977) p. 11.
226)　Isaacman and Isaacman, op. cit., p. 121. アイザックマンは，小農の扱いを「通
　　常のマルクス主義的知見から一歩離れたもの」として評価している.
227)　Ibid.
228)　Ibid., pp. 121-122.
229)　Ibid., pp. 148-149. ハンロンはポルトガル入植者によって放棄された小規模な農
　　場の数を 200 と記しているが，これは 1989 年の世界銀行の「公共支出レポート」
　　に基づいたものとなっており，疑問が残る（Hanlon, op. cit., 11-12).
230)　Ibid., p. 124.
231)　舩田，前掲論文，1997 年，129-167 ページ; 舩田クラーセン，前掲書，2007 年，
　　564 ページ.
232)　舩田クラーセン，前掲書，2007 年，13-17 ページ. ポール・ファウヴェは MNR
　　を「すでにあったモザンビーク・マテリアルを利用した南ローデシアと南アフリカ
　　の軍事諜報機関が結成した反フレリモ軍」と呼んだが（Paul Fauvet, "Roots of
　　Counter-Revolution: the MNR," *Review of African Political Economy*, no. 29, July,
　　1984, p. 108), これは CIO 長官のフラワー自身の告白と一致する（第 I 部第 3 章).
233)　舩田クラーセン，前掲書，2007 年，556-558 ページ; 2008 年.
234)　ニアサ州南部での現地調査に基づき，次の文献にまとめた. 舩田クラーセン，前
　　掲書，2008 年; 2010 年.
235)　舩田クラーセン，前掲書，2007 年，終章; Christian Geffray, *A Causa das Ar-
　　mas: Antolopoligia da Guerra Contemporanea em Moçambique*, Porto: Afronta-
　　mento, 1991.
236)　Alex Vines, *RENAMO: From Terrorism to Democracy in Mozambique?*, Lon-
　　don: James Currey, 1996, p. 19; 舩田クラーセン，前掲書，2007 年，15-16 ページ.
237)　Tom Young, "Explaining the War in Mozambique," in P. Rich and R. Stubbs,
　　eds., *The Counter-Insurgent State: Guerrilla Warfare and State Building in the
　　Twentieth Century*, London: Macmillan, 1990, p. 496.
238)　Hanlon, 1986, p. 160. 詳細は，舩田クラーセン，前掲書，2007 年，16-17 ページ.
239)　詳細は，舩田クラーセン，前掲書，2007 年，序論.

354 —— 第Ⅱ部　南部アフリカの現実

240）　同上書.
241）　詳細は，Hanlon, op. cit., 1991, pp. 21-22.
242）　Ibid., p. 21.
243）　Ibid., p. 29.
244）　Ibid., p. 43.
245）　Ibid., p. 24.
246）　Judith Marshall, *War, Debt and Structural Adjustment in Mozambique: The Social Impact*, North South Institute, 1992, p. 8.
247）　Ibid., p. 29.
248）　Ibid.
249）　Joseph Hanlon, *Beggar Your Neighbours: Apartheid Power in Southern Africa*, London: James Currey, 1986, p. 150.
250）　Hanlon, op. cit., 1991, p. 32.
251）　Hanlon, op. cit., 1986, p. 150.
252）　この「事故」への南アフリカ軍の関与は，当時から繰り返し指摘されてきた（例: Hanlon, op. cit., 1991, p. 33）. 南アフリカの真実和解委員会による調査報告では，同軍の関与が強く示唆されているが，「さらなる調査が不可欠」とされている. Truth and Reconciliation Commission, "Special Investigation into the death of President Samora Machel," The Report of the Truth and Reconciliation Commission, Volume 2, Chapter 6, 1998.
253）　「ワシントン・コンセンサス」の名付け親であるウィリアムソンは，これを次の10項目に整理した.（1）財政規律，（2）公共支出の優先度の見直し，（3）税制改革，（4）金融の自由化，（5）単一為替レート，（6）貿易の自由化，（7）海外直接投資，（8）民営化，（9）規制緩和，⑽財産権の保全である. John Williamson, "What Washington Means by Policy Reform," in Williamson, ed., *Latin American Adjustment: How Much Has Happened?*, Washington: Institute for International Economics, 1990.
254）　最も注目された批判は，同じ国連機関である国連児童基金（UNICEF）によるものであろう. 大林稔「アフリカ概論Ⅱ」舩田クラーセンさやか編『アフリカ学入門』明石書店，2010年. ルワンダ虐殺との関係においては，武内進一『現代アフリカの紛争と国家——ポストコロニアル家産制国家とルワンダ・ジェノサイド』明石書店，2009年. その他，高橋基樹「アフリカに対する開発援助の変遷」北川勝彦・高橋基樹編『現代アフリカ経済論』ミネルヴァ書房，2014年，321-352ページ.
255）　Marshall, op. cit.
256）　John S. Saul, *Recolonization and Resistance in Southern Africa in the 1990s*, New Jersey: Africa World Press, 1993, p. 75.
257）　Hanlon, op. cit., 1991, p. 155.
258）　Ibid., pp. 154-157.
259）　Ibid., pp. 156-157.
260）　Ibid., pp. 199-200.

第6章　モザンビークの解放と現代の暴力 —— 355

261)　Bowen, op. cit., p. 186.

262)　*Domingo*, 3 June 1990.

263)　Hanlon, op. cit., 1991, p. 224.

264)　実際，1996年の土地法は，「土地を十年以上耕作した者に利用する権利が生じる」と定めている．詳細は，舩田クラーセンさやか他『ProSAVANA市民社会報告2013 ——現地調査に基づく提言』2014年，DLMarket.

265)　Merle L. Bowen, "Beyond Reform: Adjustment and Political Power in Contemporary Mozambique," *Journal of Modern African Studies*, 30 (1992), pp. 255-279.

266)　Hanlon, op. cit., 1991, p. 221. ハンロンは，政府高官や元解放兵士の農地取得について，第4回党大会（1983年）での「農業の規模拡大」議決後，すでに傾向として現れていたと指摘する（p. 26）.

267)　Gregory Myers "Competitive Rights, Competitive Claims: Land Access in Post War Mozambique," *Journal of Southern African Studies*, 20 (1994), pp. 603-632.

268)　M. Anne Pitcher, "Recreating Colonialism or Reconstructing the State: Privatisation and Politics in Mozambique," *Journal of Southern African Studies*, 22 (1996), p. 50; Myers, op. cit.; Harry West and Gregory Myers, "A Piece of Land in a Land of Peace?: State Farm Divestiture in Mozambique," *Journal of Modern African Studies*, 34 (1996), pp. 27-51; Judith Marshall and Otto Roesch, "'Green Zones' Agricultural Cooperatives of Nampula City: A New Phase in the Mozambican Cooperative Movement," *Journal of Southern African Studies*, 19 (1993), pp. 240-272.

269)　Bowen, op. cit., 2000, p. 187.

270)　Ibid. 2000年以降，海外資本は多様化していく.

271)　Ibid.

272)　1993年以降の自治省による文化人類学を使った「伝統的権威」に関する一連の調査とセミナー，施策.

273)　Saul, op. cit..

274)　David N. Plank, "Aid, Debt, and the End of Sovereignty: Mozambique and its Donors," *Journal of Modern African Studies*, 31 (1993), pp. 407-430.

275)　Pitcher, op. cit., 1996, p. 50.

276)　Ibid., p. 74. ピッチャーは「資本主義の誕生」とも述べているが，植民地時代における資本主義の浸透を踏まえると疑問が残る表現である．なお，アフリカ政治に関する学説の変化については，次の文献が詳しい．川端正久「『アフリカと世界』に関する包括的理解に向けて」川端正久・落合雅彦編『アフリカと世界』晃洋書房，2012年，1-57ページ.

277)　Kenneth Heremele, "Stick and Carrot: Political Alliances and Nascent Capitalism in Mozambique," in Peter Gibbon *et al.*, eds., *Authoritarianism, Democracy, and Adjustment: The Politics of Economic Reform in Africa*, Uppsala, 1992, p. 184; Bowen, op. cit., 2000, p. 198.

278)　これを「レント・シーキング」とも呼ぶ.

356 ── 第 II 部　南部アフリカの現実

279)　Heremele, op. cit., p. 184.

280)　"Greed is Good,". Hanlon, op. cit., 1991, pp. 239-249.

281)　Bowen., op. cit., 2000, p. 49.

282)　John S. Saul, "Mozambique, the Failure of Socialism?" SAR 6.2 (1990) p. 20.

283)　*Mail & Guardian*, 1 Jan. 2012.

284)　レナモの「公式野党化」については，次の文献．舩田クラーセンさやか「モザンビークにおける民主化の後退と平和構築の課題」『国際政治』174 号，2013 年（武内進一編『紛争後の国家建設』）．

285)　現在でも，モザンビークは世界最貧国の 1 つであるばかりでなく（UNDP, 2015），経済格差が際立っていると国連人権特別報告者などからも警告されている．

286)　正式名称は，União National de Camponeses（全国農民連合／直訳では，全国小農連合）．同連合に関する詳細は，舩田クラーセン他，前掲書，2014 年，第 4 章.

287)　「ナンプーラ宣言」の全訳は日本国際ボランティアセンター（JVC）のウェブサイトに掲載されている．

288)　リオ・ティント社，ヴァーレ社，ジンダル社など．Human Rights Watch, "What is a House without Food: Mozambique's Coal Mining Boom and Resettlements," 2013; Justiça Ambiental, "The Economics of Coal: Where are its benefits?" Maputo, 2015. 日本からは，三井物産以外に新日鉄住金も進出している．

289)　Justiça Ambiental, op. cit. また，モザンビークの市民社会組織 ADECRU（Acção Académica para o Desenvolvimento das Comunidades Rurais）のサイトに詳しい．

290)　Vale 社のウェブサイト（プレスリリース，9/21/2010）．

291)　三井物産プレスリリース（2015 年 9 月 30 日）．

292)　JBIC のウェブサイト（2016 年 11 月 8 日付）．詳細は，財務省・NGO 定期協議会（2017 年 2 月 23 日）NGO 側配布資料．

293)　同上配布資料．2018 年 5 月に地元小農運動（UPC-Nampula）が単独の調査を行い，ポルトガル語の調査報告書をまとめている．この日本語訳が第 67 回財務省 NGO 定期協議会（2018 年 6 月 14 日）の NGO 側配布資料に掲載されている．また，2015 年に ADECRU によって制作・公開された動画 "Somos Calvão?" で，土地収奪の被害コミュニティによる証言が紹介されている．

294)　土地取引の国際監視ネットワーク（Land Matrix）の最新データによると，モザンビークでは，2000 年から現在までの 18 年間に，252 万ヘクタールの土地が取引されている（2018 年 8 月 3 日閲覧）．

295)　GRAIN, "Seized: The 2008 Global Land Grab for Food and Financial Security," 2008; GRAIN（2012）のデータ．

296)　日本の援助「日本・ブラジル・モザンビーク三角協力による熱帯サバンナ農業開発プログラム（略称：プロサバンナ）」事業の影響については，舩田クラーセンさやか「モザンビーク・プロサバンナ事業の批判的検討」大林稔・西川潤・阪本公美子編『新生アフリカの内発的発展──住民自立と支援』昭和堂，2014 年，第 9 章.

297)　UNAC and GRAIN, "The Land Grabbers of Nacala Corridor," 2015.

298) Sayaka Funada-Classen, "Post-Fukushima Anatomy of Studies on ProSAVA-NA," *Observador Rural*, No. 12, December 2013.

299) 日本の NGO, UNAC, ADECRU の共同調査による（2014 年並びに 2015 年).

300) 一連の出来事については, NGO・外務省定期協議会 ODA 政策協議会（2015 年 3 月 3 日）配布資料を参照（外務省サイトに掲載).

301) 同上資料.

302) UNHCR, プレスリリース, 2016 年 1 月 15 日, 2 月 18 日, 4 月 15 日.

303) VoA（アメリカの声), 2016 年 1 月 11 日. DW（ドイツ国際放送), 2015 年 7 月 25 日.

304) DW, 2016 年 1 月 29 日.

305) 2013 年 2 月 27 日. 参議院議員会館「食料安全保障問題と『農業投資』が引き起こす土地紛争」.

306) この動きに, 日本の開発援助（プロサバンナ事業）が関わっている. 詳細は, 上述 JVC のウェブサイトに掲載されているモザンビーク, ブラジル, 日本の市民社会による各種声明.

307) 同上声明.

308) 注 293) の動画. この発言の背景は次の文献, 舩田クラーセンさやか「〈国際援助の名のもとで〉モザンビークで何が起きているか── JICA『プロサバンナ事業』への農民の異議と抵抗」『世界』2017 年 5 月号.

309) Van der Ploeg, op. cit..

310) 舩田クラーセンさやか「『小農の権利宣言』たねへの権利に反対する日本」『現代農業』2018 年 8 月号. 332–335 ページ.

311) 例えば, 1993 年に結成された国際小農運動・ヴィアカンペシーナ（La Via Campe-sina). Satorino Borras and Marc Edelman, *Political Dynamics of Transnational Agrarian Movements, Agrarian Change & Peasant Studies*, vol. 5, Nova Scotia: Fernwood Publishing, 2016.

312) 例えば, JICA の日本のコンサルタントらが策定した「プロサバンナ事業」のマスタープラン案のいずれのバージョンも, その傾向が強い. NGO 側が提案した「農民主権」の概念も, 事業対象地域の「農民が植え付けの作物を自由に選択できる」ことを主権の尊重と称している. 本章で示してきた綿花の強制栽培を経て, 小農が武器を取ってまでして回復した「主権」の意味が, 日本の「援助者」に理解できないことの歴史的源流については, 近く研究成果をまとめる予定である. Ministry of Agriculture and Food Security (Mozambique), "Triangular Cooperation for Agriculture Development of the Tropical Savannah in Mozambique: Agricultural Development Master Plan for the Nacala Corridor," Draft version, Maputo, 2017.

おわりに

　本書はアフリカをとりわけ南部アフリカを対象地域としているものの，問題意識としては「はじめに」で指摘したような近年の世界と日本で進行する状況への懸念がある．この懸念を抱きながら考察していった結果，現代を植民地主義の継続・再編という視角から捉え直す必要があると考えるにいたった．本書はこれを試みたものであり，「解放と暴力」に注目した理由は，「はじめに」と第Ⅰ部第1章に詳しく書いたので繰り返さない．一点だけ述べておきたいのは，歴史学研究会現代史部会運営委員会から2014年研究大会での報告を依頼され，それが本書の誕生の契機になったことである．

　われわれ筆者がそれぞれ転機を迎え，次の仕事や新たな関心事について話し合っていたときに，問題意識を明確化する上で役立ったのがこの部会の問題提起であった．その主な論点は，「現代を植民地主義の継続・再編という視角から捉える」，「新自由主義の時代の前提となる世界構造について，世界史的な視野に立ち考察する」，「1960-70年代のアフリカは，こうした脱植民地化をめぐる民族解放闘争と旧宗主国，そして米ソ両大国の葛藤が最も激しく展開した地域である」，「脱植民地化は果たして達成されたのか」などであった．このように示された問題提起は，アフリカ地域から国際関係学に問いを投げかけてきた筆者の「残された仕事」の大きさを痛感させた．そして東アジアを中心として研究を行う現代史研究の皆さんからの次のような鋭い指摘は，筆者に「宿題」を突き付けた．「この時代の民族解放闘争や独立後のアフリカでの社会主義の取り組みは，植民地主義／新植民地主義を打破する新たな世界史への展望を示しうるものとして……同時代の人びとの熱い関心を集めもした．……しかしながら1980年代以降，こうしたアフリカへの関心は急速に減退し，継続する内戦や飢餓の『悲惨』へのそれへと変容していく．新自由主義の時代という理解と，80年代以前の同時代認識を架橋する言葉を，いまだ私たちは持ちえていないのではないだろうか」（2014年歴史学研究会総会・大会『いま，歴史学に何が

360 —— おわりに

できるか II』20-21 ページ）．これに応えようとしたのが本書である．

　着想から 4 年を経た 2018 年 4 月現在，日本と世界の現状を見つめる時に，強く感じることを最後に述べておきたい．現代世界や現代社会を考えるにあたって，近現代史の展開を踏まえることは，ますます重要になってきている．かつて植民地国家，アパルトヘイト国家や戦時国家に顕著であった国家暴力がいまや世界的に跋扈し，人びとの自由や主権を侵害しはじめている現実のなかで，1960-70 年代の「解放闘争の時代」に営まれた人びとの暮らしや試みられた運動とその限界の歴史，体制側の抑圧と解放運動とのせめぎ合いの歴史から学ぶべき点は多い．最近の日本ではこの時代が遠い過去のものとされ，あるいは忘れ去られようとしているからからこそ，大いに注目する必要があろう．アフリカだけでなく，つまり旧植民地だけでなく，日本を含めた旧宗主国側においても，脱植民地化は終わっておらず，依然として「解放と暴力」は大きな課題として我々の前に横たわっているのである．

　本書を書くことができたのは，多くの人の支えがあったからである．お名前を 1 人ずつ記すことはしないが，筆者 2 人に共通する恩人というべき人びとにだけふれておきたい．1 人はヨーロッパ国際関係史の，いま 1 人は東アジア国際関係史の領域を踏まえた洞察力でわれわれに多くのことを教えてくれた百瀬宏先生と林哲先生に感謝したい．そして歴史と現代世界の認識において，重要な示唆を与えて下さった故江口朴郎先生に本書をささげる．

　東京大学出版会の宗司光治氏には構想の段階からお世話になりました．この場をかりて御礼申し上げます．

2018 年 4 月　桜咲く東京とドイツにて

人名索引

ア

アイゼンハワー, D. D.　62, 71
アトリー, C.　169
アリアーガ, K.　118, 120
アーレント, H.　12, 16
ウィルソン, J. H.　94, 198, 223
ウェレンスキー, R.　73, 141, 144, 147
ヴォー・グエン・ザップ　291
ウォールズ, P.　252, 255-256
オボテ, M.　29

カ

カヴァンダメ, L.　310, 312, 316-318, 320
カウンダ, K.　11, 14, 50, 104, 109, 135, 150-151, 156-159, 164-165, 167-168, 179, 181
カエターノ, M.　116, 119-120, 122
カガメ, P.　29, 31-32
カグビ, G.　220
カーター, M.　222
カプエプエ, S.　151, 163, 165, 172, 224
カブラル, A.　18, 289-290, 293, 336
カルヴァン, E.　97-98
ガンジー, M.　12-17, 187, 195, 223
カンボナ, O.　320-321
キッシンジャー, H.　115-116
キャリントン, P.　230, 253, 255
キング, M. L.　15-16
ケネディ, J. F.　62-64, 97
ゲブーザ, A.　336, 338-339
ケーヘン, B. M.　107

サ

サタ, M.　136
サッチャー, M.　230, 253
サラザール, A.　18, 87, 97-99, 109-110, 115, 216, 299
ジェファーソン, T.　7
シサノ, J.　332
シトレ, N.　228
シャムヤリラ, N.　104, 143, 223
ショート, C.　245, 257-258
ジョンストン, H.　137
スミス, I.　94, 108-112, 118-119, 223, 255-257
セク・トゥーレ, A.　41, 57, 64
ソームズ, C.　251-252
ソロー, H. D.　13

タ

ダレス, A.　56, 71
ダレス, J. F.　57, 61
チテポ, H.　226-228
チャーチル, W.　141
チョンベ, M.　66, 70, 152
チルバ, F.　135, 177-179, 186
デ・クラーク, F. W.　181
デユラカマ, A.　329
トゥサン=ルヴェルチュール, F.-D.　9
ド・ゴール, C.　57
トロツキー, L.　10
トンゴガラ, J.　225-228, 231

ナ

ナセル, G. A.　57

362 —— 人名索引

ニエレレ，J. 47，49，64，103-104，
　167，236，250，291，320
ニクソン，R. 116
ネハンダ 220
ノゲイラ，F. 88，94
ノーマン，D. 253，255-256

ハ

ハギンス，G. 186，216
バーク，E. 8
パドモア，G. 47
ハマーショルド，D. 70
ハロイ，J.-P. 68
ハンガ 300-301
バンダ，H. K. 93
ビコ，S. 16
ファノン，F. 3，51，73，292-293
フェルヴールト，H. 89，91，94
フォルスター，B. J. 118，229
フラワー，K. 112，120，122
フルシチョフ，N. S. 62
ブレア，T. 243，260
ヘイフロン，サリー 251
ペイン，T. 8-9
ベンソン，A. 151，165
ホー・チ・ミン 17-18

マ

マクミラン，M. H. 53-55，62，89-90，
　99
マクラウド，I. 56
マシェル，S. M. 123，230，239，252，
　282，290，317-318，323，330-331
マポンデラ 221
マルコム X 15-16
マンデラ，N. 14-17，84，197
ムガベ，R. 11，19，215-217，230-232，
　234，243，246，250-261

ムサカンヤ，V. 173，191
ムシャラ，A. 121，124，170
ムセヴェニ，Y. 29-30
ムゾレワ，A. 196，233
ムベキ，T. 217，259
ムペゼニ 138
ムンディア，N. 156，161-162
メンギスツ 24-25
毛沢東 290-292
モブツ，S. S. 71，158
モンドラーネ，E. 85，288，312，317，
　319，322-323，325

ラ

リトゥンガ（ロジ王） 160-161
リビングストン，D. 137
ルウィゲマ，F. 29
ルツーリ，A. 19
ルムンバ，P. 41，46，61，66，69-73
レーガン，R. 258，331
レワニカ，G. M. 149，151
レンシナ，A. M. 157-158
ロシュナー，F. 137
ローズ，C. 137，219
ロストウ，W. W. 63
ロベスピエール，M. 8，10

ワ

ンクルマ，K. 4，17，43，55，124，187
ンクンブラ，H. 141，151，155，166，
　184-185
ンコモ，J. 93，100，216，221，231-232，
　235
ンハリ，T. 227-228

事項索引

ア

アトリー政権　140
アパルトヘイト体制　86, 88-89, 101, 181, 197, 246
アフリカ合衆国　44, 47, 49
アフリカ人官警（シパイオ）　304-308
アフリカ人民会議　44, 46
アフリカ統一機構（OAU）　25, 45, 86, 102-105
　　──解放委員会　86, 103, 117, 124, 290
アフリカーナ　89-90
アフリカの年　41, 43, 125
アフリカ分割　4, 11, 22-23, 42, 47, 49, 300, 303
アフリカ民族会議（ANC）（南アフリカ）　14, 19, 83-84, 91, 105, 125
アフリカ民族会議（ANC）（ザンビア）　141, 151-152
アフリカ連合（AU）　45
アムハラ　23-24
アメリカ独立革命　6
アルジェリア解放戦争　54
アンゴラ解放人民運動（MPLA）　98
イギリス南アフリカ会社（BSAC）　18, 92, 137, 145, 159, 219
一党制　161, 166, 168, 192
一方的独立宣言（UDI）　101, 106, 111, 113, 192-193, 198-199, 223
移動労働　310-311
ウィルソン政権　94
ヴェトナム共和国独立宣言　6
ヴェトナム戦争　8

エチオピア帝国　23-24
エリトリア　23-26
エリトリア人民解放戦線（EPLF）　25-26

カ

解放区　316-319, 323
カウンダ政権　167, 171, 291
カガメ政権　32
カタンガ　50, 70-71, 73, 96
間接統治　50, 150, 159
北大西洋条約機構（NATO）　114-116
恐怖政治　8
グクラフンディ　225, 233-235, 259
クーデター騒動　178-179
クーデター未遂事件　172-174
経済復興プログラム（PRE）　332-333, 335
ケニア土地自由軍　14, 55
ケネディ政権　114-115
ゲリラ戦　7, 15, 19-20, 115, 118, 290-291
構造調整　240-241
国民党政権（南アフリカ）　90-91
国連安全保障理事会決議
　　── 181　106-107
　　── 216　102
国連「植民地および人民への独立付与に関する宣言」（独立付与宣言）　52, 59-62, 72, 83, 96-98, 125
国連信託統治領理事会　51
国連総会決議
　　── 616　95-96
　　── 1883　100
　　── 1889　101
　　── 2504　106
　　── 2507　105

364 —— 事項索引

—— 2508 105
コンゴ国民運動（MNC） 66
コンゴ動乱（危機） 69-73, 117

サ

サッチャー政権 257-258
サラザール政権 97, 108, 114, 281
ザンビア・アフリカ民族会議（ZANC）
　151, 188
ザンビア労働組合会議（ZCTU） 176-177
シャープビル事件 84-85, 96
小農 284-287, 291, 293-296, 329-330,
　335, 341-342
初期抵抗 302-303
植民地責任 261
ショナ 219, 229
「新国家」体制 299-300, 304, 311
人種差別 184
ジンバブウェ・アフリカ国民同盟（ZANU）
　215, 229
ジンバブウェ・アフリカ国民同盟－愛国戦
　線（ZANU-PF） 215, 217, 231-236,
　249
ジンバブウェ・アフリカ人民同盟（ZAPU）
　84, 93, 100, 196, 216, 229, 233
　スーパー—— 232, 234
ジンバブウェ人民革命軍（ZIPRA） 229,
　231, 242
ジンバブウェ民族解放軍（ZANLA） 224,
　229, 231, 241-242
ジンバブウェ民族解放退役軍人協会
　（ZNLWVA） 242-243, 246
ジンバブウェ労働組合会議（ZCTU） 247
人民戦争 289, 291, 316-317
スミス政権 108, 112, 233
ズールー王国 90
セルース・スカウト 121
全国農民連合（UNAC） 337, 340
戦略村（アルデアメント） 324

タ

退役軍人法 241
チムレンガ 92, 220-221, 246, 253
中央アフリカ連邦 143, 148
ティグライ 23-26
テロ 6-7, 15
伝統権威 158-160, 248
統一進歩党（UPP） 162-163
統一民族独立党（UNIP） 135, 145, 151-152,
　155-156, 166, 188-189
トゥッチ 27-31
　——難民 29-30

ナ

ニアサ会社 300-301
ニアンジャ 315
ニクソン政権 116
ネグリチュード（黒人性） 194

ハ

ハイチ革命 9
パートナーシップ（人種間協調主義） 144,
　147
バフトゥ宣言 67
バロツェランド 50, 148-150, 159-161
　——協定 160
パン・アフリカ会議 44, 46
パン・アフリカニズム 22, 25, 44-50,
　151, 190, 194
バンドン会議 43, 290
ビアフラ 50
非同盟主義 43, 65
非暴力主義 11-14, 17, 19, 187, 195
秘密警察DGS（PIDE） 120-123
ブガンダ王国 29, 50
複数政党制民主主義運動（MMD） 135,
　179
ブッシュ政権 7
フトゥ 27-31

事項索引 —— 365

——難民　31
フトゥ解放運動党（PARMEHUTU）　27,
　66-68
フランス革命　6-10
ブレア政権　244, 257-258
変革の風　53, 90, 99
ベンソン憲法　155-156
ベンバ　138, 163, 165
ポルトガル秘密警察（PVDE／PIDE／
　DGS）　97, 107-108, 320, 323

マ

マクア　308, 315, 324-325
マクラウド憲法　157
マコンデ　296-297, 310, 312
マコンデ民族同盟　288
マショナランド　219-221
マタベレランド　92, 220, 233-234
マラウイ会議党（MCP）　84, 92-93
民主改革運動（MDC）　217, 247, 250
ムエダの虐殺　313
ムルングシ宣言　175
綿花栽培　304-309
モザンビーク・アフリカ人ナショナル同
　盟（MANU）　288, 297, 311, 313
モザンビーク会社　301
モザンビーク解放戦線（フレリモ）　84, 103,
　120, 123-124, 281-282, 288-291, 317-319,
　327-328, 333, 342
　——解放軍　118-119
　——政府　327, 335, 339

モザンビーク自主アフリカ人綿花組合
　（SAAVM）　311-312
モザンビーク・ナショナル民主同盟
　（UDENAMO）　288, 322
モザンビーク民族抵抗（MNR／RENAMO）
　125, 328-329, 331, 339
モンクトン報告書　142, 145, 161

ヤ・ラ・ワ

ヤオ　315
ラッド協定　219
ランカスター会議　230
ランカスター協定　236, 238-239
ルサカ・マニフェスト　104-105
ルワンダ愛国戦線（RPF）　30-31
ルワンダ王国　50
ルワンダ国民連合（UNAR）　66-68
ルワンダ難民　28-30
ルンダ　138
ルンダ・ルバ帝国　170
ルンバ教会　157, 188
レーガン政権　329
レグロ　299, 305, 308-309
労働力の輸出　327
ロジ　137
ロシア革命　10
ローデシア戦線（RF）　93, 100, 223
ローデシア・ニヤサランド連邦　141
ンゴニ　138
ンデベレ　137, 228

著者紹介

小倉　充夫　第Ⅰ部第1章・第Ⅱ部第4章・第5章
社会学修士（1970年，東京大学）．津田塾大学国際関係学科専任講師・助教授・教授（1973-1990年），この間，サセックス大学開発研究所でアフリカの開発政策研究（1977-1979年），在ザンビア日本大使館で専門調査員として青年海外協力隊事業・内政調査担当（1982-1984年）．上智大学教授（1990-1995年），津田塾大学教授（1995-2013年）．現在，津田塾大学名誉教授．
[主要著作]
『開発と発展の社会学』（東京大学出版会，1982年）
『労働移動と社会変動——ザンビアの人々の営みから』（有信堂，1995年）
『南部アフリカ社会の百年——植民地支配・冷戦・市場経済』（東京大学出版会，2009年）
『現代アフリカ社会と国際関係——国際社会学の地平』（編，有信堂，2012年）

舩田　クラーセン　さやか　第Ⅰ部第2章・第3章・第Ⅱ部第6章
博士（国際関係学）（2006年，津田塾大学）．1994年に国連平和維持活動（国連モザンビーク活動：ONUMOZ）の選挙部門で働いた後，パレスチナやボスニア・ヘルツェゴビナの選挙に政府派遣選挙監視要員として関わる．日本学術振興会特別研究員（1997-1999年），津田塾大学国際関係研究所研究員（2002-2004年）を経て，2004年に東京外国語大学専任講師，同大学大学院准教授（2008-2015年）．現在，明治学院大学国際平和研究所（PRIME）研究員．
[主要著作]
『モザンビーク解放闘争史——「統一」と「分裂」の起源を求めて』（御茶の水書房，2007年）
『アフリカ学入門』（編，明石書店，2010年）
The Origins of War in Mozambique（The African Minds Publishing, 2012）
『平和の主体論』（共編，日本平和学会学術ジャーナル／早稲田大学出版部，2014年）

解放と暴力
植民地支配とアフリカの現在

2018 年 10 月 31 日　初　版

［検印廃止］

著　者　小倉充夫・舩田クラーセンさやか

発行所　一般財団法人　東京大学出版会

代表者　吉見俊哉
153-0041　東京都目黒区駒場4-5-29
http://www.utp.or.jp/
電話 03-6407-1069　Fax 03-6407-1991
振替 00160-6-59964

組　版　有限会社プログレス
印刷所　株式会社ヒライ
製本所　牧製本印刷株式会社

©2018 Mitsuo Ogura and Sayaka Funada-Classen
ISBN 978-4-13-030210-4　Printed in Japan

[JCOPY]〈(社)出版者著作権管理機構　委託出版物〉
本書の無断複写は著作権法上での例外を除き禁じられています．複写される
場合は，そのつど事前に，(社)出版者著作権管理機構（電話 03-3513-6969，
FAX 03-3513-6979，e-mail: info@jcopy.or.jp）の許諾を得てください．

南部アフリカ社会の百年　小倉充夫		A5・4000 円
講座社会学 16　国際社会　小倉充夫・加納弘勝　編		A5・3000 円
東大塾 社会人のための現代アフリカ講義　遠藤　貢・関谷雄一　編		A5・3900 円
新版 帝国主義と民族　江口朴郎		46・2900 円
国際関係学　百瀬　宏		46・2400 円
排除と抵抗の郊外　森千香子		A5・4600 円
インド 暴力と民主主義　中溝和弥		A5・8200 円
解釈する民族運動　宮地隆廣		A5・7000 円

ここに表示された価格は本体価格です．ご購入の
際には消費税が加算されますのでご了承下さい．